Espagne méditerranéenne

symboles

❶	Office du tourisme
♥	Coup de cœur de la rédaction

Sites, monuments, musées, œuvres

★★★	Exceptionnel
★★	Très intéressant
★	Intéressant

Hôtels

▲▲▲▲▲	Hôtel de très grand luxe
▲▲▲▲	Hôtel de luxe
▲▲▲	Hôtel offrant un confort maximum
▲▲	Hôtel correct
▲	Hôtel simple

Restaurants

♦♦♦♦	Très bonne table, prix élevés
♦♦♦	Bonne table, service agréable, prix moyens
♦♦	Table simple, prix modérés
♦	Cuisine populaire, bon marché

GUIDES BLEUS ÉVASION

Ce guide a été établi par SERGE BATHENDIER.

Historien de formation, **Serge Bathendier** est diplômé des Langues orientales. Spécialiste de l'Orient, de la Méditerranée à l'Asie, il a rédigé pour les éditions Hachette des guides de voyage sur la Syrie, la Jordanie, la Grèce, Chypre, Israël et l'Inde du Nord.

Direction: Cécile Boyer-Runge. **Direction éditoriale**: Armelle de Moucheron. **Responsable de collection**: Élisabeth Sheva. **Édition**: Marie Barbelet, Sophia Mejdoub. **Lecture-correction**: Véronique Duthille, Françoise Faucherre. **Informatique éditoriale**: Lionel Barth. **Documentation**: Sylvie Gabriel. **Maquette intérieure et mise en pages PAO**: Catherine Riand. **Cartographie**: Cyrille Suss, Fabrice Le Goff. **Fabrication**: Nathalie Lautout, Caroline Artémon, Maud Dall'Agnola. **Couverture** conçue et réalisée par François Supiot.

Avec la collaboration de Aude Alric, Catherine Bourzat, Pierre Chavot, Alice Nez, Nicolas Peyroles, Sophie Richardin, Natacha Sardou.

Un reportage a été spécialement réalisé pour cette édition par Alain Félix, Hémisphères Images.
Photo de couverture : les colonnes du Palais de la musique catalane à Barcelone © Sylvain Grandadam.

Pour nous écrire:
Hachette Tourisme, 43, quai de Grenelle, 75905 Paris Cedex 15
< **bleusevasion@hachette-livre.fr** >

Espagne méditerranéenne

GUIDES
BLEUS ÉVASION

© S. Grandadam

Envie de partir ?

La côte méditerranéenne raconte une transition. Au nord, la Catalogne et ses trois provinces maritimes : Gérone, Barcelone, Tarragone. Une quatrième, Lérida, s'avance à l'ouest vers le bassin de l'Èbre et le plateau castillan. Une Catalogne qui, depuis le XIXe *s. et sa renaissance culturelle, semble tourner résolument le dos au reste de la Péninsule. Ici, pas de goût immodéré pour la corrida, le flamenco ou les castagnettes, ni pour la* nobleza *aristocratique des Castillans, l'orgueil des paresseux, juge-t-on avec un brin de commisération. Ici, c'est plutôt de son travail et de sa réussite que l'on se flatte, avec pour horizon la modernité européenne. Un sérieux qui ne détourne pas les Catalans du goût pour les plaisirs de la vie, de la conversation en joyeuse compagnie et surtout de la bonne chère, pour beaucoup une véritable passion. La Catalogne, ou l'autre Espagne.*

Au sud de Tarragone et du delta de l'Èbre commence l'Orient : le Levante espagnol, qui regroupe les provinces de la Communauté valencienne et la Murcie. Les vents d'Afrique y ont amené les hautes frondaisons des palmiers, à Elche bien sûr, mais aussi à Orihuela ou sur la belle promenade du bord de mer à Alicante. Ils ont laissé des noms, Benidorm, Benitachell, Benicarlo, qui racontent la longue présence musulmane. Ici règne la lumière : des vertes orangeraies piquées de milliers de soleils à la blancheur des maisons. Les églises, blanches elles aussi, ont su pourtant attraper le bleu du ciel pour le déposer sur les tuiles vernissées de leur dôme.

Ci-contre : Sol y sombra, *le charme des places d'Espagne.*

sommaire

découvrir

itinéraires

itinéraires

Barcelone

itinéraires

Tarragone et sa province

sommaire

itinéraires

Valence

La Communauté valencienne

itinéraires

La Murcie

pratique

organiser son voyage

les clés d'un bon séjour

repères

cartes

route goudronnée	ville, site	office de tourisme
piste, route forestière	château	gare ferroviaire
sentier	ruines, site archéologique	gare routière
itinéraire sur route	point de vue	gare maritime
itinéraire sur piste	sommet	poste
voie ferrée	col	parking
liaison maritime	plage	aéroport (vols internationaux)
agglomération		aéroport (vols intérieurs)

découvrir

© A. Félix, Hémisphères Images

L'identité catalane

© A. Félix, Hémisphères Images

À Cadaqués, Salvador Dalí est toujours présent.

Depuis le Moyen Âge, au temps des comtes de Barcelone, jamais la culture catalane n'a été aussi vivace. Quiconque vit et travaille dans les quatre provinces qui composent la région, Barcelone, Gérone, Tarragone et Lérida, est invité à en partager la culture et les modes de vie. Même si des avancées restent à accomplir, en matière d'édition notamment, la langue catalane est comprise par la quasi-totalité de la population. Les immigrants eux-mêmes, venus d'autres régions d'Espagne, l'ont adoptée, y voyant un facteur essentiel de leur intégration à la société catalane. Pas question ici en effet, comme au Pays basque par exemple, de définir l'appartenance à la nation catalane par un prétendu droit du sang.

Page précédente : les audaces du modernisme au service des demeures des riches Catalans, retour d'Amérique.

La langue catalane

Selon les études commandées par la Generalitat, 92 % des habitants de Catalogne déclarent comprendre le catalan. Chiffres flatteurs qui démontrent à la fois la vitalité de la langue et aussi ses capacités intégratrices puisqu'elle est facilement adoptée par les immigrants de fraîche date. Un simple coup d'œil à un kiosque à journaux relativise cependant le constat : les plus gros tirages de la presse catalane sont en castillan.

Promouvoir la langue nationale

Depuis l'instauration de l'autonomie en janvier 1980, les autorités catalanes ont consenti des efforts soutenus pour la promotion du catalan, considéré comme un des ferments de l'identité nationale. Conformément au statut de 1979, le catalan est **langue officielle** aux

C'est en castillan qu'on lit le journal, mais c'est en catalan qu'on manifeste.

côtés du castillan. L'ensemble du cursus scolaire dans l'école élémentaire se déroule en catalan. À l'université, en revanche, les professeurs sont libres de dispenser leur enseignement dans la langue de leur choix, tout comme les étudiants qui peuvent rendre leurs travaux en castillan ou en catalan. En matière de catalanisation, le **théâtre** est le domaine le plus dynamique avec, à Barcelone, deux fois plus de créations en catalan qu'en castillan.

Un bilinguisme ?

On passe ici facilement et sans complexe d'une langue à l'autre, selon le type d'échanges. Il n'est pas rare de surprendre des conversations où l'un des interlocuteurs, immigré, parle en castillan, tandis que l'autre, catalan de souche, s'exprime dans sa langue. Et comme le relève plaisamment Juan Tapa, ancien directeur du quotidien *La Vanguardia* : « Sous Franco, on parlait espagnol en classe et catalan à la récré, aujourd'hui, c'est l'inverse. »

En effet, une nuance statistique doit être apportée au tableau : 99 % des habitants de Catalogne parlent le castillan et c'est dans cette langue qu'ils lisent. L'**édition** en catalan, si elle a connu une spectaculaire croissance depuis 1979 – il est vrai qu'elle partait alors d'un tirage proche de zéro – reste encore marginale : on publie moins en catalan en Espagne qu'en gaélique au pays de Galles. Et Barcelone dispute à Madrid la prééminence en matière d'édition en castillan.

••• *Voir aussi le lexique p. 310.*

La Catalogne en bref

- **Superficie**. 31 895 km².
- **Population**. 6 344 110 hab. (2001).
- **Division administrative**. La Catalogne est divisée en quatre provinces : Barcelone (4 805 927 hab.), Tarragone (609 673 hab.), Gérone (565 304 hab.), Lérida (Lleida, 363 206 hab).
- **Villes principales**. Barcelone (1 503 884 hab.), Tarragone (113 129 hab.), Lérida (112 199 hab.), Gérone (74 879 hab.).
- **Langues**. Catalan et castillan.
- **Politique**. Après le retrait de Jordi Pujol de la vie politique, les élections de novembre 2003 ont donné la majorité à une coalition conduite par le parti socialiste catalan.

- **Ressources**. Industrie diversifiée (Barcelone) ; industrie pétrochimique (Tarragone) ; tourisme.
- **PIB**. 18,58 % du total national.
- **Chômage**. 8,4 % (moyenne nationale : 10,5 %).

Parler catalan

Le catalan est une langue romane qu'une bonne connaissance du castillan permet de comprendre sans trop de peine. Elle présente quelques particularités : elle dispose de sept voyelles (a, é, è, i, ó, ò, u) ; la consonne x se prononce *ch* et le j comme en français. Le catalan se divise en deux groupes principaux : l'oriental utilisé à Barcelone, aux Baléares et dans le Roussillon français, et l'occidental parlé à Lérida et à Valence. Dans ces deux grands groupes se distinguent six formes dialectales. ●

Être catalan

Autant que dans la pratique de la langue, c'est peut-être dans une « manière d'être » qu'il faut rechercher l'identité catalane : la *manera de ser* accordée généreusement à qui vit et travaille sur le territoire.

La « manera de ser »

Héritage de l'histoire industrielle de la région, les Catalans se reconnaissent volontiers dans l'idéal du *self made man* qui, contrairement aux oligarques castillano-andalous, ne doit sa réussite qu'à son talent et à son travail. Un goût pour l'entreprise qui a valu aux Catalans d'être qualifiés dès le XVIIIe s. de Hollandais d'Espagne ou de **calvinistes méditerranéens**, et qui se traduit par le poids des **petites entreprises familiales** dans le dynamisme économique catalan *(p. 30)*.

Cependant, la passion du travail bien fait n'exclut en rien l'importance accordée aux **loisirs** et à la **consommation** : repas pris entre amis, excursions à travers le pays à la découverte d'une auberge de campagne, ou nuits torrides de la Barcelone branchée. Ainsi, en alliant la primauté accordée à l'économique, au consumérisme et à la valorisation des traditions, la Catalogne peut apparaître comme un modèle pour les sociétés post-industrielles occidentales.

Une société civile prête à se mobiliser

Les historiens ont relevé l'importance capitale du rôle des associations dans le mouvement de renaissance de la culture catalane depuis le XIXe s. : les chorales populaires initiées par **Anselm Clavé** ont remis au goût du jour la chanson en catalan ; et les associations de notables ont permis la création de clubs et de salles de spectacles, les plus célèbres étant le Liceu de Barcelone *(encadré p. 124)*, temple de la bourgeoisie éclairée, ou encore le **Centre excursionniste catalan** *(p. 133)*, qui, tout en permettant à ses adhérents de découvrir leur pays, a su offrir un refuge à la contestation catalaniste sous le régime de Franco.

Si dans l'Espagne apaisée du début du IIIe millénaire, l'engagement associatif des citoyens marque le

Médias locaux…

Les principaux **journaux** et **magazines** sont édités en castillan. *La Vanguardia* est le plus lu des quotidiens régionaux.

Les Catalans disposent de plusieurs chaînes de télévision en catalan à côté des chaînes nationales : **deux chaînes de télévision publiques** (TV3 et C33), auxquelles s'ajoutent **122 chaînes de télévision locales**, la plupart en catalan.

… et internationaux

La **presse internationale** est en général disponible en kiosque un jour après sa date de parution. Les bouquets satellitaires des hôtels proposent souvent les programmes de **TV5**, la chaîne internationale francophone, qui, en plus de ses propres programmes d'information, diffuse chaque jour le journal télévisé de France 2.

À la radio, on capte facilement **France Inter** sur les grandes ondes. ●

Ci-dessous : détail de mosaïque sur la Rambla de Barcelone.

pas comme dans la plupart des sociétés industrielles, on sait en revanche que les Catalans sont toujours prêts à se mettre au service de grandes causes. Ainsi les organisateurs des **jeux Olympiques** de Barcelone de 1992 firent-ils appel, comme c'est l'usage, au bénévolat des particuliers. En quelques mois, l'objectif de 60 000 bénévoles fut dépassé pour atteindre rapidement 100 000 personnes, soit près du double du chiffre atteint par la ville de Los Angeles pour l'organisation de ses Jeux en 1984. Le fait que le catalan soit la langue officielle des Jeux a sans doute favorisé cette mobilisation.

Vers une indépendance de velours ?

Les **élections régionales de novembre 2003** ont marqué un tournant dans la vie politique catalane. Au pouvoir depuis l'instauration de l'autonomie, **Convergencià i Unió**, le parti nationaliste de Jordi Pujol (qui avait annoncé sa retraite politique) a été désavoué par les électeurs. Le grand vainqueur de ces élections est l'**Esquerra republicana** (Gauche républicaine), qui a doublé son nombre de sièges (de 12 à 23). C'est le seul parti à revendiquer une pleine indépendance, ce qui n'a pas empêché la ceinture rouge de Barcelone, peuplée en grande partie d'immigrés andalous, de lui apporter ses suffrages. L'Esquerra republicana participe désormais à la gestion de la Catalogne, au sein d'une coalition de gauche autour du Parti socialiste. Ces résultats ont été ressentis comme un véritable séisme par les autorités de Madrid, qui craignent une surenchère nationaliste comme au Pays basque.

Cependant, la manière d'être catalane c'est aussi préférer la discussion et le compromis à l'affrontement. Le *seny*, l'esprit de mesure, est la qualité dont se flattent le plus volontiers les Catalans. C'est plutôt de l'émergence d'une Europe des

© A. Félix, Hémisphères Images

Réverbères de Gaudí sous une arcade de la plaça Reial à Barcelone.

régions que l'on attend la pleine souveraineté sur la gestion des affaires nationales, tout en essayant d'obtenir de Madrid une extension toujours plus grande des prérogatives de la Generalitat, avec, à terme, l'**objectif de la disparition totale de l'administration centrale**.

Ce transfert progressif des compétences pourrait conduire à une souveraineté qui ne s'avouerait pas. Dans le cadre d'une Union européenne fédéraliste qui pose la question de la survie des États, nul besoin en effet de s'enfermer derrière des frontières gardées par un rideau de douaniers et de policiers pour définir une identité. Maîtresse de la gestion de son aire géographique, dans la limite des accords communautaires, la Generalitat pourra brandir, comme les autres nations européennes, sa langue, son drapeau et son hymne, pour signifier son existence politique. Ne lui manquera plus… qu'une équipe de football nationale.

Barça, l'amour foot

« Le FC Barcelone est plus qu'un club » : le slogan le plus célèbre du monde sportif, relancé lors du Mundial de 1982, n'a rien d'un argument publicitaire. Comme la sardane, la Vierge de Montserrat ou le pain à la tomate, le Barça définit l'identité nationale catalane. Sous la dictature franquiste, le club fut même l'un des refuges de la catalanité, et les rencontres avec le Real Madrid, considéré comme l'équipe du pouvoir, prenaient deux fois l'an des dimensions épiques.

La singularité catalane

Avec ses **104 000 abonnés** *(socios)* le FC Barcelone possède sans doute la plus grande association sportive au monde. Le club conserve un mode de fonctionnement original : ici, ce sont les *socios* qui en élisent le président, au terme de campagnes électorales dont l'animation n'a rien à envier aux grandes consultations politiques. Il a par ailleurs toujours refusé de se transformer, comme tous les grands clubs européens, en société anonyme : c'est ainsi que les maillots des joueurs sont restés vierges de toute publicité commerciale. Le Barça a son temple, le stade de **Nou Camp**, inauguré en 1957, presque entièrement occupé à chaque match par les *socios* qui en ont fait leur jardin. Chacun y possède sa place particulière, où il

© Lluís Bertram, Turisme Barcelone

Le stade de Nou Camp à Barcelone.

Un club centenaire

C'est à un Suisse que Barcelone doit la fondation de son plus célèbre club de football, le Barça, emblème du catalanisme *(p. 133)*. En 1898, **Hans Gamper** voulut pratiquer son jeu favori, en compagnie de quelques étrangers résidant en ville, Allemands et Britanniques. L'association de football locale refusant les étrangers, Hans Gamper, qui allait bientôt transformer son prénom en Joan, décida de fonder son propre club : le 29 novembre 1899 naissait le **Fútbol Club Barcelona**. Il lui donna pour couleurs celles de son canton, le rouge et le bleu, qu'arborent toujours les joueurs de la cité comtale. En 1912, Alphonse XIII accepta d'en être le président d'honneur, ce qui valut au club la fierté de se parer du qualificatif de Real, et d'arborer les insignes royaux. L'origine étrangère du Barça lui est depuis lors reprochée comme une tare par l'Español, l'autre club de Barcelone fondé à la même époque.

Musée du ballon rond

Dans la capitale catalane, les passionnés du ballon rond pourront visiter le **musée du FC Barcelone**. Ils y verront les trophées accumulés par le club au cours de sa prestigieuse carrière. La visite du musée donne également accès aux tribunes du stade mythique de **Nou Camp**.

Museu Futbol Club Barcelona President Núñez, *av. Aristides Maillol, Barcelone* **hors pl. I par A1** ☎ *93.496.36.00, < www.fcbarcelona. es >. Visite lun.-sam. 10h-18h30 ; dim. et j.f. 10h-14h. Entrée payante.* ●

↖ Ci-dessus : avec ses 120 000 places, le Nou Camp, le stade mythique de Barcelone, est un des plus grands stades du monde.

© Vandystadt.com/Christian Liewig

Entre les Barcelonais et leur club de football, une longue histoire d'amour.

retrouve match après match ses mêmes voisins. Les supporters sont tellement attachés à leur place que, lors de la démolition du vieux stade de les Corts, on vit certains d'entre eux arracher leur siège au chantier pour le rapporter à la maison.

Un public d'amateurs

Comme tout ce qu'ils entreprennent, c'est avec sérieux – le *seny* catalan –, du ton du spécialiste, que les Catalans commentent inlassablement la dernière rencontre, la composition de l'équipe, ou les stratégies mises en place. Un public d'esthètes qui a toujours privilégié le beau jeu, au détriment parfois même du résultat. Des adeptes de la culture de la passe, longue, précise et soignée, caractéristique du jeu catalan, dont il faut sans doute chercher la raison dans les dimensions du terrain, l'un des plus vastes d'Europe. Et c'est avec le même sérieux que les spectateurs assistent aux rencontres du Nou Camp, qui ne connaît pas les débordements violents que l'on voit sur d'autres scènes footballistiques européennes. Seules les dernières prestations de Luis Figo déchaînèrent des torrents de violences et d'injures qui surprirent les commentateurs. C'est que le joueur portugais allait quitter la cité comtale pour l'ennemi, le Real de Madrid.

Une scène internationale

Bien qu'assimilé au catalanisme (dans les tribunes, les oriflammes du club se partagent à part égale avec le drapeau sang et or de la région), le Barça n'est pas un club fermé. Les immigrants venus d'autres régions d'Espagne en sont d'aussi chauds partisans, qui l'ont toujours préféré au rival, le Real Español, qui affiche pourtant son hispanité. Une façon aussi de s'intégrer à la société catalane. Sur la pelouse se sont de même succédé les plus grands joueurs de la planète, du Hongrois Kubala dans les années 1950, à Luis Figo, en passant par le Brésilien Ronaldo ou l'idole argentine Maradona. Sans oublier le Hollandais Johan Cruyff, joueur puis entraîneur. Seuls les Français Emmanuel Petit ou Laurent Blanc n'ont pas laissé un souvenir impérissable de leur court passage.

La littérature

C'est paradoxalement durant la période franquiste, où l'usage du catalan était sévèrement limité, que s'est élaborée la relève de la littérature catalane : poètes dont l'audience se limitait à des cercles restreints de particuliers, puis petites maisons d'édition tolérées par le gouvernement à partir des années 1960. Deux figures émergent de cette période, dont **Mercè Rodoreda** (1908-1983), exilée à Paris puis en Suisse durant la dictature ; plusieurs de ses romans ont été traduits en français, parmi lesquels son œuvre la plus connue, *La Place du diamant* (publiée en 1962), qui brosse l'itinéraire d'une femme du peuple à travers les épreuves de la guerre. **Llorenç Villalonga** (1897-1980), originaire de Majorque, a laissé une œuvre subtilement ironique à l'égard d'une aristocratie fière et inutile qui constitue l'objet principal de ses romans. Plus récemment, **Montserrat Roig** (1946-1992) dépeint la bourgeoise barcelonaise au sortir de la dictature.

Reste que les deux écrivains catalans les plus connus à l'étranger s'expriment en castillan : **Manuel Vázquez Montalbán** (1939-2003), père de l'inoubliable Pepe Carvalho, détective gastronome passionnément amoureux de sa ville Barcelone ; et **Eduardo Mendoza** (1943) qui, dans sa *Ville des prodiges* (traduit en 1988), a laissé un tableau étourdissant de la Barcelone affairiste entre les deux Expositions universelles de 1888 et de 1929 *(voir p. 168)*.

●●● *Voir aussi la bibliographie p. 312.*

Les programmes des lieux culturels à Barcelone sont donnés par l'hebdomadaire ***Guía del Ocio*** (< www.guiadelocio.com >), l'équivalent barcelonais de *l'Officiel des spectacles* parisien. ●

© A. Félix, Hémisphères Images

À l'intérieur du Palais de la musique catalane, à Barcelone, se sont déployées toutes les exubérances du modernisme.

La musique

C'est au compositeur **Federic Mompou** (1893-1987) qu'il est revenu d'assurer la transition entre la Renaixença et le XXe s. « L'âme chantante de Catalogne », comme le surnomme Vladimir Jankélévitch, a recueilli l'héritage musical de son pays pour en alimenter une création abondante, influencée par la musique française (Debussy, Ravel, Fauré). On retiendra surtout l'œuvre pour piano, comme les *Cants Magics*, suites de pièces courtes, véritables miniatures musicales au fascinant pouvoir d'évocation. Le violoncelliste **Pau Casals** (1876-1973) est l'autre grande figure de la musique catalane *(p. 20)*. Plus près de nous, il faut encore citer **Jordi Savall** (1941), ardent défenseur de la musique baroque qui a ressuscité la viole de gambe, et la cantatrice **Montserrat Caballé** (1933).

Lettres catalanes

La littérature catalane connut son premier apogée au Moyen Âge. Après une longue éclipse à partir du XVIe s., conséquence de l'affaiblissement politique et économique de la région, les intellectuels catalans se saisirent à nouveau de leur langue comme outil littéraire tout au long du XIXe s. L'aire d'expansion de la littérature en catalan dépasse les limites de l'ancien comté de Barcelone, puisque Valence et les Baléares lui ont également donné quelques uns de ses plus illustres représentants.

Ramón Llull, le précurseur

C'est avec **Raymond Lulle** (Ramón Llull — prononcer « lioule » — 1233-1315) que surgit le premier monument de la littérature catalane. Aristocrate fier de son rang, Lulle se détourna à 30 ans des honneurs pour se consacrer à l'étude et à la prédication. Incessant voyageur (on le voit aborder tous les rivages de la Méditerranée, de Chypre à Tunis), il laisse une œuvre monumentale de 327 volumes, dont une partie, la poésie essentiellement, est écrite en occitan, à l'imitation des troubadours de son temps, et une autre en latin, comme *Ars magna*, véritable encyclopédie des savoirs de son époque. Lulle a recours à la langue catalane dans ses ouvrages philosophiques ou religieux, bien souvent présentés comme des romans, où elle est d'un grand pouvoir d'évocation dans les descriptions de la nature ou des paysages.

L'apogée du XVe siècle

Deux figures dominent le siècle : **Ausiàs March** (1397-1459) et **Joanot Martorell** (1413-1468), aussi prompts à tirer l'épée qu'à se saisir de leur plume. March, né et mort à Valence, non loin de ses terres familiales de Gandía, fut le premier à délaisser l'occitan, langue traditionnelle des œuvres rimées, pour le catalan ; il a laissé quelque 10 000 vers considérés comme l'acte de naissance de la **poésie** catalane. Joanot Martorell est l'auteur du *Tirant lo Blanch* (1490), roman épique qui entraîne son héros dans d'étourdissantes aventures à travers toute l'Europe. C'est l'un des rares ouvrages épargnés par le curé qui expurge la bibliothèque de Don Quichotte : « Donnez-moi ce livre, je le considère comme un trésor de bonne humeur et une mine de divertissements ; c'est le meilleur de tous les romans de chevalerie » (chap. VI, trad. Aline Schulman). Dans le registre spirituel, la littérature catalane compte l'œuvre de **Vicent Ferrer** (saint Vincent Ferrier, 1350-1419), le plus célèbre prédicateur de son temps. Ce Moyen Âge finissant connaissait également les **drames liturgiques**, au cours desquels les épisodes de la Nativité ou de la Passion étaient représentés dans les églises. Ces textes d'inspiration populaire ont pour la plupart disparu, à l'exception des *Mystères d'Elche*, toujours représentés chaque année au 15 août dans la basilique de la ville *(encadré p. 256)*.

La Renaixença

Avec son *Ode à la Patrie* qu'il publia en 1833, **Bonaventura Carles Arribau** (1798-1861) signa le premier acte de la renaissance culturelle catalane *(la Renaixença, p. 50)*, qui marqua au XIXe s. un nouvel intérêt pour la langue. **Jacint Verdaguer** (1845-1902) connut une audience outre-Pyrénées grâce à Frédéric Mistral. Cet ecclésiastique, protégé de la grande bourgeoise catalane — il fut l'aumônier du marquis de Comillas —, fait figure de poète national. *Canigó* (1886), chant lyrique exaltant les montagnes catalanes, est une de ses œuvres les plus célèbres. En matière de roman, **Narcís Oller** (1846-1930) a laissé une œuvre dans la veine d'un Zola qui brosse un portrait impitoyable de la Barcelone des affairistes de la fin du XIXe s. On pourra lire en français *La Fièvre de l'Or (Febre d'Or)*, publié en 1896.

Le modernisme

Le modernisme, qui a signé la rencontre entre la bourgeoisie catalane et les artistes novateurs, a aussi trouvé un développement dans la littérature. **Joan Maragall** (1860-1911) en est le plus illustre représentant *(encadré p. 57)*. Ce grand bourgeois profondément catholique a laissé une œuvre imprégnée tout à la fois de mysticisme, de catalanisme et de fascination pour la ville moderne de Barcelone en train de se construire sous ses yeux. Malgré le conservatisme social de son milieu d'origine, Maragall prôna en vain l'amnistie pour les émeutiers de la Semaine tragique qui ensanglanta Barcelone en 1909 *(p. 52)*. ●

Être catalan aujourd'hui, c'est aussi convoquer le talent des plus grands architectes étrangers

Les arts plastiques

Deux fortes personnalités dominent la scène artistique catalane : un peintre, **Antoni Tàpies** (1923) et un sculpteur, **Josep Maria Subirachs** (1927), tous deux natifs de Barcelone. Le premier, que l'on rattache à la mouvance des **expressionnistes abstraits**, interroge la réalité depuis plus d'un demi-siècle, à travers une œuvre abondante réalisée avec une grande économie de moyens dans la couleur ou dans les formes. Ses murs de graffitis renvoient à la dictature

Pau Casals

Passionné de Bach, Pau Casals fonde en 1904 un trio avec **Alfred Cortot** et **Jacques Thibaud**, formation aujourd'hui mythique qui triompha sur les scènes du monde entier. Ce succès phénoménal ne le détourne pas de ses préoccupations sociales, puisqu'en 1920 il crée à Barcelone une association musicale ouvrière. La victoire de Franco le contraint à l'exil.
Après 1945, pour protester contre l'indifférence de la communauté internationale à l'égard de la dictature franquiste, il renonce à se produire.

En 1950, il accepte néanmoins de créer le **festival de Prades**, la petite ville des Pyrénées-Orientales où il s'est établi. Dédié à l'œuvre de Bach, le festival continue aujourd'hui de communier dans la mémoire du maître.

Casals meurt en 1973 à Porto Rico, sans avoir revu sa Catalogne natale qui n'a jamais cessé de le hanter, comme en témoigne sa *Sardane pour 32 violoncelles*. ●

Pau Casals (1876-1973), l'intransigeant.

ainsi l'Américain Richard Meier pour le musée d'Art contemporain de Barcelone.

franquiste dont il fut un opposant résolu et actif. Subirachs, avec qui Tàpies exposa pour la première fois en 1948, fut dans ses premières années profondément influencé par le **noucentisme** *(p. 143)* et la sculpture de **Maillol**. Dans les années 1950, il est tenté par l'abstraction, avant de revenir au figuratif, avec la façade de la Virgen del Camino à León, ou le monument à Francesc Macià sur la plaça de Catalunya à Barcelone. Subirachs a surtout réalisé, à partir de 1987, le cycle de sculptures qui orne la façade de la Passion de la Sagrada Familia *(p. 152)*.

L'architecture

La Catalogne a donné quelques noms de premier plan à l'architecture mondiale, dont **Ricardo Bofill** : sa relecture de l'architecture classique a donné naissance à des ensembles monumentaux, comme à Montpellier ou à Paris (place de Catalogne).

Le cabinet d'architecture MBM, qui réunit depuis les années 1960 **Oriol Bohigas**, **Josep Martorell** et **David Mackay**, est responsable de très nombreux projets, notamment de programmes de logements inspirés tout à la fois de l'architecture espagnole traditionnelle et du passé moderniste.

Les jeux Olympiques de Barcelone en 1992 ont marqué le point culminant de l'effervescence architecturale qui a saisi la Catalogne, comme toute l'Espagne, depuis le rétablissement de la démocratie : conformément à la tradition d'ouverture sur le monde, et pour répondre aux exigences postmodernes de dépassement des cadres nationaux, on fit appel à de grandes signatures internationales, tels **Norman Foster** ou **Richard Meier**. ●

Vivre à la catalane

Jamón, jamón !

Comme l'histoire ou l'archéologie, la cuisine fait l'objet de savantes recherches et de publications érudites. Ainsi a-t-on exhumé des traités culinaires remontant au Moyen Âge, qui témoigneraient de la « supériorité morale de la nation catalane », selon certains spécialistes. Sans faire de la gastronomie une affaire d'État, on doit admettre que le détour par la table est un des grands moments d'un séjour dans la région.

Les spécialités culinaires

La table est un élément essentiel de l'art de vivre catalan : celle que l'on partage entre amis, dans un bistrot renommé, une auberge de campagne ou une guinguette au bord de l'eau. Une affaire sérieuse donc, comme tout ce que l'on entreprend dans cette région-ci de la Méditerranée. Sérieuse, mais pas grave pour autant, et nullement compassée, même dans les établissements les plus réputés où le maître d'hôtel ne cillera pas si vous demandez une boisson gazeuse pour accompagner votre plat principal. Mais avant de passer à table, détour obligé par les bars et leurs **tapas** au moment de l'apéritif *(encadré p. 297)*.

Sujet d'importance, la cuisine catalane connaît ses écoles et ses rivalités: d'un côté, les tenants de la tradition, de l'autre la cohorte des modernistes. Les premiers s'en tiennent aux fondamentaux: un aller-retour décomplexé entre la rusticité des spécialités de l'intérieur – parmi lesquelles les **pieds de porc à l'étouffée** et le simplissime ***pa amb tomàquets*** *(p. 24)*, qui fait figure de plat national –, et le baroque des recettes de la côte, où poissons et fruits de mer rencontrent les épices (poivre, cardamome, cannelle) apportées jadis par les navires revenus d'outre-Méditerranée. Parfois, produits de la terre et de la mer s'épousent dans les spécialités dites « **mer et montagne** » *(mar i muntanya)* comme le **poulet aux crevettes** ou le **lapin à la langouste**. En face, les tenants du modernisme ont un pape, **Ferran Adrià**, qui fait merveille en son temple d'**El Bulli** près de Roses *(p. 24)* : une cuisine à l'épure, aux goûts concentrés dans de surprenantes gelées et de délicates essences. C'est la ***cuina de creació***, la cuisine d'auteur proposée dans le décor minimaliste des restaurants à la mode. Vogue du diététiquement correct, on voit également se multiplier les spécialistes de ***cuina mediterrània***, ou encore de ***cuina del món*** (cuisine du monde).

Avant de vous frotter aux recherches culinaires les plus ébouriffantes, vous aurez peut-être avantage à partir à la découverte de la succulente cuisine catalane traditionnelle, servie généreusement dans les petits restaurants de quartier ou les auberges de village.

Le vignoble

Occupant 11 % de la surface cultivée de la région, la vigne catalane produit 3 millions d'hectolitres par an, dont 20 % sont exportés, notamment vers les États-Unis. On trouve en Catalogne **9 régions d'appellation contrôlée** : Empordà- Costa Brava, Alella, Penedès, Conca de Barberà, Tarragone, Priorat, Terra Alta, Costers de Segre et Pla de Bags. Longtemps les vins de Penedès, avec les caves Torres, furent les seuls tenants d'une exploitationmoderne, à l'image du dynamisme catalan. Depuis quelques années, les autres appellations ont fait elles aussi leur *aggiornamento* et proposent des produits (vins de cépage ou assemblages) de grande qualité. Les cépages utilisés sont autochtones (le tempranillo essentiellement) ou importés (cabernets, merlot, syrah, grenache...). La Catalogne produit également un vin **mousseux** *(cava)* élaboré selon la méthode champenoise et commercialisé surtout sous l'appellation penedès. La capitale du *cava* catalan est **Sant Sadurni d'Anoia**, où se visitent les caves Codorníu dont les chais furent construits par l'architecte moderniste Puig i Cadafalch.

Étal de fruits sur le marché de la Boqueria à Barcelone. Page de gauche : deux facettes de la cuisine catalane : les spécialités traditionnelles de « mer et montagne », où le lapin côtoie les langoustines, et les compositions savantes des tenants de la modernité.

© A. Félix, Hémisphères Images

Spécialités catalanes

Pa amb tomàquets : tout simplement du pain frotté à l'ail et à la tomate. Un délice lorsque les produits sont frais et goûteux. Magnifique avec une tranche de jambon.

Ali-oli : sauce crémeuse d'huile et d'ail.

Picada : sauce composée d'ail, de persil, d'amandes et de pignons. Elle entre dans la composition de nombreuses préparations, notamment pour lier les jus de cuisson.

Calçots amb romesco : oignons grillés dans une sauce d'huile, de vinaigre, d'ail et de tomate *(romesco)*. Une institution.

Bacallà en esqueixada : salade de morue émiettée aux haricots blancs.

Conill amb cargots : lapin aux escargots.

Suquet de peix : ragoût de poissons.

Fidéua : la paella catalane, où les ***fidéos***, sorte de vermicelle de la grosseur d'un spaghetti, remplacent le riz ; on l'agrémente souvent d'escargots.

Au chapitre des desserts, si la **crème catalane** a fait le tour du monde, on se régalera sur place des ***pastissets***, pains à l'anis dont la farine a été travaillée à l'huile d'olive, et additionnée d'œufs, d'amandes, de lait caillé, de cannelle et d'écorce de citron.

Charcuteries vedettes

Les ***butifarras*** (saucisses blanches ou noires), les ***morcillas*** (le boudin), et la ***longaniza*** (saucisse sèche) sont quelques-unes des charcuteries vedettes de Catalogne. À déguster dans la fameuse charcuterie **Molina** à Barcelone, une « charcuterie-bar » comme on n'en trouve qu'en Espagne : d'un côté le rayon traiteur avec ses jambons, ses saucisses, ses fromages et aussi ses plats cuisinés, de l'autre le bar. Une adresse culte pour les gastronomes, qui bien qu'excentrée dans le haut de l'Eixample, mérite le détour. L'établissement possède également un restaurant pour le déjeuner uniquement. Magnifique sélection de vins.

♦ *Molina* ♥, *1-3 plaça Molina, Barcelone* **hors pl. III par C1** ☎ *932.00.57.69. F. dim. soir.*

Temple de la cuisine catalane

Près de Roses, **El Bulli** est le sanctuaire de **Ferran Adrià**, gourou de la cuisine moderne catalane, que le chef français Joël Robuchon considère comme son héritier. Un lieu mythique : en 2003, on y a enregistré 400 000 demandes de réservations, alors que l'établissement ne peut en assurer que 8000 durant toute l'année. Au programme : gelées subtiles et essences d'herbes rares, déclinées en 35 préparations dans le célèbre menu dégustation.

♦♦♦♦ ***El Bulli****, carrer Cala Montjoi, Roses, à 12 km O de Cadaqués sur la route de Gérone* ☎ *972.15.04.57, < www.elbulli.com >. Ouv. avr.-oct.* ●

↖ Ci-dessus :
le restaurant Set Portes. Un passage obligé lors d'un séjour à Barcelone (p. 179).

Les fêtes

Il est peu d'exemples d'une danse aussi nationale que la **sardane**. La dictature franquiste ne s'y était du reste pas trompée qui, voulant humilier la Catalogne, interdit sa langue et la sardane. Celle-ci fait d'ailleurs l'objet de débats et d'exégèses : certains font remonter ses origines au chœur du théâtre grec, d'autres y voient la descendance d'un très ancien culte solaire. Mais on s'accorde à la faire naître dans sa forme actuelle dans la région de l'Empordà et on sait qu'elle était déjà très populaire au XVIe s. Au XIXe s., avec la Renaixença catalane, qui sommait les artistes et intellectuels de redécouvrir leur passé, la sardane fut codifiée par **Pep Ventura**. En 1871, cette danse jusque-là essentiellement rurale fit son entrée au répertoire de l'Orfeo Català à Barcelone *(encadré p. 136)*.

L'orchestre de sardane, la ***cobla***, compte de 11 à 13 musiciens : outre le ***flabiol*** – petite flûte aigre à sept trous que l'on joue d'une main –, on y trouve des hautbois, un tambourin et une contrebasse. La sardane accompagne toutes les fêtes en Catalogne, et fait également l'objet de concours, comme à Montblanc, en mai et en juin *(p. 207)*.

Autre spécificité des fêtes catalanes, les ***castells***. Ces spectaculaires **pyramides humaines** sont formées par les membres d'une *colla*, association vouée à cette activité athlétique. Il en existe plusieurs dizaines à travers la Catalogne, qui se livrent à une compétition sévère lors des concours annuels, comme celui de la Sainte-Thècle à Tarragone *(encadré p. 191)*.

Les Catalans apprécient de l'œil du connaisseur la progression de la pyramide jusqu'à l'*anxaneta* (le sommet) où se dresse le dernier *casteller*, souvent un jeune garçon. Ils commentent les différentes figures de la construction à l'aide d'un lexique proprement *castellera* : un *pilar* est un étage (*pis*) formé d'un seul homme ; une *torre* de deux ; un *castell*, de plus de deux. Ils reconnaissent également différentes figures : les *quatre de sis* ou les *tres de cinc*, respectivement six étages de quatre hommes, et cinq de trois. Les figures réputées les plus difficiles sont les *tres de set* et les *quatre de vuit*. ●

Pour danser la sardane

Tous les dimanches à midi, sur le parvis de la **cathédrale de Barcelone** *(p. 127)*, s'accomplit le même rituel qui réunit les amoureux de la sardane : on forme le cercle, puis au signal du *flabiol*, les danseurs se tenant par la main entament une suite de pas : lents d'abord, puis rapides et de plus en plus complexes, avant de terminer par une suite de figures lentes. Chacun est invité à se joindre au cercle, pour peu qu'il ne s'interpose pas entre un danseur et sa cavalière de droite.

La Santa Tecla

C'est la grande date du calendrier des fêtes de Tarragone. Elle a lieu le **23 septembre** en l'honneur de la patronne de la ville, sainte Thècle *(encadré p. 191)*. Les rues du centre abritent diverses festivités, compétitions sportives, danses, chants et concerts, tandis que sur la rambla Nova se dressent les *castells*, pyramides humaines indispensables aux fêtes catalanes *(illustration ci-contre)*. Les réjouissances se poursuivent le lendemain avec le clou de la fête : une pyramide humaine qui se déplace. ●

Économie et institutions catalanes

© S. Grandadam

« Radicalisme pas mort. »

La Generalitat de Catalunya

Selon la loi constitutionnelle de 1978, le royaume d'Espagne est divisé en **17 régions autonomes**, chacune dotée de ses institutions propres. Le statut de l'autonomie catalane, élaboré en 1979, est entré en vigueur le 17 janvier 1980. Il définit les institutions politiques de la région, la **Generalitat de Catalunya**, et le partage des compétences entre elle et l'État espagnol.

L'autonomie catalane, une nation sans État

La Catalogne est dotée d'un **parlement** de 135 députés élus pour quatre ans ; son exécutif est conduit par un **conseil** de 14 membres, qui portent le titre de ministres, dirigé par le président de la Generalitat, élu en son sein par le parlement catalan et nommé par le roi. De 1980 à 2003, le poste fut occupé par **Jordi Pujol**.

Le statut de 1979 détaille scrupuleusement les domaines dévolus à l'autonomie et à l'État espagnol. Trente-trois domaines sont gérés exclusivement par la Generalitat, parmi lesquels l'éducation, le droit civil, l'administration locale, l'urbanisme et l'aménagement du territoire, la culture et le patrimoine. Un autre niveau de compétence est partagé entre l'autonomie et l'État, la Generalitat y exerçant le pouvoir dans le cadre de la législation de l'État : ainsi des secteurs de la pêche, de la santé, ou de l'orientation du crédit. Un dernier niveau reste enfin de la compétence exclusive de l'État central, l'autonomie étant chargée d'en assurer l'application : la propriété industrielle, le système pénitentiaire et le droit du travail. L'État espagnol est représenté à Barcelone par un **délégué du gouvernement** et par un **gouverneur militaire**.

Conformément à la Constitution, les **impôts** levés en Catalogne sont dus à **Madrid**, qui en redistribue une partie à la Generalitat. Depuis 1997, les régions ont cependant obtenu le droit de gérer 30 % du montant de leur impôt. (Cette mesure ne s'applique pas au Pays basque et à la Navarre, qui, depuis l'instauration des autonomies et en vertu de privilèges historiques, possèdent la souveraineté fiscale ; à charge pour ces deux régions de rétrocéder une partie des impôts à Madrid.)

Le budget de la Catalogne dépend ainsi à 75 % de la dotation du centre, ce qui limite considérablement ses marges de manœuvre économique. Cette ponction de l'État, qui est en partie redistribuée aux autonomies moins développées en vertu du principe de solidarité, alimente une polémique perpétuelle entre Barcelone et Madrid.

Les Catalans aux urnes

Trois grands rendez-vous rythment la vie politique catalane : l'**élection au parlement de la Generalitat**, les **élections municipales** et les **élections des Cortes espagnols** (parlement). Depuis l'instauration de l'autonomie, les Catalans font preuve d'une remarquable stabilité en la matière. Aux élections municipales, du moins dans les grands centres urbains, les électeurs reconduisent les candidats du **PSC (Parti socialiste catalan)**, considéré comme plus proche des préoccupations populaires. Il en est de même pour les élections nationales espagnoles. Pour les élections régionales, marquées par une plus faible participation, notamment des électeurs « immigrés », ils confient la responsabilité de la région à **Convergencià i Unió (CiU)**, formation nationaliste de sensibilité démocrate-chrétienne. De 1980 à sa retraite politique en 2003, **Jordi Pujol** fut reconduit à la tête de la Generalitat. Si les élections de novembre 2003 ont à nouveau donné une majorité relative de sièges à CiU (conduite par Artur Mas, successeur de Jordi

Le drapeau sang et or

Roi de France (843-875) et empereur d'Occident (875-877), Charles le Chauve, petit-fils de Charlemagne, voit déferler dans la seconde moitié du IXe s. sur les côtes de son royaume les raids des envahisseurs normands. Pour les contenir, il bat le rappel de ses vassaux les plus lointains. Parmi eux, un obscur noble venu de la Marche hispanique : **Guifré le Velu (Wilfrid el Pilós**, *p. 34*).

Au cours de l'engagement décisif, le valeureux Guifré est blessé d'une flèche. Le roi lui rend visite sous sa tente pour honorer sa vaillance. Avisant l'écu du Catalan, orné d'un seul champ d'or, le roi y trace de ses doigts trempés dans le sang du héros quatre bandes rouges : selon la légende, le drapeau catalan est né ce jour-là.

L'hymne national

Le chant ***Els Segadors*** est l'adaptation d'un chant de guerre entonné par les Catalans révoltés contre l'absolutisme royal entre 1640 et 1650 *(p. 304)* lors de la *guerra dels segadors* (la guerre des Moissonneurs) : « Bon coup de faux, Défenseurs de la terre ! Comme nous faisons tomber les épis d'or, Quand il convient, fauchons nos chaînes. »

La fête nationale

La fête nationale catalane est célébrée chaque année le **11 septembre** et commémore ce triste jour de 1714, lorsque Barcelone tomba aux mains des Bourbons à l'issue de la guerre de Succession d'Espagne *(p. 47)*. Cette défaite se solda par la perte de tous les privilèges catalans. Plutôt qu'une défaite, les Catalans célèbrent ce jour-là l'héroïsme de leurs ancêtres, morts pour défendre les libertés de leur nation. ●

© A. Félix, Hémisphères Images

Les « grosses têtes » de la fête sont au balcon sur cette peinture murale de la plaza dels Sedassos à Tarragone.

Pujol), elles furent néanmoins marquées par la montée en puissance de l'**Esquerra republicana (ERC)**, parti nationaliste de gauche qui prône l'indépendance de la Catalogne (illustration des capacités d'intégration de la société catalane, l'ERC est dirigée par **Josep Lluis Carod-Rovira**, fils d'un immigré aragonais). Avec ses 23 députés, contre 46 à CiU et 42 au PSC dans un parlement qui compte 135 membres, l'ERC s'impose comme l'élément central de toute coalition. Le **Parti populaire (PP)** de **José Maria Aznar**, au pouvoir à Madrid, n'occupe qu'une place marginale avec ses 15 députés.

Une économie à plein régime

Avec ses 31 895 km² fichés dans le coin nord-est de la péninsule Ibérique, la Catalogne compte pour 6,3 % du territoire du royaume espagnol et près de 15 % de sa population. En dégageant près de 20 % du PIB national, la Catalogne s'affirme comme une région économique phare de l'Espagne. Une longue tradition industrielle remontant au XIXe s., l'opiniâtreté au travail des Catalans *(p. 14)*, la situation géographique de cette région tournée vers la Méditerranée et l'Europe, expliquent cette réussite. La construction de l'Union européenne, qui met l'accent sur les pôles de développement régionaux, offre aujourd'hui de nouvelles perspectives.

Une agriculture sur mesure

La Catalogne n'est pas une grande région agricole : l'agriculture emploie moins de 5 % de la population active catalane – un taux proche de la moyenne de l'Union européenne – et ne concerne que 5 % des terres agricoles espagnoles. À l'exception des grandes zones céréalières – la plaine centrale et le delta de l'Èbre, qui produit près du quart du riz espagnol –, il s'agit de **petites exploitations** qui dépassent rarement les 20 ha (10 ha pour la moitié d'entre elles). On y trouve les cultures traditionnelles des régions méditerranéennes : les **arbres fruitiers** (la Catalogne produit 90 % des noisettes espagnoles), l'**olivier** et la **vigne** (3 millions d'hectolitres par an). La région côtière est aussi une succession de **jardins maraîchers** qui alimentent les marchés des grandes villes.

Les exploitations agricoles sont familiales, autour des mas dispersés qui font tout le charme des campagnes catalanes. Le **dynamisme des paysans** leur a donné les moyens de moderniser leurs exploitations et d'adapter leur production à la demande du marché. Ainsi, dans les jardins du Maresme, la région côtière au nord de Barcelone, les **fraises** ont remplacé avantageusement les pommes de terre d'antan.

Le nord du Sud

La partie dynamique de la Catalogne se concentre sur sa frange méditerranéenne. Du reste, les **liaisons terrestres** vers l'intérieur de l'Espagne restent notoirement insuffisantes, la seule grande voie routière filant par l'autoroute vers le nord et la frontière française. Le **chemin de fer** ne présentant pas un mode de transport satisfaisant, du fait de la différence d'écartement des voies entre les réseaux espagnol et français, c'est par la mer que la Catalogne s'ouvre vers l'extérieur, par ses **ports** de **Tarragone** et de **Barcelone**, ce dernier formant, avec Marseille et Gênes, ce que les économistes appellent le **trident méditerranéen**.

La Chupa Chups

En 1958, un industriel catalan, **Enric Bernat**, eut une idée géniale : mettre au bout d'une fourchette un bonbon à la taille des bouches des bambins. La Chupa Chups était née. Sept parfums se disputaient les faveurs des enfants : fraise, citron, orange, menthe, vanille-chocolat, café, et fraise et crème.

En 1963, elle est honorée par Salvador Dalí qui en dessine le célèbre logo. Depuis, la petite boule ronde a fait le tour du monde et propose aujourd'hui une quarantaine de parfums aux goûts plus exotiques, comme la mangue ou le litchi.

La première usine de Sant Esteve de Sesrovires a fait des petits en Espagne et dans le monde entier, avec des centres de production en Russie, en Chine, aux États-Unis, au Brésil et au Mexique. En France, Chupa Chups est implantée à Bayonne.

La célèbre sucette est vendue dans 150 pays et s'est même lancée à la conquête de l'espace : en 1995, les astronautes l'ont emportée dans la station Mir. ●

Élevage et pêche

L'élevage, traditionnel dans les zones pyrénéennes, a connu ces dernières années un développement spectaculaire, au point de fournir aujourd'hui 60 % du revenu agricole catalan. Il s'agit d'**élevage porcin** concentré dans la comarcà de Lérida, où l'on ne compte pas moins de 10 porcs par habitant.

Si les **poissons** et les **fruits de mer** s'invitent très fréquemment sur les tables catalanes, le secteur de la pêche, concentré autour de Tarragone, reste notoirement insuffisant pour satisfaire les appétits locaux. Le poisson provient en grande partie des ports de la côte basque. Un espoir cependant : le développement de l'**aquaculture** dans la région du delta de l'Èbre, qui s'est déjà hissée à la première place dans la production de moules et de coquillages espagnols.

Le réseau des PME

C'est aux enfants de toute l'Europe que la Catalogne doit sa seule multinationale, **Chupa Chups** *(p. 29)*, productrice des célèbres sucettes en boules multicolores. Pour le reste, hormis une centaine d'entreprises de plus de 500 travailleurs, la majorité du tissu industriel est constituée de **petites entreprises familiales** qui emploient plus de la moitié de la main-d'œuvre industrielle catalane : 58 % contre 28 % en Allemagne ou en France. La tradition industrielle catalane est ancienne : elle remonte au XIXe s. avec le **textile** qui valut à Barcelone son surnom de Manchester espagnole. Fortement concurrencé par les producteurs du Sud meilleur marché, le secteur est aujourd'hui en perte de vitesse ; il continue néanmoins à produire 70 % du **coton** espagnol et a entrepris une reconversion vers les secteurs à plus forte valeur ajoutée de la couture et du prêt-à-porter. Deux pôles principaux sous-tendent le dynamisme industriel catalan (le quart de la production nationale) : la **chimie** concentrée autour de Tarragone et l'**agro-alimentaire**.

La Costa Brava, rêve ou cauchemar ?

Avec une moyenne de 15 millions de visiteurs par an, la Catalogne est la **première région touristique d'Europe**. Il s'agit d'un tourisme

Pêcheur de Tarragone.

essentiellement balnéaire, concentré dans les grandes stations estivales de la Costa Brava, « lancée » dans les années 1960 sous le régime de Franco. Le secteur continue, certes, d'employer près de 15 % de la population active catalane, mais cet afflux de visiteurs sur les deux mois de l'été commence à susciter les interrogations des Catalans. En plus des problèmes d'environnement – le saccage du paysage côtier par exemple –, la lente **dégradation des infrastructures** hôtelières et urbaines, du fait d'un rapide vieillissement et d'un faible investissement dans leur entretien, ne semble plus attirer la clientèle européenne à la recherche aujourd'hui de vacances dans un cadre préservé. Pour l'heure, la relative désaffection des touristes étrangers est encore compensée par la clientèle espagnole.

Le réseau Caixa

Autre particularité de l'économie catalane, la **modestie du système bancaire**. Contrairement à d'autres régions industrielles de l'Espagne, comme le Pays basque, qui a développé depuis le XIXe s. un secteur bancaire puissant, la Catalogne ne possède pas de banques capables de rivaliser avec les grands groupes espagnols ou européens. C'est le **réseau de caisses d'épargne**, fusionnées aujourd'hui sous le nom de **Caixa**, qui draine la majorité des dépôts des particuliers.

L'horizon européen

Par son passé humain et industriel, par les rapports qu'elle entretient avec le reste de l'Espagne, par la volonté de ses dirigeants aussi, la Catalogne voit dans l'Union européenne le débouché naturel de son dynamisme industriel. Déjà, elle reçoit près du **quart des investissements étrangers** en Espagne. Depuis 1988, elle appartient – avec le Bade-Wurtemberg, la Lombardie et Rhône-Alpes – au **groupe des quatre moteurs de l'Europe**, quatre régions qui ont intensifié leur coopération industrielle et leurs échanges en matière de recherche et d'enseignement universitaire. Depuis 1988 aussi, la Catalogne entretient un bureau permanent à Bruxelles qui s'emploie à faciliter les contacts directs entre la région et les instances européennes. De même, le patronat catalan possède une antenne dans la capitale européenne où elle s'emploie à la même tâche de lobbying. ●

Naissance d'une nation

© Office espagnol du tourisme

L'histoire est une des passions catalanes. Inlassablement, on ne cesse ici de revisiter le passé, au travers d'innombrables publications, revues ou colloques. C'est l'histoire médiévale qui suscite le plus grand intérêt. Celle du comté de Barcelone, depuis sa fondation par les Carolingiens jusqu'à la mort, au début du XVe s., du dernier représentant autochtone de la dynastie. C'est le temps de la splendeur, lorsque les navires catalans sillonnaient la Méditerranée et que les maîtres de Barcelone comptaient parmi les plus puissants souverains de toute l'Europe. Sur les mers, le commerce était régi par un code maritime élaboré en catalan dans la cité comtale. Et l'on vit même se constituer en Grèce un duché catalan au XIVe s. : l'Acropole de Périclès s'appelait alors la Seu. Mais plutôt que la nostalgie nationaliste d'une grandeur révolue, les Catalans recherchent dans cette période les fondements de leur histoire collective.

C'est à cette époque que naissent les institutions qui garantissent les libertés bourgeoises face au souverain : Usatges, Corts Catalanes, Generalitat, dont les noms seront ressuscités avec fierté et émotion lors de l'instauration de l'autonomie en 1980. Les Catalans voient dans ce lointain passé l'ancêtre des monarchies constitutionnelles et l'émergence de la première nation en Europe. C'est aussi au Moyen Âge que le catalan devient une langue littéraire et produit quelques chefs-d'œuvre de la littérature européenne.

↖ *Ci-dessus : l'incontestable chef-d'œuvre de l'art roman catalan : le* Christ en majesté, *peinture murale de l'église Sant Climent de Taüll, conservée aujourd'hui au MNAC de Barcelone.*

Une brève présence musulmane

Débarqués près de Tarifa (Andalousie) en 711, les conquérants musulmans abattent en une campagne éclair un royaume wisigoth affaibli et divisé. En quelques années, ils arrachent pièce à pièce les régions d'Espagne à leurs défenseurs chrétiens, pour en faire des provinces de l'**al-Andalus musulmane**. Les confins du nord-est sont les dernières à succomber : Tarragone est conquise – et détruite – en 715, la région du Levant en 716, Barcelone et l'Empordà entre 717 et 718. Mais contrairement au sud de la Péninsule, où le dernier émirat s'éteint avec la prise de Grenade en 1492, la présence musulmane dans les régions du nord-est ne dure guère plus de soixante-dix ans – davantage dans les régions de Tarragone, de Lérida et du Levant, qui seront prises plus tard et progressivement par les armées chrétiennes de la Reconquista. Un temps trop court pour imprimer une marque durable sur le paysage ou sur la toponymie comme c'est le cas dans les régions côtières plus au sud.

La Marche hispanique carolingienne

Une Espagne musulmane certes, mais loin d'être unie pour autant : comme souvent dans les empires arabo-musulmans, les gouverneurs de province n'ont de cesse de tenter de s'émanciper de la tutelle du pouvoir central, ici l'émirat de Cordoue. C'est ainsi qu'en 778, à l'appel de l'émir de Barcelone et de Gérone, **Charlemagne** et son armée franchissent les Pyrénées : la campagne militaire, dont l'objectif est la prise de Saragosse, est un semi-échec ; quant au chemin du retour, la légende en a retenu le dramatique épisode du **passage de Roncevaux**. L'expédition marque pourtant les esprits, au point que quelques années plus tard, en 785, les habitants de Gérone remettent leur ville aux Francs, suivis en 789 par les régions pyrénéennes de la Cerdagne et d'Urgell. En 801, c'est par les armes que le fils de Charlemagne, Louis d'Aquitaine, futur empereur d'Occident sous le nom de **Louis le Pieux** (814-840), s'empare de Barcelone après un long siège. Une enclave franque est dès lors solide-

Des saints aux côtés des Francs

En 785, quand le gouverneur musulman livra sans combattre Gérone aux armées franques, c'est, selon la légende locale, **Charlemagne** en personne qui conduisait la troupe, et son apparition devant les murs s'accompagna de miracles. Assez en tout cas pour faire ici du futur empereur un saint, vénéré, comme dans toute l'Europe, jusqu'au XVe s. En témoigne une délicieuse statuette en albâtre conservée dans les collections du Musée diocésain de Gérone *(p. 87)*.

Lorsque **Louis d'Aquitaine** rendit Barcelone à la chrétienté en 801, un preux chevalier, au pourpoint blanc frappé d'une croix rouge, se distingua parmi les assaillants. La victoire acquise, il regagna le ciel d'un puissant coup de rein de sa monture : c'était saint Georges qui avait combattu aux côtés des chrétiens, le **Sant Jordi** patron de la Catalogne. ●

Ci-contre : Charlemagne fit l'objet d'un culte durant tout le Moyen Âge.

ment constituée entre la chaîne des Pyrénées et le rio Llobregat, au sud de Barcelone : c'est la **Marche hispanique carolingienne**, l'embryon de la future Catalogne.

L'organisation de la Marche

Les possessions franques d'outre-Pyrénées deviennent le **marquisat de Gothie** ; le territoire est divisé en **comtés** remis en fiefs à des nobles locaux issus de l'aristocratie wisigothe. C'est aussi que les populations locales sont très attachées à leurs coutumes héritées des codes législatifs wisigoths et ont obtenu de l'empereur la licence de juger leurs affaires selon leurs propres lois. Durant tout le IXe s., la région connaît un mouvement migratoire continu : des montagnes — qui depuis la conquête musulmane ont servi de refuge aux chrétiens - vers les régions côtières et les villes, Barcelone et Gérone notamment, devenues capitales des comtés de la Marche. En 878, le roi **Louis le Bègue** (877-879) réorganise ses possessions espagnoles ; il confie le fief de Barcelone et Gérone à un noble wisigoth, déjà maître d'Urgell et de la Cerdagne : **Guifré le Velu** (el Pilós). Son frère, Miro, reçoit le Roussillon.

Une dynastie catalane

C'est la dernière fois que le roi franc choisit les titulaires de ses comtés de la Marche. Désormais, la transmission des fiefs sera héréditaire. Pour les Catalans, l'avènement de Guifré le Velu signe l'**acte fondateur de l'indépendance** de leur nation. Ses descendants régneront à partir du comté de Barcelone sur toute la Catalogne, puis sur l'Aragon, jusqu'en 1412. C'est aussi à Guifré le Velu que la tradition attribue la création du drapeau sang et or catalan *(p. 27)*. Une tradition tardive puisque sa première mention écrite ne date que du milieu du XVIe s.

L'histoire du Xe s. est celle de l'**émancipation progressive** des comtés catalans, sous l'autorité du comte de Barcelone, à l'égard du roi franc, qui reste cependant le suzerain théo-

Charlemagne découvrant le corps de Roland à Roncevaux en 778. Enluminure pour Les Grandes Chroniques de France, *vers 1460.*

rique de la région. Dès le milieu du siècle, le maître de Barcelone envoie en son nom des ambassades à Rome et à la cour de Cordoue.

Le silence du roi de France

L'année 985 marque une autre étape décisive dans l'histoire catalane : cette année-là, Barcelone est ravagée par un raid musulman conduit par **al-Mansour**, le maître de Cordoue : la ville est incendiée, ses habitants tués ou réduits en esclavage. Un véritable traumatisme que relatent douloureusement les chroniqueurs.

Pour faire pièce à l'envahisseur, le **comte Borrell** (946-992) fait appel à son suzerain. C'est le faible Lothaire qui occupe alors le trône, puis, à partir de 986, Louis le Fainéant ; ces deux derniers représentants de la dynastie carolingienne laissent sans réponse les appels à l'aide des Catalans. **Hugues Capet**, monté sur le trône en 987, offre enfin son aide, mais assortie de conditions si draconiennes que les Catalans la refusent en 988 : l'événement marque la **rupture définitive avec la France**. Pour les Catalans, c'est l'an I de l'indépendance de leur nation, dont la Generalitat a célébré le millénaire il y a quelques années.

La mise en place d'une société féodale

Affranchis de la tutelle des rois de France, les comtes de Barcelone favorisent la mise en place d'une société féodale dont ils sont les suzerains incontestés. Un à un, lorsque leur titulaire meurt sans héritier mâle, les comtés catalans viennent grossir les possessions du maître de Barcelone. Devenue une puissance qui compte, la Catalogne s'impose comme un acteur politique et militaire majeur dans l'histoire de la Péninsule. Les comtes soumettent à leur pouvoir les roitelets musulmans des environs qui doivent leur payer un tribut. Ils lancent des expéditions militaires vers le Sud, agrandissant leurs domaines au sud du Llobregat et disputant même Valence au Cid.

Au milieu du XIIe s., grâce aux campagnes militaires conduites par **Raimond Bérenger IV** (1131-1162), le comté de Barcelone touche le delta de l'Èbre et donne à la Catalogne les limites qu'on lui connaît aujourd'hui. Entre le fleuve Llobregat au sud de Barcelone, et l'Èbre, c'est la Nouvelle Catalogne, par opposition à la Vieille Catalogne qui occupe le coin nord-est de la Péninsule. Pour peupler ces territoires abandonnés par les musulmans, on fait appel à des colons qui bénéficient de droits et de privilèges inconnus dans les campagnes de la Vieille Catalogne. On fait appel aussi aux moines cisterciens qui fondent des abbayes, Poblet, Santes Creus ou Vallbona.

Les bases d'une monarchie constitutionnelle

La mise en place politique de la société féodale se traduit par l'abandon des anciennes lois wisigothiques au profit de nouveaux codes qui réglementent les rapports sociaux. Ce sont les **Usatges de Barcelone**, établis dès 1068, qui garantissent les libertés des villes et de l'Église face à l'absolutisme royal. C'est le premier corpus législatif féodal, avant la *Magna Carta* britannique concédée en 1215.

La Catalogne féodale, c'est aussi la figure tutélaire de l'évêque **Oliba** (971-1046), riche héritier du comté de Ripoll, qui abandonne la gloire qui lui était promise dans le siècle pour embrasser la carrière ecclésiastique. Abbé de Ripoll, puis évêque de Vic, cet homme d'une immense culture est le premier à définir, au concile de Toulouse en 1027, les règles de la **trêve de Dieu** *(Pau i Treva)* qui interdit aux belligérants de livrer bataille entre les vêpres du jeudi et le lundi sous peine d'excommunication. Il est également à l'origine de la fondation de l'**abbaye de Montserrat** *(p. 171)* et

étymologie

Le peuple des châteaux

C'est après l'union du comté de Barcelone et de l'Aragon que se répandit l'usage du terme « catalan ». Plusieurs hypothèses ont été avancées pour expliquer l'origine du mot. La plus communément retenue aujourd'hui fait dériver le mot du terme *castlan*, qui désignait les habitants d'un *castlà* : ces tours donjons marquaient le centre des fiefs qui se partageaient la région depuis les origines du comté. Ce genre d'ouvrage se répandit par la suite dans la Nouvelle Catalogne reconquise sur les musulmans. ●

du culte de **saint Georges** (sant Jordi, *p. 33*), deux symboles majeurs de l'identité de la Catalogne qu'il désigne du nom de Patrie dans ses écrits. Son infatigable activité de bâtisseur contribue enfin à répandre le style roman dans tout le comté *(voir p. 42)*.

L'union avec l'Aragon

En 1134, Alphonse le Batailleur, roi d'Aragon, meurt sans héritier. Son frère Ramire est invité à quitter le monastère où il s'était retiré, et à ceindre la couronne royale. Le roi-moine s'exécute, épouse **Agnès de Poitiers**, dont il a rapidement une fille, **Pétronille**. Alors qu'elle n'a que trois ans, il la promet en 1134 au comte de Barcelone, **Raimond Bérenger IV**, à qui il cède l'Aragon par le même acte. Le destin du royaume scellé, Ramire regagne sans tarder son monastère. La réunion de l'Aragon et du comté de Barcelone donne naissance à l'un des plus puissants royaumes chrétiens d'Espagne ; c'est à ce moment que le terme de « Catalogne » fait son apparition dans les textes.

Le fils de Raimond, **Alphonse Ier** (1164-1196), agrandit encore les possessions du comté en recevant par héritage le **comté du Roussillon**. Des deux côtés des Pyrénées, l'ensemble des terres catalanes est désormais réuni sous une même autorité qui s'exerce également sur la Bigorre et le Béarn, sur la Provence, catalane depuis 1113, et jusqu'au nord de la Lombardie. La croisade des Albigeois met cependant un terme à cette expansion au nord des Pyrénées. **Pierre Ier** (Pere el Catòlic, 1196-1213) soutient les hérétiques contre les croisés de Simon de Montfort, et trouve la mort au combat à la bataille de Muret (1213).

Jaume el Conqueridor

Barrée vers le nord, l'expansion catalane va trouver son exutoire en Méditerranée et dans la péninsule Ibérique. Cette politique de conquête est tout d'abord l'œuvre du fils de Pierre Ier, **Jacques Ier (Jaume)**, bientôt surnommé **le Conquérant** (*el Conqueridor*, 1213-1276). Type même du roi chevalier, il engage à l'âge de 20 ans la conquête des Baléares, repaire inexpugnable de pirates musulmans *(encadré ci-contre)*. En 1235, les îles sont catalanes. Le Conquérant se tourne alors vers le sud de ses États, vers la côte du Levant, où il enlève **Valence** en 1238.

L'ancienne ville du Cid devient la capitale d'un royaume, doté de ses propres institutions et rattaché à la couronne aragono-catalane. Catalans et Aragonais sont invités à peupler ces nouvelles conquêtes, où subsiste une importante population musulmane. C'est, dit-on, l'origine du bilinguisme actuel de la région valencienne. En 1266, le comte de Barcelone conquiert la Murcie, qu'il remet néanmoins au roi de Castille en vertu des accords conclus entre les deux souverains. Le **traité de Corbeil** signé en 1258 avec Saint Louis fixe les rapports entre les deux

histoire

La conquête des Baléares

Depuis 1146, les Baléares sont tenues par les pirates musulmans. En 1228, Jacques Ier le Conquérant, beau chevalier de 20 ans, se lance à l'assaut de l'archipel. Deux cents vaisseaux prennent le large, « couvrant la mer de leurs voiles » selon un chroniqueur ; ils emmènent à leur bord les troupes catalanes et aragonaises, augmentées de croisés venus de toute l'Europe. Débarquée à Majorque, l'armée chrétienne met le siège devant la capitale de l'île. Pour dissuader les Catalans d'utiliser leurs catapultes, les musulmans accrochent des prisonniers chrétiens aux murailles. Enfin, l'assaut est donné, le rempart franchi. Au milieu de la cohue, un cheval blanc porte Jacques Ier vers la victoire. Le chevalier force les portes de l'Alcazar, et s'en va, comme il en avait fait le vœu, tirer la barbe du roi musulman.

En 1235, les Baléares sont catalanes. À la mort de Jacques Ier, elles reviendront à son fils Jacques et constitueront avec Montpellier, le Roussillon et la Cerdagne, le royaume de Majorque. Sa capitale est Perpignan, où l'on peut visiter aujourd'hui le palais gothique des rois de Majorque. ●

Gisant de Jacques Ier au monastère de Poblet.

royaumes : en échange du renoncement à la suzeraineté théorique que le roi de France exerce depuis Charlemagne sur le comté, Jacques Ier abandonne toute prétention catalane sur le nord des Pyrénées, à l'exception de Montpellier.

La Catalogne, puissance méditerranéenne

Sous les règnes des successeurs de Jacques Ier, la Catalogne s'affirme comme une puissance de premier plan en Méditerranée. En 1282, révoltés contre la monarchie française de Charles d'Anjou imposée par le pape, les Siciliens font appel à **Pierre II** (1276-1285) qui s'empare de l'île ; il y fonde une dynastie aragono-catalane, base de la domination espagnole sur la **Sicile** et **Naples** jusqu'au XVIIIe s. Sous le règne de **Jacques II** (1291-1327), les redoutables **Almogavares**, les compagnies aragono-catalanes, sont les acteurs d'une formidable épopée à travers l'Orient méditerranéen. Démobilisée par la paix définitive conclue en Sicile (1302), la compagnie commandée par **Roger de Flor** se met au service d'Andronic, l'empereur de Constantinople, pour

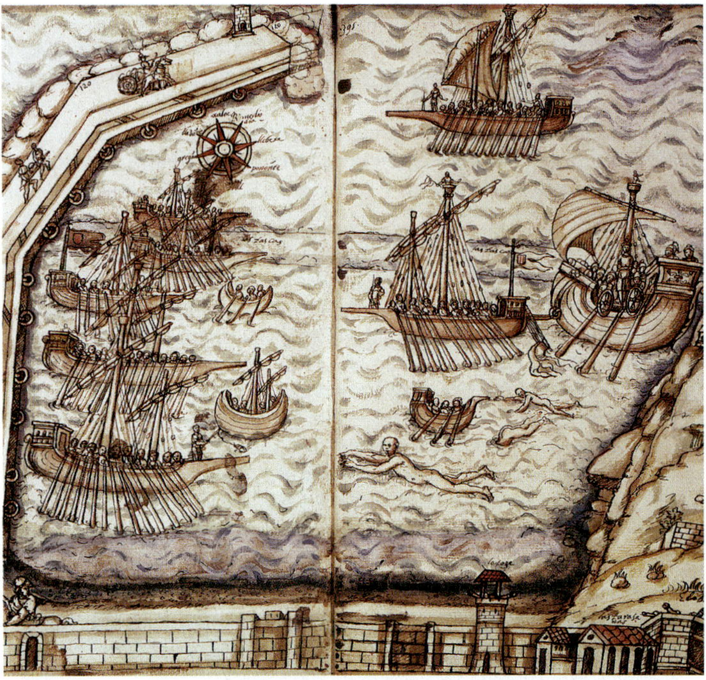

Le port de Barcelone au XVe s.

combattre l'avancée des Ottomans. La campagne militaire victorieuse conduit les mercenaires jusqu'en Cilicie, au sud de l'Anatolie. Mais sur le chemin du retour, leur chef est traîtreusement assassiné sur l'ordre de l'empereur. Ivres de rage, les Catalans se ruent sur la Thrace, pillent les monastères du mont Athos et descendent en Grèce où ils fondent le **duché catalan d'Athènes** (1308-1388). Par leur intermédiaire, les comtes de Barcelone règnent sur l'Attique et le Péloponnèse jusqu'à la fin du XIVe s.

Les institutions

Présente par ses armes ou ses comptoirs commerciaux *(les alfòndecs)* sur tout le pourtour méditerranéen, la Catalogne s'impose au XIVe s. comme une puissance maritime de premier plan. Pour asseoir ses ambitions, le comté aragono-catalan s'est doté d'une série d'institutions, ancêtres de celles que possède l'autonomie aujourd'hui et auxquelles elles ont donné leur nom. Ce sont tout d'abord les **Corts**, assemblée réunissant des représentants des trois États médiévaux qui constituent le royaume (Barcelone, Aragon, Valence), chargés d'élaborer les constitutions et les lois auxquelles le roi prêtait serment. Le royaume de Valence et l'Aragon possédaient également leur propre assemblée. Les Corts Catalanes sont dotés d'un exécutif permanent, la **Generalitat**, collège de trois députés, un pour chaque État, qui dispose de sa propre milice et de sa flotte. À Barcelone, c'est le **Consell de Cent**, représentant des corporations, qui exerce l'autorité municipale. Il est dirigé par un exécutif dont les membres respectés ont le privilège de rester assis, la tête couverte, en présence du roi. C'est ce conseil qui nomme les consuls chargés de représenter la couronne catalane dans les comptoirs commerciaux, plus d'une quarantaine disséminés à travers toute la Méditerranée. Depuis la fin du XIIIe s., le commerce maritime est régi par le **Consulat de la Mer**, dont le code, rédigé en catalan, restera en vigueur dans toute la Méditerranée pendant plusieurs siècles. Au début du XVe s. est instituée la ***taula de canvi***, banque de la cité dont l'édifice gothique abrite aujourd'hui la Bourse de Barcelone.

Les derniers comtes catalans

Avec la mort en 1410 du comte **Martin l'Humain** (Martí l'Humà, 1395-1410) disparaît le dernier représentant de la lignée de Guifré le Velu. Le comte n'a pas d'héritier, et deux prétendants, tous deux descendants en ligne féminine de Pierre le Cérémonieux (1336-1387), se pressent au pied du trône: **Charles d'Anjou**, qui a les faveurs de la France, et **Ferdinand d'Antequera**, l'infant de Castille, soutenu par le Papa Luna, le pape schismatique Benoît XIII, seul reconnu par la couronne catalane. Le prélat réussit à imposer aux trois États de la couronne, le comté de Barcelone, l'Aragon et le royaume de Valence, la constitution d'une commission de neuf membres, trois par État, chargée de choisir un successeur à Martin l'Humain.

Réunie sous l'autorité de **saint Vincent Ferrier** *(voir p. 19)*, la commission proclame le 28 juin 1412 l'élection de Ferdinand d'Antequera, par une décision connue depuis comme le **Compromis de Caspe**, du nom de la petite localité à la frontière entre l'Aragon et la Catalogne où elle siégeait.

C'est désormais un prince étranger qui règne sur la Catalogne; le pays conserve néanmoins ses institutions et ses privilèges. Mais déjà la puissance commerciale de Barcelone décroît au profit de Valence, un déclin qui s'accélérera au siècle suivant avec l'essor du commerce colonial qui laisse le port catalan à l'écart des nouvelles routes maritimes. ●

La Catalogne antique

Buste de Scipion l'Africain. Musée du Louvre, Paris.

La côte méditerranéenne de l'Espagne bénéficia de l'influence des grandes puissances antiques de la Méditerranée : celle des Phéniciens, des Grecs et des Carthaginois. La conquête romaine en fit ensuite une des plus prospères provinces de l'Empire.

Le site d'Empúries en balcon sur la mer.

Les guerres puniques

La **première guerre punique** (264-241 av. J.-C.) est déclenchée par le débarquement des Carthaginois en Sicile et se solde par une victoire romaine. Cependant les Africains s'installent solidement sur le littoral méditerranéen de la péninsule Ibérique, au sud de l'Èbre, où ils ont succédé aux Phéniciens. Au nord, les Romains sont présents par l'intermédiaire de cités alliées. C'est la prise de l'une d'entre elles, **Sagonte**, enlevée par **Hannibal**, qui provoqua la **deuxième guerre punique** (218-201 av. J.-C.). Le général vole ensuite de victoire en victoire : avec l'appui des tribus gauloises, il franchit les Alpes à la tête de ses fameux éléphants. Rome décide de prendre les Carthaginois à revers : Scipion débarque à Empúries en 218 av. J.-C. En 211, il enlève une à une les places fortes carthaginoises d'Espagne, et pousse son avantage jusqu'en Afrique. La paix de Tunis signe la fin de la puissance militaire de Carthage qui doit livrer sa flotte et ses éléphants. Une **troisième guerre punique** (149-146 av. J.-C.) mettra un terme à l'existence de Carthage qui tente de renouer avec la puissance. « *Cartago delenda est* » (Carthage doit être détruite), rappelle Caton au terme de chacun de ses discours. La campagne de Scipion Émilien en 146 av. J.-C. exaucera les vœux du célèbre sénateur. La ville est rasée.

La romanisation de l'Espagne

À l'issue de la deuxième guerre punique, Rome a les mains libres en Espagne. Des villes nouvelles sont fondées : la première à **Empúries**, en lisière de l'ancienne ville grecque (les archéologues ont trouvé là l'un des rares exemples de forum de l'époque de la République, *p. 101*), mais aussi trois colonies, **Tortosa**, **Barcelone** et **Tarragone**, qui devient rapidement la plus grande ville romaine d'Espagne. C'est là que pour la première fois est institué sous Auguste le culte impérial. Des routes sont tracées, comme la **via Augusta** qui, depuis le Perthus longe la côte méditerranéenne, traversant Gérone, Barcelone et Valence, avant de bifurquer vers Cordoue et Cadix.

Le substrat ibère

En s'installant sur les côtes méditerranéennes, Carthaginois et Romains trouvèrent des tribus ibères que mentionnent les auteurs latins. Un monde de villages fortifiés souvent rivaux, dont la langue n'a pas encore été déchiffrée. L'archéologie est moins

avare : le village d'**Ullastret** *(p. 94)*, avec ses ruelles bordées de maisons et d'ateliers, protégées derrière une solide muraille, est le témoignage le plus éloquent de cette culture. Par l'intermédiaire des colonies grecques de Roses et d'Empúries (fondées respectivement au VIIIe et au VIe s. av. J.-C.), la production artistique des Ibères trahit de fructueux contacts avec le monde antique de l'Orient méditerranéen : ainsi la célèbre *Dame d'Elche*, aujourd'hui déposée au musée d'archéologie de Madrid. Même privées d'un roi ou d'une autorité capable de les fédérer, certaines tribus ibères opposèrent une vive résistance aux Romains au début du IIe s. avant notre ère. Le site d'**Empúries** en témoigne : plutôt que de se fondre dans l'ancienne colonie grecque, les Romains s'enfermèrent dans un campement militaire à la lisière de la ville. C'est là qu'ils durent affronter un soulèvement des tribus ibères qui ne fut réduit qu'après une longue campagne conduite par Caton. Ce passé a suscité l'intérêt des historiens catalanistes du XIXe s. qui voulaient découvrir de lointains ancêtres. Cela valut à Barcelone la via Laietana, du nom de la tribu des Laietans, qui vivaient sur le site de la future cité comtale.

La célèbre *Dame d'Elche*, déesse des Ibères.

L'héritage wisigoth

Les Wisigoths n'ont laissé que très peu de traces en Catalogne de leur règne de près de trois siècles. Maîtres de la Gaule au milieu du Ve s., ils établissent tout d'abord leur capitale à Toulouse puis, pressés par Clovis, s'installent au sud des Pyrénées, à Barcelone un temps, puis à Tolède où ils entretiennent une cour brillante jusqu'à la conquête musulmane du VIIIe s. Leur legs le plus important à la Catalogne et à l'Espagne tout entière est un code législatif, le ***Liber Judiciorum***, inspiré du droit latin, qui resta en vigueur jusqu'au XIIIe s. Les débris de l'aristocratie wisigothe déchue fournirent aux comtés des Marches carolingiennes leurs premiers titulaires au VIIIe s. ●

La Catalogne romane

Au Xe s., la tutelle carolingienne sur la Catalogne se fait de plus en plus lointaine. Les seigneurs locaux en profitent pour affirmer leur indépendance. C'est l'époque de la constitution des comtés, bientôt réunis sous la houlette du plus puissant d'entre eux, celui de Barcelone. Princes souverains ou vassaux, chacun s'emploie à marquer sa puissance par la fondation d'édifices prestigieux. C'est l'émergence du « monde plein », selon l'expression de Pierre Chaunu, où l'on parcourt désormais les campagnes en se dirigeant à l'œil d'un clocher à l'autre.

La Catalogne berceau de l'art roman

Héritière des traditions romaines et wisigothiques, soumise à l'influence du nord des Pyrénées grâce à ses maîtres carolingiens, au contact de l'Espagne musulmane, ouverte sur le monde italien et par lui sur les fastes de Byzance, la Catalogne semble en cette veille de l'an mil occuper le carrefour des mondes. On a longtemps débattu des origines de l'art roman catalan. Italiennes, comme le suggère le goût pour les **bandes lombardes**, ces contreforts plats surmontés de petits arcs en plein cintre. Ou encore musulmanes par la multiplication de **campaniles** d'une prodigieuse hauteur, comme celui de la cathédrale de Gérone *(p. 84)*, qui semblent vouloir rivaliser avec les minarets des cités califales. Le consensus s'est fait aujourd'hui pour considérer l'art roman de Catalogne comme une création propre du génie des lieux.

La confrontation des arcs romans et des nervures gothiques dans le cloître de la cathédrale de Tarragone.

Deux époques

Les inventaires ont relevé près de 2 200 édifices romans disséminés à travers le pays : modestes **oratoires de campagne**, riches **monastères** au milieu de leurs terres, **cathédrales** citadines ou encore édifices civils comme la partie la plus ancienne du Palau Reial de Barcelone *(p. 132)*. Jusqu'au début du XIIe s. s'épanouit ce que Puig i Cadafalch, une des figures de proue du modernisme catalan, appela le **premier art roman**. Ce sont des formes massives et nues, pour lesquelles le plan basilical est privilégié, coiffées par une couverture en bois. Les volumes y sont puissamment structurés par des parties bien différenciées : un transept (une particularité catalane), une abside et un clocher monumental ; la partie la plus ancienne de la cathédrale de Gérone *(p. 84)* offre un bon exemple de ce type. La décoration sculptée reste assez pauvre. Le **second art roman** apparaît au début du XIIe s. : les formes architecturales deviennent plus complexes, tandis que se généralise le recours à la voûte en berceau et à la coupole, cette dernière étant déjà connue en Catalogne à l'époque carolingienne.

Pilier sculpté attribué au Maître de Cabestany. Musée Frederic Marès, Barcelone.

© F. Ontañón, Office espagnol du tourisme

L'amour des formes

Le second art roman est aussi, à partir du milieu du XIIe s., l'époque de la **grande statuaire romane**. Dans les cloîtres des monastères, les chapiteaux racontent l'Ancien et le

© A. Félix, Hémisphères Images

Nouveau Testament, les exploits des chevaliers, ou encore la vie des moines voisinant avec le bestiaire fantastique qui hante les âmes médiévales. Ces ambitieux programmes sont l'œuvre d'ateliers itinérants, comme celui du **Maître de Cabestany** *(encadré p. 131)*, célèbre et anonyme sculpteur du XIIe s. dont on retrouve la marque jusque dans le nord de l'Italie. À la pierre lourde et chère se substitue souvent le **bois** : statues destinées à prendre place dans l'autel, statues processionnelles, statues reliquaires, elles proviennent d'ateliers installés à l'ombre des cathédrales ou près des monastères. La Vierge et le Christ sont les thèmes privilégiés des artistes catalans, de même que les Crucifixions, où figurent, au pied de la croix, Marie et Jean, Jean d'Arimathie et Nicodème, et qu'accompagnent souvent, spécificité catalane, les deux larrons. Certaines de ces statues, telle la Vierge de Montserrat *(p. 172)*, continuent de susciter une fervente dévotion populaire, si bien que leur aspect originel a été masqué par les couches de peinture successives ajoutées par les siècles. La Catalogne conserve en outre de très nombreux **parements d'autels** : beaucoup sont aujourd'hui conservés au MNAC (Museu Nacional d'Art de Catalunya, *p. 154*) de Barcelone.

Le goût des couleurs

La Catalogne romane voit surtout l'extraordinaire développement de la décoration à **fresque** sur les murs intérieurs des églises. C'est aussi une des spécificités de la région, qui possède la plus importante collection de peintures romanes au monde. Grâces en soient rendues aux archéologues catalans qui, au début du XXe s., se sont employés à préserver ce patrimoine exceptionnel, en déposant systématiquement les peintures de leurs murs d'origine pour les mettre à l'abri dans les musées. Là encore le MNAC *(p. 154)* se distingue par ses collections d'une valeur inestimable. ●

Le Christ Batlló est une des pièces maîtresses du Museu Nacional d'Art de Catalunya en matière de statuaire romane.

© MNAC - Museu Nacional d'Art de Catalunya, Barcelona, 2003. Photographes : Calveras/Mérida/Sagristà

Le gothique catalan

Le développement de l'art gothique en Catalogne signe la victoire définitive des élites urbaines, nobles et riches marchands, sur le monde féodal, rural et roman. Il accompagne la formidable expansion en Méditerranée du royaume aragono-catalan tout au long du XIIIe s., de la prise de Majorque au duché d'Athènes, au début du siècle suivant, en passant par l'opulente Sicile. Par la volonté des princes, d'immenses chantiers s'ouvrent dans les grandes villes du pays, où s'exprime le nouveau vocabulaire architectural et artistique venu d'outre-Pyrénées. Les riches marchands ne sont pas en reste : ainsi sont-ils à l'origine de la construction de Santa Maria del Mar à Barcelone, magistrale église paroissiale aux dimensions de cathédrale.

Le rôle précurseur des ordres religieux

C'est à l'influence des austères cisterciens que la Catalogne doit au XIIe s. ses premières réalisations gothiques : les chapelles du **chevet de l'église du monastère de Santes Creus** *(p. 203)*, dans la province de Tarragone, ou le **déambulatoire de la chapelle de Poblet** *(p. 203)*. En proscrivant toute représentation animée dans leurs lieux de méditation et de prière (on a parlé d'un « iconoclasme cistercien »), les continuateurs de saint Benoît décrochèrent des chapiteaux de leurs chapelles et de leurs cloîtres le monde merveilleux des chevaliers, des moines et des animaux fantastiques imaginés par les sculpteurs de l'époque romane. Ils y substituèrent une **simple décoration de feuillages**, quand la pierre n'était pas tout simplement laissée à nu. Acclimatés à l'Espagne, les canons cisterciens souffrirent néanmoins quelques adaptations : Poblet possède un déambulatoire, dispositif architectural réservé d'ordinaire aux églises qui abritaient des reliques de saint, une pratique que ne reconnaissaient pas les cisterciens ; on voit ailleurs la survivance de chapiteaux historiés, comme dans le cloître de la **cathédrale de Tarragone** *(p. 187)*. La simplicité n'excluait en rien le charme, comme en témoigne le célèbre lavabo du cloître de Poblet.

Sainte Marguerite
par Jacomart, l'artiste le plus célèbre de son temps (vers 1451-1458).

Les grands chantiers

Le XIIIe s., celui des rois conquérants, et le siècle suivant voient s'ouvrir de grands chantiers à Barcelone et à Gérone. Les formules architecturales en vigueur dans la France du Nord sont à l'honneur. Le gothique catalan va pourtant exprimer son génie propre en substituant au plan à croix latine une **nef unique**, dont l'ampleur est soulignée par la verticalité des colonnes et des piliers à la décoration minimale. L'exemple le plus achevé en est **Santa Maria del Pi** à Barcelone *(p. 123)*. La magnifique église de **Santa Maria del Mar** *(p. 139)*, toujours dans la cité comtale, conserve deux bas-côtés

© A. Félix, Hémisphères Images

La splendide élévation de la nef à Santa Maria del Mar à Barcelone.

encadrant une nef centrale d'un élan prodigieux. Ce dernier sanctuaire fut érigé grâce aux dons des habitants du quartier, celui de la Ribera, auquel elle devait servir d'église paroissiale. Ces donateurs, établis dans le faubourg qui reliait le palais royal au port, n'étaient autres que les marchands et les armateurs enrichis par les conquêtes de leurs souverains. Grâce à eux, les solutions gothiques s'appliquèrent à l'architecture civile : dans leurs **palais**, comme ceux qui s'alignent le long de la carrer Montcada dans la capitale catalane *(p. 135)*, dans le salon du **Conseil des Cent** à l'intérieur de l'hôtel de ville *(p. 133)*, ou dans les monumentales **Drassanes**, arsenal où étaient assemblées les galères catalanes *(p. 144)*.

Le **gothique tardif**, à partir du XVe s., s'inspire des exubérances contemporaines européennes et trouve notamment à s'exprimer dans les ***cimborrios***, ces tours lanternes caractéristiques du goût catalan, qui s'élèvent à la croisée du transept. Le plus bel exemple de ce type de construction étant le *cimborrio* de la **cathédrale de Valence** *(p. 216)*.

La naissance du retable

En ouvrant de larges baies dans les murs des églises, les innovations gothiques ont privé les peintres de leur support traditionnel. C'est alors l'émergence de la **peinture sur bois** : le parement d'autel roman se déploie en retables qui occuperont dans les siècles à venir une place prépondérante dans l'ornementation des églises. Barcelone et Valence accueillent alternativement de grands ateliers de peinture, dirigés par des maîtres dont l'histoire a conservé le nom quand la peinture romane restait anonyme. Ouverts au monde, ces foyers de création introduisent en Espagne les influences européennes : venues d'Italie avec **Ferrer Bassa** actif entre 1324 et 1349 (peintre officiel de Pierre IV, à l'œuvre à Barcelone, Saragosse, Lérida, Perpignan et Majorque, *encadré p. 167*), inspirées du gothique international autour de l'atelier de **Pere Nicolau** (actif à Valence à la fin du XIVe s.), ou marquées de l'empreinte des maîtres flamands comme chez **Bernat Martorell** et son successeur **Jaume Huguet**. ●

La Catalogne pour idéal

Après la défaite et l'humiliation infligées par Philippe V en 1714, la Catalogne devra attendre deux siècles pour retrouver, avec la création de la Mancomunitat en 1914, les prémices d'une autonomie politique. Deux siècles durant lesquels les Catalans auront préparé leur revanche : industrielle et commerciale tout d'abord (dès la fin du XVIIIe s. la Catalogne est la première région économique d'Espagne, une place qu'elle n'a pas quittée depuis) ; culturelle, avec la Renaixença du XIXe s. qui renoue avec un passé mythifié pour mieux exalter les grandeurs de la patrie ; politique, à partir de 1874, avec l'émergence de mouvements et de partis catalanistes qui réclament une autonomie de plus en plus grande à l'égard de Madrid, certains caressant même le rêve de l'indépendance. Deux siècles durant lesquels une classe sociale, la bourgeoisie, jouera un rôle moteur.

Nueva Planta

Sitôt monté sur le trône, **Philippe d'Anjou**, désigné comme son successeur par Charles II (mort sans héritier en 1700), nomme un vice-roi pour la Catalogne. En digne petit-fils de Louis XIV, le nouveau roi d'Espagne ne consulte pas les Catalans, qui dépêchent aussitôt une ambassade chargée de lui rappeler les usages : cette nomination n'est possible qu'à la condition que le vice-roi jure de respecter les libertés de la province. À peine ces représentations faites, l'ambassade est jetée en prison. L'autoritarisme royal pousse les Catalans dans les bras de l'**archiduc Charles de Habsbourg** qui lui dispute le trône, soutenu par l'Angleterre, l'empereur d'Allemagne, les Pays-Bas, la Savoie et le Portugal.

↖ *Ci-dessus : bombardement de Barcelone en 1706.*

En 1705, Charles débarque triomphalement à Barcelone, et se fait proclamer roi l'année suivante à Madrid, prise par les coalisés. La guerre tourne cependant à l'avantage des partisans de Philippe, tandis que Charles, héritier de l'empire d'Autriche, après la mort prématurée de son frère Joseph Ier en 1711, quitte précipitamment la Péninsule. Seule la Catalogne résiste encore aux armées royales.

Après un long siège, Barcelone capitule le 11 septembre 1714. Humiliée, occupée militairement, la Catalogne est privée de toutes ses institutions politiques par le **décret de la Nueva Planta** (les « Nouvelles Bases ») en 1716. Elle est dirigée par un gouverneur militaire et, dans les provinces, les pouvoirs locaux sont confiés à des *corregidores* nommés par les Bourbons. Les universités sont dissoutes, la langue catalane interdite.

Philippe V, petit-fils de Louis XIV, est le fondateur de la dynastie des Bourbons d'Espagne. Peinture à l'huile sur toile (1745) de Louis-Michel Van Loo.

La revanche économique

Malheureuse sur le champ de bataille, la Catalogne prépare sa revanche dans les ateliers et les usines : la **bourgeoisie** prend la relève d'une noblesse vaincue. Dans la première moitié du XVIIIe s., l'**agriculture** se développe de manière spectaculaire avec la mise en valeur de nouvelles terres, dans le delta de l'Èbre notamment. Vins et eaux-de-vie s'exportent dans toute l'Espagne. Mais c'est surtout à l'**industrie textile** que la Catalogne doit sa prospérité commerciale et industrielle. En 1737 apparaît la première fabrique d'indiennes ; vers 1780, on en compte plus de 80, plusieurs d'entre elles employant une centaine d'ouvriers.

Une **Junte du Commerce** est fondée en 1758, héritière à certains égards des anciennes institutions catalanes. En 1765, les ports catalans sont autorisés à commercer avec les Antilles, puis avec toute l'Amérique. En moins de dix ans, plus d'une centaine de bateaux sont construits et prennent la mer vers le Nouveau Monde pour y vendre les produits catalans. En échange, les métaux précieux affluent dans la province. Mais au contraire du reste de l'Espagne, où elle est thésaurisée ou immobilisée dans des dépenses somptuaires, cette richesse est réinvestie dans l'industrie. Découvrant à la fin du siècle cette Catalogne où l'on fabrique non pour consommer mais pour vendre, un voyageur voit dans ses habitants les Hollandais d'Espagne.

Les Espagnols contre la France

La bourgeoisie triomphante aurait pu être sensible à la Révolution française qui vient de mettre à bas l'absolutisme royal. Bien au contraire : lorsqu'en 1793 les troupes de la Convention franchissent les Pyrénées pour desserrer l'étau qu'impose à la France la coalition des monarchies européennes dont fait partie

bataille

Le siège de Gérone

Le siège héroïque de Gérone, un thème inépuisable pour les artistes catalans. Gravure de Pinelli, d'après Pomares.

Le 10 février 1808, les troupes du général Duhesme passent en vue de Gérone : elles marchent vers Barcelone qu'elles vont investir pacifiquement. Le roi d'Espagne Charles IV est encore formellement l'allié de la France. Son abdication en faveur de Joseph Bonaparte (en mai 1808) entraînera le célèbre **soulèvement du Dos de Mayo** à Madrid, immortalisé par Goya. C'est le début de la guerre d'Indépendance.

À Gérone se constitue une junte de défense, conduite par le **général Álvarez de Castro**. On s'emploie fébrilement à fortifier les anciennes murailles inutiles depuis des siècles. Il était temps : à la fin de juillet 1808, 11 000 soldats français encerclent la ville. Le siège commence, assez lâche tout d'abord puisqu'il permet encore l'approvisionnement de la ville. Mais devant l'entêtement des habitants à ne pas se rendre, Duhesme décide de prendre la ville de haute lutte. Les combats débutent le 5 mai 1809. Pendant sept mois, sous de terribles bombardements, les habitants sont soumis à un blocus total. Les vivres manquent, des épidémies se propagent. Malgré la situation désespérée, soutenu par un clergé exalté, le général espagnol refuse une reddition honorable. Le 10 décembre pourtant sera signée la capitulation de la ville. ●

l'Espagne, les milices catalanes combattent résolument aux côtés des armées royales.

De même, les Catalans participent vaillamment à ce que les historiens espagnols nomment la **guerre d'Indépendance** contre les armées napoléoniennes. En février 1808, le général Duhesme se rend maître de la Catalogne. Dès le mois de juin, l'insurrection éclate. Une junte patriotique est constituée à Lérida pour conduire la lutte contre les Français au nom de Ferdinand VII, l'héritier du trône d'Espagne. Après six années de combats acharnés, dont un des grands moments est l'héroïque **siège de Gérone** *(encadré ci-dessus)*, les troupes françaises se retirent en 1814.

Entre carlistes et libéraux

Jusqu'en 1873, la vie politique espagnole est marquée par l'affrontement entre libéraux et conservateurs. Trois guerres civiles en résultent : les **guerres carlistes**, qui révèlent les contradictions de la société catalane. Industrielle, commerçante, ouverte sur le monde, la bourgeoisie citadine devrait se reconnaître dans la volonté de modernisation affichée par les gouvernements libéraux de Madrid. Mais, soucieux de conserver leurs libertés traditionnelles, les Catalans ne peuvent rester insensibles aux thèses carlistes qui défendent les particularismes locaux accordés par plusieurs siècles d'histoire. Ainsi, jusqu'à la proclamation de l'éphémère République de 1873, la Catalogne connaît une période d'agitation permanente durant laquelle l'état d'exception est la règle. Aux bourgeois des villes, majoritairement libéraux, s'opposent les campagnes conservatrices où, comme au Pays basque, les milices armées partent à l'assaut des troupes régulières en entonnant leurs chants traditionnels. Cependant, même les libéraux ne peuvent se reconnaître dans la politique centralisatrice du pouvoir de Madrid qui, à la manière des jacobins, conjugue la marche vers le progrès avec une hostilité aux particularismes locaux. Et Madrid, ville de rentiers et d'employés de l'État, ne peut susciter une quelconque attraction sur les Catalans qui possèdent avec Barcelone la véritable capitale économique du pays.

L'essor industriel

En dépit de troubles incessants, la Catalogne travaille et s'enrichit de manière spectaculaire. Privée de matière première, elle ne peut développer une industrie lourde, et c'est vers les activités traditionnelles, notamment le **textile**, que se tournent les capitalistes catalans. L'industrie du coton est rapidement mécanisée, la filature dès 1850, le tissage dès la décennie suivante. Les produits catalans s'exportent vers l'Amérique et jouissent d'un quasi-monopole en Espagne.

Les transports se développent avec l'inauguration de la première ligne de **chemin de fer** en 1848 entre

Les guerres carlistes

À la mort de Ferdinand VII en 1833, sa fille Isabelle, tout juste âgée de trois ans, est proclamée reine par les Cortes espagnols. S'estimant injustement écarté du trône (le souverain défunt avait à la naissance de sa fille aboli la loi salique introduite par les Bourbons de France), **Don Carlos**, le frère du roi, revendique le trône. Il a pour lui la majorité de la noblesse et du clergé, et les paysanneries basque, navarraise et catalane, qui voient dans le traditionalisme de Don Carlos la garantie de préserver leurs libertés ancestrales. La guerre civile va durer sept ans (1833-1840).

Face à une armée disparate de guérilleros, aux ordres d'une cour romantique réfugiée dans les montagnes autour d'un roi barbu, portant beau et volontiers coiffé du béret rouge des Basques, les troupes régulières, disciplinées et bien entraînées, accumulent les succès militaires, sans pour autant emporter la victoire finale. La trahison du général en chef des carlistes, qui se rend avec ses troupes au gouvernement légitime, signe la fin des combats. Le 15 juillet 1840 Don Carlos passe les Pyrénées avec 30 000 de ses derniers fidèles. Entre 1846 et 1849, une deuxième guerre carliste tente en vain de porter sur le trône son fils, lui-même appelé Don Carlos. Un dernier Don Carlos, neveu du précédent, lance la troisième guerre carliste (1872-1876).

Après ce dernier échec, un parti carliste subsista en Espagne, principalement au Pays basque et en Navarre, représentant la tendance la plus conservatrice des monarchistes. Aujourd'hui, le parti carliste n'est plus guère représenté qu'en Navarre. ●

Le passeig de Gràcia, devenu les Champs-Élysées de Barcelone dès le début du XIX*ᵉ s. Gravure de François Godefroy père.*

Barcelone et la ville côtière de Mataró, au nord-est de la cité comtale. Un **réseau bancaire** se met en place, tandis que de puissantes dynasties industrielles et commerçantes, comme les Güell ou les Comillas, dominent la scène. En 1847 est inauguré à Barcelone le **théâtre du Liceu** *(encadré p. 124)*, temple de la bourgeoisie catalane.

La Renaixença

En 1833, la publication par **Bonaventura Carles Arribau** de son *Ode à la Patrie* marque l'acte de naissance de ce que l'on nommera plus tard la **Renaissance catalane** (Renaixença). Pour la Catalogne aussi, le XIXᵉ s. sera romantique : poètes, intellectuels, artistes plongent avec ravissement dans un passé médiéval idéalisé. Ils parcourent les campagnes à la recherche des chants, des poèmes et des traditions qui ont traversé les siècles depuis le Moyen Âge. Cet intérêt pour la tradition orale contribue à la restauration en 1859 des jeux Floraux *(Jocs Florals)*, joutes poétiques d'origine médiévale. La passion pour le catalan et sa culture n'est pas seulement rétrospective : en 1835, l'université de Barcelone, fermée depuis 1716, est rouverte. Succédant à Arribau, émerge alors une génération de poètes et d'écrivains parmi lesquels **Jacint Verdaguer** (1845-1902), prêtre et protégé du marquis de Comillas, qui depuis fait figure de poète national à l'instar d'un Victor Hugo en France. La langue catalane s'est désormais définitivement arrachée à la sphère privée dans laquelle elle restait confinée depuis le décret de Nueva Planta de 1716.

●●● *Voir aussi les Lettres catalanes p. 19.*

1873 : la première République

Le XIXᵉ s. espagnol fut celui des ***pronunciamentos***, une suite de coups d'État conduits par des militaires. Le **général Prim**, catalan et libéral, en compta sept à son actif. Les six premiers furent des échecs qui faillirent à plusieurs reprises lui coûter la vie. Le septième fut le bon : il réussit à chasser du pouvoir Isabelle II, qui s'enfuit à l'étranger en 1868. Les comités révolutionnaires nommèrent un régent, le général Serrano – dont la reine déchue, assure la petite histoire, avait été passionnément éprise dans sa jeunesse –, Prim occupant la fonction de Premier ministre.

Cependant, telles les grenouilles de la fable, les Cortes cherchaient un roi : on pensa tout d'abord à un prince français, puis à un Allemand – les vives représentations de la France, hostile à ce projet, auprès du roi de Prusse suscitèrent la célèbre dépêche d'Ems (1870) qui déclencha la guerre entre les deux pays. Ce fut finalement le fils du roi d'Italie, Amédée, qui fut appelé sur le trône en 1870. Durant son règne d'à peine deux ans, **Amédée** réussit à faire l'unanimité contre lui. Pour les derniers carlistes, il avait le tort d'être un étranger ; quant aux libéraux, ils réclamaient ouvertement l'instauration d'une république.

Après le départ de l'éphémère souverain qui jugeait décidément l'Espagne ingouvernable, les Cortes se prononcèrent à la quasi-unanimité pour la République instaurée le 11 février 1873. Dirigée successivement par deux Catalans, **Estanislau Figueras** et **Francesc Pi i Margall**, elle se voulut fédérale et constitua l'ancien royaume en quinze États autonomes. À Barcelone, du balcon de la Generalitat, la République catalane fut proclamée devant une foule en délire. Un nouveau coup d'État eut raison de la jeune et fragile république, le 3 janvier 1874. Le 9 janvier, le fils d'Isabelle II débarquait à Barcelone pour se hisser sur le trône sous le nom d'**Alphonse XII**.

Le catalanisme politique

L'échec de la première République met un terme aux tentatives des Catalans pour trouver une solution à leur question nationale dans le cadre espagnol. Après 1874, la Renaissance culturelle des décennies passées trouve son expression politique : le **catalanisme**. Le terme est forgé par **Valentí Almirall** et sert de titre à son ouvrage-manifeste, *Lo Catalanisme*, publié en 1886. Dès 1882, il fonde le **Centre Català**, où cohabitent industriels, anciens carlistes, intellectuels issus de la Renaixença. En 1885 est présenté à Alphonse XII le **Memorial de Greuges**, qui expose au souverain les revendications catalanes, notamment en matière de commerce international. Les **Bases de Manresa**, présentées en 1892 sous l'égide de l'Union catalaniste (fondée l'année précédente), posent des revendications plus ambitieuses : usage exclusif de la langue, maîtrise de l'enseignement, droit de battre monnaie, rétablissement des Cortes.

À côté de ce mouvement d'inspiration plutôt progressiste, émerge un **catalanisme conservateur** inspiré par un prêtre, **Torras i Bages**, futur évêque de Vic. Son ouvrage, *La Tradició catalana* prône un retour aux valeurs traditionnelles et aux sources catholiques. Ce nationalisme conservateur s'incarne dans la **Ligue régionaliste *(Lliga)***, fondée par Enric Prat de la Ribera et Francesc Cambó en 1901.

Les deux courants du catalanisme se partagent l'audience d'une grande partie de la population, des paysans aux classes moyennes, des intellectuels aux capitaines d'industrie. Une fraction de la société reste cependant sourde aux aspirations nationalistes : la classe ouvrière, de plus en plus nombreuse et de mieux en mieux organisée.

Les années de fièvre

L'essor industriel s'est accompagné d'une profonde **mutation démographique** : en 1900, la Catalogne compte 2 millions d'habitants, contre à peine 900 000 au début du XIXe s. Cet accroissement spectaculaire est largement dû à l'afflux d'immigrants venus d'autres régions d'Espagne, de Murcie notamment, pour vendre leurs bras à la machine industrielle catalane. Avec ses 500 000 habitants en 1900, Barcelone dépasse Madrid. Autour du centre-ville, où les architectes à la mode construisent les palais modernistes des élites, une ceinture de faubourgs abrite la masse ouvrière dans des conditions précaires. À côté d'une Catalogne bourgeoise, libérale et favorable aux thèses nationalistes, la Catalogne ouvrière des usines et des ateliers reste insensible à la revendication catalaniste. En 1855 éclate à Barcelone la première grève de l'histoire espagnole. Organisé dès le milieu du XIXe s., le mouvement ouvrier est profondément marqué par les **thèses anarchistes** : il se défie de toute forme étatique, même catalane, et prône la non-participation aux élections. En 1911 est fondée la **Confédération nationale du travail (CNT)**, la centrale syndicale anarchiste que rejoignent les militants de Catalogne ; elle jouera un rôle central dans la vie politique espagnole jusqu'à la guerre civile. Malgré les associations populaires, comme les **chorales d'Anselm Clavé**, destinées à promouvoir l'éducation des masses, la rencontre entre le mouvement catalaniste et la classe ouvrière n'est pas à l'ordre du jour.

La Rose de feu

La contestation ouvrière, durement réprimée par la police et l'armée – Madrid et Barcelone sont alors réconciliées pour défendre l'ordre social –, débouche sur des flambées sporadiques de violence. Certains militants anarchistes s'engagent dans l'action directe : les années 1890 sont secouées par des vagues d'**attentats** comme celui du Liceu en 1893 *(voir ci-dessous)*, ou les bombes jetées sur la procession de la Fête-Dieu en 1896. En 1901 et 1902, deux **grèves générales** tournent rapidement à l'émeute, avec son cortège de morts et de destructions, églises et monastères étant les premiers visés par les émeutiers.

En juillet 1909, c'est la **Semaine tragique** : plusieurs jours durant, le peuple de Barcelone, pour protester contre la conscription imposée par la guerre du Rif, est maître de la rue, dressant des barricades et incendiant plus de 80 édifices religieux. La répression est féroce : dès septembre, on fusille dans les fossés de Montjuïc ; parmi les suppliciés, **Francesc Ferrer i Guàrdia**,

Attentats sur le Liceu !

En 1893, deux bombes sont jetées sur le parterre du théâtre du Liceu. Une seule explose, l'autre est aujourd'hui conservée au Musée historique de Catalogne. L'attentat, qui fait 22 victimes, choque profondément la bourgeoisie locale, touchée dans ce qu'elle considère comme son sanctuaire, au point que Gaudí juge utile de rappeler la scène sur un relief d'une porte intérieure de la Sagrada Familia. ●

La grève générale de 1901 tourne à l'insurrection. Le Petit Journal, *26 mai 1901.*

théoricien de l'école moderne et laïque, tombe sous les balles malgré un vaste mouvement de protestation dans toute l'Europe. De 1917 à 1923, la violence politique fera encore près de 300 victimes. Le Paris du Sud devient la Rose de feu sous la plume des journalistes.

Le triomphe de la bourgeoisie

La bourgeoisie triomphante imprime sa marque sur la physionomie des villes et sur la vie culturelle. À Barcelone, c'est une suite de transformations urbaines vécues comme autant de victoires sur le pouvoir central. Avec la destruction de la muraille, à partir de 1860, la ville s'ouvre largement à l'ouest.

Sur des terrains jusque-là propriété de l'armée est mis en œuvre le **plan Cerdà** *(encadré p. 149)*, avec la création de l'Eixample, modèle d'urbanisme rationnel. En 1868, la Ciutadela, symbole du pouvoir central, est détruite. À sa place, vingt ans plus tard, se tiendra l'**Exposition universelle de 1888** : entièrement conçue par les élites barcelonaises, elle apparaît comme un acte d'émancipation à l'égard de Madrid. Sur le plan architectural, elle marque la naissance de l'aventure moderniste. Avec l'**Exposition internationale de 1929**, c'est le dernier symbole du pouvoir central qui est reconquis : la colline de Montjuïc et sa forteresse.

D'une exposition à l'autre, la bourgeoisie catalane, tendue vers l'Europe, est parvenue à s'affranchir d'une Espagne jugée arriérée. Libérale, elle épouse les avant-gardes européennes et adopte le modernisme pour esthétique. Catalane, elle s'appuie sur les traditions et le passé de la région pour mieux se distinguer de l'Espagne des latifundiaires et d'une aristocratie dépassée. Ce foisonnement intellectuel, alimenté par un généreux mécénat, donnera au monde une prestigieuse génération d'artistes parmi lesquels Picasso, Miró, Dalí *(encadré p. 150)* ou encore Pau Casals *(p. 20)*.

Premières victoires catalanes

En 1901, la **Lliga** remporte sa première victoire électorale. En 1905, le saccage du siège d'un journal satirique catalan par des éléments de l'armée, puis le projet de loi de Madrid visant à confier à des tribunaux militaires le jugement des actes hostiles à l'armée et à la patrie espagnole, réussissent à unifier les divers courants du catalanisme. Les organisations régionalistes se regroupent sous la bannière de la **Solidarité catalane**. D'immenses manifestations sont conduites à Barcelone et, aux élections de 1907, les candidats du mouvement raflent la totalité des sièges. **Prat de la Riba** devient le président de la Députation de Barcelone.

La Mancomunitat

En 1914, le gouvernement de Madrid autorise les provinces espagnoles qui le souhaitent à se regrouper au sein d'une même structure administrative, sans réel pouvoir politique. Les quatre provinces catalanes sont constituées en **Mancomunitat de Catalunya**, dirigée par **Prat de la Riba** puis, après sa mort en 1917, par l'architecte **Puig i Cadafalch**.

En dépit du peu de moyens dont elle dispose (ceux plus ou moins d'un conseil général en France), la Mancomunitat accomplit une œuvre considérable sur le plan culturel (avec l'accent mis sur l'**instruction** des classes populaires, rurales notamment) et en matière d'**aménagement du territoire** (avec la création de routes et la mise en place d'un réseau téléphonique). Elle contribue surtout à répandre l'**idéal d'une autonomie catalane** dans des catégories de population de plus en plus larges.

La dictature instaurée par **Primo de Rivera** en 1923 met fin à l'expérience : la Mancomunitat est dissoute et la Lliga interdite. Bien plus, la langue catalane est proscrite dans les écoles et les réunions publiques, le drapeau catalan et la sardane mis à l'index.

Désormais pourchassé, le mouvement régionaliste se radicalise : un ancien officier, **Francesc Macià**, fonde un nouveau parti, l'**Estat català**. Il revendique une indépendance totale et prône l'insurrection armée pour y parvenir. En 1926, Macià tente, depuis la France, de franchir les Pyrénées à la tête de 600 hommes. Dénoncé, il est arrêté par la police française avant d'avoir pu mettre en œuvre son projet et est brièvement incarcéré.

La république

Après la démission de Primo de Rivera en 1930, les élections municipales du 12 avril de l'année suivante donnent la majorité aux républicains en Catalogne comme dans presque toute l'Espagne. Alphonse XIII prend le chemin de l'exil.

Le 14 avril, Francesc Macià annonce depuis le balcon de la Generalitat la création de la **République catalane**. Quelques heures plus tard, la république est proclamée à Madrid. Contre la promesse du pouvoir central de leur accorder une large autonomie, les nationalistes catalans acceptent de ramener leurs prétentions au rétablissement de la Generalitat de Catalogne, la question du statut définitif de la région devant être réglée ultérieurement, après consultation des Catalans et ratification par les Cortes de Madrid. Malgré l'opposition radicale de la CNT au projet d'**autonomie**, celui-ci est pourtant approuvé par une majorité de Catalans et promulgué le 15 septembre 1932.

Ce n'est pas l'indépendance espérée en 1931, mais une large autonomie qui remet notamment la charge de la sécurité publique entre les mains de la Generalitat ; une tâche délicate puisque c'est désormais la police catalane qui doit disputer la rue aux organisations ouvrières.

La frange catalaniste conservatrice, elle, s'inquiète des mesures anticléricales prises par la Generalitat. Lorsqu'en 1934 la grève générale gagne toute l'Espagne pour s'opposer à l'entrée au gouvernement de la droite nationaliste, les autorités de Barcelone se rangent aux côtés des protestataires. Le 6 octobre, **Lluís Companys,** président de la Generalitat, proclame une nouvelle fois un État catalan. La réaction de Madrid est immédiate : dès le lendemain, l'ensemble du gouvernement est arrêté par les forces armées stationnées dans la cité comtale. Le statut d'autonomie est à nouveau suspendu, Companys est emprisonné en même temps que des dizaines de milliers de Catalans.

Le Front populaire

Les élections de février 1936 consacrent la victoire du Front populaire auquel participe la gauche catalane. S'ouvre alors en Catalogne, comme dans toute l'Espagne, une période d'intense agitation révolutionnaire. Le 17 juillet éclate l'insurrection des troupes espagnoles du Maroc conduite par le général **Franco**. Dès le lendemain, elle s'étend à toute l'Espagne. À Barcelone, l'armée sort de ses cantonnements le 19 ; alors qu'ils croyaient se rendre facilement maîtres de la rue, les insurgés sont rapidement arrêtés par les forces de l'ordre catalanes restées loyalistes et par les milices ouvrières hâtivement armées.

À l'exception de quelques représentants du catalanisme conservateur, l'immense majorité des Catalans condamne le coup d'État, dont l'un des objectifs proclamés est le maintien de l'unité espagnole. La défense de la Catalogne contre les nationalistes de Franco est confiée à un **comité central antifasciste**.

Il regroupe, avec la gauche catalane, le **POUM** (parti marxiste anti-stalinien), les communistes du **PSUC** (Parti socialiste unifié de Catalogne) – forts du soutien politique et militaire de Moscou, au moment où les démocraties occidentales prônent la non-intervention –, et la **CNT** des anarchistes.

La guerre civile

L'agitation révolutionnaire est à son comble : les usines sont occupées, les ecclésiastiques poursuivis et exécutés, les églises fermées. Bientôt les tensions entre les différentes factions républicaines s'exacerbent. En mai 1937 a lieu le dramatique épisode du **central téléphonique de Barcelone**, relaté par George Orwell dans *Hommage à la Catalogne* et par le cinéaste britannique Ken Loach dans son film *Land and Freedom*. Conduites par les communistes, les forces gouvernementales tentent de faire évacuer le bâtiment occupé par les militants anarchistes. En quelques heures, Barcelone retentit des combats fratricides qui opposent la garde civile aux militants de la CNT et du POUM. Les appels au calme finissent par venir à bout de cette flambée de violence. Mais dès le mois suivant, le POUM est interdit, son principal dirigeant Andreu Nín enlevé et exécuté, ses militants jetés en prison.

Cependant, les **nationalistes** poursuivent inexorablement leur avancée. En octobre 1937, le gouvernement républicain se réfugie à Barcelone, suivi par des milliers de réfugiés, des Basques notamment qui, après la chute du front nord, ont accompagné leur gouvernement dans la cité comtale. Le 23 décembre 1938, les insurgés lancent l'offensive générale et, le 26 janvier 1939, entrent dans Barcelone exsangue. Le 28 mars 1939, Madrid tombe à son tour, puis, le 30, Alicante, dernière place forte républicaine.

Exil et répression

Tandis que le gouvernement catalan prend le chemin de l'exil, et que des dizaines de milliers de réfugiés (200 000 Catalans sur les 500 000 réfugiés espagnols) s'entassent dans les camps du sud de la France, vient pour Barcelone le temps de l'**épuration**. Une répression féroce et méthodique. Jusque dans les années 1940, on fusille quotidiennement dans les fossés de Montjuïc ; les plus chanceux sont jetés pour de longues années dans des prisons surpeuplées. Près de

Républicains face à face

L'un des gardes civils en face de nous s'agenouilla et se mit à tirer, appuyé sur la barricade. J'étais en faction dans l'observatoire à ce moment-là. Je braquai mon fusil sur lui en criant :

« Hé ! Ne tirez pas sur nous !

– Quoi ?

– Ne tirez pas sur nous, ou nous tirerons aussi.

– Non, non ! Ce n'est pas sur vous que je tirais. Regardez là, en bas ! »

Effectivement, je vis un jeune homme en salopette bleue, un fusil dans les mains [...] et il était visible qu'il venait de tirer un coup de feu sur les gardes civils du toit.

« C'est sur lui que je tirais. Il a tiré le premier. Nous n'avons pas envie de vous tuer. Nous sommes des travailleurs, nous aussi, tout comme vous ! »

Il me fit le salut antifasciste que je lui rendis.

Je lui criai :

« Est-ce qu'il vous reste encore de la bière ?

– Non, il n'y en a plus. »

George Orwell, *Hommage à la Catalogne* (trad. Yvonne Davet). ●

No Pasaran !
Affiche de la Fédération anarchiste ibérique (FAI).

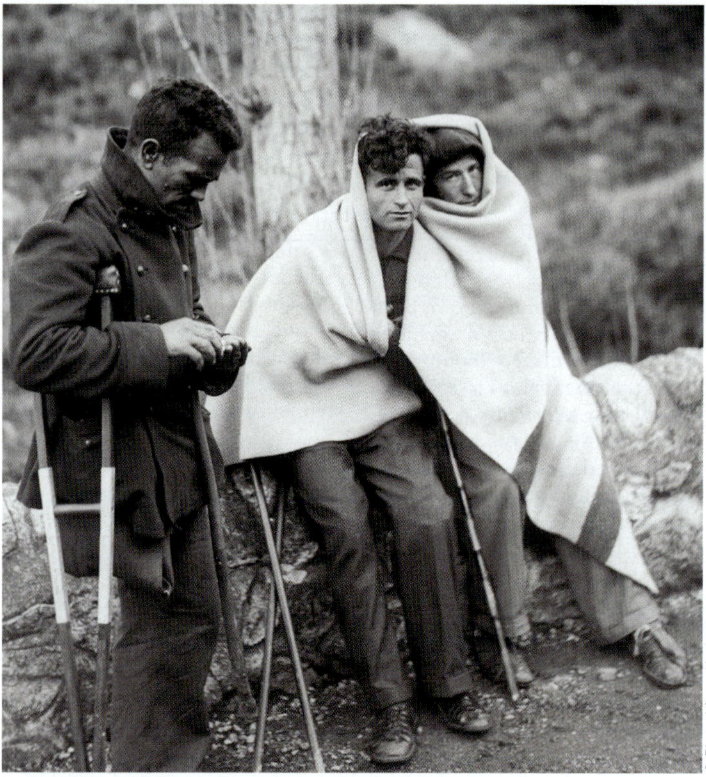

Après la chute de Barcelone, le 26 janvier 1939, un demi-million d'Espagnols prend le chemin de l'exil.

17 000 fonctionnaires de l'ancienne Generalitat sont limogés. Dans les rues de Barcelone, pendant des semaines, on fait dire des messes expiatoires pour purifier la ville de la « peste rouge ». Rouge et catalane. L'usage du catalan, y compris dans la rue, est prohibé, ses institutions culturelles fermées ; la sardane, le drapeau et l'hymne catalans sont interdits. La nomenclature des rues est expurgée de tout ce qui pourrait évoquer la République ou le catalanisme.

Mise au ban de la communauté internationale après 1945 en raison de son soutien aux forces de l'Axe, l'Espagne s'appauvrit et avec elle Barcelone, à l'exception d'une minorité de vieilles familles catalanes, ralliées aux insurgés dès le début du soulèvement, et de parvenus enrichis par le marché noir.

La résistance s'organise

En 1951 éclate la première manifestation spectaculaire de l'opposition des Catalans au nouveau régime. Le prétexte en est l'augmentation du prix des tickets de tramway. Un boycottage des transports publics est organisé et le 1er mars, toute la ville est à pied. Des échauffourées éclatent à la porte des usines. La défense du catalan s'identifiant à la lutte contre la dictature, c'est aussi sur le plan culturel que se développe la contestation. L'**intronisation de la Vierge de Montserrat** *(p. 172)* en 1947 avait déjà donné lieu aux premières démonstrations de la vitalité du nationalisme catalan. Quelques revues en catalan commencent à circuler, des cours de langue sont dispensés clandestinement.

En 1953, le **rapprochement entre l'Espagne et les États-Unis**, qui souhaitent ouvrir des bases militaires dans la Péninsule, met un terme à l'isolement du pays. Avec le retour des investissements étrangers, la reprise économique est au rendez-vous. Entre 1953 et 1958, près de 400 000 travailleurs venus d'autres régions d'Espagne, notamment d'Andalousie, viennent s'ajouter aux 2,9 millions d'habitants que compte alors la Catalogne. Loin de s'isoler de la population, les nouveaux arrivants adoptent leur nouvelle terre d'accueil, et c'est en catalan que les ouvriers andalous présentent leurs revendications. En 1964, les premières **Commissions ouvrières**, syndicat indépendant du régime, sont fondées dans une église de Barcelone.

En 1967, elles appellent à manifester pour commémorer le 11 septembre, jour de la fête nationale catalane, réalisant un rapprochement historique entre les mouvements ouvrier et catalaniste.

histoire

La naissance d'un chef

En 1960, le Palais de la musique catalane de Barcelone accueille une soirée musicale à l'occasion du centenaire de la naissance du grand poète catalan **Joan Maragall** (1860-1911). Des ministres sont présents aux côtés du gratin de la bonne société de la cité comtale. Lorsque s'achève la représentation, une partie du public entonne ***El Cant de la senyera*** (Le Chant du drapeau), un poème interdit de Maragall qui fait figure d'hymne national. Aussitôt, la police intervient et se saisit des perturbateurs. Parmi eux, un dirigeant des étudiants catholiques, **Jordi Pujol**, le futur président de la Catalogne autonome. Passé en jugement, il sera jeté en prison. •

Les dernières années du franquisme

Dès la fin des années 1950, de nouvelles couches de population rejoignent les opposants traditionnels au régime, militants communistes et anarchistes et catalanistes de gauche : des intellectuels, des artistes, mais aussi une partie du clergé, prêtres ouvriers et abbés des Centres excursionnistes *(p. 299)* – alors que la quasi-totalité des dignitaires de l'Église sont les plus fidèles soutiens du régime. Malgré l'état d'urgence imposé en 1969, la contestation se répand au grand jour entre luttes ouvrières et chansons des tenants de la ***nova canço***, Lluís Llach ou Joan Manuel Serrat, dont les chansons sont reprises comme des hymnes par la jeunesse catalane. Le 7 novembre 1971 est proclamée dans l'église des Augustins de Barcelone une **Assemblée de Catalogne** où se côtoient tous les opposants au régime, des militants d'extrême gauche aux chrétiens-démocrates. Unanimement, ils réclament l'amnistie et le rétablissement du statut d'autonomie. Cependant, le régime reste impitoyable : en 1974, le jeune anarchiste Puig Antich est garrotté dans la prison de Barcelone. L'année suivante, ce sont cinq militants d'extrême gauche qui sont fusillés à l'issue du procès de Burgos. Pour les Catalans, comme pour tous les Espagnols, il faut se résoudre à attendre « le fait biologique », selon le mot d'un journaliste espagnol. Franco meurt le 20 novembre 1975. •

Le modernisme

À la fin du XIXe s., les capitales européennes sont prises de fièvre architecturale. À Paris, Bruxelles, Berlin ou Vienne, on construit de singuliers édifices aux formes contournées, soutenus bien souvent par des structures métalliques, où l'importance accordée aux arts décoratifs s'affirme dès la façade, et que l'on regroupe sous l'appellation d'Art nouveau, de Jugendstil ou de la Sécession. Résolument tournée vers l'Europe, Barcelone ne peut rester insensible à ces chants des temps nouveaux. Le modernisme catalan est né, nourri de technologies contemporaines et de références au passé catalan.

Séduisante gardienne de la Casa Amattler à Barcelone.

L'héritage

Pour l'Exposition universelle de 1888, qui inaugure les innovations de la fin du siècle, un groupe d'architectes œuvre à la construction des pavillons et des lieux publics qui devront témoigner du dynamisme catalan. Parmi eux, **Lluis Domènech i Montaner** signe le **Castell dels Tres Dragons** *(p. 140)*, le restaurant de l'Exposition transformé aujourd'hui en musée de Zoologie. L'édifice marque une rupture, mais il témoigne aussi des goûts architecturaux de l'époque : regroupés sous le vocable d'éclectisme, ils prisent particulièrement les références historiques (néo-gothique, néo-mudéjar...), avec en Catalogne une prédilection pour le Moyen Âge qui donna naissance aux institutions régionales. Dans les mêmes années, **Gaudí** conçoit ses premières réalisations, le **Capricho de Comillas** près de Santander ou le **palais Güell** à l'entrée du barrio Chino *(p. 125)*. Les influences de l'Art nouveau européen ne parviennent véritablement à Barcelone que dans la première décennie du siècle suivant.

La peinture

Peintres, poètes et intellectuels catalans s'engagent eux aussi dans l'aventure moderniste. Sans former véritablement une école, ils partagent les mêmes préoccupations : régénérer l'âme catalane en se tournant vers l'Europe, synonyme de progrès. Deux figures se détachent dans cet extraordinaire bouillonnement culturel : celles des peintres **Ramon Casas** et **Santiago Rusiñol**. Leur première exposition dans la galerie Parés (carrer Petrixol à Barcelone, *p. 124*), fondée en 1877, fit scandale. Elle présentait un ensemble d'œuvres réalisées à Paris sous l'inspiration des impressionnistes. Dans sa Cau Ferrat, à Sitges, Santiago Rusiñol organise des Fêtes modernistes dont les participants communient dans la même ferveur autour de César Franck, Maeterlinck ou encore du Gréco. En 1897 un établissement mythique, **Els Quatre Gats** *(p. 143)*, ouvre ses portes au rez-de-chaussée

Les rêves étranges de Gaud sur le toit de la Casa Batlló à Barcelone.

de la Casa Martí, un immeuble dessiné par Puig i Cadafalch, un des maîtres de l'architecture moderniste. Dans cette brasserie, dont le propriétaire publie une revue qui porte le nom du lieu et où s'expriment les idées nouvelles, se retrouve l'avant-garde barcelonaise, parmi laquelle on compte un jeune Andalou fraîchement débarqué dans la cité comtale, **Pablo Ruiz Picasso**.

Le soutien de la bourgeoisie

Fauteurs de scandales au début de la décennie, Casas et Rusiñol trouvent rapidement leur public et sont dès avant 1900 les coqueluches du tout-Barcelone. Car le triomphe du modernisme, notamment architectural, tient aussi au soutien que lui apporta la grande bourgeoisie catalane. Ces chefs de famille dont les aïeux étaient de condition modeste, et dont les pères s'étaient enrichis aux colonies, tiennent en 1900 le haut du pavé. Ils font la fortune des architectes à qui ils commandent la réalisation de leurs somptueuses demeures et de leurs projets industriels. Ouverts au progrès et à l'innovation en matière économique et industrielle, ils restent en même temps profondément catholiques et conservateurs sur le plan social. Enfin, ils sont majoritairement **catalanistes** et rencontrent avec enthousiasme la proposition des modernistes de créer, à l'aide des technologies les plus modernes, des œuvres totales où se régénérerait l'âme catalane. **Gaudí** le mystique ne pouvait qu'être leur architecte emblématique.

Les traits distinctifs

En dépit d'indéniables différences de sensibilité, les réalisations des architectes modernistes présentent des caractéristiques communes : le goût pour la **ligne courbe** et une **architecture « molle »** ; la **passion de la décoration** et des **couleurs**, introduites par des stucs peints et des céramiques parfois réduites à l'état de tessons et assemblées selon la technique populaire du ***trencadís*** *(p. 70)* ; et surtout la volonté de créer un **projet total** autour duquel, du ferronnier à l'ébéniste, tous les artisans sont convoqués afin de réaliser les aménagements intérieurs imaginés par le maître d'œuvre. ●

© San Rostro/AGE/Hoaqui

Le modernisme donna ses lettres de noblesse aux arts décoratifs.

© A. Félix, Hémisphères Images

La coupole du Palais de la musique catalane à Barcelone.

Mer et montagnes

Du cap de Creus à la Mar Menor murcienne, la côte orientale de l'Espagne affiche son appartenance : méditerranéenne ; les pins le disputent aux amandiers et aux orangers, sous un soleil au beau fixe neuf jours sur dix, dans le parfum enivrant des myrtes, du thym et de la sauge de la garrigue. Du nord au sud, état des lieux.

●●● *Voir la carte* ***Que voir en Espagne méditerranéenne*** *en rabat avant de couverture.*

Le littoral catalan

Du nord au sud, le littoral catalan se divise en quatre zones distinctes. Depuis le cap de Creus qui pointe vers la mer juste au sud de la frontière française jusqu'à Lloret del Mar, voici d'abord la **Costa Brava**. Depuis les années 1960, proximité de la frontière française oblige, la « côte sauvage » s'est bien civilisée en devenant un des premiers symboles du tourisme balnéaire de masse. Ici, à l'exception du golfe de Roses, qui déroule ses longues plages en avant d'une plaine prospère, la frange littorale se décline en une succession de criques, pressées par les derniers contreforts de la chaîne de collines qui court du nord au sud parallèlement à la mer. Plus au sud, jusqu'à Sitges, le **Maresme** est la plaine côtière où prospère Barcelone. Longtemps verger de la capitale catalane, cette zone fertile est aujourd'hui vouée à la culture des fleurs et des plantes d'ornement. Le **Camp de Tarragone** est la seule grande plaine côtière irriguée par la rivière Francolí et ses affluents. Le littoral catalan se clôt avec le **delta de l'Èbre**, une région mise en valeur depuis le XIXe s. avec le développement de la riziculture.

Benidorm, sur la Costa Blanca : paradis ou enfer ?

La garrigue à perte de vue en Murcie.

La Catalogne de l'intérieur

Le littoral catalan est bordé d'un double massif qui court parallèlement au rivage. Au plus près de la mer, un premier système de collines peu élevées, **Gavarres**, **Montnegre**, puis au sud de Barcelone **Garraf**, culmine à 773 m au Montnegre. Ce sont autant de zones protégées à l'intérieur de parcs naturels. Doublant vers l'intérieur les collines littorales, une seconde chaîne, plus élevée et aux reliefs plus vigoureux, dépasse les 1 700 m dans le **massif de Montseny**, dont la végétation évoque les hauteurs pyrénéennes. C'est dans cette région montagneuse que se niche le monastère de Montserrat *(p. 171)*, sanctuaire national catalan. Entre ces deux chaînes de montagnes se déploie une étroite plaine fertile, un fossé d'effondrement long de près de 200 km de Tarragone jusqu'à Gérone. Ce double système montagneux marque la limite de l'influence méditerranéenne. Au-delà, vers l'intérieur, c'est la Catalogne sèche, domaine des cultures céréalières, qui s'en va vers l'ouest rencontrer la Meseta castillane.

Les agrumes, trésors de la Communauté valencienne.

La région valencienne et la Murcie

Le Levante espagnol s'inscrit entre deux zones montagneuses : au nord, des collines peu élevées qui le séparent de la Catalogne et, au sud, les derniers contreforts de la chaîne subbétique qui marquent la limite avec l'Andalousie. La richesse du Levante, c'est sa **plaine côtière**, étroite de quelques kilomètres au niveau de Peñíscola, puis s'évasant vers le sud jusqu'à dessiner la magnifique ***huerta* de Valence** célèbre pour ses plantations d'orangers. Plus au sud, la ***huerta* de Murcie** est le domaine des cultures maraîchères. La richesse de la côte du Levante, ce sont aussi ses interminables plages de sable qui ont suscité un spectaculaire développement de l'industrie touristique avec la création de gigantesques agglomérations dont **Benidorm** est la figure emblématique. ●

Le delta de l'Èbre fournit l'essentiel de la production catalane de riz.

© A. Félix, Hémisphères Images

© A. Félix, Hémisphères Images

© A. Félix, Hémisphères Images

© G. Grande, Office espagnol du tourisme

Communauté valencienne et Murcie

© A. Félix, Hémisphères Images

Les oranges : du soleil accroché aux arbres.

Le Levante espagnol, c'est l'Espagne des pinèdes et des vergers, des jardins maraîchers aussi, comme ceux de la *huerta* de Murcie. Constitution oblige, la région de Valence et la Murcie sont devenues deux des dix-sept autonomies espagnoles, à l'instar de la Catalogne. Ici cependant, le particularisme est moins sourcilleux que chez le voisin du Nord. Si Valence se pose toujours en éternelle rivale de la cité comtale, le bilinguisme castillan-valencien – un dialecte catalan – est largement répandu et c'est en castillan que l'on entonne l'hymne « national ».

La Communauté valencienne

Lors de l'instauration de l'autonomie en 1982, les débats furent vifs pour baptiser la nouvelle entité politique. Certains proposèrent même de restaurer l'ancien royaume de Valence. On s'en tint sagement à la dénomination plus neutre de Communauté valencienne. Valence est avant tout une **ville marchande**, quand Barcelone est une ville industrielle. Cette vocation commerciale ne s'est pas démentie : la région continue depuis la fin du XIXe s. d'exporter les produits de ses vergers, les agrumes notamment, aux quatre coins de l'Europe. C'est même un négociant de la ville, **José Aguirre Matiol**, qui eut, en 1870, l'idée d'envelopper les oranges dans des papiers de soie portant le nom du producteur, et de les disposer dans des caisses. Le génial commerçant possède sa statue face aux docks. Le port de Valence est aujourd'hui le premier d'Espagne pour le trafic de containers, le sixième dans le monde. À côté de cette traditionnelle activité commerciale, qui a fait de la région une des plus prospères d'Espagne, la Valence du XXIe s. a développé le secteur des **nouvelles technologies** qui la pose en redoutable concurrente de Barcelone.

Généreuse Murcie

Petit Poucet des autonomies espagnoles, la Murcie n'occupe que 2,2 % de la superficie de l'Espagne. Ici, catalan et valencien sont des langues étrangères : on s'exprime en **castillan**. Et si la région a obtenu ses institutions autonomes, c'est en vertu du principe du « café pour tous », qui veut que toute avancée institutionnelle obtenue par une région soit revendiquée et obtenue par toutes les autres.

En dehors d'une activité industrielle limitée à la région de Carthagène, par ailleurs premier port militaire d'Espagne, la Murcie reste une région encore fortement agricole : le secteur compte pour 9 % du PIB de la région alors que la moyenne nationale n'atteint pas 5 %. Ses **jardins maraîchers** ont fait la fortune de la région, dans la *huerta* de Murcie, autour de la capitale, ou encore le long de la zone côtière.

Vers le nord, les hauts plateaux abritent une importante région viticole qui produit un vin réputé commercialisé sous l'appellation contrôlée de **jumilla**.

Un parfum d'Orient

Contrairement à la Catalogne où elle fut relativement courte, la **présence musulmane** dans la Communauté valencienne dura plus de cinq siècles : Valence – à l'exception de l'intermède du Cid *(voir p. 214)* – et Murcie ne se rendirent aux armées chrétiennes qu'au milieu du XIIIe s.

Alicante, Benidorm, Benacantil, la toponymie rappelle encore cette longue présence. Elle a aussi imprimé sa marque sur les paysages de la région : par exemple, la palmeraie d'Elche *(p. 254)* ou les vergers de la plaine côtière qui se développèrent grâce au système d'irrigation mis au point depuis bien longtemps en Orient.

Ce passé se lit encore dans la physionomie des centres-villes, lacis de ruelles étroites où se découvrent parfois quelques vestiges d'ouvrages militaires ou de palais, et dans certaines traditions. La plus célèbre est sans doute le **Tribunal des Eaux** *(encadré p. 64)* qui se réunit tous les jeudis sur le flanc de la cathédrale de Valence.

Le papier de Játiva

Parmi les innovations à mettre au crédit des musulmans d'Espagne, le papier fut fabriqué de manière très courante dès le Xe s., notamment dans la région de Valence qui en était le principal producteur. Le papier de Játiva *(p. 242)*, nommé *shatibi* d'après le nom de la ville, était de loin le plus réputé. Il était fabriqué selon des techniques importées d'Orient à partir d'une pâte de filasse de lin et de chanvre, macérée dans de l'eau de chaux, puis passée à la meule. Le résultat donnait des feuilles épaisses et glacées, qui remplaçaient fort avantageusement le parchemin, très onéreux pour cette société musulmane passionnément éprise de livres.

La palmeraie d'Elche

Elle est un legs des musulmans qui appliquèrent les techniques d'irrigation mises au point depuis bien longtemps en Orient. Sur ce passé musulman, les chroniques sont peu loquaces : le géographe arabe **al Idrissi** décrit au XIIe s. une ville entourée de murailles et traversée par une dérivation du rio Vinalopo : elle servait, entre autres, à alimenter les établissements de bains comme celui que l'on découvre de nos jours tout près de la cathédrale. ●

tradition

Le Tribunal des Eaux

© Garrido, Office espagnol du tourisme

Le Tribunal des Eaux de Valence au XIXe s. Palais de la Generalitat, Valence.

Chaque jeudi à midi, devant la porte des Apôtres de la cathédrale de Valence *(p. 216)*, se déroule depuis plus de mille ans le même rituel : la réunion du Tribunal des Eaux (de las Aguas) chargé d'arbitrer les différends qui opposent les paysans de la *huerta* à propos de la répartition des eaux d'irrigation. Les sept juges sont agriculteurs, comme les plaignants, et désignés par eux. Leur arbitrage, uniquement verbal, est sans appel. Cette institution qui existait déjà à l'époque musulmane fut semble-t-il fondée au Xe s. par le calife de Cordoue, al-Hakam II. Sans doute la plus ancienne juridiction civile au monde. •

La Communauté valencienne en bref

• **Superficie.** 23 305 km^2.

• **Population.** 4 162 776 hab. (2001).

• **Division administrative.** La région est divisée en trois provinces : Valence (2 216 285 hab.), Alicante (1 461 925 hab.), Castellón (484 566 hab.).

• **Villes principales.** Valence (738 441 hab.) Alicante (284 580 hab.) Elche (194 767 hab.) Castellón de la Plana (147 667 hab.).

• **Langues.** Valencien et castillan.

• **Politique.** Les élections régionales de 2003 ont confirmé le rôle central des deux principaux partis politiques nationaux : le Parti populaire a obtenu 47,96 % des voix, et le PSPV (la branche valencienne du PSOE, le parti socialiste espagnol) a remporté 36,50 % des voix ; le troisième parti à avoir obtenu des sièges, l'Entesa (le rassemblement de la gauche critique et écologique), arrive loin derrière avec 5,62 % des suffrages.

• **Ressources.** Industrie (biens de consommation produits par un réseau dense de petites et moyennes entreprises) ; agriculture (fruits et légumes pour 80 % de la production) ; tourisme (la Communauté valencienne est la première région touristique espagnole).

• **PIB.** 9,81 % du total national.

• **Chômage.** 9,3 % des actifs (moyenne nationale : 10,5 %). •

Une vocation commerciale

Après avoir été le fief du Cid *(voir p. 214)*, qui, tel un prince oriental, régnait à la tête d'une cour somptueuse, la région fut conquise en 1238 par **Jacques Ier (Jaume)**, déjà maître du comté de Barcelone et du royaume d'Aragon, et qui, avec le royaume de Valence, ajouta un troisième joyau à sa couronne. Une union, et pas une annexion, Valence conservant ses privilèges et son droit coutumier que le souverain avait juré de respecter.

Pour peupler ces territoires abandonnés par les musulmans, le roi fit appel à des colons aragonais et catalans. Fort de ses libertés, le port de Valence s'imposa au XVe s. comme la première place commerciale de la côte méditerranéenne, lorsque déclina l'activité de Barcelone. Les marchands de tout le bassin méditerranéen venaient alors y acquérir la plus renommée des productions valenciennes, la **soie**, pour laquelle sera construite au siècle suivant une Bourse monumentale, la **Lonja** *(p. 222)*. L'édifice, une des plus belles réalisations du gothique civil en Espagne, abritait également le **tribunal du Consulat del Mar**, chargé d'arbitrer les litiges commerciaux.

Pour avoir soutenu, comme la Catalogne voisine, les prétentions de Charles de Habsbourg durant la guerre de Succession d'Espagne, Valence perdit en 1707 les privilèges octroyés jadis par la couronne d'Aragon. Depuis longtemps déjà, son étoile commerciale avait pâli, au profit des ports tournés vers l'Atlantique et les colonies américaines. Il faudra attendre le siècle suivant pour voir à nouveau Valence renouer avec l'activité économique et commerciale, mais dans l'ombre cette fois de Barcelone, la grande rivale.

La manne touristique

Depuis les années 1960, le tourisme est la grande affaire de la côte du Levant – Benidorm à elle seule en résume la démesure – et n'a pas peu contribué à ce que l'on a appelé le « miracle espagnol » à la fin de la période franquiste. Il s'agissait alors, à côté des **stations huppées**, de créer d'immenses

La Murcie en bref

- **Superficie**. 11 314 km².
- **Population**. 1 197 646 hab. (2001).
- **Division administrative**. La région ne comprend qu'une province, avec la ville de Murcie pour capitale.
- **Villes principales**. Murcie (367 189 hab.), Carthagène (183 799 hab.).
- **Langues**. Castillan ; une dizaine de bourgades dans le nord de la région sont catalophones.
- **Politique**. Les principaux partis nationaux dominent la scène politique : aux élections de 2003, le Parti populaire a obtenu 57,64 % des voix, et le PSOE 34,57 % ; l'IURM (coalition de la gauche critique emmenée par le parti communiste) a recueilli 5,75 % des suffrages.

- **Ressources**. Industrie chimique et raffinerie de pétrole à Carthagène ; agriculture.
- **PIB**. 2,37 % du total national.
- **Chômage**. 10,5 % des actifs (moyenne nationale : 10,5 %). •

© A. Félix, Hémisphères Images

© A. Félix, Hémisphères Images

Le rocher de Calpe, miniature de Gibraltar.

complexes de loisirs bon marché, destinés à une clientèle européenne à revenus modestes. On peut dire qu'en la matière, l'objectif a été atteint. Sur le littoral ont proliféré d'immenses complexes touristiques : Benidorm *(p. 246)*, San Juan *(p. 247)* aux portes d'Alicante, Peñíscola *(p. 238)*, ou encore la Manga *(p. 277)*, spectaculaire succession de résidences et de centres commerciaux au bord de la Mar Menor en Murcie. De véritables cancers de béton qui ont rongé le paysage. À cette folle urbanisation de la côte s'ajoutent de graves problèmes écologiques en matière d'approvisionnement en eau notamment, dans cette région peu arrosée où l'agriculture nécessite une irrigation importante.

Valencien et castillan

Le Pays valencien (Pais Valencià) a donné au Moyen Âge quelques grands noms à la littérature catalane, tel le poète **Ausias March** *(voir p. 19)*. Pourtant, il n'a pas connu, comme dans la Catalogne voisine, de « Renaissance » culturelle au XIXe s., faute sans doute d'une bourgeoisie dynamique susceptible de s'identifier au mouvement. C'est aussi que le valencien, forme de catalan qui se distingue par quelques particularités phonétiques et lexicales, est minoritaire : 60 % des habitants de la région se déclarent **castillanophones**.

Le valencien est surtout pratiqué dans les cantons au nord de Valence, tandis qu'au sud et à l'intérieur, on parle espagnol. Ainsi, les dispositions prises par la Generalitat pour promouvoir le valencien, langue officielle de l'autonomie à l'égal du castillan, rencontrent souvent une opposition forte et structurée, notamment dans les grandes villes (Valence, Alicante ou Elche). Malgré l'enseignement obligatoire du valencien, du moins dans les zones majoritairement catalanes, à peine 5 % des élèves du secondaire le parlent à l'issue de leur scolarité. Dans les cinq universités de la région, les cours sont assurés presque exclusivement en espagnol (castillan).

Contrairement à la Catalogne, où la promotion de la langue régionale recueille un assentiment majoritaire, même parmi les populations immigrées, la question linguistique continue de faire débat et l'usage du valencien stagne, quand il n'est pas en régression. Il faut peut-être y voir chez les Valenciens une volonté de se démarquer de Barcelone, la rivale de toujours. Une manière d'affirmer son identité en somme.

Sur la table

Le dimanche à l'heure du déjeuner (c'est-à-dire pas avant 14h), il faut s'en aller rôder du côté des restaurants de la plage de Valence. C'est là que l'on goûtera aux plaisirs de la table à la valencienne: avant tout une affaire de famille et d'amis.

Dans les salles immenses, où règne un brouhaha « à couper au couteau », les tablées de moins de dix couverts font figure de déjeuner intime. Slalomant au milieu de la foule, des plats à paella, larges pour certains comme des roues de camion, sont portés par une noria de serveurs au bord de l'apoplexie.

Qui dit Valence dit en effet paella, **paella valencienne**, la meilleure ambassadrice de la région à travers le monde: sur le riz safrané s'y rencontrent invariablement fèves et larges haricots verts, qui font escorte au lapin et au poulet. Souvent, quelques escargots assistent au succulent colloque.

Mais ici, les préparations de riz se déclinent à l'infini : ***arroz negro***, noirci par l'encre de seiche; ***arroz a banda***, où les grains sont délicatement cuits dans un fumet de poisson; ***arroz de mariscos***, aux fruits de mer ; ***arroz al horna***, gratiné au four... Et pour qui se lasserait du riz, la ***fideuà*** propose une autre infinité de déclinaisons, où le petit grain translucide est remplacé par des vermicelles. On goûtera encore l'***all i pebre***, plat d'anguilles nulle part aussi succulent que dans les restaurants de l'Albufera, la lagune de Valence.

Les **restaurants** sont répertoriés dans les carnets d'adresses à la fin de chaque chapitre de visite. ●

Les médias

En matière de presse écrite, le Pays valencien ne dispose pas de quotidien, mais seulement de **trois périodiques** à faible tirage. La Generalitat gère une station de radio et une chaîne de télévision (**Canal 9 Ràdio** et **Canal 9 TVV**) qui diffusent une majorité d'émissions en valencien. S'y ajoutent une chaîne de télévision privée, **Punt 2**, ainsi que des stations de radio régionales.

Pour promouvoir l'**édition en valencien**, la Generalitat s'est engagée à acquérir 250 exemplaires de chaque ouvrage publié dans la langue régionale : ce sont essentiellement des livres scolaires.

La dorade au sel, délice murcien

Choisir quatre belles dorades tout juste sorties de l'eau. Les placer, ni vidées, ni écaillées, dans un plat au fond duquel vous aurez disposé une couche d'un centimètre environ d'excellent sel de mer. Recouvrir ensuite entièrement les dorades de sel. Mettre dans un four préchauffé à 250 °C pendant 30 mn. Le service à table sera spectaculaire puisqu'il vous faudra utiliser un marteau pour briser la croûte de sel ; accompagner d'une sauce aïoli. ●

© M. Brossa, Office espagnol du tourisme

Autour des fallas

Outre l'exposition suivie de la crémation des **fallas**, Valence connaît, une semaine durant, une animation extraordinaire, avec le défilé quotidien des **fanfares**, les **courses de taureaux**, les *mascletas* (feux d'artifice allumés tous les jours à 14h sur la plaza de l'Ayuntamiento, *p. 223*) ; ou encore, les 17 et 18 mars, l'**offrande de fleurs** à la Virgen de los Desemparados, la patronne de la ville : à cette occasion, la place qui précède sa basilique n'est plus qu'un immense parterre de fleurs multicolores.

Si vous souhaitez assister aux fallas, il est nécessaire de réserver votre hôtel plusieurs mois à l'avance.

Sachez que durant cette semaine, les prix des chambres sont quasiment multipliés par deux. ●

© Office espagnol du tourisme

La folie des fallas de Valence, entre processions et défilés de chars.

Les fêtes du Levante

Tous les 19 mars, à minuit, Valence est prise de la même folie: la ville s'embrase comme un gigantesque bûcher, dans le vacarme assourdissant des pétards et des feux d'artifice. On immole les **fallas**, ces groupes de statues monumentales, les *ninots*, faites de bois, de cire, de carton, aujourd'hui de polystyrène, qui composent des scènes pittoresques, grotesques, satiriques.

Dès le 15 mars, elles trônent à chaque carrefour de la ville: on en compte tous les ans plus de 300, chaque quartier ayant à cœur de présenter la sienne dont la réalisation est confiée à un artiste. L'enjeu est de taille, un vote populaire décidant d'épargner le groupe le plus réussi: ces *ninots indultats* seront ensuite déposés au **musée Fallero** *(p. 228)*.

L'origine de cette fête est très ancienne et remonte sans doute aux antiques célébrations païennes qui accueillaient le printemps. Les premiers témoignages sur les fallas telles qu'on les célèbre aujourd'hui datent du XVIe s.: à cette époque, les charpentiers brûlaient des effigies de saint Joseph, leur saint patron, le jour de sa fête, le 19 mars. Si les fallas de Valence sont les plus célèbres et les plus spectaculaires, la fête est célébrée ailleurs dans le Pays valencien, comme dans la jolie cité médiévale de Sagunto *(p. 236)*.

Maures et chrétiens *(Moros y Cristianos)* est l'autre grande fête traditionnelle célébrée au printemps et en été dans tout le Levant. Plusieurs jours durant, des figurants en costumes d'époque évoquent les combats de la Reconquista entre croisés et musulmans. Les plus spectaculaires se déroulent à Carthagène *(p. 273)* où, histoire locale oblige, elles portent le nom de Romains et Carthaginois. ●

Ci-contre: fête des Maures et Chrétiens à Caravaca de la Cruz.

Pour les dates des **fêtes** et des **manifestations locales**, reportez-vous aussi aux carnets d'adresses de chaque localité. ●

Fiestas de Carthagineses y Romanos

En place des traditionnelles représentations de combats entre Moros et Cristianos que l'on retrouve dans toutes les villes du Levant, ce sont les guerres entre Romains et Carthaginois que l'on représente à Carthagène *(p. 273)* la **2e quinzaine de septembre**. De spectaculaires reconstitutions qui attirent des dizaines de milliers de curieux. On peut suivre les préparations et l'historique de la fête sur le site internet de l'association qui en assure le déroulement : < www.ctv.es/USERS/tropasylegiones >.

Les fêtes du Printemps

Durant toute la semaine qui suit Pâques, **Murcie** est une fête perpétuelle ; on célèbre la résurrection de la nature à laquelle celle du Christ a servi de prélude. Dans les rues, les habitants déambulent en costumes traditionnels, visitant les diverses expositions déployées à travers la ville. De nombreux stands, les *barracas*, y mettent la gastronomie murcienne à l'honneur, que l'on déguste un verre à la main et en joyeuse compagnie.

Le mardi de Pâques, le **Bando de la Huerta** inaugure la fête : un défilé des habitants en costumes au son des fanfares. Les festivités s'achèvent le dimanche avec l'**Enterrement de la Sardine** (l'Entierro de la Sardina), rituel pratiqué dans toute l'Espagne méditerranéenne et qui célèbre avec allégresse la fin des rigueurs du Carême. Un immense défilé carnavalesque s'empare de la ville, accompagné de distributions de cadeaux aux enfants. Les fêtes du Printemps attirent chaque année des centaines de milliers de visiteurs et il est alors impossible de trouver une chambre à moins d'avoir réservé plusieurs mois à l'avance. ●

Les couleurs du Levante

Plat ancien de la région de Teruel. La céramique valencienne est l'héritière de la céramique musulmane.

C'est aux Arabes que l'Espagne doit sa tradition céramique, jusqu'au nom même d'« azulejos ». Dans le fruste Moyen Âge occidental, les plats émaillés remplacèrent sur les tables les rustiques assiettes en bois et, aux murs des palais, des agencements d'une complexité toujours plus grande se substituèrent aux tentures ou aux pierres colorées. Depuis, la céramique a envahi le quotidien de l'Espagne méditerranéenne, des bistrots populaires au secret des patios. Jusqu'à Gaudí, l'architecte génial et controversé du modernisme catalan, qui en fit un de ses modes décoratifs privilégiés.

L'apport musulman

C'est aux alentours du XIe s. que les musulmans d'Espagne importèrent d'Orient, de Bagdad sans doute, la technique de la **faïence émaillée** (la *loza dorada*), obtenue à l'aide d'un vernis à base de plomb. Le premier centre de fabrication fut Malaga, supplanté au XVe s. par **Manises** dans les environs de Valence, où les artisans musulmans œuvrèrent jusqu'à leur expulsion définitive du royaume au XVIIe s. Ils y réalisaient des céramiques aux **reflets dorés** et aux tons dominants **vert olive**, **bleus** et **jaunes**. C'est que le Levante espagnol et son grand port de Valence offraient les meilleures possibilités d'exportation. Dès le XVe s., en effet, les grandes cours euro-

Les carreaux de céramique sont le support privilégié des scènes folkloriques.

péennes, notamment la cour pontificale et les grands seigneurs d'Italie, se disputaient la céramique valencienne. La région reste encore aujourd'hui la première productrice de faïence d'Espagne.

La céramique s'affiche

À partir du XVIIe s., et avec le développement de la technique de l'assemblage des carreaux, la céramique devient un **support décoratif** à part entière : elle quitte le secret des palais et des demeures pour s'afficher dans les rues, aux façades des églises et des maisons, aux devantures des magasins et sur les murs des lieux publics. On y représente des **scènes religieuses** mais aussi **profanes**, tableaux pittoresques empruntés au spectacle de la rue ou aux travaux des champs. À l'intérieur des maisons, la cuisine semble tout particulièrement destinée à recevoir ce type de décor : on peut en voir une splendide reconstitution au **musée de la Céramique** à Valence *(p. 227)*. Le XIXe s. fournit à la céramique ses **thèmes costumbristes**, scènes traditionnelles de la vie espagnole, qui constituent le sujet de prédilection d'un type de décoration en voie d'industrialisation. Les premiers catalogues imprimés de céramiques sont présentés à l'Exposition universelle de Barcelone en 1888.

Gaudí a fait de ce dragon recouvert de céramique le gardien de l'entrée du parc Güell à Barcelone.

Gaudí et la céramique

Gaudí s'empara de la céramique pour en rehausser ses œuvres. Il y retrouvait les couleurs de la vie, les chatoiements d'une nature dont il avait fait sa principale inspiratrice. Les formes arrondies de ses structures acceptant l'apposition de carreaux de faïence, il eut recours à la technique populaire du ***trencadís*** : l'assemblage de débris de céramique pour constituer des mosaïques colorées comme on peut en voir à Barcelone au **jardin Güell** *(p. 165)* ou au **palais** du même nom *(p. 125)*. C'est aujourd'hui un véritable casse-tête pour les équipes chargées de la restauration des édifices laissés par Gaudí : en effet, pour obtenir une grande variété de couleurs, le maître utilisait sur une même construction des rebuts industriels provenant parfois de plusieurs usines différentes. ●

L'intérieur d'une cuisine valencienne, au musée de la Céramique de Valence.

itinéraires

Gérone et sa région

Carte « Que voir ? »
en rabat avant de couverture

Venant de France par la route, il faut savoir résister à la tentation de se ruer vers Barcelone pour découvrir **Gérone**★★ *(p. 82)*, sa cathédrale, et faire une agréable promenade à travers la vieille ville.

Les routes des belles campagnes de la région vous mèneront vers les localités médiévales de l'**Empordà** : **Besalú**★ *(p. 105)* et son célèbre pont, **Pals**★ *(p. 95)*, enfermée dans son enceinte gothique, ♥ **Peralada**★ *(p. 107)* et son cloître roman de Saint-Dominique, **Castelló d'Empúries**★ *(p. 108)* et son église gothique aux dimensions de cathédrale, ou encore **Peratallada**★ *(p. 95)*. Au nord-est de Gérone, **Empúries**★★ *(p. 97)* est le plus beau site antique de l'Espagne méditerranéenne : par sa situation, en bordure du rivage, et par l'importance des découvertes qui y ont été faites depuis le XIXe s. La région de Gérone est aussi celle de la célèbre **Costa Brava** *(p. 102)*, vouée depuis les années 1960 au tourisme balnéaire de masse.

Barcelone★★★

L'ancienne capitale comtale *(p. 115)*, une des plus dynamiques métropoles d'Europe, offre un riche patrimoine architectural : les splendeurs du **Barri Gòtic**★★★, le cœur historique de la ville ; la Barcelone médiévale qui se poursuit dans le quartier voisin de la **Ribera**★★ ; l'**Eixample**★, quartier tiré au cordeau, semé des exubérances des architectes modernistes, dont Gaudí demeure la figure de proue. Les promeneurs goûteront le plaisir stimulant de déambuler jusqu'au bout de la nuit sur les **Ramblas**★★, l'avenue quasi mythique de Barcelone. Et les amateurs d'art trouveront dans les prestigieux **musées** de la ville de quoi alimenter leur passion.

La capitale catalane peut également servir de base de départ pour explorer ses environs proches : le monastère de **Sant Cugat del Vallès**★ *(p. 170)*, le monastère de **Montserrat**★ *(p. 171)*, sanctuaire national catalan, ou encore la trépidante station balnéaire de **Sitges**★★ *(p. 172)*.

Page précédente : la Sagrada Familia, ou l'interminable chantier.

© A. Félix, Hémisphères Images

© A. Félix, Hémisphères Images

© A. Garrido, Office espagnol du tourisme

Tarragone et sa province

Amphithéâtre, cirque, murailles : **Tarragone**★★ *(p. 186)* ne manque pas de rappeler qu'elle fut, au temps de Rome, la principale cité de la province. Ses vestiges jalonnent aujourd'hui les ruelles de la vieille ville, dominée par son imposante **cathédrale**★★. Le quartier du port de pêche, le **Serrallo**★, avec ses excellents restaurants de poissons, et la **rambla Nova**, principale artère commerçante de la ville et rendez-vous des promeneurs, sont deux autres buts de promenade. Dans la riche région agricole de la Conca de Barberà se nichent de splendides monastères cisterciens ; celui de **Poblet**★★ *(p. 201)* est cher au cœur des Catalans. Il abrite le panthéon de leurs rois. Protégé au sein d'un parc naturel, le **delta de l'Èbre**★ *(p. 204)*, région de landes et de lagunes, offre un cadre idéal pour de belles randonnées pédestres, et d'excellents restaurants de poissons et de riz.

Valence★★

Pour les Valenciens, l'affaire est entendue : ils travaillent tout autant qu'à Barcelone, mais en plus, ils savent s'amuser, comme en témoignent les ruelles du quartier du **Carmen**, animées jusqu'au petit matin. La **cathédrale**★★ *(p. 216)*, dont la tour est devenue le symbole de la ville, abrite une insigne relique, vénérée depuis des siècles par les Valenciens : le calice de la Cène. Alentour, le **quartier médiéval** recouvre le cœur historique de la ville, où les archéologues ont mis au jour les vestiges de la Valencia romaine. Dans le centre commerçant, le temple gothique de la **Lonja**★★ *(p. 222)*, voué à l'organisation du commerce maritime, a été distingué par l'Unesco ; et dans le ♥ **Mercado Central**★★ *(p. 222)*, autre temple du commerce, sont exposés les somptueux produits de la huerta de Valence, tandis que la ♥ **plaza Redonda**★★ *(p. 223)* est le domaine des boutiques de céramiques valenciennes. Valence possède de belles **collections d'art**, comme au **musée des Beaux-Arts**★★ *(p. 224)*, ainsi qu'un gigantesque complexe qui a marqué son entrée dans le IIIe millénaire : la **cité des Arts et des Sciences**★ *(p. 229)*.

La Communauté valencienne

Vergers d'orangers semés de maisons blanches, hautes frondaisons des palmiers, soleil tout-puissant : certains soirs d'été, l'air surchauffé rappelle la proximité de l'Afrique. Aux portes de Valence, **Sagunto**★ *(p. 236)* conserve quelques traces de ses racines très anciennes (sa prise par les Carthaginois fut à l'origine de la deuxième guerre punique) : un théâtre romain, une immense citadelle et l'un des **quartiers juifs** les mieux préservés de la côte méditerranéenne. En prenant de la hauteur, on atteint ♥ **Morella**★★★ *(p. 239)*, cité montagnarde spectaculairement perchée à près de 1 000 m d'altitude. La route d'Alicante rejoint **Játiva**★ *(p. 242)* et son formidable château où fut enfermé François Ier, puis les plages de la **Costa Blanca** *(p. 244)*. La grande cité balnéaire d'**Alicante**★ *(p. 247)* possède un centre ancien qui mérite le détour pour ses pittoresques ruelles, son **église gothique Santa María**★ et le **MARQ**★★, tout nouveau musée archéologique. À quelques kilomètres, au cœur de la plus grande palmeraie d'Europe, **Elche**★★ *(p. 254)*, fondée par les musulmans, garde un petit air d'Orient.

La Murcie

« La Murcie ?... aussi », pourront affirmer les voyageurs consciencieux, récompensés de ce petit détour par la découverte de **Murcie**★ *(p. 266)*, une paisible ville provinciale à l'écart des grands itinéraires touristiques. Raison de plus pour s'y arrêter, le temps d'admirer la somptueuse façade baroque de sa **cathédrale**★★, de flâner dans les ruelles du centre et de déguster sa cuisine réputée. Au fond d'une baie aux allures de fjord, **Carthagène**★ *(p. 273)*, la base de la flotte espagnole en Méditerranée, fut une cité romaine dont de nombreux vestiges ont été mis au jour. Le petit centre ancien avec ses immeubles modernistes ne manque pas non plus d'intérêt. Terminez ce périple par **Caravaca de la Cruz**★ *(p. 281)*, important lieu de pèlerinage couvert d'une belle parure d'églises, à découvrir en parcourant le réseau de ses rues aux nobles demeures blasonnées. ●

© A. Félix, Hémisphères Images

© A. Félix, Hémisphères Images

© A. Félix, Hémisphères Images

L'Antiquité

La côte méditerranéenne fut la première terre espagnole de la Péninsule touchée par les conquérants : les Grecs, les Carthaginois, puis les Romains. Les témoignages de cette présence sont nombreux : sites archéologiques, comme **Empúries**★★ *(p. 97)* ou **Lucentum**★ *(p. 253)* ; vestiges disséminés à travers les villes comme à Carthagène, Barcelone ou Valence. Tarragone *(p. 186)*, ancienne cité romaine, a conservé une puissante muraille que l'on découvre depuis le **Passeig Arqueològic**★, un **amphithéâtre**★ et un cirque dont les impressionnantes constructions sont visibles à partir du **Prétoire romain**★. Ne manquez pas de visiter le **MARQ**★★ *(p. 252)*, nouveau musée archéologique d'Alicante, et, pour les amoureux de l'Antiquité paléochrétienne, le **mausolée de Centcelles**★★ *(p. 196)*, aux portes de Tarragone, qui conserve un remarquable cycle de peintures murales.

Les collections d'art

Les amateurs d'art trouveront à Barcelone de quoi alimenter leur passion : le **Musée national**★★★ (MNAC, *p. 154*) rassemble une prestigieuse collection d'art médiéval, dont un ensemble unique au monde de peintures murales romanes ; la ♥ **fondation Joan Miró**★★★ *(p. 162)* est une fenêtre ouverte sur l'œuvre de ce maître du surréalisme ; le **musée Picasso**★★★ *(p. 137)* présente notamment les 58 tableaux qui composent les variations du peintre sur le thème des Ménines ; le **musée d'Art moderne**★★★ *(p. 141)* témoigne de l'extraordinaire créativité de la scène artistique barcelonaise entre la fin du XIXe et le début du XXe s. ; la **collection Thyssen-Bornemisza**★★★ *(p. 167)* présente une sélection d'œuvres appartenant à la célèbre collection madrilène ; le **MACBA**★ *(p. 122)* offre un panorama sur la création actuelle ; le **Poble Espanyol**★ *(p. 161)* entraîne le visiteur à la découverte des édifices espagnols les plus emblématiques, reconstitués ici pour l'Exposition internationale de 1929. À Valence, le **musée des Beaux-Arts**★★ *(p. 224)* présente une collection de peinture espagnole allant des précurseurs du Moyen Âge jusqu'aux maîtres du siècle d'Or, et le **musée du Patriarche**★★ *(p. 226)*, une collection réunie aux XVIe et XVIIe s. par Juan de Ribera, l'évêque de Valence.

L'art roman

La visite du **Musée national★★★** *(MNAC, p. 154)* de Barcelone est une introduction indispensable. Quelques étapes majeures : le **cloître★★★** de la cathédrale de Gérone *(p. 85)*, et, dans le Trésor, la ♥ **tapisserie de la Création★★★**, exemple unique par sa taille et sa qualité ; les ♥ **chapiteaux★★★** du cloître de la cathédrale de Tarragone *(p. 190)* ; et le **monastère de Sant Cugat del Vallès★** *(p. 170)* avec son splendide cloître roman.

Les grandeurs du gothique

Quelques étapes essentielles à Barcelone : les collections du **Museu Nacional d'Art de Catalunya★★★** *(MNAC, p. 154)*, la **basilique de Santa Maria del Mar★★★** *(p. 139)*, les **Reials Drassanes★★** (aujourd'hui **Musée maritime★**, *p. 144*), les peintures de **Ferrer Bassa★★★** au monastère de Pedralbes *(p. 166)*, et le quartier du **Barri Gòtic★★★** *(p. 126)*.

Ne manquez pas le **cloître★★★** du monastère de Poblet *(p. 202)*, le **retable★★** d'albâtre de l'église Santa Maria à **Castello d'Empúries★** *(p. 109)*, ou la **chapelle del Santo Cáliz★★** de la cathédrale de Valence *(p. 217)*.

Les exubérances modernistes

Dans le quartier de l'**Eixample★** *(p. 147)*, à Barcelone, vous visiterez la célèbre ♥ **Mançana de la Discòrdia★★★** *(p. 148)*, trois édifices emblématiques du modernisme dans un étonnant côte à côte, et les ambitieuses réalisations de Gaudí : la **Pedrera★★** *(p. 150)*, le **palais Güell★★★** *(p. 125)* et l'époustouflante **Sagrada Familia★★★** *(p. 151)*, dont la construction se poursuit depuis plus d'un siècle. La découverte de la Barcelone moderniste ne serait pas complète sans une promenade au **parc Güell★★** *(p. 165)* et la visite du **musée d'Art moderne★★★** *(p. 141)*.

À Sitges, la **Cau Ferrat★★** *(p. 173)* se fait l'écho des fêtes modernistes qu'y célébra Santiago Rusiñol, un des chefs de file du mouvement.

À Valence, le ♥ **Mercado Central★★** *(p. 222)* propose une spectaculaire interprétation en fer de ces nouvelles tendances, rehaussées ici de la lumière des céramiques. La **calle Mayor★** *(p. 276)* de Carthagène dévoile également une série d'étonnants immeubles modernistes.

© A. Garrido, Office espagnol du tourisme

© A. Félix, Hémisphères Images

© A. Félix, Hémisphères Images

© A. Félix, Hémisphères Images

© A. Félix, Hémisphères Images

© M. Brossa, Office espagnol du tourisme

La nature et les randonnées

Les belles campagnes de l'**Empordà** *(encadré p. 95)* – la région de Gérone – offrent les plus jolis prétextes à la promenade sur des sentiers bien balisés. On peut également parcourir les plates étendues du **delta de l'Èbre*** *(p. 204)*, entre ciel et eau, à la rencontre de milliers d'oiseaux aquatiques ; la balade pourra se conclure par la dégustation de succulentes anguilles, spécialités de la région.

Le farniente au bord de l'eau

Farniente, certes, mais rarement tout seul. Une grande partie de la côte est vouée au tourisme de masse, avec son cortège d'immeubles de béton, de centres commerciaux et de restaurants de « spécialités régionales ». Quelques exceptions cependant : ♥ **Cadaqués**** *(p. 110)*, **Sitges**** *(p. 172)*, la station branchée de la côte catalane, et **la frange de littoral entre Dénia et Calpe** *(p. 245)* sont trois endroits relativement préservés qui connaissent néanmoins une grande affluence en juillet-août.

Salvador Dalí

Comme il ne le laissait pas ignorer, Dalí était catalan. Trois pèlerinages « daliens » rappellent la mémoire du maître : son délirant **théâtre-musée**** *(p. 102)* de Figueres, sa ville natale, sa **maison-musée*** de Cadaqués *(p. 111)*, et le **château de Púbol*** *(p. 94)*, décoré pour sa muse Gala.

Vivre au rythme des fêtes

L'année espagnole est ponctuée de fêtes, des grandes célébrations qui mettent toute une ville sens dessus dessous pendant quelques jours, aux simples férias de village où l'on déguste entre soi et au son des fanfares et des pétards le meilleur de la gastronomie locale. Certains de ces événements peuvent décider du choix de la période de séjour : ainsi les spectaculaires **fallas** de Valence *(p. 69)*, le **carnaval** de Barcelone *(p. 181)*, le **festival de pyrotechnie** à Tarragone *(p. 208)* ou la reconstitution des **combats entre les Carthaginois et les Romains** à Carthagène *(p. 69)*. Ne manquez pas de vous renseigner sur les petites fêtes locales auprès des bureaux de tourisme. ●

Carte « Que voir ? » en rabat avant de couverture

L'Espagne méditerranéenne offre une grande variété de possibilités de séjour : **week-end prolongé** dans une des villes desservies par les lignes aériennes internationales (Barcelone, Valence, Alicante), **circuit itinérant**, **séjour balnéaire** permettant la découverte des environs par des excursions d'une journée. On peut aussi privilégier les paysages de l'intérieur au détriment d'une côte en grande partie défigurée par une urbanisation excessive. Voici quelques suggestions de programme.

L'essentiel en douze jours

2 jours à Gérone : visite de la ville en une journée. Le lendemain, excursion dans les environs pour découvrir le site d'Empúries, le musée Dalí à Figueres, et Cadaqués (à l'occasion d'un déjeuner au bord de l'eau). Gérone offre de bonnes possibilités de logement, mais vous pouvez lui préférer Cadaqués *(réservez en saison)* ou les auberges de campagne de Peralada ou Peratallada. **3 jours à Barcelone** : c'est le minimum pour découvrir la ville. Une journée supplémentaire vous permettra de visiter, aux environs, le monastère de Sant Cugat del Vallès et l'abbaye de Montserrat. Nuit à Montserrat dans un excellent hôtel au cœur du complexe monastique *(réservez)*. **1 jour à Montblanc** : ce court séjour dans la région de la Conca de Barberà vous conduira vers le monastère cistercien de Poblet et éventuellement vers ceux de Vallbona et de Santes Creus. Consacrez deux ou trois heures à la découverte de Montblanc. Possibilité de logement à Montblanc et à proximité de Poblet. **1 jour à Tarragone** : découverte des nombreux vestiges de la cité romaine et du joli centre ancien. **2 jours à Valence** : entre Tarragone et Valence, deux haltes s'imposent : le delta de l'Èbre et la petite localité de Sagunto. Les deux jours seront consacrés à la visite de Valence. **1 jour à Alicante** : prévoyez la matinée pour la visite du centre-ville, l'après-midi pour la découverte du site antique de Lucentum. **2 jours à Murcie** : sur la route de Murcie, faites halte à Elche pour son immense palmeraie. Passez une journée à Murcie et une autre à Carthagène *(à 30 mn de route)*. Possibilité de pousser jusqu'à la station balnéaire del Mar Menor.

Une semaine autour de Barcelone

Jours 1 à 3 : Barcelone. **Jour 4** : départ pour Gérone, visite de la ville. **Jour 5** : départ pour Cadaqués ; en chemin, visite du musée Dalí à Figueres, de Peralada et du monastère de Sant Pere de Rodes. **Jour 6** : journée à Cadaqués. **Jour 7** : retour à Barcelone par la route côtière ; visite du site d'Empúries.

Une semaine en Catalogne

Itinéraire en voiture depuis la France. **Jour 1** : visite du musée Dalí à Figueres ; nuit à Gérone. **Jour 2** : visite de Gérone, départ dans l'après-midi pour Barcelone. **Jours 3 et 4** : visite de Barcelone. **Jour 5** : départ pour Tarragone ; en chemin, visite de Montblanc et du monastère de Poblet. **Jour 6** : visite de Tarragone. **Jour 7** : le delta de l'Èbre.

Une semaine dans le Levant

Jours 1 et 2 : visite de Valence. **Jour 3** : route vers Alicante ; en chemin, visite de Játiva ; nuit à Alicante. **Jour 4** : visite d'Alicante. **Jour 5** : départ pour Murcie ; en chemin, visite d'Elche et d'Orihuela. **Jour 6** : visite de Murcie. **Jour 7** : départ pour Carthagène ; visite de la ville et possibilité de finir la journée vers la Manga et la station balnéaire del Mar Menor. ●

© A. Félix, Hémisphères Images

Gérone et sa région

Depuis les années 1960, la province de Gérone se réduisait dans l'imaginaire à un nom : la Costa Brava. Laboratoire de l'industrialisation du tourisme, symbole du boom économique de la période franquiste, la région côtière s'urbanisa à outrance, pour offrir un cadre moderne et des vacances bon marché. Le rêve d'hier est devenu cauchemar. La zone littorale sud, de Palamós aux limites de la province de Barcelone, est une usine à bronzer, où se pressent en juillet et en août des millions de vacanciers dans un embouteillage permanent. La province de Gérone n'est pas pour autant une région à éviter. À l'intérieur, les petites routes de campagne traversent les doux paysages méditerranéens, particulièrement séduisants dans la région de l'Empordà, domaine de la vigne et de l'olivier.

sommaire

Gérone★★ (Girona)

Le riu Onyar fend la ville en deux. Sur une rive, un alignement de façades a pris la place de l'antique rempart pour défendre l'accès à la vieille ville. Sur l'autre s'étend la cité active, avec ses places bordées de boutiques, de bars et de restaurants, ceux de la plaça de la Independencia (plaça Sant Agustí) passant pour les plus recommandables. Hier encore, la vieille ville n'était qu'un lacis obscur de façades noircies abandonné aux plus pauvres, dont la seule consolation était de vivre à l'ombre de la cathédrale. Aujourd'hui le quartier a été réhabilité : les ruelles sont repavées, les maisons médiévales assainies. Ici se trouvait le **Call**, le quartier juif de la cité médiévale ; dans ses écoles et ses synagogues, des générations de penseurs juifs illuminèrent la communauté espagnole de leur savoir, ce qui valut à la ville d'être appelée Mère d'Israël. Un centre culturel très actif (Bonastruc ça Porta, *encadré p. 93*) s'emploie à ressusciter ce passé. La belle promenade des remparts ménage de splendides vues sur la ville, qui inspirèrent une colonie de peintres entre la fin du XIXe et le début du XXe s. Parmi eux, Santiago Rusiñol, un des précurseurs du modernisme, dont quelques œuvres sont exposées au musée d'Art de la ville.

> *À 97 km N-E de Barcelone.* ***Carnet d'adresses*** *p. 113.*

programme

Un jour suffit pour découvrir l'essentiel : la **cathédrale** et son **musée B1** où on ne manquera pas la tapisserie de la Création ; les rues de la **vieille ville** ; le **Call B1-2**, l'ancien quartier juif, et son passionnant musée. La promenade pourra se conclure par un tour des **remparts B1-2-3**. ●

La Gérone romaine

Au Ier s. avant notre ère, les Romains fondent **Gerunda**, probable latinisation d'un toponyme indigène. Il s'agit alors d'une des nombreuses places fortes jalonnant la via Augusta, la grande route stratégique qui relie l'Espagne à Rome. Des murailles sont dressées : un triangle dont la base suit le cours du riu Onyar, et dont la pointe se hisse sur la plus haute colline. À l'intérieur s'étend un réseau de rues orthogonales dont l'épine dorsale, le *cardo maximus*, est l'actuelle carrer de la Força. Près de la porte nord, le portal de Sobreportes, se trouve le cœur de la ville : le forum et, sur la colline dominée aujourd'hui par la cathédrale, les divers bâtiments abritant les institutions municipales, sénat, archives et temple civique. Un à deux milliers de personnes vivaient à l'intérieur des murs, des Romains mais aussi des populations indigènes, comme en témoigne la découverte de tessons de céramique portant des inscriptions en caractères ibériques.

Les nouveaux habits d'une ville drapière

Après l'an mil, les murailles, dont le tracé n'a guère changé depuis l'époque romaine, sont agrandies pour épouser les développements urbains. Elles seront encore reconstruites au XIVe s. : c'est qu'entre-temps, Gérone, **ville drapière** dont les productions sont connues dans toute l'Europe, est devenue la troisième ville de Catalogne, après Barcelone et Perpignan. On y travaille aussi le cuir et le métal. C'est à cet **apogée médiéval** (1000-milieu du XIVe s.) que Gérone doit la parure architecturale qui en fait tout le charme : belles églises romanes de Sant Feliu

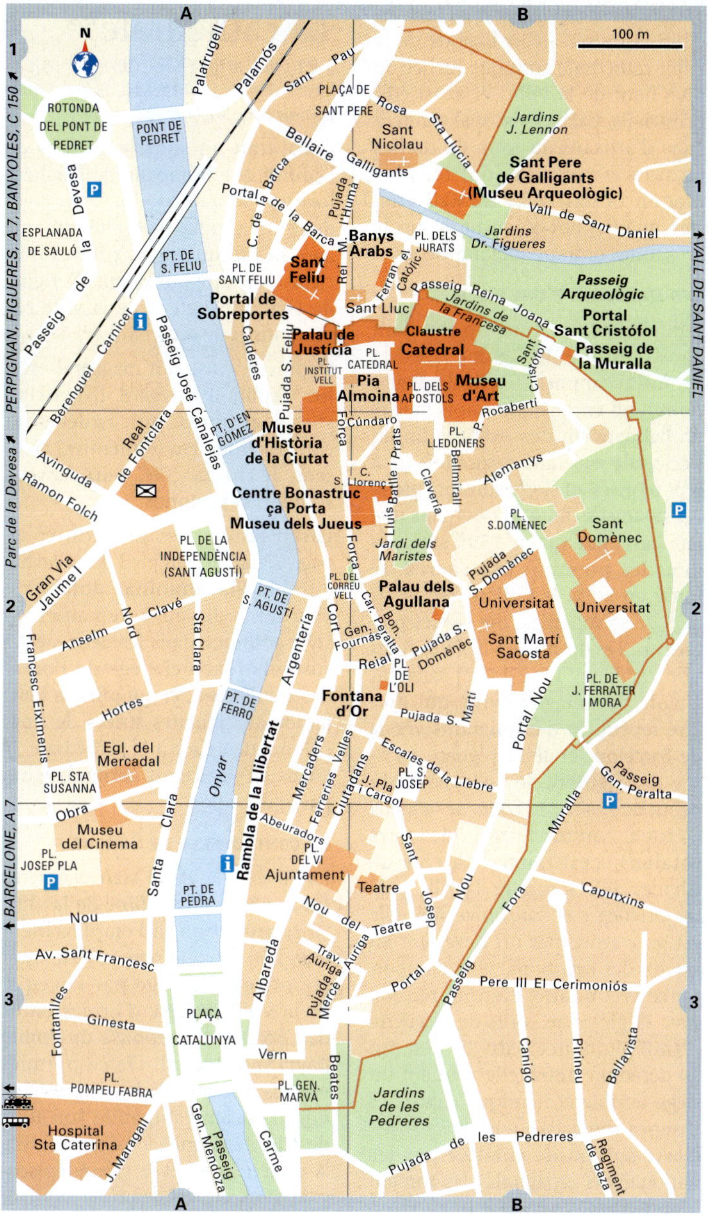

GÉRONE

S'orienter. Tous les centres d'intérêt se trouvent sur la rive droite du **riu Onyar** : c'est la **vieille ville médiévale**. De l'autre côté de la rivière, c'est la ville moderne où vous aurez probablement trouvé à vous loger. On vous y reverra le soir, car c'est de ce côté aussi que se concentre l'animation nocturne : autour de la **plaça de la Independencia** (ou plaça Sant Agustí) **A2** avec ses restaurants et le long de la **gran via Jaume I A2**, la principale artère commerçante de la ville. Côté vieille ville, c'est sur la **rambla de la Llibertat A2-3** que l'on se retrouve le soir venu, un verre à la main, dans l'un des bars de cette jolie promenade. ●

et Sant Pere de Galligants, aujourd'hui le musée archéologique de la ville; cathédrale gothique juchée au plus haut de la ville; et aussi édifices civils, palais épiscopal ou maisons d'artisans au long de ruelles étroites et pentues dont les plus évocatrices sont celles du **Call**, l'ancien quartier juif où vivait depuis le XIIe s. une communauté importante.

Les malheurs d'une ville

L'année 1348 marque un tournant dans l'histoire de Gérone: c'est la première apparition de la **Peste noire**, qui en quelques mois fauche un habitant sur dix. Avant la fin du siècle, elle reviendra quatre fois (et à sept reprises au siècle suivant) prélever sa sinistre dîme. Et c'est dans une cité exsangue qu'en 1391 surviennent les premiers **massacres de juifs**: au XVe s., le Call est réduit au tiers de sa superficie des siècles précédents. Les dix années de la Révolution catalane (1462-1472) saignent encore davantage la ville qui doit être repeuplée d'immigrants venus de Barcelone et de Perpignan. À l'issue de la **guerre de Succession** du début du XVIIIe s., au cours de laquelle Gérone, comme le reste des pays catalans, s'est rangée du côté de Charles de Habsbourg, la ville perd ses privilèges et son université: elle est gouvernée par un *corregidor* au service des Bourbons. Ville d'importance secondaire, Gérone renoue avec la gloire au cours de la guerre d'Indépendance: du 5 mai au 10 décembre 1809, elle soutient un siège terrible et héroïque contre les troupes françaises *(encadré p. 48)*. Geste splendide chantée par les nationalistes espagnols, des romantiques jusqu'à la période franquiste.

La cathédrale★★

> **B1** *Ouv. 10h-14h et 16h-19h (18h en hiver), dim. et j.f. 10h-14h. F. lun. Entrée payante pour le cloître et le trésor.*

Creuserait-on sous le dallage de l'édifice que la pioche de l'archéologue y mettrait au jour les vestiges du centre civique de la cité romaine avec son forum et ses édifices officiels. C'est dire que depuis l'origine de Gérone, le cœur de la ville bat au sommet de cette éminence.

Depuis le XVIIe s. un magistral escalier y conduit le regard, lignes classiques et pures, qui, isolées des constructions environnantes, creusent, de chaque côté, deux canyons sombres et profonds.

Parmi les édifices civils du voisinage, signalons, au pied des marches à dr., la **Pia Almoina**★, fondation charitable du XIIIe s. remaniée en style gothique dans les deux siècles suivants (l'actuel siège de l'ordre des architectes), et qui offre sa belle façade aux fenêtres striées de fines colonnettes. Face à la cathédrale, le palais de justice est abrité dans un palais du XVIIIe s.

La controverse de Gérone

En 1038, une église était consacrée sur la plus haute colline de la ville. Sa construction, à l'emplacement d'un lieu de culte plus ancien, avait été prise en charge par l'évêque de la ville, le frère d'Ermessendis de Carcassonne, épouse du comte Raymond Borrell. De ce premier ouvrage roman subsiste sur le flanc nord l'ancien campanile (ou **tour de Charlemagne**) et, dans l'église, la table d'autel et la chaire épiscopale. Roman également, le sublime cloître qui fut adjoint à cette première cathédrale au XIIe s. et dont les 74 chapiteaux, les arcs sculptés et les piliers d'angle racontent l'Ancien et le Nouveau Testament.

Au début du XIVe s., tandis que la ville médiévale est à son apogée et que les canons du gothique franchissent les Pyrénées, est décidée

© A. Garrido, Off ce espagnol du tourisme

Le cloître roman de la cathédrale de Gérone : il faudra en faire lentement le tour pour admirer les exceptionnelles sculptures de ses chapiteaux.

l'érection d'un nouveau sanctuaire. En 1347, le nouveau chevet est terminé. Faute de moyens, la construction de la nouvelle nef, en remplacement de la nef romane, est retardée. C'est aussi que les autorités ecclésiastiques hésitent sur le plan à suivre : plan basilical à trois nefs, ou nef unique. La dispute se conclut en 1417 par la victoire des tenants de la nef unique. Ce plan se répandait depuis le début du XIVe s. en Aragon et Catalogne (ainsi, l'église du monastère de Pedralbes à Barcelone), à partir d'un modèle élaboré en Languedoc. La façade ornée à la manière d'un retable date du XVIIe s.

L'intérieur

La **nef unique****, large de 30 m, supporte la plus grande voûte gothique de Catalogne ; sur les côtés, ouvrant dans le mur, s'alignent deux séries de chapelles latérales. Au-dessus du triforium, les hautes fenêtres garnies de vitraux des XIVe, XVe et XVIe s. diffusent une subtile lumière sur l'immense espace central aujourd'hui dégagé de son *coro*. Au-dessus des arcs du chœur, trois rosaces conservent **les plus anciens vitraux** de Catalogne (XIVe s.). Le chœur polygonal est ceinturé d'un déambulatoire, dispositif qui aurait tout aussi bien pu admettre la nef à trois vaisseaux que suggéraient certains ecclésiastiques avant la construction de l'édifice. Dans le chœur, le maître-autel d'albâtre est une survivance de la cathédrale romane. Jusqu'à la prise de la ville par les troupes napoléoniennes, il était recouvert d'un placage d'or et d'émail du XIe s.

En arrière du chœur et surélevée, la chaire épiscopale en marbre, appelée **trône de Charlemagne**, est également d'époque romane. Au maître-autel, un retable du XIVe s. est en argent rehaussé d'émail et de pierres précieuses.

Le cloître***

Dessinant un quadrilatère irrégulier, le **cloître roman** du XIIe s. est, avec la nef gothique, l'autre merveille de la cathédrale. C'est de son jardin que l'on découvre le campanile du XIe s., autre survivance de la première cathédrale, avec ses sept étages séparés par des bandes de style lombard, et qui, pour les quatre derniers, sont percés d'élégantes fenêtres en plein cintre. Les galeries du cloître sont bordées de colonnes et de piliers dont les **chapiteaux historiés***** sont de véritables chefs-d'œuvre de la sculpture romane. Certains spécialistes les attribuent à l'atelier qui œuvra à la seconde phase de décoration de Notre-Dame-de-la-Daurade à Toulouse. Commencez la visite du cloître par la galerie sud (accolée à la cathédrale) à son extrémité occidentale ; vous tournerez ensuite autour du jardin dans le sens inverse des aiguilles d'une montre.

• **Galerie sud**. Sur le pilier qui la borde à l'ouest, épisodes de la Genèse avec la création d'Ève et la Chute, Caïn et Abel et le cycle de Noé ; les chapiteaux des colonnes, dont plusieurs sont ornés uniquement de motifs végétaux, sont consacrés à l'enfance du Christ : annonce aux bergers, massacre des Innocents, fuite en Égypte. Au centre de la galerie, le pilier présente plusieurs scènes évoquant l'Enfer. Les chapiteaux suivants retracent plusieurs épisodes du Nouveau Testament : lavement des pieds, cycle de Lazare. À noter plus particulièrement (avant-dernier chapiteau sur la colonne côté jardin) une **Annonciation***** où la figure de la Vierge est une merveille de délicatesse. Le pilier qui termine la galerie est consacré aux patriarches : Abraham, sacrifice d'Isaac, Jacob (voir notamment sa lutte avec l'ange).

• **Galerie est**. Les chapiteaux historiés sont entièrement consacrés au cycle de Samson (combat contre les Philistins, Dalila coupant les cheveux de Samson, Samson aveugle, destruction du temple des Philistins). Le pilier à l'extrémité est essentiellement orné de motifs végétaux entre lesquels s'inscrivent des oiseaux.

• **Galeries nord et ouest**. Elles présentent des chapiteaux ornés de motifs végétaux, de lions, d'oiseaux et d'animaux fantastiques ; remarquez sur le premier pilier de la galerie nord plusieurs représentations de dragons combattus par des guerriers.

Le trésor de la cathédrale**

Ses riches collections sont exposées dans une suite de salles accessibles depuis le cloître. Nous présentons ici les chefs-d'œuvre à ne pas manquer.

portrait

Lorenzo Mercadante de Bretaña

Ce sculpteur originaire de France, de Bretagne comme le laisse supposer son nom, contribua de manière décisive à répandre en Espagne le style de l'Europe septentrionale, notamment bourguignon. Lors de son passage à Gérone, qui était en ce milieu du XVe s. un centre artistique très actif avec de nombreux ateliers, il réalisa les **statues du tombeau de Bernat de Pau**, visibles aujourd'hui dans le musée de la cathédrale. Mais c'est à **Séville** qu'est conservée la majeure partie de son œuvre : les portes nord et sud de la cathédrale, décorées de terre cuite comme jadis la porte des Apôtres de la cathédrale de Gérone, le tombeau du cardinal Cervantes, qui présente une parenté stylistique remarquable avec le tombeau de Bernat de Pau, ainsi que la statue de la Vierge à l'Arbousier. •

La tapisserie de la Création est conservée dans le trésor de la cathédrale : une merveille de la broderie romane.

• **Salle 1**. Le **coffret en argent**** du calife de Cordoue Hicham II (965-1013) est une magistrale réalisation de l'orfèvrerie arabo-andalouse. Remarquez un **codex enluminé** du *Beatus* (Xe s.), le **commentaire de l'Apocalypse** écrit par le moine Beat de Liebana au VIIIe s. On en conserve aujourd'hui 25 exemplaires à travers le monde, le plus ancien remontant au IXe s., chacun comptant une centaine d'illustrations. Cette abondante source documentaire, rencontre des courants byzantin, carolingien et oriental, exerça une influence déterminante sur les sculpteurs de l'époque romane.

• **Salle 2**. Cette salle contient une **croix processionnelle** du XIVe s. en argent rehaussé de pierres précieuses et d'émail et une **statue en albâtre**** de saint Charlemagne, exécutée au XIVe s. À voir également, le retable de sainte Hélène, de Pedro (Pere) Fernández (documenté de 1503 à 1521) : après un séjour en Lombardie et à Rome, ce peintre regagna la Catalogne d'où il introduisit en Espagne les innovations de la Renaissance italienne.

• **Salle 3**. Côtoyant de nombreuses pièces d'orfèvrerie religieuse, six délicates **statues**** en albâtre ainsi qu'une Vierge ornaient la sépulture de Bernat de Pau. Elles furent réalisées par Lorenzo Mercadante de Bretaña *(encadré p. 86)*, maître sculpteur du XVe s. Vous verrez aussi un **retable** de l'Annonciation de Ramon Solà (XVe s.), membre d'une famille de peintres qui perpétuèrent à Gérone la manière de Jaume Huguet *(voir p. 44)*.

• **Salle 4**. La ♥ **tapisserie de la Création*****, gigantesque panneau de broderie (fils de laine sur trame de lin) qui, bien que mutilé, mesure encore 365 cm sur 470, est une pièce unique en son genre dans l'art roman (XIIe s.). Sous la présidence impassible du Christ se déploient les divers registres du monde : de la création des animaux dans la partie inférieure à celles d'Adam (à dr.) et d'Ève, surgissant du flanc du premier homme ; dans les écoinçons du médaillon central figurent les allégories des Vents juchés sur leurs outres, tandis que la bordure évoque les saisons et les mois. À côté des thèmes purement chrétiens subsistent des éléments iconographiques venant de l'Antiquité païenne, telle, dans le coin inférieur gauche, cette allégorie du Soleil, jeune homme couronné d'un nimbe radié, assis dans son char tiré par des chevaux.

Revenu dans le cloître, vous pourrez gagner une salle de l'étage où l'exposition se poursuit par une riche collection de vêtements sacerdotaux.

La porte des Apôtres

Sur le flanc sud de la cathédrale, la porte des Apôtres (XIVe-XVe s., restaurée en 1975), aujourd'hui privée de sa décoration originelle de statues de terre cuite, ouvre sur la place du même nom (plaça dels Apóstols). Sur un côté de la place s'élève la sévère façade du **palais épiscopal**, dont les parties les plus anciennes remontent au Xe s. Il abrite aujourd'hui le musée d'Art de la ville *(Museu d'Art)*.

Museu d'Art*

> **B1** *Plaça dels Apóstols ☎ 972.20.95.36, < www.ddgi.es/museu/ >. Ouv. mar.-sam. 10 h-18 h (19 h mars-sept.), dim. et j.f. 10 h-14 h. Entrée payante. Visite : 4 h.*

Présentées sur cinq niveaux, les collections offrent un vaste panorama sur l'histoire des arts de la province, de la période préromane aux peintres modernistes qui, tel Santiago Rusiñol, trouvèrent une source d'inspiration dans les paysages urbains de Gérone.

L'art roman

> *Au 1er étage.*

• **Salle 1**. L'**autel-reliquaire** portatif du Xe s. en argent provient de Sant Pere de Rodes ; **Christ en croix*** du XIIe s. provenant de Sant Miquel de Cruïlles *(à 24 km E de Gérone)*.

• **Salle 2**. Parmi la collection de **chapiteaux romans*** (XIIe-XIIIe s.), certains sont historiés, comme celui montrant le combat contre les bêtes sauvages d'un chevalier armé d'une épée et d'un bouclier.

• **Salle 3**. Sur la **poutre peinte*** provenant de l'église de Sant Miquel de Cruïlles (XIIe s.) sont figurées deux processions, l'une de moines, l'autre de chantres.

• **Salle 4**. La **peinture murale** issue de l'église de Pedrinyà *(à 15 km E de Gérone)* fut réalisée au XIIe s. par un artiste dont on ne retrouve la manière dans aucune autre des nombreuses églises romanes de Catalogne : on y voit un Christ apparaissant dans une mandorle et entouré du tétramorphe.

L'art gothique

> *Au 1er étage.*

• **Salle 5**. Une des premières manifestations de l'art gothique en Catalogne est le **calvaire** de Mestre Bartolomeu (vers 1250-1300). Voir également le **Martyrologe** de Poblet, manuscrit enluminé du XVe s.

• **Salle 6**. Vous pourrez admirer une collection de **chapiteaux** et de **statues** en albâtre des XIVe et XVe s.

• **Salle 7**. La **Mare de Déu***, en albâtre polychrome, provient de Pontós (XVe s.). Le **carton** de verrier du XIVe s. est celui d'un vitrail de la cathédrale, unique témoignage de ce type connu en Europe.

• **Salle 8**. Parmi la collection de **retables** du XVe s., celui de **saint Pierre**** (Sant Pere) est une des plus belles œuvres de Bernat Martorell (vers 1400-1452), le maître du gothique international catalan *(voir p. 44)*. Pour les historiens de l'art, la découverte du contrat de commande de ce retable permit d'identifier le peintre connu jusque-là sous le nom de Maître de Saint Georges (d'après le tableau exposé au musée du Louvre) et de proposer à partir de cette réalisation achevée en 1442 une chronologie des

Trésor du Museu d'Art de Gérone.

œuvres de l'artiste. À voir également, le **retable de saint Michel*** (Sant Miquel de Cruïlles) réalisé par Lluís Borrassà (documenté de 1380 à 1425), peintre natif de Gérone et maître du premier gothique international catalan *(p. 159)*.

La Renaissance

• **Salles 9 et 10** *(1er étage)* **et salle 11** *(2e étage)*. La période est représentée par des œuvres de **Jean de Bourgogne** (mort en 1526) et du prolixe Pere Mates.

Le baroque

• **Salles 14 et 15** *(3e étage)*. Vous verrez principalement la statue de **saint Roch** de Sant Feliu de Guíxols *(à 57 km S de Gérone, p. 96)*.

La peinture des XIXe et XXe s.

• **Salle 16** *(4e étage)*. **Ramon Martí i Alsina** (1826-1894) introduisit le réalisme français en Catalogne, après la révélation que fut sa découverte de Courbet lors d'un séjour à Paris; représenté ici par des tableaux historiques que lui inspira le siège de Gérone par les Français en 1809, il fut aussi un peintre de scènes de genre comme la célèbre *Sieste* exposée au musée d'Art moderne de Barcelone *(p. 141)*.

• **Salle 17** *(4e étage)*. **Joaquim Vayreda** (1843-1894), paysagiste le plus célèbre de Catalogne en son temps, fut influencé par l'école de Barbizon qu'il découvrit lors d'un long séjour en France. **Santiago Rusiñol** (1861-1931), précurseur du modernisme catalan *(voir p. 58)*, fut inspiré par les paysages de Gérone.

En sortant du Museu d'Art, redescendez l'escalier monumental de la cathédrale et prenez à dr.

Portal de Sobreportes*

A1 C'est après avoir franchi l'ouvrage que l'on peut en apprécier toute l'ampleur: deux **tours**, l'une circulaire, l'autre carrée, y défendaient l'accès à la ville. Ces hauts

© A. Garrido, Office espagnol du tourisme

Les Bains dits arabes ne seront en fait construits qu'au XIIe s., démentant au passage la réputation d'obscurantisme faite parfois au Moyen Âge.

murs furent construits entre le XIe s. et le XIVe s. au-dessus du rempart romain dont subsistent quelques blocs à la base. C'est par cette porte que les condamnés à mort quittaient la ville pour le lieu de leur supplice, sous le regard miséricordieux de la Vierge de la Bonne Mort, dont la statue est abritée dans une niche sous le passage.

L'église Sant Feliu★★

> **A1** *Ouv. t.l.j. 9h-13h et 16h-19h. Entrée libre.*

Annoncée par un clocher décoiffé par la foudre, l'église est une des plus vénérées de la ville: c'est qu'elle est dédiée à son saint patron, **Félix,** martyrisé à Gérone sous Dioclétien (284-305) et inhumé à cet endroit. Autour du chœur, des **sarcophages** antiques encastrés dans le mur, certains ornés de motifs païens, d'autres de thèmes paléochrétiens, semblent confirmer l'existence d'une nécropole à cet endroit au début de notre ère.

Le présent édifice fut élevé à partir du XIe s. Peu de vestiges subsistent de ce premier ouvrage roman: les piliers de la nef et quelques chapiteaux, notamment dans l'abside, où ils furent réemployés lors de l'érection de l'église gothique aux XIVe et XVe s. À g. du chœur se trouvent le **sarcophage** de Sant Narcis et, près de l'entrée principale, le **gisant**★ du Christ en albâtre, deux œuvres du XIVe s.

En arrière du chevet de l'église, et perpendiculaire à celui-ci, la **carrer Rei Martí** conserve tout son cachet médiéval. Dans le prolongement hors les murs de la carrer de la Força *(p. 92)*, elle suit le tracé de la Via Augusta romaine.

Banys Àrabs

> **B1** *Carrer Ferran el Catòlic. Ouv. avr.-sept. lun.-sam. 10h-19h, dim. et j.f. 10h-14h; oct.-mars mar.-dim. 10h-14h. Entrée payante.*

Les conquérants arabes ne restèrent que soixante-dix ans à Gérone, pas assez pour y imprimer leur marque. La tradition a nommé **Bains arabes** cet établissement thermal qui remonte en réalité à la fin du XIIe s. On ne s'étonnera donc pas d'y trouver, autour de la succession traditionnelle des salles héritée de l'Antiquité, colonnes, chapiteaux et arcs romans. Ces bains restèrent en fonction jusqu'au XVe s. Au XVIIe s., les bâtiments servirent de communs à un monastère voisin.

Passeig Arqueològic

B1 Face aux Bains arabes, une agréable promenade à travers des jardins permet de suivre la muraille médiévale. Plus haut, on aboutit à une porte, le **portal Sant Cristòfol,** ouverte au XVIIIe s., qui permet de franchir le rempart. Côté intérieur, elle ouvre sur la carrer dels Alemanys qui redescend vers le centre-ville. À l'entrée de celle-ci, à dr., la carrer Bisbe Cartanya ramène à la cathédrale : un passage à dr. donne accès aux charmants **jardins de la Francesa** d'où l'on découvre de belles vues sur le chevet de l'édifice. Du portal Sant Cristófol, on accède au chemin de ronde du rempart (**passeig de la Muralla**) que l'on peut suivre jusqu'aux environs de la plaça Catalunya **A3**. Intéressante promenade qui offre de jolis panoramas sur la ville.

L'église Sant Pere de Galligants*

> **B1** *Museu Arqueològic ☎ 972.20.26.32. Ouv. juin-sept. 10h30-13h30 et 16h-19h, dim. et j.f. 10h-14h ; oct.-mai 10h-14h et 16h-18h, dim. et j.f. 10h-14h. F. lun. Entrée payante. Visite : 30mn.*

Depuis 1867, cette église et son cloître abritent les **collections archéologiques** de la province au sein d'un musée. Le bâtiment lui-même mérite l'intérêt. Il s'agit d'un bel ensemble roman, développement d'un monastère bénédictin dont les premières traces écrites remontent au Xe s.

L'église*

Par une porte à cinq archivoltes que certains spécialistes considèrent comme antérieure à la construction de l'église, on pénètre à l'intérieur de l'édifice, une basilique à **trois nefs** que termine une abside en cul de four : grandeur et simplicité du monde roman, que viennent animer les chapiteaux des piliers et des colonnes engagées encadrant le chœur. Muni de jumelles, vous pourrez en admirer la délicate ornementation sculptée de motifs floraux ou d'animaux fantastiques. Dans l'église sont présentés des objets de grande taille de l'**époque romaine** : sarcophages et amphores du côté gauche de la nef, tandis que du côté droit des bornes milliaires évoquent le développement du réseau routier dans la péninsule Ibérique ; elles voisinent avec des autels paléochrétiens.

Le cloître*

Sur le flanc sud, le cloître, de modestes proportions, est splendidement encadré par un système de voûtes en plein cintre, appuyées sur des colonnes groupées par paires, tandis que le centre de chaque galerie est marqué par la réunion de cinq colonnes. Là encore, la décoration des **chapiteaux**** retient l'attention : motifs végétaux et géométriques, corbeilles, feuilles d'acanthe, palmes, volutes, mais aussi représentations d'animaux fantastiques et scènes historiées inspirées d'épisodes du Nouveau Testament (Annonciation, Nativité, massacre des Innocents, fuite en Égypte).

Sous les galeries, vous verrez des **dalles funéraires** issues de divers monastères des environs ainsi que des **stèles hébraïques** provenant du cimetière juif qui se trouvait sur la colline de Montjuïc dominant la ville ; dans l'ancienne salle capitulaire ouvrant sous la galerie orientale est exposé un splendide **sarcophage**** romain (d'Empúries) orné des allégories des Saisons.

Les présentations se poursuivent au **1er étage**, avec une évocation du monde préhistorique dans la région. Plus intéressants sont les objets de la vie quotidienne à l'époque romaine : bijoux, verres, ustensiles divers en bronze.

Plus au nord, la petite chapelle romane **Sant Nicolau** fut construite au XIe s. et servit de chapelle funéraire au monastère de Sant Pere.

Pour poursuivre votre découverte de la vieille ville, revenez jusqu'au pied de la cathédrale et continuez tout droit dans la carrer de la Força.

Carnet d'adresses de la région de Gérone p. 112. ●

Carrer de la Força★★

A-B1-2 C'est la rue principale de la ville médiévale qui constituait aussi l'épine dorsale du quartier juif. En chemin, deux visites retiendront votre attention : celle du **musée d'Histoire de la ville** et celle du **musée de l'Histoire des juifs** *(visites ci-dessous)*.

À son autre extrémité, la carrer de la Força aboutit à la plaça de l'Oli, d'où commence la ♥ **pujada Sant Domènec**★★★ qui, avec ses pittoresques escaliers, remonte jusqu'à la cathédrale *(p. 84)*. Au début de l'ascension, elle passe sous un arc appartenant au **Palau dels Agullana** (palais des Agullane), construit au XIVe s. et remanié au XVIIe s. : c'est l'un des coins les plus charmants de la ville.

À la sortie de la plaça de l'Oli, la **Fontana d'Or**, aujourd'hui salle d'exposition, est une belle maison dont les arcs romans du rez-de-chaussée (XIIe s.) sont surmontés d'une élévation gothique (XIVe-XVe s.).

Museu d'Història de la Ciutat★

> **A1-2** *29 carrer de la Força ☎ 972. 22.22.29. Ouv. mar.-sam. 10 h-14 h et 17 h-19 h, dim. et j.f. 10 h-14 h. F. lun. Entrée payante.*

Le **musée d'Histoire de la ville** est aménagé dans un ancien **couvent de capucins** construit au XVIIIe s. à la place d'une noble demeure du XVe s. Le rez-de-chaussée – jadis le sous-sol – et le 1er étage conservent leur structure du XVIIIe s. : on y reconnaît la chapelle, le réfectoire, le cloître, ainsi que l'ancien cimetière des moines. Les collections retracent la longue histoire de la ville, depuis la fondation de la Gerunda romaine jusqu'à l'industrialisation du XIXe s.

• **1er étage : de la préhistoire au Moyen Âge**. La section consacrée à la période romaine expose un vaste panneau de **mosaïque**★★ qui ornait le sol d'une villa des environs (vers 300) : on y voit une course de chars au cirque Maxime de Rome. Le reste de l'étage est consacré au Moyen Âge : inventaire des principaux édifices romans et gothiques de la ville et de sa région, et animation très instructive sur les différentes étapes de la construction de la cathédrale.

• **2e étage : du XVIe au XIXe s.** Vous y verrez principalement l'évocation du **siège de Gérone** *(encadré p. 48)*, en 1809, héroïque résistance qui se solda par la perte de près de la moitié de la population civile de la ville : tableaux et maquette du siège, armes, drapeaux et uniformes en retracent le déroulement.

• **3e étage : l'époque contemporaine**. Vous découvrirez les étapes de la modification de la physionomie de la ville avec le développement industriel à partir du XXe s. évoqué à travers une collection de machines et d'outils.

Le Call★

B1-2 De la carrer de la Força à l'ouest à la carrer Bellmirall à l'est, et de la plaça del Correu Vell au pied de l'escalier de la cathédrale au nord s'étendait le Call, quartier juif de la Gérone médiévale jusqu'à l'expulsion des juifs d'Espagne en 1492.

Avec ses ruelles étroites et pentues – dans celle de Sant Llorenç une plaque indique la demeure du grand rabbin de la communauté en 1492 –, c'est aujourd'hui le quartier le plus pittoresque de la vieille ville. Il y flotte encore un parfum de mystères, ceux de la **kabbale** dont Gérone fut un des centres les plus actifs d'Espagne.

Le quartier conserve de nombreuses maisons médiévales, certaines portant encore sur le montant droit de la porte la *mezuzah* traditionnelle : ainsi cette belle demeure récemment restaurée de la charmante placeta de l'Institut Vell **A1**.

portrait

Bonastruc ça Porta

Mosse ben Nahman, connu également sous les noms de **Nahmanidès** et de **Bonastruc ça Porta**, fut une des plus éminentes figures du judaïsme catalan au XIIIe s. Il naquit en 1194 à Gérone et devint au milieu du XIIIe s. le grand rabbin de Catalogne. À ce titre, il fut convié en 1263 par Jacques Ier à soutenir une discussion publique contre le dominicain Pau Christiá, juif converti, pour confronter judaïsme et christianisme. Les débats durèrent une semaine, en présence du roi et d'une nombreuse assemblée. Nahmanidès défendit avec passion les positions du judaïsme, exigeant que ses propos soient consignés par écrit. Alors que les deux protagonistes affirmaient l'avoir emporté, Nahmanidès fut néanmoins condamné pour blasphème par le roi, qui lui imposa deux années d'exil et ordonna la destruction de sa plaidoirie. Les milieux ecclésiastiques trouvèrent la sentence trop clémente et en appelèrent au pape. Condamné au bannissement définitif des royaumes chrétiens, le rabbin partit pour Jérusalem. Arrivé dans la Ville sainte, il y trouva en tout et pour tout deux vieillards juifs, au seuil de la tombe. Nahmanidès s'employa à ressusciter une communauté juive à Jérusalem et y construisit une synagogue dont la Ramban, au cœur du quartier juif de la vieille ville, est l'héritière. ●

Le **centre Bonastruc ça Porta** *(encadré ci-dessus)*, centre d'étude et conservatoire du passé juif de la ville, organise de juillet à octobre de passionnantes visites guidées du quartier.

Museu d'Història dels Jueus★

> **B2** *Centre Bonastruc ça Porta, 8 carrer de la Força ☎ 972.21.67.61. Ouv. lun.-sam. 10 h-20 h (18 h nov.-avr.), dim. et j.f. 10 h-15 h. Entrée payante. Visite : 45 mn.*

Disposées dans une des vieilles demeures du Call, les collections du **musée d'Histoire des juifs** présentent de nombreuses **stèles funéraires** juives provenant du cimetière médiéval de Montjuïc. Des panneaux explicatifs renseignent sur l'importance démographique et économique de la communauté et évoquent la mémoire des sages les plus illustres qui firent sa renommée à travers l'Espagne et l'Europe. On y verra également les restes d'un *miqvé*, les bains rituels indispensables à la vie juive.

Rambla de la Llibertat

A2-3 Un séjour à Gérone ne serait pas complet sans une promenade, le soir venu, sur la rambla de la Llibertat, lieu du traditionnel *paseo* des habitants de la ville. Bars et restaurants escortent les promeneurs tout au long du chemin. À l'endroit où la rambla prend le nom d'Argenteria, le **pont de Ferro** qui enjambe l'Onyar est une réalisation des ateliers Eiffel, à la fin du XIXe s. ●

Aux environs de Gérone

Entre Gérone et la côte, au long de la route qui rejoint Palamós et Sant Feliu de Guíxols, la grande station balnéaire de la région, plusieurs points d'intérêt retiendront les voyageurs peu soucieux des moyennes horaires : le village de Púbol, une des étapes du pèlerinage Dalí ; Pals et Peratallada, deux petites cités médiévales admirablement préservées ; ou encore le site archéologique d'Ullastret qui conserve les vestiges très évocateurs d'un village ibère.

> *Itinéraire d'une journée.*

Visite de Gérone p. 82.

Carnet d'adresses de la région de Gérone p. 112.

Index général p. 314. ●

Púbol*

> *À 11 km E de Gérone sur la C66 ; prendre la petite route à dr.*

Au sommet du petit village, le **château médiéval** fut la résidence de Gala, l'épouse de Dalí. Le maître en réalisa une partie de la décoration intérieure ; on peut y voir également des collections de meubles et d'objets, de vêtements ayant appartenu à la muse de l'artiste (☎ *972. 48.86.55 ; ouv. t.l.j. 15 juin-15 sept. 10 h 30-17 h 15 ; f. lun. 15 mars-1er nov. ; entrée payante).*

Ullastret

> *À 18 km E de Gérone sur la C66, prendre à g. la C252 puis à dr. à 3 km : la localité se trouve 3 km plus loin.*

Sur une colline à la lisière du village ont été dégagés les **vestiges d'un**

village ibère occupé depuis le VIe s. jusqu'à son abandon définitif au IIe s. avant notre ère. Des sentiers bien dégagés permettent de découvrir l'ensemble du site : d'impressionnantes fortifications aux pierres bien appareillées entourent des rues bordées de maisons souvent dotées de silos ou de citernes creusés dans la roche. Des panneaux explicatifs aident à s'orienter à travers le site *(ouv. t.l.j. oct.-mai 10h-14h et 15h-18h ; juin-sept. 10h-20h ; entrée libre)*.

Peratallada*

> Depuis Ullastret, prendre la route GI644 en direction de La Bisbal, puis tourner à g. après 3 km ; le village se trouve 2 km plus loin. ***Carnet d'adresses*** *p. 114.*

Ce petit village médiéval plein de charme est connu aujourd'hui pour le nombre et la qualité de ses restaurants. À signaler également, un hôtel de grand luxe aménagé dans l'ancien château féodal *(p. 114)*.

Pals*

> À 29 km E de Gérone sur la C66, prendre à g. la GI652 ; le village se trouve 4 km plus loin. ***Carnet d'adresses*** *p. 114.*

Un haut donjon circulaire, une enceinte gothique couronnant une colline, et à l'intérieur, au long de rues empierrées, enjambées d'arcs, de solides maisons de pierre composent un des plus pittoresques ensembles gothiques de la région. Proximité de la côte et de ses vacanciers oblige, les maisons sont de plus en plus nombreuses à accueillir des résidences secondaires, de même que les jolis mas des campagnes environnantes. Accordez au moins une heure de visite à cette charmante bourgade.

À travers le village

Depuis le parc de stationnement au pied du village, vous grimperez jusqu'au bel ensemble que forme la **plaça Major*** *(office du tourisme)*. De là, la carrer Major, doubles

paysages

Le Baix Empordà

La *comarca* du Baix Empordà (Bas Ampurdan), dont La Bisbal est le chef-lieu, est une des régions les plus pittoresques du nord de la Catalogne. Elle se divise en deux parties. La **plaine du nord** est constituée du delta du Ter et du Daró : à partir du XVIe s., on y cultiva le riz et la région resta longtemps la deuxième productrice de Catalogne après la zone du delta de l'Èbre. L'assèchement des marais au XIXe s. entraîna la disparition de cette culture qui fut réintroduite au début du siècle suivant et se perpétue jusqu'à nos jours. Classée en zone naturelle protégée, la plaine est le refuge de nombreuses espèces d'oiseaux aquatiques. Les **collines du sud**, les Gavarres et l'Ardenya, sont couvertes d'une séduisante végétation méditerranéenne, de garrigues et de maquis. Dans les Gavarres, on pourra partir à la découverte d'une trentaine de mégalithes préhistoriques des IIIe et IIe millénaires : c'est en la matière le site le plus important de Catalogne.

Ces deux régions sont parcourues de sentiers de randonnée bien balisés, tous plus séduisants les uns que les autres et accessibles à tous *(2h à 4h de marche sans difficulté)*. Un livret détaillant de façon précise chacun d'entre eux est disponible dans les bureaux de tourisme locaux *(se reporter au carnet d'adresses p. 112)*. Une belle façon de découvrir la région au rythme du randonneur. ●

© A. Félix, Hémisphères Images

Détail d'un bas-relief de l'église de Pals.

haies de pierre à la végétation soigneusement domestiquée, conduit jusqu'à l'église, au plus haut de la colline. En chemin, sous une arche de pierre à dr., deux tombes dans le style wisigothique taillées dans la roche au VIIIe ou IXe s. témoignent de l'ancienneté de l'occupation du site. L'**église**, appuyée sur des fondations romanes, est un sobre édifice gothique à nef unique. À peu de distance, une **haute tour ronde** est le seul vestige d'un château roman des XIIe et XIIIe s., détruit au XVe s. lors de la Révolution catalane sous le règne de Jean II. Ses pierres furent utilisées ultérieurement pour construire les maisons du village. Sur le flanc nord de l'église, on peut encore, au long d'une jolie promenade, découvrir les parties les plus spectaculaires des anciens **remparts**★, ouvrant sur les collines de l'Empordà avec pour toile de fond la chaîne des Pyrénées.

Ca la Pruna

> Près du parc de stationnement. Ouv. 10h30-13h30 et 15h30-19h30 (t.l.j. en été, lun.-ven. en hiver). Entrée payante.

Cette belle demeure des XVe et XVIe s. abrite un **petit musée** consacré à la région ; il présente notamment une section d'archéologie sous-marine (amphores gréco-romaines), la reconstitution d'une pharmacie du XIXe s., ainsi que des œuvres d'artistes locaux contemporains.

Sant Feliu de Guíxols

> À 57 km S-E de Gérone par la C66, puis la C31 si vous souhaitez visiter les sites précédents, ou 36 km par la C65, plus directe.

Grande station balnéaire de la Costa Brava, cette ville de près de 20 000 habitants offre au long de sa belle plage et de son *paseo* maritime l'habituelle succession d'hôtels et de restaurants propres à ce type d'endroit. Du côté nord de la ville, la baie de Sant Pol conserve un séduisant ensemble de constructions du début du XXe s.

Museu d'Història de la Ciutat

> Carrer de l'Abadia, du côté S de la ville ☎ 972.82.15.75, < www.guixols.net/sfghisto.htm >. Ouv. oct.-mai mar.-sam. 11h-14h et 16h-19h, dim. 11h-14h ; juin-sept. mar.-sam. 11h-14h et 17h-20h, dim. 11h-14h. Entrée payante.

Le **musée régional d'Histoire de la ville** occupe d'anciens bâtiments appartenant au monastère de Sant Feliu, abandonné au XIXe s. lors de la sécularisation des biens ecclésiastiques (1835). Le monastère lui-même fut fondé au Xe s. puis remanié au cours des siècles suivants jusqu'à l'époque baroque. Des périodes les plus anciennes subsistent la porta Ferrada – la porte de Fer –, deux tours, le fronton de la chapelle et une partie de sa nef voûtée en berceau. Les collections retracent le passé de la région depuis la préhistoire jusqu'à l'époque baroque : à signaler, une collection de **céramiques et de verres médiévaux**. À voir aussi, la section consacrée à l'industrie du **liège** qui fit la fortune de la région. ●

Le site gréco-romain d'Empúries★★

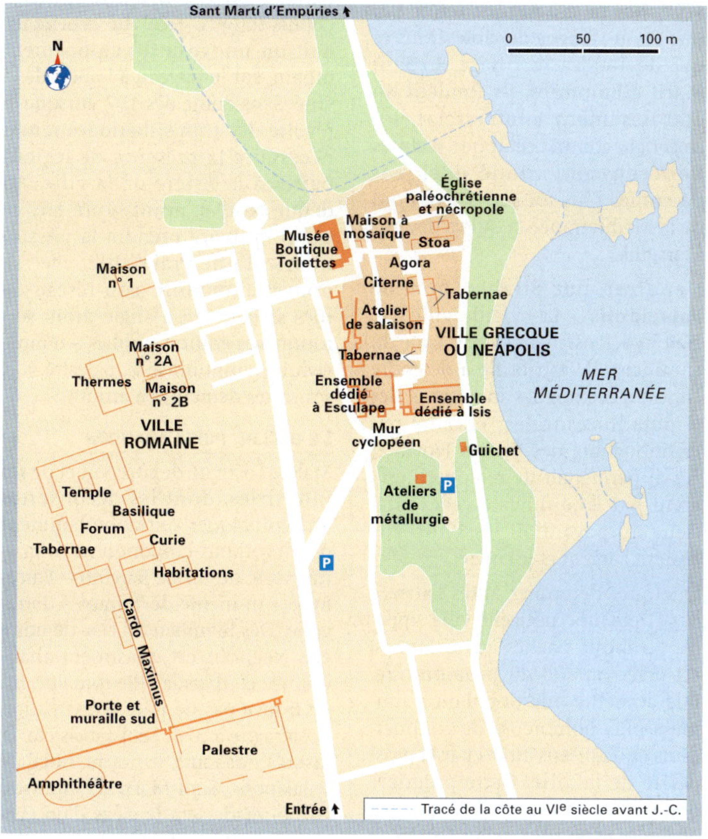

Au début du XXe s., la Catalogne noucentiste s'est imposé le devoir de renouer avec son passé antique: pour Empúries cela signifie en 1908 le début des fouilles archéologiques placées sous la direction de **Josep Puig i Cadafalch**, architecte célèbre et futur président de la Mancomunitat. Un siècle après les premiers coups de pioche, on découvre aujourd'hui un site magnifiquement planté en bordure de la Méditerranée, dont les vestiges restituent la vie d'une ville romaine de l'époque de la République et du haut Empire. Ne manquez pas la **promenade** aménagée en bord de mer entre le périmètre archéologique et le hameau de Sant Martí d'Empúries, qui abrita la première occupation du site: un comptoir commercial fondé par les Grecs au milieu du VIe s. avant notre ère, et qui a continué d'être habité jusqu'à nos jours.

> À 41 km N-E de Gérone, 25 km S-E de Figueres ☎ 972.77.02.08, < www.mnac.es > (site des services archéologiques de Catalogne). Ouv. t.l.j. 10 h-18 h (20 h juin-sept.). Entrée payante. Billets en vente au guichet du parc de stationnement qui précède l'entrée du site. Visite: 2 h au minimum.

Cousine de Marseille

Au milieu du VIe s. avant notre ère, des marchands grecs, venus de la cité de Phocée en Asie Mineure, s'installent sur un petit promontoire, îlot relié à la terre ferme par une étroite langue de sable. Dans ce qui deviendra le village de Sant Martí d'Empúries, ils fondent un établissement commercial, un *emporion*, comme celui que d'autres Phocéens ont fondé quelques décennies plus tôt sur la rive nord de la Méditerranée et qui va devenir Marseille.

L'endroit, que Strabon nomme **Palaiápolis** – la « vieille ville » –, était judicieusement choisi : isolé du continent, il était facile à défendre contre d'éventuelles incursions des populations locales ; encadré par l'embouchure des fleuves Fluvià et Ter, il permettait de remonter aisément par voie fluviale vers l'intérieur du pays d'où les Phocéens tiraient l'argent et le cuivre.

Quelques décennies après l'arrivée des Grecs, une nouvelle ville, appelée **Neápolis** par les archéologues, est créée au sud du promontoire. Elle accueille une population toujours plus nombreuse de commerçants et d'artisans attirés par la prospérité de la ville. Cette première occupation du site n'a livré que peu de témoignages aux archéologues.

Tête de pont de la romanisation

En 218 avant notre ère, les Romains débarquent à **Emporion**, la fonction commerciale de la cité lui ayant donné son nom, documenté dès l'époque antique par les textes et les découvertes épigraphiques. Ils veulent couper de ses bases arrière Hannibal, qui, après la prise de Sagonte, marche sur Rome. Premier point d'appui de Rome en Espagne, c'est par là que la République va entreprendre sa rapide conquête de la Péninsule.

La physionomie de la ville se transforme : elle s'entoure d'une nouvelle muraille – le **mur cyclopéen** que l'on découvre en pénétrant sur le site ; de nouveaux espaces cultuels sont aménagés, comme celui d'Esculape, dont le culte prophylactique était célébré à Emporion depuis le IVe s. Très vite cependant naît un nouveau développement urbain, sur le plateau à l'ouest de la ville. Sans doute dès 197, lorsque la révolte des tribus ibériques rendit nécessaire la présence de légionnaires à la lisière de la ville. Au début du Ier s. avant notre ère, ce camp militaire prendra la physionomie d'une vraie ville, avec sa nouvelle muraille, son réseau de rues se coupant à angle droit, son forum, ses édifices publics – temple civique, amphithéâtre, palestre – et ses vastes demeures à atrium.

Le déclin, puis l'abandon

Malgré l'activité de son port et de ses industries, dont les découvertes archéologiques ont abondamment rendu compte, Emporion ne connaîtra pas le destin de Barcino – Barcelone – ni même de Tarraco – Tarragone. Dès le milieu du Ier s. de notre ère, Neápolis est quasiment abandonnée et, dans la ville romaine, on ne trouve pas de trace d'occupation postérieure à 375. Seul subsistera, et jusqu'à nos jours, le noyau initial de Palaiápolis, **Sant Martí d'Empúries**. La bourgade sera le siège d'un évêché, puis la capitale d'un comté de la Marche hispanique carolingienne à partir de 812 et jusqu'en 1064, date de son transfert à Castelló d'Empúries. Sant Martí ne sera pas abandonnée pour autant et verra même se construire au début du XVIe s. l'**église** qui la domine aujourd'hui de son gothique tardif.

Neápolis

La visite de l'ensemble des sites commence au vaste parc de stationnement où les archéologues ont dégagé les vestiges d'ateliers de **métallurgie** (Ier s. avant notre ère). Les vestiges de Neápolis actuelle-

religion

Les temples du dieu guérisseur

Le **culte d'Esculape** (Asclépios) connut une ferveur exceptionnelle aux époques hellénistique et romaine. Le plus célèbre temple dédié au dieu guérisseur se trouvait à **Épidaure**, dans le Péloponnèse. Celui de **Cos** lui disputait la prééminence : cette île du Dodécanèse était en effet la patrie d'Hippocrate (460-377), le « père de la médecine ». Celui de **Pergame**, la grande cité toute proche de l'antique Phocée, la terre d'origine des colons fondateurs d'Emporion, était réputé dans toute l'Asie. Ces temples prophylactiques présentaient tous les mêmes caractéristiques : de vastes citernes destinées à recueillir les eaux lustrales, et un portique sous lequel les fidèles venus chercher la guérison étaient invités à dormir. Le dieu venait les visiter durant leur sommeil, et, à leur réveil, l'interprétation de leurs rêves permettait aux prêtres d'administrer aux patients les soins appropriés. ●

ment visibles remontent pour l'essentiel à la période de la République romaine, IIe et Ier s. avant notre ère.

Le mur cyclopéen*

L'impressionnante muraille qui bordait le côté sud de la ville fut construite au IIe s. avant notre ère. Elle était ponctuée de bastions et de tours d'angle carrées dont on devine les soubassements. Les énormes blocs irréguliers qui lui donnent son aspect archaïque proviennent en fait d'une première muraille construite au IVe s. et dont les spécialistes ont repéré les bases une trentaine de mètres plus au nord. La muraille était interrompue par une porte donnant accès à la rue principale qui traversait la ville du sud au nord.

La zone des sanctuaires

Immédiatement en arrière du mur s'étendait une zone consacrée aux principaux sanctuaires de la ville. À g., sur une terrasse dominant la rue, s'élevait le temple dédié à **Esculape**, le dieu guérisseur *(encadré ci-dessus)* ; il fut fondé semble-t-il dès le IVe s. et se trouvait alors hors les murs. En 1909 fut découverte une statue en marbre du dieu : elle est aujourd'hui exposée au Musée archéologique de Barcelone *(p. 162)*. Une copie la remplace sur le site. Du côté droit de la rue principale, un **temple** plus tardif (Ier s. avant notre ère) fut dédié à Isis par un certain Noumas, natif d'Alexandrie. C'est que la Grande Magicienne égyptienne était aussi la patronne du phare d'Alexandrie et la protectrice des marins.

Vers l'agora

Suivant vers le nord la rue principale qui conduit à l'agora, vous découvrirez successivement les vestiges bien caractéristiques d'un **atelier de salaison**, avec ses différents bassins où les poissons étaient laissés à macérer dans la saumure. Vous reconnaîtrez également les soubassements de maisons particulières, avec leurs bâtiments disposés autour d'un atrium central. Peu avant d'atteindre l'agora, la rue principale laisse sur la g. une vaste citerne publique autour de laquelle des bâtiments disposés en rectangle abritaient un marché alimentaire, un *macellum* : ce type d'aménagement était très répandu dans l'Empire, de Baelo Claudia (Andalousie) à Gérash en Jordanie, en passant par l'Africaine Leptis Magna.

© F. Ontañón, Office espagnol du tourisme

Succession de vastes cours ornées de pavements de mosaïque, les villas des Romains dominaient l'ancien comptoir grec de Neápolis.

L'agora

Lieu essentiel de la sociabilité antique, comme l'est aujourd'hui la plaza Mayor des villes espagnoles, l'agora de Neápolis fut aménagée au IIe s. avant notre ère, probablement sur le site d'une agora plus ancienne, mais dont l'existence n'a pour l'instant pas été confirmée par les recherches archéologiques. Il s'agit d'un espace ouvert de 50 m sur 40, bordé sur le long côté sud par un portique, une *stoa*, qui abritait les activités commerciales liées à ce type de place. Après l'abandon de Neápolis, la zone devint une **nécropole** paléochrétienne : au coin nord-est de l'agora, une chapelle funéraire renfermait la sépulture de quelque personnage important : c'est ici que fut mis au jour le sarcophage des Saisons exposé au Musée archéologique de Gérone *(Sant Pere de Galligants, p. 91)*. Vous vous dirigerez ensuite vers le musée, au pied duquel est conservé le **pavement** à base de poudre de tuiles *(opus signinum)* de la salle de banquet d'une demeure ; une inscription en grec rappelle combien il est agréable d'être couché à table.

Le musée

Des présentations didactiques ainsi qu'un audiovisuel d'une vingtaine de minutes permettent d'approfondir sa connaissance de l'histoire de la ville. Parmi les objets exposés, signalons principalement la base peinte d'un **autel**, une **mosaïque** provenant d'une maison de la ville romaine (Ier s. avant notre ère) ornée d'une scène représentant le sacrifice d'Iphigénie. La plus grande partie des objets mis au jour sur le site se trouvant au Musée archéologique de Barcelone *(p. 162)*, c'est dans la capitale catalane qu'il vous faudra poursuivre votre visite d'Empúries.

La ville romaine

Si la présence d'un camp militaire dès le début du IIe s. avant notre ère a été confirmée par l'archéologie, ce n'est qu'au début du siècle suivant que naîtra une véritable ville, avec son réseau de rues se coupant à angle droit, l'ensemble délimitant des *insulae* (îlots de maisons) régulières de 70 m sur 35, dans lesquelles s'inscrivaient les maisons ou les espaces publics. L'ensemble fut enfermé à l'intérieur d'une muraille qui séparait ainsi physiquement les villes romaine et grecque. Ce côté du mur sera abattu dans la seconde moitié du Ier s. avant J.-C., lorsque après sa campagne en Espagne, Jules César peuplera la ville romaine de vétérans de ses légions.

Les maisons particulières

Venant du musée, vous rencontrerez tout d'abord les vestiges de trois maisons particulières, vastes demeures construites autour d'un atrium, espace ouvert au milieu duquel un bassin *(impluvium)* était destiné à recevoir les eaux de pluie. La **maison 1** présente un beau pavement d'*opus signinum*, tandis que la **maison 2B** offre la particularité d'un atrium dit toscan, c'est-à-dire dépourvu de colonnade intérieure. À l'ouest des maisons 2, les **thermes** sont en cours de dégagement. On en reconnaît aisément les hypocaustes caractéristiques du système de chauffage.

Le forum

Au centre de la ville et occupant la superficie de quatre *insulae*, le forum abritait le centre de la vie civique de la ville. Du côté nord, il était dominé par un **temple** dédié à la triade capitoline où, comme à Rome, étaient vénérés Jupiter, Junon et Minerve. On en reconnaît aisément le podium. En arrière du temple, des fosses signalent un **cryptoportique**, galerie souterraine qui courait sous le portique entourant la place et dont une reconstitution est proposée du côté sud. Sur le flanc oriental du forum s'élevait la **basilique** où étaient conservées les archives de la ville et où l'on rendait la justice.

La porte sud

En suivant le *cardo maximus*, la principale artère de la ville orientée nord-sud, vous atteindrez la porte sud de la ville où, dans le passage, les dalles conservent les traces des roues de chars. Hors les murs s'élevait (à dr.) l'**amphithéâtre** destiné aux combats de gladiateurs. Au sol, on reconnaît l'ellipse de la piste autour de laquelle étaient dressés les gradins, très probablement en bois. 3 300 spectateurs pouvaient y prendre place (14 000 à Tarragone). Du côté gauche, une longue plate-forme signale la **palestre** où les hommes venaient pratiquer l'exercice physique.

Sant Martí d'Empúries*

> *À 800 m au N.*

Le berceau de la **ville antique** peut être atteint en voiture au prix d'un long détour par la route qui contourne le périmètre archéologique. Mais aussi, et beaucoup plus agréablement, par la promenade *(15 mn env.)* aménagée en bordure du rivage et qui part du parc de stationnement. Elle longe le site de l'ancien port de la ville dont il subsiste une jetée longue de 80 m ; elle fut construite entre la fin du IIe et le début du Ier s. avant J.-C. Le charmant petit village s'entoure de murs dressés au XVIe s. sur les bases d'une muraille antique : sur le flanc nord, on en voit encore les blocs cyclopéens sur lesquels s'appuie une tour de défense carrée. Au centre de la localité, l'**église gothique** fut construite au tout début du XVIe s. À l'intérieur sont conservés deux autels paléochrétiens. •

Figueres et la Costa Brava

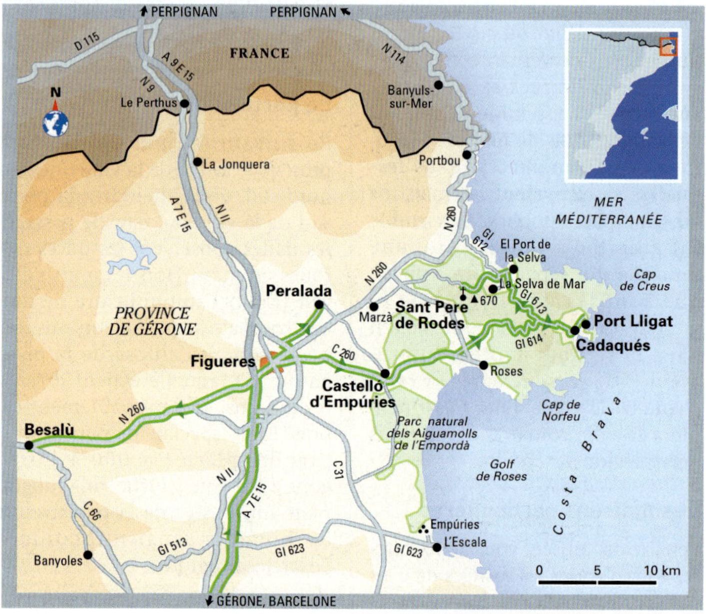

Bordée par les Pyrénées, l'Empordà, entre la frontière française et Gérone, déploie ses moutonnements de collines verdoyantes, de vignes et de vergers, pour composer les plus charmants paysages de Catalogne *(encadré p. 95)*. Un semis de localités, ruelles empierrées et fleuries derrière leurs remparts, sont autant de prétextes à suivre les chemins buissonniers. Avec la perspective de dénicher une solide auberge de campagne, où l'exaltation des recettes traditionnelles est vécue derrière les fourneaux comme une mission d'intérêt national.

Figueres

> *À 30 km N de Gérone et 19 km S du Perthus.* ***Carnet d'adresses*** *p. 113.*

Des œufs gigantesques juchés au sommet d'une tour ; une Cadillac trônant dans ce qui fut le parterre d'un théâtre à l'italienne : c'est le musée-théâtre Salvador Dalí, exubérante composition qui fut entièrement conçue par le maître et qu'il faut aussi voir dans son ensemble comme une projection dans l'univers de l'artiste. Plus prosaïquement, la cité natale de Dalí, qui par ailleurs n'offre guère d'intérêt, propose également la visite de sa citadelle Saint-Ferran (Castell de Sant Ferran), gigantesque forteresse du XVIIIe s., de son musée de l'Empordà et de son charmant musée du Jouet.

Teatre-Museu Dalí★★

> *Plaça Gala i Salvador Dalí* ☎ *972.67.75.09, < www.salvador-dali.org >. Ouv. oct.-juin t.l.j. sf lun. 10 h 30-17 h 15 ; juil.-sept. t.l.j. 9 h-19 h 15. Entrée payante. Visite : 2 h.*

Au départ, c'était le théâtre municipal de Figueres, construit en 1849 et détruit par un incendie en 1939 durant la guerre civile. C'est ici que le jeune Dalí – il n'avait que 14 ans – exposa pour la première fois ses œuvres au public. Rentré en Espagne depuis 1948, Dalí dépassa les attentes du maire de Figueres, qui lui demandait un tableau pour enrichir les collections du musée local, en lui proposant de construire un musée tout entier, qui serait en lui-même une œuvre d'art, à condition qu'il soit aménagé à partir des ruines de l'ancien théâtre. Engagé à partir de 1960, le projet fut inauguré le 28 septembre 1974. Mort en 1989, Dalí repose dans une crypte sous son musée.

L'extérieur

À l'ancien théâtre municipal, noyau du projet originel, furent adjoints deux édifices voisins : une boutique d'antiquités et une demeure bourgeoise, comprenant une tour rebaptisée **Galatea**. C'est là que le maître vécut les dernières années de sa vie, prostré après la mort de Gala. Remodelé par Dalí en 1983, l'édifice est surmonté de gigantesques œufs. Quant au théâtre lui-même, coiffé d'une coupole réticulaire en verre, œuvre de l'architecte espagnol Pérez Piñero, il offre sa **façade néo-classique** ornée en corniche de guerriers portant sur la tête des baguettes de pain et, au balcon, parmi d'autres statues, d'un scaphandrier, évocation de la plongée dans l'inconscient.

Autour du musée sont disposées d'autres œuvres, tels ces *Hommages à Meissonier*, peintre pompier du XIXe s. *(encadré p. 104)*, empilages de pneus de tracteurs, ou encore l'*Hommage à Newton*, haute sculpture de bronze de près de 4 m.

© Office espagnol du tourisme

Des œufs posés sur la tour que Dalí baptisa Galatea : l'hommage de l'artiste à Gala, la muse qui féconda son univers.

portrait

Hommage à Meissonier

Jean Louis Ernest Meissonier (1815-1891) fut l'un des peintres emblématiques de l'**art pompier** du XIXe s., et se distingua particulièrement par son goût des scènes militaires. Il fut l'un des artistes officiels du second Empire. Grand provocateur, Dalí affectait d'entretenir une admiration sans bornes pour l'œuvre de ce peintre oublié, auquel il reconnaissait un extraordinaire pouvoir de suggérer le mystère. Le **Teatre-Museu** *(p. 102)* conserve deux tableaux de Meissonier : un sombre tableau de Napoléon et une étude de soldat. Quant à l'hommage au peintre exposé à l'extérieur, il s'agit des copies en plâtre de trois monuments érigés à sa gloire en 1895 et que Dalí hissa sur des pneus empilés (6, 7 et 17). Ces œuvres furent conçues pour une rétrospective au Centre Pompidou à Paris en 1979. ●

Autoportrait d'Ernest Meissonier.

L'INTÉRIEUR

À l'exception de la tour dont les salles ont été réaménagées après la mort du maître, la disposition intérieure fut entièrement conçue par Dalí. Il ne voulut pas en faire un lieu d'exposition raisonné, mais un espace labyrinthique où le visiteur fait lui aussi acte de création en découvrant les œuvres comme guidé par le hasard. Cette promenade-collage vous permettra de découvrir un nombre impressionnant d'œuvres du maître, peintures et sculptures, mais aussi installations, comme celle de Mae West, pulpeuse avec son *Salive-Divan* du designer barcelonais Oscar Tuquets.

Au centre, dans l'ancien parterre du théâtre, trône la *Cadillac pluvieuse* – c'est la voiture qu'utilisa le couple lors de son séjour aux États-Unis –, au centre d'une scénographie soutenue par une musique choisie par l'artiste : Wagner et les *Mystères d'Elche.*

Sont également présentées les collections particulières de Dalí : y figurent le Greco avec un *Saint Paul,* Marcel Duchamp, Fortuny et l'inévitable Meissonier *(encadré ci-dessus).*

Museu Empordà

> La Rambla 2 ☎ 972.50.23.05, < www.museuemporda.org >. Ouv. mar.-sam. 11 h-19 h, dim. et j.f. 10 h-14 h. F. lun. Entrée payante. Visite : 1 h.

Éclipsé par la notoriété du musée Dalí, le musée régional mérite pourtant une visite. Le fonds réuni à partir de 1887 s'est enrichi de legs de collections privées. Celle du sculpteur **Frederic Marès**, la plus riche, réunit au **1er étage** des objets archéologiques, dont beaucoup proviennent du site d'Empúries, et des œuvres médiévales – sculptures et éléments architecturaux – comme cette **colonne ouvragée romane*** provenant du monastère de Sant Pere de Rodes *(p. 111)*. Au **2e étage**, vous verrez des œuvres d'artistes contemporains catalans, parmi lesquels figurent Antoni Tàpies et Joan Miró. Le **3e étage** présente des artistes contemporains de la région de l'Empordà.

Museu del Joguet de Catalunya

> 1 carrer Sant Pere ☎ 972.50.45.85, < www.mjc-figueres.net >. Ouv. juin-sept. lun.-sam. 10 h-13 h et 16 h-19 h, dim. et j.f. 11 h-13 h 30 et 17 h-19 h 30 ; oct.-mai mar.-sam. 10 h-13 h et 16 h-19 h, dim. et j.f. 11 h-13 h. F. 15 janv.-8 fév. Entrée payante.

Inauguré en 1998, le **musée du Jouet** conserve une collection de **8 000 jouets**, provenant essentiellement de Catalogne et du Pays valencien. Les objets exposés y sont présentés par thèmes (jeux mécaniques, déguisements, animaux…). Curiosités à signaler : une exposition consacrée au transformiste italien Fregoli (1867-1936), et le nounours de la sœur de Dalí, « Don Osito Marquisena », auquel Federico García Lorca consacra deux poèmes.

Castell de Sant Ferran

> Ouv. t.l.j. juin-sept. 10 h 30-19 h, oct.-mai 10 h 30-14 h et 16 h-18 h. Entrée libre.

Les passionnés d'architecture militaire ne manqueront pas de visiter la forteresse de Figueres, à la lisière de la ville. Elle fut construite au milieu du XVIIIe s. et est considérée comme l'une des plus vastes d'Europe. Pourtant, elle ne joua jamais de rôle militaire déterminant, ni pendant les guerres contre la France, où elle se rendit sans combattre aux troupes de la Convention en 1793 puis aux armées napoléoniennes en 1808, ni durant les guerres carlistes. En 1904, elle fut transformée en prison, ce qu'elle resta jusqu'en 1933. Sa conservation est aujourd'hui assurée par la Generalitat de Catalogne.

Carnet d'adresses p. 112. ●

♥ Besalú★

> À 25 km S-O de Figueres, 31 km N-O de Gérone. Visite : 2 h. ***Carnet d'adresses*** *p. 112.*

Tout commence par un pont. Magnifique ouvrage jeté au XIIIe s. par-dessus le riu Fluvià. Il conduit au plus charmant ensemble médiéval qui soit : rues pentues bosselées de pavés, placettes bordées d'arcades, sanctuaires romans. C'est que Besalú, aujourd'hui bourgade d'à peine 2 000 habitants, était cité comtale, dont le premier maître fut en 894 le propre frère de Guifré el Pilós (le « Velu »), fondateur du comté de Barcelone. Une visite à ne pas manquer, comme se le répètent les milliers de touristes qui prennent d'assaut ce village-musée, sitôt les beaux jours venus.

Le pont★★

Après avoir été gravement endommagé durant la guerre civile, le vieux pont, symbole de Besalú, a retrouvé sa physionomie du début du XIIIe s. : un ouvrage coudé, où le changement de direction est marqué par une tour de défense, et qui conduit à la porte fortifiée de la ville. Passé le pont, vous vous engagerez dans la carrer del Pont, qui grimpe vers le centre de la localité.

Les bains juifs

> Miqwé. Ouv. t.l.j. 10 h-14 h et 16 h-19 h. Entrée payante. En cas d'absence du gardien, demander la clé à l'office du tourisme, situé un peu plus haut sur la plaça de la Llibertat (plaça Major).

Ces bains rituels juifs remontent au XIIe s. et sont les mieux préservés des bâtiments de ce type. Le Call, le quartier juif médiéval, se trouvait de l'autre côté de la carrer del Pont, près d'une autre porte de la ville, la porta de Rocafort toujours debout. C'est l'accès facilité à l'eau qui détermina le choix de l'emplacement de l'édifice. De la placette qui précède l'entrée, belle vue sur le pont médiéval.

Le pont fortifié de Besalú, symbole de la ville.

Plaça de la Llibertat (plaça Major)*

Très joli ensemble urbain bordé d'arcades, où se distingue *(à g.)* la **Curie Royale** (Cória Reial) construite au XIVe s. pour servir de palais de justice. De l'autre côté, l'hôtel de ville abrite les locaux de l'office du tourisme. De la place rayonnent les rues qui s'en vont irriguer les différents quartiers de la ville. À g., la carrer Portalet, d'où l'on découvre les belles fenêtres gothiques de la Curie Royale, descend jusqu'à la muraille qui surplombe le fleuve et qui, à ce point, domine le confluent de la Fluvià et du Ganganell, le ruisseau qui court sous la ville. Immédiatement à dr., à l'entrée de la place lorsqu'on vient de la carrer del Pont, la carrer Tallaferro s'ouvre par de puissantes **arcades médiévales*** et conduit jusqu'à la **porte de Forçal** à la limite de la ville.

Pour continuer votre visite, engagez-vous dans la carrer Major (carrer Vilarassa) qui ouvre à dr. de la place.

L'église Sant Vicenç**

Après avoir passé la belle Casa Sant Romà, la carrer Major conduit à l'église Sant Vicenç. Même si l'intérieur est fermé à la visite, le tour des façades extérieures suffira à vous convaincre qu'il s'agit d'une remarquable réalisation de l'**art roman catalan** où, dans les parties supérieures, s'annoncent néanmoins les innovations du gothique. À remarquer plus particulièrement, la **porte du flanc sud**, encadrée de deux paires de colonnettes. Sur les chapiteaux apparaît un bestiaire d'animaux fantastiques.

La collégiale Santa Maria

À dr. de la carrer Major, au niveau du chevet de l'église Sant Vicenç, un passage conduit aux ruines de la collégiale Santa Maria, autre édifice roman du XIIe s. dont ne subsiste plus que le chevet. De beaux chapiteaux provenant de cette église sont exposés au MNAC de Barcelone dans la section dédiée à l'art roman (section VI, *p. 154*).

Vers la plaça Sant Pere

Dans le prolongement de la façade de l'église Sant Vicenç, prendre la carrer Sant Vicenç, puis à g. la carrer Ganganell. En suivant ensuite la première rue à dr., vous atteindrez la plaça Sant Pere. En chemin *(côté dr. de la rue)*, la **Casa Cornellà**★ est un bel exemple d'architecture civile du XIIe s. L'édifice s'élève autour d'un patio central dont la galerie supérieure aux gracieuses colonnes repose sur de puissants arcs au rez-de-chaussée. L'escalier de la cour est un ajout du XVIe s.

L'église Sant Pere

> *Visites guidées uniquement : à 11 h, 13 h et 17 h. Entrée payante.*

Appartenant à un monastère bénédictin fondé en 977, l'église fut construite au XIIe s. en respectant les exigences d'austérité chères aux fidèles de la règle de saint Benoît. Seule concession à l'art décoratif, les deux lions qui encadrent la fenêtre au-dessus du porche principal. Les volumes de l'**abside** sont une merveille d'élégance. En arrière du chevet, l'ancien hôpital **Sant Julià** conserve les murs de sa chapelle du XIe s.

♥ Peralada★

> *À 6 km E de Figueres. Visite : env. 2 h.* ***Carnet d'adresses*** *p. 114.*

Au cœur des belles campagnes de l'Empordà, Peralada fut, à partir du VIIIe s., la capitale d'un comté de la Marche hispanique carolingienne, puis, du XIe au XIIIe s., celle d'un des plus riches fiefs de Catalogne. Cette prospérité valut à la ville une parure architecturale (murailles, églises, palais et couvents) qui, parvenue jusqu'à nous, fait de la localité un des plus charmants ensembles médiévaux de la région. Entre Figueres et Cadaqués, Peralada est une jolie étape. Vous pourrez vous y attarder si vous vous laissez tenter par un des excellents restaurants qui font la réputation de la région.

L'église Sant Martí

> *Plaça de l'Església ☎ 972.53.80.16. Ouv. lun.-sam. 10 h-13 h et 16 h-19 h. Entrée libre.*

Cet édifice gothique fut construit au XIVe s. à l'emplacement d'un sanctuaire préroman. L'intérieur fut redécoré dans le goût néo-classique au XVIIIe s. Une chapelle latérale abrite le trésor paroissial : son chef-d'œuvre est une **croix processionnelle** d'argent, réalisée dans un atelier de Perpignan au XIVe s.

Museu de la Vila

> *Plaça Sant Domènec ☎ 972.53.80.16. Ouv. t.l.j. sf lun. 10 h-13 h 30 et 15 h 30-18 h 30. Entrée payante. L'ensemble abrite également l'office du tourisme.*

Parmi les modestes collections que présente le petit bâtiment moderne du **musée de la Ville**, on verra une section consacrée à la **musique populaire**, et une évocation de **Ramon Muntaner**, dont les *Chroniques* du XIIIe s. sont un classique de la littérature catalane. La visite se justifie surtout par la découverte, dans les jardins, d'un charmant petit cloître roman du XIIIe s., le **cloître de Sant Domènec**★, ayant appartenu à un monastère dominicain fondé au XIe s. Les chapiteaux sont ornés de motifs floraux et d'animaux fantastiques, à l'exception de cinq d'entre eux qui portent des scènes historiées ; on peut y reconnaître une chasse au faucon conduite par un seigneur (galerie ouest du côté des bâtiments du musée), un cycle consacré à Adam et Ève, une représentation du Paradis (galerie sud), et, sous la galerie nord, une scène de banquet et une allégorie des Péchés capitaux où l'on identifie plus particulièrement celui de la chair.

Castell de Peralada★

> *Carrer Sant Joan ☎ 972.53.81.25. Visites guidées uniquement : juil.-15 sept. t.l.j. chaque heure 10 h-12 h et 16 h-20 h ; 16 sept.-juin t.l.j. sf dim. après-midi et lun. à 10 h, 11 h, 12 h, 16 h 30, 17 h 30 et 18 h 30. Entrée payante.*

Acquis en 1923 par Miguel Mateu i Pla, unique héritier d'un riche industriel catalan, l'édifice construit à partir d'un château médiéval abrite une riche collection d'art ainsi que… les salles de jeux d'un casino.

La visite guidée vous conduira à travers les salles du château, certaines conservant leur décoration médiévale, comme le salon des Rois Catholiques avec son *artesonado* – plafond à caissons de bois peint – du XVe s. ; à remarquer, une belle collection de **tapisseries** des XVIe et XVIIe s. Vous découvrirez ensuite le **couvent des Carmes** voisin : son église gothique du XIVe s. est fidèle à la tradition des nefs uniques originaire du Languedoc, ici coiffée d'un toit à double pente soutenu par d'immenses arcs brisés. En façade, belle Vierge à l'Enfant du XIVe s. Les bâtiments annexes abritent une riche collection de sculptures médiévales.

Castelló d'Empúries*

> À 8 km E de Figueres. Pour tout rens. pratique, s'adresser à l'office du tourisme, plaça dels Homes ☎ 972.15.62.33, < www.castelloempuries.net > ; ouv. lun.-ven. 9h-15h (t.l.j. en été). Visite : env. 2h.

Cette petite bourgade de l'Empordà conserve un riche patrimoine architectural au premier rang duquel se distingue, adossée à l'ancien mur médiéval, l'**église Santa Maria**, aux dimensions de cathédrale. C'est que Castelló fut à partir de 1064 la capitale du comté d'Empúries, héritier du fief de la Marche hispanique créé par les Carolingiens autour du site antique d'Emporion. Les comtes d'Empúries ont aujourd'hui abandonné leur capitale – le dépositaire du titre vit maintenant à Séville –, mais ils ont laissé derrière eux les témoignages architecturaux de l'époque où ils dirigeaient depuis Castelló un des plus puissants comtés de Catalogne. Une agréable promenade.

L'église Santa Maria*

> ☎ 972.25.09.19. Ouv. t.l.j. sf dim. 10h-13h et 15h-19h. Entrée payante.

Sitôt devenue capitale du comté d'Empúries au milieu du XIe s., Castelló rêva d'accueillir, comme avant elle l'ancienne capitale Sant Martí d'Empúries, le siège d'un évêché. Dans cet espoir, les comtes ordonnèrent au XIe s. la construction d'une grande église romane dont subsistent quelques rares vestiges dans l'église actuelle. En 1261 est entreprise la construction d'un nouveau sanctuaire, plus vaste encore, avec son immense nef gothique ; elle s'achèvera au début du XVe s. par l'élévation du porche. La ville pourtant n'accueillit jamais d'évêque. Reste une somptueuse église que les habitants s'obstinent encore aujourd'hui à appeler la Cathédrale.

La façade*

Malgré une tour inachevée du côté sud, l'église offre une impressionnante façade, portail de marbre blanc s'avançant sur le gris de la pierre. Si les figures qui ornaient les archivoltes ont aujourd'hui toutes disparu, victimes de la violence des temps, subsistent en revanche une belle **Épiphanie*** au tympan et, encadrant la porte, les statues des douze **apôtres**. Remarquez, au-dessus des dais qui protègent ces derniers, les petits personnages présentant les armoiries des nobles familles du comté.

L'intérieur*

Une large nef caractéristique du gothique catalan, avec ses hautes colonnes qui la bordent et ses murs nus, conduit le regard vers le chœur où siège le chef-d'œuvre de l'église, un splendide **retable d'albâtre**. Avant d'avancer jusqu'à lui, vous laisserez à dr. de l'entrée des **fonts baptismaux*** qui appartenaient à l'église romane : uniques en leur genre, ils furent creusés au XIe s. dans un seul bloc de pierre, de manière à ménager deux cuves distinctes : une grande destinée au baptême des adultes et, ne touchant pas le sol, une plus petite réservée aux enfants. En avant du chœur, l'autel de pierre date du XIVe s. ; derrière lui est tendue une belle grille de fer forgé du XVIe s.

• **Le retable d'albâtre★★**. Ce chef-d'œuvre de la dernière sculpture gothique fut réalisé au XVe s. par plusieurs artistes, dont un certain Ponç Gaspar, originaire du sud de la France, à qui l'on doit probablement les influences bourguignonnes manifestes dans le réalisme poignant du traitement des scènes. L'ensemble est dominé par une haute statue de la Vierge, cernée de pinacles que le XVIIe s. jugea bon d'ajouter. Les **sculptures★★ du buffet** du retable réclament une attention particulière : déployées sur deux registres, elles présentent au niveau inférieur une série d'anges portant, sur les petits côtés, les armes de la ville, tandis que ceux en façade présentent les instruments de la Passion ; au-dessus sont représentées des scènes de la Passion d'une grande expressivité, mais malheureusement mutilées après le passage des troupes de la Convention (guerre de 1793-1795) qui transformèrent l'église en caserne.

• **La chapelle latérale**. Située à dr. de l'abside, elle renferme deux splendides **gisants gothiques★★** du début du XIVe s., ceux de deux fils du comte d'Empúries. L'un présente un gisant de chevalier en armes ; au-dessus de lui deux hommes tendent un suaire d'où s'échappe l'âme ressuscitée. Le second sarcophage s'orne de six personnages apparaissant dans un encadrement architectural. Les deux tombeaux sont frappés des armes des comtes d'Empúries.

• **Le Musée paroissial**. *Accès par la g. du chœur.* Par un passage voûté appartenant à la première église romane, on accède à la **sacristie** adossée à l'église au XVIIe s. Elle renferme les collections du musée parmi lesquelles figurent des regis-

La construction de l'église Santa Maria de Castelló d'Empúries s'acheva au XVe s. par le portail, orné d'un peuple de statues.

tres paroissiaux des XVIe et XVIIe s. en catalan, ainsi qu'une collection d'orfèvrerie religieuse. Une porte donne accès à une plate-forme extérieure où est exposée une collection lapidaire : la pièce la plus importante est une stèle funéraire juive portant une inscription en hébreu. De cette terrasse, on a une belle vue sur les environs de la ville.

Avant de quitter l'église Santa Maria, ne manquez pas, accolé au flanc nord, le haut **clocher roman★**, monumental vestige de la première église du XIe s.

Le centre ancien

La visite de l'église terminée, il vous restera à découvrir le centre ancien, où de paisibles rues piétonnes, bordées de maisons aux couleurs pimpantes, invitent à la promenade. Sur le parvis face à l'église se dresse une élégante **halle**, anciennes douanes de la ville du XIIIe s. Sur le

© A. Félix, Hémisphères Images

En dépit de son succès international, Cadaqués conserve les charmes d'un petit port de pêche.

flanc nord de l'église, la carrer Capellans conduit à la **Casa Gran**, noble demeure gothique du XIVe s. De là, par la carrer Frigola prolongée par la carrer Sant Pere Mes Alt, on atteint rapidement le centre de la ville, la **plaça dels Homes**, sur laquelle s'élève la Llotja (XIIIe s.) qui abrita longtemps l'hôtel de ville. On y trouve aujourd'hui l'office du tourisme. Plus loin, en bordure de la plaça Jaume, se situe l'**ancienne prison** du XIVe s.; en cours de rénovation, elle est promise à une prochaine ouverture à la visite : on pourra sans doute y revoir les inscriptions laissées sur les murs par les prisonniers.

À la lisière de la ville, le pont Vell enjambe depuis le XIVe s. le riu La Muga qui borde le flanc sud-ouest de la ville.

♥ Cadaqués★★ et ses environs

> À 19 km E de Castelló d'Empúries par la C260 puis la GI614. ***Carnet d'adresses*** *p. 112.*

Au bout de la presqu'île du Cap de Norfeu, protégé au sein du parc naturel du même nom, le petit village de pêcheurs, naguère quasiment isolé du continent, est devenu aujourd'hui la station la plus à la mode de la Costa Brava. Sa célébrité lui a valu une magnifique route qui, après avoir joué à saute-mouton au-dessus des collines couvertes de pins, redescend spectaculairement vers la mer. Coincé entre deux caps, le petit port conserve tout son charme, avec ses ruelles blanchies à la chaux qui, depuis le quai, hissent le promeneur vers les hauteurs du vieux village. L'église Santa Maria (XVIe-XVIIe s.) abrite un foisonnant retable baroque. La plus belle promenade à partir de Cadaqués vous conduira au **Cap de Creus**, à 4 km au nord, accessible par une petite route ou par un sentier pédestre, d'où l'on découvre de magnifiques points de vue sur la côte et le large.

Casa Salvador Dalí*

> *Maison-musée Dalí. Port Lligat, à 2 km N de Cadaqués ☎ 972.25.10.15. Ouv. t.l.j. sf lun. 10 h 30-17 h. Entrée payante.*

Avec Figueres et Púbol, la villa de Port Lligat est le troisième lieu de la région lié à la mémoire de Dalí. C'est ici, en effet, à la lisière de Cadaqués dont était originaire son père, que Dalí fit l'acquisition de cabanes de pêcheurs qu'il aménagea en résidence. Campé sur la pointe la plus orientale de la Catalogne, il voulait ainsi être « chaque matin le premier Espagnol qui touche le soleil ». La visite permet de découvrir les différentes pièces (salon, chambre à coucher, bibliothèque), conçues et décorées par le maître et son épouse Gala.

Sant Pere de Rodes*

> *À 19 km N-O de Cadaqués par El Port de la Selva. Ouv. t.l.j. sf lun. juil.-sept. 10 h-19 h 40, oct.-mai 10 h-17 h 10. Entrée payante.*

Spectaculairement accroché au flanc du mont Verdera (670 m), cet ensemble monastique fut fondé au IXe s. par une communauté de moines bénédictins. Les parties les plus anciennes remontent aux Xe et XIe s. : l'église, une basilique à trois nefs et transept, la partie inférieure du clocher, et le réfectoire. Le cloître fut construit aux XIIe et XIIIe s. en remplacement du cloître primitif. Les bâtiments monastiques, accolés à ce premier ensemble, furent érigés entre le XVIe et le XVIIIe s. ●

●●● **À voir tout près** : à Roses *(12 km O de Cadaqués sur la route de Gérone)*, le restaurant ♦♦♦♦ **El Bulli** est le temple de **Ferran Adrià**, le gourou de la cuisine moderne catalane *(p. 24)*.

Carnet d'adresses

© Francesc Gomà, Catalan Tourist Board

Façades de la vieille ville de Gérone sur la rive du riu Onyar.

Besalú

> *Carte p. 102. Visite p. 105.*

🛈 **Office du tourisme**, plaça de la Llibertat ☎ 972.59.12.40. *Ouv. t.l.j. 10 h-14 h et 16 h-19 h.*

Hébergement

▲ **Siqués**, 6 avenida Lluís Companys ☎ 972.59.01.10, < siques@agtat.es >. *27 ch.* Simple et confortable, excellent accueil. Bon restaurant traditionnel.

▲ **Pension Venència**, 8 carrer Major ☎ 972.59.12.57. *8 ch.* Simple et familial.

Cadaqués

> *Carte p.102. Visite p. 110.*

🛈 **Office du tourisme**, 2A carrer des Cotxes ☎ 972.25.83.15. *Ouv. 10 h-13 h et 16 h-20 h, dim. et j.f. matin seulement; en hiver, f. dim. et j.f.*

Hébergement

▲▲▲ **Playa Sol** ♥, 3 Pianc ☎ 972.25.81.00, fax 972.25.80.54, < www.publintur.es/playasol.htm >. *F. 20 déc.-15 fév. 49 ch.* propres, claires et spacieuses. Très agréable hôtel moderne face à la mer; piscine.

▲▲ **Port Lligat** ♥, avenida Salvador Dalí ☎ 972.25.81.62, fax 972.25.86.43, < portlligat@intercom.es >. *25 ch.* Petit hôtel pimpant, à côté de la maison de Dalí. Terrasse, confort et bon accueil. Cher pour la catégorie.

Restaurants

♦ **Galiota**, 9 carrer Narcis Monturiol ☎ 972.25.81.87. *Ouv. t.l.j. en été, w.-e. seulement le reste de l'année.* Spécialités de poissons.

♦ **Sa Gambina**, carrer Nemesio Llorens ☎ 972.25.81.27. *Ouv. t.l.j.* Jolie salle de restaurant au décor marin et face au port; spécialités de poissons et de fruits de mer.

Figueres

> *Carte p. 102. Visite p. 102.*

🛈 **Office du tourisme**, plaça del Sol ☎ 972.50.31.55, < fituris@ddgi.es >. *Ouv. lun.-ven. 9h-15h.*

Hébergement

▲▲▲ **Duran**, 5 carrer Lasauca ☎ 972.50.12.50, fax 972.50.26.09, < www.hotelduran.com >. *63 ch.* Bon confort en plein centre-ville. Bon ♦ **restaurant** et parking.

▲▲▲ **Empordà**, antiga carretera de França ☎ 972.50.05.62, fax 972.50.93.58, < www.hotelemporda.com >. *42 ch.* Un peu à l'écart de l'agitation, tout le confort moderne. Excellent ♦ **restaurant**.

▲▲ **La Barretina**, 13 carrer Lasauca ☎ 972.67.64.12. *11 ch.* Central, simple et bien tenu.

Restaurant

♦ **Taverna del Barón**, 1 carrer Dalmàs Calvet ☎ 972.50.18.68. *F. dim. soir.* Au centre de la ville, spécialités catalanes et françaises servies dans un cadre rustique.

Gérone

> *Plan p. 83. Visite p. 82.*

🛈 **Office du tourisme**, 1 rambla de la Llibertat **A3** ☎ 972.22.65.75, fax 972.22.66.12, < www.ajuntament.gi >. *F. dim. soir.* **Réservations hôtelières**: Punt de Benvinguda, 3 carrer Berenguer Carnicer **A1** ☎ 972.21.16.78, fax 972.22.11.35, < www.girona-net.com/ puntb >.

Adresses utiles

- **Aéroport**. Girona-Costa Brava, 10 km S du centre. Rens. ☎ 972.18.66.00.
- **Gare ferroviaire**. Estación Renfe, plaça d'Espanya **hors pl. par A3** ☎ 972. 20.70.93.
- **Gare routière**. Derrière la gare de chemin de fer **hors pl. par A3** ☎ 972.21.23.19.
- **Taxis**. Girotaxi ☎ 972.22.10.20.

Hébergement

▲▲▲▲ **Carlemany**, plaça Miquel Santaló **hors pl. par A3** ☎ 972.21.12.12, fax 972.21.49.94, < www.carlemany.es >. *90 ch.* Établissement moderne avec tout le confort, sans grande originalité. Au cœur d'une partie commerçante de la ville.

▲▲▲▲ **Melia**, 112 carretera de Barcelona **hors pl. par A3** ☎ 972.40.05.00, < www.solmelia.es >. *114 ch.* Très confortable. Excentré.

▲▲▲ **Ultonia**, 22 gran via Jaume I **A2** ☎ 972.20.38.50, < hotel.ultonia@husa.es >. *45 ch.* Bien situé tout près de la ville ancienne ; propre et confortable mais pas follement gai. Pas de restaurant.

▲ **Bellmirall** ♥, 3 carrer Bellmirall **B2** ☎ 972.20.40.09. *Pas de carte de paiement. F. 6 janv.-28 fév. 18 ch.* À l'ombre de la cathédrale, un vieux palais abrite ces quelques chambres, agréables, joliment décorées tout comme les parties communes. L'adresse de charme à Gérone.

Restaurants

♦♦ **Boira**, 17 plaça de la Independencia (Sant Agustí) **A2** ☎ 972.20.30.96. *F. dim. soir.* Excellente table

budget

Hébergement

En haute saison, pour une chambre double :

▲▲▲▲▲ plus de 200 €
▲▲▲▲ de 120 à 200 €
▲▲▲ de 80 à 120 €
▲▲ de 40 à 80 €
▲ de 20 à 40 €

Restaurants

Prix pour un menu complet (boisson non comprise) :

♦♦♦♦ de 60 à 100 €
♦♦♦ de 30 à 60 €
♦♦ de 15 à 30 €
♦ de 6 à 15 € ●

de cuisine traditionnelle modernisée. Belle salle de restaurant à l'étage. À goûter, les pieds de porc panés aux écrevisses.

♦♦ **Casa Marieta**, 5-6 plaça de la Independencia (Sant Agustí) **A2** ☎ 972.41.41.72. *Ouv. t.l.j.* Grande et sympathique brasserie de simples mais goûteuses spécialités locales. Parfait pour un déjeuner rapide.

♦♦ **Mar Plaça**, 3 plaça de la Independencia (Sant Agustí) **A2** ☎ 972. 20.59.62. *F. mar.* Petite salle charmante et raffinée où le patron, francophone et passionné par son métier, vous fera saliver en vous détaillant sa carte.

♦ **El Barri Vell**, 17 Cort Reial **B2** ☎ 972.20.47.09. *F. lun.* Simple et convivial. Dans la vieille ville.

Pals

> *Carte p. 94. Visite p. 95.*

🛈 **Office du tourisme**, 7 plaça Major ☎ 972.63.73.80, < pals@ ddgi.es >. *Ouv. lun.-sam. 10 h-14 h et 16 h-20 h, dim. 10 h-14 h.*

Restaurants

♦ **Bona Vista**, 5 carrer Muralla ☎ 972.66.81.44. *Ouv. t.l.j.* Dans un gentil jardin à l'ombre des murs de la vieille ville où vous pourrez déguster les spécialités régionales : plats de riz (la région de Pals fut longtemps une importante région rizicole) et viandes à la braise.

♦ **Can Ruben**, carretera de Palafrugell ☎ 972.63.69.97. *Ouv. t.l.j.* En dehors de la ville, une petite auberge qui propose des spécialités d'anguilles et de cuisses de grenouilles. L'établissement dispose également de quelques chambres.

Peralada

> *Carte p. 102. Visite p. 107.*

🛈 **Office du tourisme**, Claustre Sant Domènec, carrer de l'Oli ☎ 972.53.80.25. L'office tient à la disposition des voyageurs une liste d'hébergements ruraux dans la région.

Hébergement

▲▲ **Hostal de la Font**, 15-19 carrer de la Font ☎ 972.53.83.01, fax 972. 53.85.06, < calsagrista@jct.es >. *12 ch.* Bonne auberge dans le style rustique avec ses grandes tables de bois disposées pour le petit déjeuner. Les chambres, décorées dans un style minimaliste, disposent de tout le confort. Bonne adresse où l'accueil est sympathique.

Restaurants

♦♦ **Mas Moli** ♥, à 5 km de Peralada, route de Vilbertran ☎ 972.53.82.81 *F. lun.* Une auberge de campagne en pleine nature, beau cadre rustique et magnifique cuisine traditionnelle. Une adresse réputée.

♦ **Cal Sagristà**, 2 carrer de la Rodona ☎ 972.53.83.01. Cadre feutré pour une honnête cuisine régionale.

Peratallada

> *Carte p. 94. Visite p. 95.*

Hébergement

▲▲▲ **Castell de Peratallada**, plaça del Castell ☎ 972.63.40.21, fax 972. 63.40.11, < casteperat@aplitec. com >. *8 ch.* de grand luxe aménagées dans les parties nobles d'un château féodal. Excellent restaurant.

▲▲ **La Riera** ♥, 3 plaça de les Voltes ☎ 972.63.50.40, fax 972.63.50.40. *8 ch.* confortables gentiment décorées dans le goût local, murs clairs, dallages, fer forgé. Un petit hôtel plein de charme au beau milieu de la localité. Le restaurant est tout aussi agréable avec son atmosphère feutrée, ses voûtes et ses murs de pierres apparentes rehaussées de tableaux. C'est une des **meilleures tables** ♦♦ de la localité. Une adresse de charme fortement conseillée. ●

Barcelone ★★★

C'est sur cette belle plaça Reial, à deux pas des Ramblas, que Gaudí signa sa première œuvre : un ensemble de réverbères.

C'est Hercule qui, dit-on, accueillit en personne les colons grecs venus à bord de neuf navires – les *barca nona* qui fournirent son étymologie mythique au comptoir qu'ils allaient fonder, la future Barcelone. Le héros gravit le mont dominant le rivage, le Mons Jovis, la montagne de Jupiter, le Montjuïc. De là, il embrassa du regard la plaine côtière à peine dominée par une éminence, le Mons Táber, où se hissa le cœur de la ville romaine, aujourd'hui la plaça de Sant Jaume. Vers l'ouest, son œil buta sur une chaîne de collines culminant au Tibidabo. La bourgeoisie du XIXe s. y construira ses villas modernistes et, contemplant la ville en contrebas, méditera peut-être l'adresse du démon au Christ jeûnant au désert : « Tout cela je te le donnerai *[tibi dabo]*, si tu tombes à mes pieds et m'adores » (Matthieu, 4,9). L'épisode évangélique donna en tout cas son nom à la colline.

Le corset des remparts romains

Au IIe s. avant notre ère, les Romains fondent une colonie, **Barcino**, tout près du peuplement ibérique de la tribu des Laietanes qui

sommaire

occupait les flancs du Montjuïc. Au centre le forum et ses temples civiques, tout autour un corset de murailles qui sera reconstruit au IVe s. après le pillage de la ville par quelque raid barbare. La ville romaine, c'est l'actuel **Barri Gòtic**, où se dressent encore d'imposants vestiges de la muraille antique. Ces murs qui ont vu les aigles romaines défendent encore la ville lorsqu'en 985 al-Mansour, le maître de Cordoue, s'en empare et la pille.

Le comté de Barcelone

Sur les ruines laissées par le raid d'al-Mansour, les comtes de Barcelone construisent une nouvelle cathédrale, romane, et tout près le palais comtal. Hors les murs, les premiers faubourgs (ancêtres du Barrio Chino) se développent, peuplés d'artisans. Au XIIIe s. **Jacques (Jaume) Ier** dote la ville d'une nouvelle enceinte ; le mur se dresse désormais au-dessus du torrent dont les Ramblas suivent toujours le lit.

C'est l'introduction du **gothique** dans la ville comtale avec la construction d'une nouvelle cathédrale, du monastère de Pedralbes, et le développement du faubourg de la **Ribera** qui trouvera son apogée au XIVe s. avec l'église Santa Maria del Mar.

De la puissance au déclin

Sous le règne de Pierre le Cérémonieux (1336-1387), une nouvelle enceinte est élevée, toujours plus proche du Montjuïc : elle englobe l'ancien faubourg, le **Raval**. Intramuros, de prestigieuses constructions marquent la puissance commerciale de la ville : le palais de la Generalitat au sommet du Mons Táber, ou dominant le port, la Llotja qui abrita le Consulat del Mar, l'institution chargée de réglementer le commerce maritime.

Après la victoire des Bourbons le **11 septembre 1714** *(p. 47)*, Barcelone, vaincue et humiliée, est tenue en respect par le feu croisé des canons du roi Philippe V, installés sur le Montjuïc ou sur les murs de la citadelle construite par les vainqueurs au nord de la ville. La cité étouffe à l'intérieur de ses vieilles murailles. Le rempart intérieur du XIIIe s. est cependant abattu ; sur son tracé est aménagée une longue promenade qui descend vers le port, la **Rambla,** aussitôt urbanisée. Sur des remblais provenant de la construction de la citadelle, un nouveau quartier est gagné sur la mer : la **Barceloneta**, destinée au petit peuple des marins et des pêcheurs.

L'Eixample, ville nouvelle

En 1855 est autorisé le démantèlement des remparts qui emprisonnaient encore la vieille Barcelone. Au-delà et jusqu'aux contreforts du Montjuïc et du Tibidabo, s'étend une zone immense, réservée aux militaires depuis 1714 et interdite à la construction. Un concours est lancé pour l'urbanisation de ces terrains vierges.

C'est le projet d'**Ildefons Cerdà** *(encadré p. 149)* qui est retenu et mis en application dès 1860. Fidèle à ses convictions sociales et hygiénistes, il conçoit le développement d'une nouvelle ville, quadrillée de rues assez larges (20 m) pour faciliter la circulation, et structurée par des artères plus larges encore, la **Gran Via**, la **Diagonal**, le **Paral.lel**, la **Meridiana**.

À l'intérieur de ce quadrilatère dont la superficie prévue est de 2 000 ha contre 190 pour la vieille ville, les rues délimitent des blocs, les *mançanas*, de 133 m de côté. Les immeubles d'habitation, d'une hauteur de trois étages au-dessus d'un rez-de-chaussée, sont disposés autour d'un espace central aménagé en jardin.

Dans l'esprit de Cerdà, la *mançana* constitue une « petite ville », l'unité d'habitation idéale, dont les occupants jouissent d'une relative autonomie grâce à des services et des commerces de proximité.

programme

On peut prévoir un séjour d'une semaine pour visiter Barcelone et ses environs immédiats (Sant Cugat, Sitges et Montserrat). Pour qui ne dispose pas d'autant de temps, voici quelques suggestions :

• **En 1 jour**. L'essentiel : le Barri Gòtic **III**, entre la cathédrale et la plaça de Sant Jaume. Les Ramblas **II**, avec l'indispensable visite du palais Güell **II-A2**. La Mançana de la Discòrdia **VI-A2**, sur le passeig de Gràcia.

• **En 2 jours**. Le 1er jour : le matin, la cathédrale **III-B1**, l'ensemble de la plaça del Rei **III-B1**, promenade jusqu'à la plaça de Sant Jaume **III-A2** ; l'après-midi, les Ramblas et le palais Güell. Le 2e jour : visite du MNAC **VII-A1** le matin ; l'après-midi, la plaça de Catalunya **II-B1**, le passeig de Gràcia **VI-A1-2**, la Sagrada Familia **VI-B1**.

• **En 3 jours**. Le 1er jour : le Barri Gòtic **III** et la Ribera **IV**, les Ramblas et le palais Güell **II**. Le 2e jour : visite de la colline de Montjuïc **VII** : le MNAC, le Poble Espanyol, la fondation Miró. Retour vers le centre par le funiculaire. Le 3e jour : le monastère de Pedralbes **hors pl. I par B1**, puis retour vers le centre ; la plaça de Catalunya, le passeig de Gràcia, la Sagrada Familia. •

Le projet urbain de Cerdà ne sera que très partiellement appliqué. Si le quadrillage des rues est respecté, l'aspect des *mançanas* ne répond pas bien souvent aux vœux de leur concepteur. Les promoteurs, soucieux de leurs intérêts, y construisent des **immeubles de rapport** dont les dimensions excèdent celles du plan initial. À partir de 1880, la bourgeoisie au faîte de sa prospérité s'y fait construire des maisons particulières qui deviendront bien vite des palais où les architectes modernistes laissent libre cours à leur imagination débordante.

Dans cette ville où l'argent facile coule à flots, une partie du sous-prolétariat opte pour la marge et la délinquance : c'est au début du XXe s. que se développe le **Barrio Chino** *(encadré p. 122)*, repaire des déclassés, à deux pas des Ramblas et du théâtre du Liceu.

Vaincue, puis renaissante

Barcelone entre meurtrie dans la **période franquiste** : dans sa physionomie du fait des sévères destructions causées par la guerre civile, et aussi dans son âme. La nomenclature des rues est expurgée de tout ce qui pourrait évoquer la République ou le catalanisme. La Diagonal devient l'avenida Generalísimo Franco, et la gran via dels Corts Catalanes est rebaptisée José Antonio Primo de Rivera, la place de Catalogne, place de l'Armée espagnole.

Dans les années 1960, Barcelone renoue avec le développement à la faveur du « **miracle espagnol** » consécutif aux mesures de libéralisation de l'économie prise par le pouvoir. Cela vaut aux périphéries une ceinture d'immeubles collectifs qui abritent une main-d'œuvre souvent immigrée d'autres régions d'Espagne : aujourd'hui, la **banlieue de Barcelone** est démographiquement la première ville andalouse d'Espagne. Dès avant la fin du franquisme, on assiste à un renouveau culturel qui se traduit par la création d'institutions telles que le musée Picasso ou la fondation Miró.

> ***Plan I*** *(ensemble) p. 118-119,* ***plan II*** *(Ramblas) p. 121,* ***plan III*** *(Barri Gòtic) p. 126,* ***plan IV*** *(Ribera) p. 135,* ***plan V*** *(bord de mer) p. 144,* ***plan VI*** *(Eixample) p. 147,* ***plan VII*** *(Montjuïc) p. 153,* ***plan de métro*** *en rabat arrière de couverture.* •

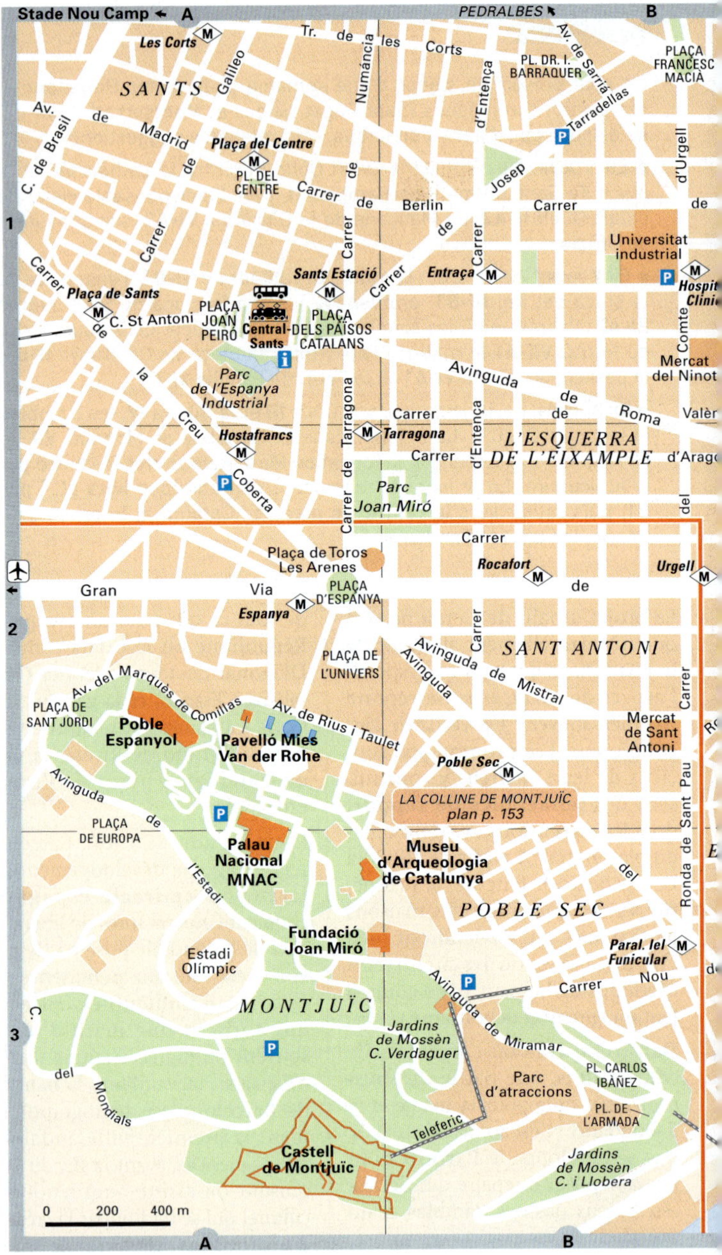

Plan I : Barcelone, plan d'ensemble

S'orienter. La **vieille ville I-CD2-3**, donnant sur la mer, est délimitée par une ceinture de grands boulevards ouverts sur le tracé des anciennes fortifications : au sud, **el Paral.lel** ; à l'ouest, la suite des avenues **Sant Pau**, **Sant Antoni**, **Universitat**, **Sant Pere** ; au nord, le **parc de la Ciutadella**. Dans ce périmètre, les **Ramblas** servent de ligne de démarcation entre deux quartiers : à g. en descendant vers le port, le **Barri Gòtic I-C2-3**, cœur historique de la cité comtale, à dr. l'ancien faubourg médiéval du **Raval I-BC-3**, dont la partie la plus proche du port constitue le **Barrio Chino**. La ville

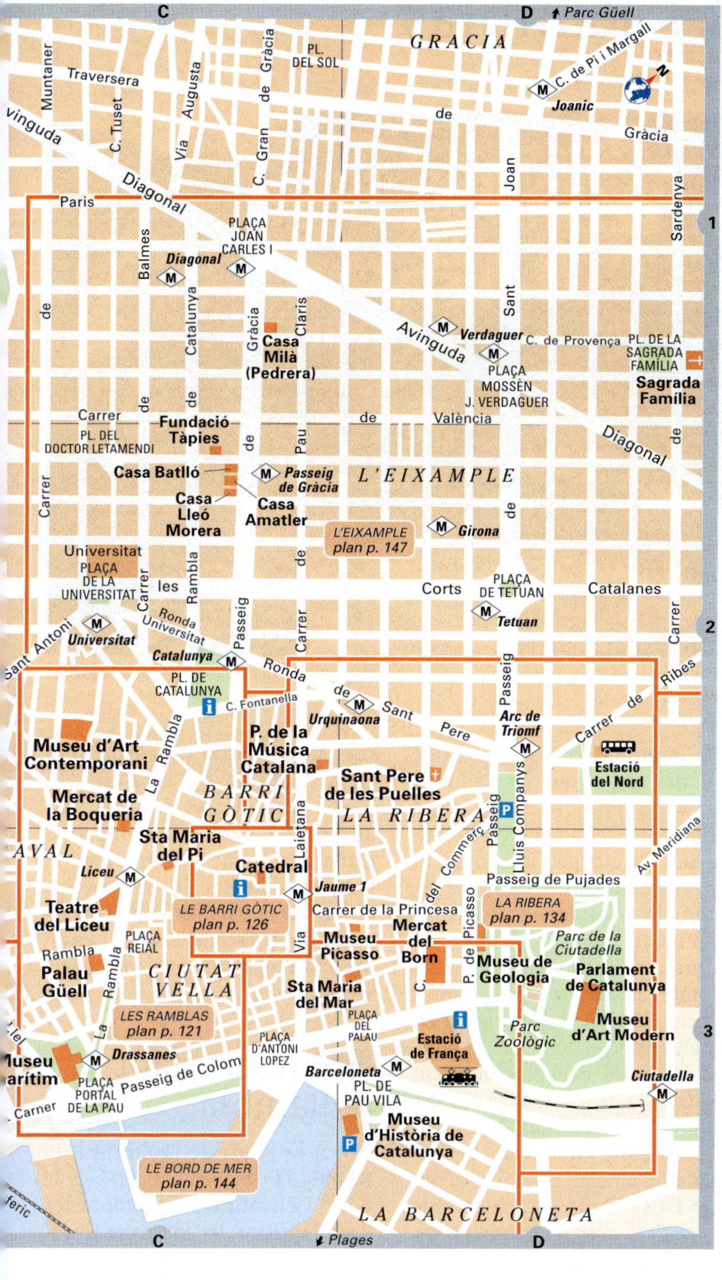

nouvelle, **l'Eixample I-CD1-2**, s'est développée tout autour de la vieille ville, à partir de la seconde moitié du XIXe s., selon le plan orthogonal conçu par Cerdà *(encadré p. 149)*. Un ensemble de quartiers où l'on partira à la découverte de l'esthétique moderniste qui, entre la fin du XIXe et le début du XXe s., marqua profondément la physionomie de la ville. Le **passeig de Gràcia I-C2** offre le plus séduisant ensemble de constructions de ce style. L'**avinguda Diagonal I-CD1-2**, jusqu'à la **plaça Francesc Macià**, et les abords de la **plaça de Catalunya I-C2** sont les parties les plus commerçantes de la ville. ●

Les Ramblas ★★

© F. Ontañon, Office espagnol du tourisme

La Rambla de les Flors, intermède coloré sur le parcours de la célèbre avenue qui descend vers la mer.

Les promeneurs y seraient-ils des anges, que les Ramblas évoqueraient une sorte d'échelle de Jacob assurant la liaison entre les quartiers interlopes du port et les avenues huppées de l'Eixample. Mais depuis qu'elle est devenue au XIXe s. la promenade favorite des Barcelonais, on y a vu se côtoyer apaches et rupins, bannis de toute l'Europe et bourgeois en goguette, esthètes décadents et prostituées décaties, dans leur incessant va-et-vient sous les frondaisons des platanes. Les Ramblas de Genet, parcourues par « les mendiants, les voleurs, les tapettes et les filles », ont certes laissé la place à une avenue plus policée avec ses terrasses, ses chevalets de peintres et ses saltimbanques. Et signe des temps, l'érotisme, tarifé dans les ruelles obscures, a désormais pignon sur rue, sur la Rambla même, dans le musée qui lui est consacré. N'empêche, la célèbre avenue n'a pas réussi à se transformer tout à fait en vitrine touristique, et on est encore loin d'un Montmartre catalan. On trouve toujours, et dans les rues adjacentes, bars aux comptoirs graisseux, commerces populaires ou pensions miteuses. Et certains coins du bas de la Rambla, la plaça Reial ou la carrer Escudellers, sont envahis à la nuit tombée de marginaux venus de toute l'Europe.

En descendant la Rambla

Dos à la plaça de Catalunya, la Rambla fait bravement cap vers le port. La Rambla, ou encore les Ramblas (Rambles en catalan), pluriel que lui ont valu ses noms successifs. Partant de la plaça de Catalunya, voici tout d'abord la **Rambla de Canaletes** ouvrant avec sa fontaine (Font de Canaletes) de fer forgé: boire de son eau assure de revenir à Barcelone, dit-on. Vient ensuite la **Rambla dels Estudis**:

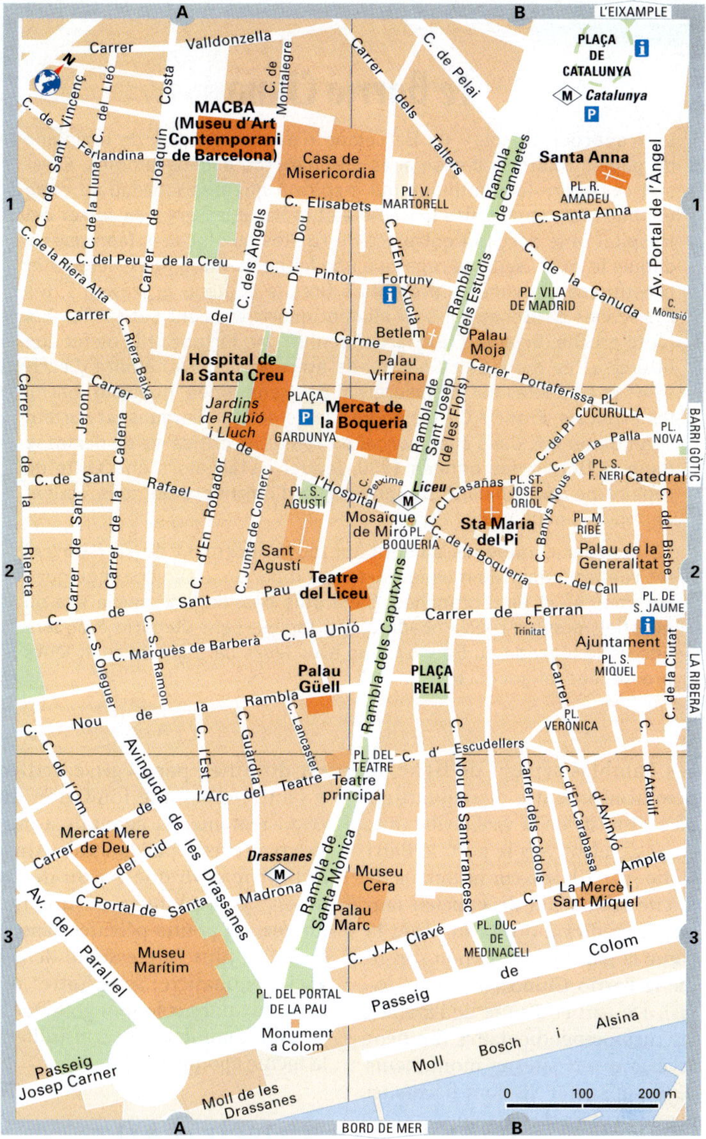

PLAN II : LES RAMBLAS

aux étudiants qui y déambulaient au Moyen Âge a succédé de nos jours un marché aux animaux. Plus bas, la **Rambla de Sant Josep** est unanimement désignée sous le nom de **Rambla de les Flors** : la faute au marché aux fleurs qui envahit le terre-plein central de parfums et de couleurs. La **Rambla dels Caputxins** ouvre par la pla de l'Os, ornée d'une mosaïque dessinée par Joan Miró ; elle est bordée par les deux ensembles les plus prestigieux de l'avenue : le théâtre du Liceu, et la belle place Royale (plaça Reial). C'est avec la **Rambla de Santa Mònica** que l'on atteint enfin le port.

quartier

Le Barrio Chino

Le **« quartier chinois »** de Barcelone n'a jamais connu de lampions de papier coloré ni d'enseignes surchargées d'idéogrammes. C'est son caractère labyrinthique qui inspira à quelque journaliste cette épithète asiatique. Entre la Rambla et le Paral.lel, entre la carrer del Hospital et le port, cet entrelacs de ruelles aux façades lépreuses a depuis le XIXe s. servi de repaire à une faune de marginaux, voleurs et prostituées, proxénètes prompts à tirer le couteau et travestis, les *mariconas* de Genet qui s'en allaient quérir le client sur la Rambla toute proche. Si jamais le quartier connut une fortune, elle ne fut que littéraire : ce monde des bas-fonds attira et inspira nombre d'écrivains et de poètes qui lui assurèrent une renommée mondiale : parmi les Français, Francis Carco, André Pieyre de Mandiargues, et surtout Jean Genet qui, dans son *Journal du voleur*, décrit sa vie de déclassé dans le Barrio des années 1930, lequel « était alors une sorte de repaire peuplé moins d'Espagnols que d'étrangers qui tous étaient des voyous pouilleux ».

Le quartier commence aujourd'hui tout doucement de se rénover : les ruelles autour du musée d'Art contemporain accueillent quelques commerces et bars branchés. C'est plus bas, dans la partie sud du quartier, que les rues Robadors, las Tapies, Sant Olegario évoquent encore la légende du Barrio Chino avec leurs bars glauques et leurs prostituées fatiguées. ●

Les Ramblas servent de ligne de démarcation entre deux quartiers bien distincts de la vieille ville : à g. en descendant vers le port, le **Barri Gòtic** *(p. 126)*, le cœur historique de la cité comtale, à dr. l'ancien faubourg médiéval du **Raval**, dont la partie la plus proche du port constitue le **Barrio Chino** *(encadré ci-dessus)*. De part et d'autre de l'avenue, les rues perpendiculaires donnent accès à divers sites et monuments dignes d'intérêt. Ils sont décrits ici depuis la **plaça de Catalunya**.

L'église Santa Anna★

> **II-B1** *Carrer Santa Anna. Ouv. aux heures de culte. Entrée libre.*

Tournant le dos à la Rambla, on trouve à g. de la carrer Santa Anna, une des plus commerçantes du quartier, un passage conduisant à une placette envahie de fleurs. Elle est dominée par l'église dédiée à sainte Anne, une fondation du XIe s., remaniée et agrandie à plusieurs reprises par la suite. Ainsi le porche gothique est du début du XIVe s. ; de l'intérieur, une nef unique, on pourra pénétrer dans la partie la plus intéressante de cet ancien monastère : son **cloître**★ du XVe s. aux fines colonnes gothiques. La salle capitulaire fut construite à la même époque.

Museu d'Art Contemporani de Barcelona★

> **II-A1** *MACBA, 1 plaça dels Àngels ☎ 934.12.08.10, < www.macba.es >. Ouv. lun., mer., jeu. et ven. 11 h-19 h 30 (20 h 25 avr.-sept.), sam. 10 h-20 h, dim. 10 h-15 h. Entrée payante.*

La construction de ce vaisseau futuriste en plein cœur du Raval est emblématique de la rénovation de ce quartier longtemps déshérité. À l'ombre de l'édifice conçu par Richard Meier – l'architecte du musée Getty à Los Angeles –, bars et restaurants aux décorations minimales postmodernes drainent déjà la clientèle des branchés barcelonais. Autour du monumental atrium central, ouvrant largement sur les vieilles bâtisses environnantes, les espaces d'exposition présentent une rétrospective des premières avant-gardes catalanes, des années 1920 aux années 1950. Le reste des collections introduit le visiteur à la production contemporaine.

Hospital de la Santa Creu

> **II-A1-2** *Entrée 47 carrer del Carme. Ouv. lun.-jeu. 11 h-19 h, ven. 11 h-14 h. F. sam.-dim. Entrée libre.*

Au cœur du Raval, cet imposant ensemble de constructions autour d'un paisible jardin abrita jusqu'à la fin du XIXe s. le principal hôpital de la ville. Depuis sa fondation au XVe s. sous le règne de Martin l'Humain, chaque siècle apporta sa contribution architecturale à cette institution charitable. On peut voir le cloître gothique du XVe s., des patios Renaissance, des corps de bâtiment classiques ou encore des intérieurs baroques et rococo. L'ancien hôpital abrite aujourd'hui plusieurs institutions culturelles parmi lesquelles la bibliothèque de la Generalitat de Catalogne aménagée dans une aile gothique du XVe s.

♥ Mercat de la Boqueria

> **II-AB2** *Accès par 85-89 Rambla de Sant Josep. Ouv. lun.-sam. 8 h-20 h.*

Entre l'hôpital et la Rambla, cette imposante réalisation de l'**architecture de fer** du début du XXe s. est le rendez-vous des gourmets : sous les poutrelles métalliques, ils trouvent artistement disposés tous les produits susceptibles de satisfaire leur passion. Pour ceux que la visite aurait mis en appétit, un **bar** à l'intérieur propose d'appétissants en-cas *(ouv. lun.-sam. 8 h-20 h 30)*.

© Alain Félix, Hémisphères Images

Le marché de la Boqueria est le rendez-vous des gourmets barcelonais.

Santa Maria del Pi★★

> **II-B2** *Plaça del Pi. Ouv. lun.-sam. 8 h 30-13 h et 16 h-21 h, dim. 9 h-14 h et 17 h-21 h. Entrée libre.* ***Accès*** *: depuis la Rambla Sant Josep par la carrer Cardenal Casañas.* **M°** *Liceu.*

L'invocation de la basilique à la Vierge du Pin rappelle le bosquet qui, jusqu'au haut Moyen Âge, couvrait ce flanc du Mons Táber. Les premières mentions d'un sanctuaire en ce lieu remontent au Xe s., une modeste chapelle hors les murs, au milieu des bois et des vergers. Les travaux débutèrent en 1322 pour ne s'achever qu'en 1453. Encore manquait-il le clocher et la salle capitulaire, construits dans les décennies suivantes. Santa Maria

société

Le Liceu, salon de la bourgeoisie triomphante

Dès son inauguration en 1847, le Liceu servit de cadre privilégié à la bourgeoisie en représentation : c'est aussi que l'ayant financé, les riches familles barcelonaises considéraient le Liceu comme leur propriété. Les loges étaient attribuées à prix d'or et se transmettaient de génération en génération. Tout autant qu'un moyen commode d'assister au spectacle, elles servaient de salon et l'on y recevait ses amis, on y traitait ses affaires, on y présentait les jeunes gens que l'on voulait marier. Et lors des grandes soirées, ce n'était au parterre et dans les loges que bruissement soyeux des riches étoffes et scintillement des pierres précieuses. Le Liceu ne fut pourtant jamais l'apanage exclusif de la bourgeoisie, et des galeries supérieures au poulailler, s'étageaient toutes les catégories sociales de la cité comtale, de la petite bourgeoisie aux étudiants et aux artistes désargentés, qui, sous le plafond tordaient le cou pour tenter d'apercevoir la scène. Car le Liceu se révéla aussi un haut lieu de la vie musicale catalane : c'est ici notamment que la bourgeoisie éclairée, fidèle mécène du modernisme, consacra le triomphe de Wagner sur l'opéra italien en acclamant follement durant la saison 1910-1911 la représentation de l'intégralité du Ring. ●

del Pi est un des exemples les plus achevés du gothique catalan : une décoration sculptée minimale ; à l'intérieur, une nef unique prolongée d'une abside polygonale et, sur les côtés, une série de chapelles prises entre les puissants contreforts. L'église conserve encore une partie de ses vitraux médiévaux.

Aujourd'hui la **plaça del Pi** est, avec la plaça Sant Josep Oriol voisine, un des coins les plus charmants et les plus animés du Barri Gòtic. Sur la place même, au n° 1, une **belle maison** du XIVe s. fut construite pour abriter une confrérie religieuse. Face à la basilique, la carrer Petrixol est célèbre dans l'histoire artistique de Barcelone : on y trouve depuis 1884 la **galerie Parés** où exposèrent au tournant du XXe s. tous les artistes importants de la ville : les modernistes avec Rusiñol, Ramon Casas, puis Picasso en 1901. La **plaça Sant Josep Oriol** est, le samedi matin, le rendez-vous des peintres qui y dressent leurs chevalets.

Gran Teatre del Liceu

> **II-B2** *61 Rambla dels Caputxins. Visite guidée t.l.j. à 9h30. Rens.* ☎ *934.85.99.00.* **M°** *Liceu.*

Du théâtre qui assista au triomphe de la bourgeoise barcelonaise du XIXe s. *(encadré ci-dessus)*, seuls la façade et, à l'intérieur, le foyer furent épargnés par le terrible incendie qui ravagea l'édifice en 1994. Entièrement reconstruit, le Liceu a retrouvé aujourd'hui son rôle prééminent dans la vie musicale barcelonaise.

Plaça Reial*

II-B2 En retrait des Ramblas, cet élégant ensemble néo-classique construit au milieu du XIXe s. fut dès son achèvement un des lieux de promenade favoris de la bourgeoisie barcelonaise. Les choses ont bien changé : la place Royale est aujourd'hui le repaire des marginaux de la ville, et l'endroit prend des airs de cour des Miracles sitôt la nuit tombée. Les réverbères de fer forgé furent en 1878 la première réalisation d'un jeune architecte prometteur : Antoni Gaudí. Le dimanche, la place accueille un marché philatélique et numismatique.

Palau Güell★★★

> **II-A2** *3-5 carrer Nou de la Rambla ☎ 933.17.51.98. Visite guidée uniquement lun.-sam. 10 h-14 h et 16 h-20 h. F. dim. et j.f. Entrée payante.*

La première audace fut tout d'abord de choisir la lisière du sulfureux Barrio Chino pour y construire un palais, à un jet de couteau de la carrer Sant Pau et de sa faune interlope de souteneurs et de marins à quai. À quelques pas de la maison close de la célèbre Madame Petit, qui avait affiché à l'usage de ses clients un « Soyez bref » non moins célèbre. La seconde fut d'en confier la réalisation à Antoni Gaudí qui signa là son premier ouvrage d'« art total », véritable manifeste du modernisme.

L'extérieur

En 1886, Antoni Gaudí présente à son mécène les plans de son palais : cinq étages au-dessus d'un rez-de-chaussée et d'un sous-sol. L'ensemble de la structure est traversé par un **axe**, colonne de vide qui s'élève au-dessus du grand salon et culmine sur la terrasse par une coupole étoilée de petites ouvertures, à la manière des dômes des bains arabes. Cet axe s'appuie sur une rampe à spirale qui, du rez-de-chaussée, descendait vers les écuries. La **façade** est divisée en trois registres : deux élégantes portes grillées de fer forgé ; une monumentale tribune à l'étage noble, puis une rangée de fenêtres sous la corniche d'où surgissent quatre des vingt cheminées aux formes oniriques qui hérissent la terrasse.

Un projet total

L'intérieur décline une foisonnante variété de formes et de matériaux, de réminiscences aussi, gothiques ou mudéjares. La décoration est définitivement fixée au mur : fer forgé, vitraux, peintures aussi comme les tableaux pliés pour épouser les angles du grand salon, pièce maîtresse de la demeure, sorte de patio couvert dominé par la coupole de l'axe central. Gaudí proposa ici un véritable programme pour la **bourgeoisie catalaniste** du tournant du XXe s., appuyée sur un socle de traditions, méditerranéennes avec le patio, catholiques avec la chapelle ouvrant sur le grand salon, historiques avec l'éclectisme de la décoration, mais aussi tendue vers l'avenir avec l'emprunt de matériaux à l'architecture industrielle. Au moment où se réalisait l'ambitieux projet, se préparait dans le parc de la Citadelle (parc de la Ciutadella) l'**Exposition de 1888**, première manifestation spectaculaire du triomphe de la bourgeoisie catalane *(voir p. 168)*.

Descendant encore la Rambla, vous parviendrez rapidement au **Mirador de Colom** qui annonce le port et termine la promenade. ●

Le Barri Gòtic★★★

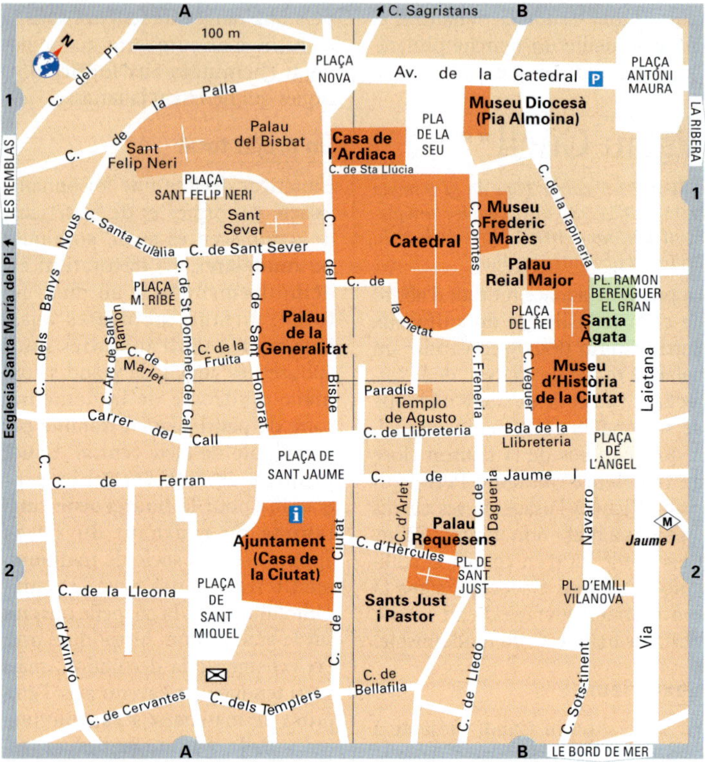

Plan III : le Barri Gòtic

C'est la Barcelone historique. Elle correspond au périmètre de la ville romaine, entre la plaça Nova et la carrer Gignàs d'ouest en est, et la carrer Avinyó et la via Laietana du sud au nord. Au centre, et au point le plus haut, le Mons Táber, la plaça de Sant Jaume recouvre l'ancien forum. Elle n'a pas perdu son rôle éminent dans la vie politique barcelonaise et catalane, puisqu'elle abrite tout à la fois l'hôtel de ville et le palais de la Generalitat, construits respectivement aux XIVe et XVe s. C'est dire que la vie citadine s'est longtemps concentrée à l'intérieur du mur romain : en témoignent encore la cathédrale et le complexe épiscopal, les étroites rues médiévales et les nobles palais. L'ancien quartier juif également, autour de la carrer del Call. Les rues Ferran et Jaume I divisent le quartier en deux : à l'ouest, du côté de la cathédrale, sont concentrés les musées et les monuments historiques les plus importants, tandis que la partie est, qui n'est pas moins dénuée de charme, demeure un quartier d'habitation populaire.

> *Itinéraire au départ de la pla de la Seu* **III-B1**. *Bus touristique ligne bleue.*

Avinguda de la Catedral et plaça Nova

III-AB1 Deux **tours circulaires** encadrent l'entrée de la carrer del Bisbe : leurs bases sont romaines, la partie supérieure ayant été élevée au XIIe s. Elles défendaient l'entrée de la ville et l'accès au *cardo maximus*, que suit aujourd'hui la **carrer del Bisbe** ; fidèle au tracé romain, elle conduit toujours jusqu'au forum, c'est-à-dire la plaça de Sant Jaume. En chemin, elle est enjambée par un pittoresque arc gothique du début du XIXe s. La tour de droite sert d'appui au palais épiscopal, construit au XIIe s. et réformé aux XVIe et XVIIe s. Contre la tour de gauche on voit encore l'arrivée de l'aqueduc qui alimentait la ville. Le mur se poursuit vers la g., soutenant la **Casa de l'Ardiaca** des XIIe-XVIe s. **III-AB1** *(p. 129)*. La plaça Nova accueille un sympathique **marché aux puces** *(tous les jeu. 10 h-20 h, sf en août)*.

La cathédrale★★

> **III-B1** *Pla de la Seu ☎ 933.19.63.12. Ouv. t.l.j. 8 h-13 h 30 et 16 h-19 h 30. Entrée payante pour le* coro.

Depuis le IIe s. l'endroit, tout contre l'enceinte romaine dont on aura découvert des vestiges depuis la plaça Nova, est consacré au culte chrétien : à cette église paléochrétienne a succédé une cathédrale wisigothique (VIe s.) dont on verra les soubassements dans le Museu d'Història de la Ciutat voisin *(p. 131)*, puis romane (XIe s.), dans une nouvelle orientation qui s'est perpétuée jusqu'à nos jours.

L'extérieur

Gothique, l'actuelle façade l'est assurément : un rêve médiéval même avec son foisonnement de tourelles et de pinacles, ainsi que le conçurent les architectes Josep Oriol Mestres et August Font, chargés, à la fin du XIXe s., de donner un nouveau visage à la cathédrale. Derrière ce masque prémoderniste a subsisté l'ample et sobre vaisseau à trois nefs, d'un beau gothique catalan, dont la construction s'étira entre 1298 et 1454, date à laquelle fut achevé le cloître.

L'intérieur

Encadrée de deux bas-côtés pris dans les contreforts de l'édifice, la vaste nef est interrompue par son *coro* monumental ; sur les bas-côtés et autour du chœur ouvre une série de chapelles ornées de statues et de retables.

archéologie

À la recherche de Barcino

Le Barri Gòtic conserve de nombreux et spectaculaires vestiges de la ville romaine. Il faut s'arrêter devant les remparts de la plaça Nova **III-A1**. La plaça Ramon Berenguer **III-B1** abrite un autre pan important de la muraille antique ; au-dessus ont été construits la chapelle Santa Àgata et le Palau Reial Major **III-B1** *(p. 132)*. Vous verrez ensuite les colonnes du temple d'Auguste **III-B2** *(p. 133)*. Le mur oriental de la ville se situe carrer del Correu Vell (parallèle à la rue Gignás) **V-B1**. À l'entrée de la carrer Regomir, on peut également voir, pris dans un édifice médiéval, des vestiges de la première enceinte de Barcino, un mur en pierre de petit appareil construit au Ier s. avant J.-C. Enfin, vous ne manquerez pas de visiter la crypte archéologique du Museu d'Història de la Ciutat **III-B1-2** *(p. 131)* et les vestiges de son quartier d'artisans. ●

tradition

Les pendus dépendus

Au Moyen Âge étaient accrochées sous le cloître de la cathédrale les cordes de potence qui s'étaient rompues au moment de l'exécution. Considéré comme un miracle, l'accident graciait le condamné, et les cordes étaient conservées en souvenir de cette intervention divine. Nombreux étaient alors les fidèles à venir tirer subrepticement les fils des cordes miraculeuses pour en faire des talismans dont l'efficacité était unanimement reconnue. •

À dr. de l'entrée, la chapelle du Saint-Sacrement renferme le **sépulcre baroque de Sant Oleguer*** surmonté du Christ de Lépante : selon la tradition, il se dressait sur la *Real*, la galère amiral de don Juan d'Autriche qui commandait la flotte chrétienne à la célèbre bataille de 1571, qui se solda par la défaite des Turcs *(encadré p. 145)*.

La chapelle axiale du chœur renferme le beau **retable de l'Annonciation**** (fin XIVe s.), œuvre de Lluís Borrassà, maître du gothique international en Catalogne. Sur le mur à dr. du chœur sont exposés les **sarcophages** de Ramon Berenguer el Vell (1035-1076), troisième des comtes indépendants de Barcelone et de son épouse, la reine Almodis.

• **Le coro**** *(ouv. 10h30-12h30 et 16h30-18h ; entrée payante)*. Le mur du *trascoro* (face à l'entrée de la cathédrale) présente une série de reliefs du début du XVIe s. illustrant notamment des scènes de la vie de sainte Eulalie : martyrisée à Barcelone en 304, elle est, depuis, patronne de la ville et ses restes reposent dans la crypte aménagée sous l'autel. Les **boiseries***** de l'intérieur furent réalisées à la fin du XIVe s. pour la partie haute, au milieu du XVe s. pour le reste auquel furent ajoutées des décorations végétales au début du XVIe s. En 1519, le *coro* vit la réunion du chapitre de l'ordre de la Toison d'Or : parmi ses hauts dignitaires qui prirent place sur les sièges de bois sous l'autorité de Charles Quint, figuraient François Ier, Henri VIII d'Angleterre, Maximilien d'Autriche,

La Vierge et les saints escortent le promeneur tout au long du Barri Gòtic.

Manuel Ier du Portugal ou encore Louis de Hongrie. Leurs blasons au-dessus des sièges signalent la place qui leur était affectée.

♥ Le cloître**

> *Accès par le bas-côté droit.*

C'est par là que s'acheva en 1454 la construction de l'ensemble de la cathédrale : un harmonieux ensemble de galeries et de baies ogivales entoure un jardin planté d'une foisonnante végétation de palmiers, de magnolias et de néfliers, qui offre une ombre bucolique à un troupeau d'oies cacardant gaiement autour d'une délicieuse fontaine gothique.

Chaque année, lors de la **fête du Corpus Christi** *(2e dim. après la Pentecôte)*, un œuf est posé au-dessus du jet : les visiteurs se pressent alors pour voir *Ou com balla*, « comment danse l'œuf ». Sous le cloître ouvre le petit **musée** de la cathédrale *(ouv. t.l.j. 10 h-13 h et 16 h-18 h 30 ; entrée payante)* : on y verra essentiellement des fonts baptismaux de l'époque romane ainsi qu'un retable attribué à Jaume Huguet *(voir p. 44)*. On quittera l'ensemble de la cathédrale par la chapelle gothique (1268) Santa Llúcia qui lui fait suite.

Casa de l'Ardiaca*

III-AB1 C'est un des plus charmants palais du quartier. Il fut construit au XIIe s., au-dessus du mur romain, puis réformé au XVIe s. Au début du XXe s. fut ajoutée une étonnante **boîte aux lettres moderniste**, œuvre de Domènech i Montaner : hirondelles et tortues y symbolisent peut-être la confrontation entre l'idéal et la réalité en matière d'acheminement du courrier.

L'édifice abrite aujourd'hui les services des Archives de la ville. On peut cependant accéder au charmant **patio intérieur** *(aux heures d'ouverture des bureaux)*.

Museu Diocesà de Barcelona*

> **III-B1** *Musée diocésain, Pia Almoina, 4 avinguda de la Catedral ☎ 933.15.22.13, < www.arquebisbatbcn.es >. Ouv. mar.-sam. 10 h-14 h et 17 h-20 h, dim. 11 h-14 h. Entrée payante. Visite : 45 mn.*

Une belle façade du XVe s. couronnée d'une galerie ferme au nord la place de la cathédrale : c'est la **Pia Almoina**, une ancienne institution charitable qui héberge aujourd'hui les collections du Musée diocésain. L'origine de cette puissante bâtisse est cependant plus ancienne : le Xe s., lorsque le comte Sunyer (897-946) ordonna la construction d'une résidence pour les chanoines du chapitre de la cathédrale. On prit appui sur les remparts de la ville romaine, en englobant une tour dont les vestiges ont été mis au jour lors de l'aménagement du lieu en musée.

Les collections disposées sur plusieurs étages *(ascenseur)* présentent notamment une collection de retables gothiques, ainsi qu'une série de statues médiévales de la Vierge. Du dernier étage, belle vue sur l'ensemble urbain qui précède la cathédrale.

● **Rez-de-chaussée**. On y découvre les soubassements de la **tour** appartenant au mur antique (IVe s.), notamment ceux du système de blocage où furent utilisés des éléments provenant d'autres édifices, comme la tête de gorgone exposée à côté. Collection de stèles funéraires du IVe au IXe s.

● **1er étage**. Ensemble de **peintures murales*** provenant de l'église Sant Salvador consacrée en 1122 : c'est un autre exemple de cet art roman caractéristique de la Catalogne et si bien représenté au MNAC *(p. 154)* : on voit ici le cycle qui ornait la conque de l'abside en cul-de-four, autour d'une Vierge à l'Enfant, accompagnée de scènes liées à l'Incarnation : Annonciation, Visitation, Nativité... À voir également, le **retable de la Vierge*** attribué au maître de Rubió (actif entre 1360 et 1375), héritier de la manière italienne introduite en Catalogne par Ferrer Bassa *(encadré p. 167)* ; un reliquaire *(lipsanoteca)* des XIe-XIIIe s., orné de motifs inspirés de la calligraphie arabe.

• **2e étage**. Retables du XVe s. parmi lesquels se distingue l'anonyme dédié à **Santa Justa et Santa Rufina***, qui présente, dans son côté gauche l'arrière-plan pittoresque d'une boutique d'artisan.

• **3e étage**. Vous verrez des Vierges d'albâtre des XIVe et XVe s., des fenêtres géminées à fines colonnettes provenant de la période préromane du présent édifice, et des poutres du XIIIe s. dont l'ornement s'inspire de la calligraphie arabe.

Museu Frederic Marès*

> **III-B1** *5-6 plaça de Sant Iu ☎ 933.10.58.00, <www.museumares.bsn.es>. Ouv. mar. et jeu. 10h-17h, mer., ven. et sam. 10h-19h, dim. et j.f. 10h-15h. Entrée payante. Agréable* ***cafétéria*** *ouv. avr.-sept.*

L'édifice fut à l'origine une dépendance du palais royal voisin dont la plaça de Sant Iu était sans doute le jardin, et servit plus tard de siège au tribunal de l'Inquisition. Il abrite aujourd'hui les collections réunies tout au long de sa vie par le sculpteur **Frederic Marès** (1893-1991) qui les légua à la ville de Barcelone. Si la sculpture de tous les âges espagnols y est privilégiée – on entend parfois qu'il s'agit de la plus importante collection de ce type –, les autres formes d'expression artistique y sont également représentées. Le deuxième étage est occupé par le « Musée sentimental » : des milliers d'objets de la vie quotidienne réunis par le maître.

Plan du Barri Gòtic p. 126.
Plan d'ensemble de Barcelone p 118-119. •

Au rez-de-chaussée

• **L'Antiquité**. Série de terres cuites et de bronze, et magnifique **sarcophage paléochrétien*** (vers 310-325), issu d'un atelier romain ; il est orné de reliefs figurant des scènes de l'Ancien et du Nouveau Testament – on y reconnaît les Trois Hébreux dans la fournaise, le massacre des Innocents – présidées par un Christ imberbe en orant, vêtu d'une longue tunique.

• **L'art médiéval**. Le reste des salles est consacré à l'art médiéval. À ne pas manquer *(salle 2)*, le **pilier sculpté**** provenant du monastère de Sant Pere de Rodes *(illustration p. 42)* ; attribué au Maître de Cabestany *(encadré ci-contre)*, il représente le Christ et les pêcheurs du lac de Tibériade.

Au 1er étage

• **Salles 14 à 20**. L'art **gothique** est somptueusement représenté *(salle 16)* par la prédelle du **retable de Sant Agustí Vell**, commandé à Jaume Huguet *(voir p. 44)* par la corporation des tanneurs en 1463 ; les panneaux principaux de ce retable sont exposés au Musée National d'Art de Catalogne (MNAC, section XII, *p. 154*).

• **Salles 21 à 25**. La **Renaissance**, avec notamment un **saint Roch*** d'Alonso Berruguete (vers 1526) ; considéré comme le maître de la sculpture Renaissance espagnole, il fut profondément influencé par l'œuvre de Michel-Ange qu'il étudia lors d'un séjour en Italie. On conserve de lui plusieurs retables à Valladolid ainsi que les stalles du *coro* de la cathédrale de Tolède. **Juan de Juni** (1507-1577), son contemporain d'origine française (Jean de Joigny), également actif à Valladolid, est présent avec une Pietà polychrome. Vous verrez aussi quatre reliefs sculptés dans l'albâtre par **Manuel Álverez** (entre 1570 et 1576) figurant des épisodes de la vie de la Vierge.

portrait

Le Maître de Cabestany

Cet anonyme de la fin du XIIe s. est désigné par une de ses réalisations majeures, le tympan de la petite église de Cabestany, un village des environs de Perpignan. Sa manière caractéristique a permis de lui attribuer une série de réalisations : la corniche du fronton de l'église du Boulou (Pyrénées-Orientales) ; les reliefs d'un extraordinaire sarcophage conservé dans l'église de Saint-Hilaire (Aude) ; en Catalogne, il œuvra au monastère de **Sant Pere de Rodes** ; il travailla en Navarre et jusqu'en Toscane à Montalcino près de Sienne. Partout se retrouve un style qui lui est propre : des personnages trapus, des visages triangulaires au front bas, aux pupilles signifiées par des trous, des mains démesurées, aux longs doigts effilés. Ce patient travail des historiens d'art a permis de brosser le tableau d'un **artiste itinérant** – était-il catalan, languedocien ou même italien ? –, parcourant de vastes zones géographiques à la tête d'un important atelier, pour honorer les commandes qui lui étaient confiées. ●

● **Salles 26 et 27**. L'âge **baroque** est illustré par le Murcien **Salzillo** *(p. 272)* et par l'Andalou **Pedro de Mena** (1628-1688) dont le *Saint Pierre d'Alcantara*★ traduit bien la sentimentalité exacerbée.

Aux 2e et 3e étages : ♥ le Musée sentimental★

Seize salles ne suffirent pas pour abriter les milliers d'objets réunis par Frederic Marès d'une manière quasi fétichiste tout au long de sa vie. Une partie de cette étonnante collection, sans doute unique au monde, a trouvé abri dans d'autres musées de Barcelone.
Classées par thèmes, certaines pièces présentent un caractère réellement historique comme ces figurines de crèche dont les plus anciennes remontent au XVIIIe s. D'autres réveillent la nostalgie de temps tout juste envolés, articles de fumeurs, éventails, gants, jouets…

Plaça del Rei★★★

III-B1 C'est un des ensembles architecturaux les plus majestueux de la vieille ville. Depuis l'époque wisigothique, elle est bordée par un palais, appelé **Palau Reial Major** au XIIIe s. La haute tour qui le domine, la Torre del Rei Martí, en est la partie la plus récente : elle fut dressée au XVIe s. au-dessus de la façade gothique du XIIIe s. Du côté droit en regardant le palais s'élève le flanc de la chapelle gothique Santa Àgata. À g., c'est le **palau de Lloctiment**, construit au XVIe s., et, occupant le dernier côté de la place, la **Casa Padellàs**, à l'histoire pour le moins mouvementée. Cette maison de la fin du XVe s. s'élevait en effet plus à l'est, sur le tracé de la via Laietana. Lorsqu'au début du XXe s. fut ouverte cette longue artère haussmannienne *(encadré p. 141)*, la maison fut soigneusement démontée et reconstruite à son emplacement actuel.

Museu d'Història de la Ciutat★★

> **III-B1-2** *Musée d'Histoire de la ville, Plaça del Rei ☎ 933.15.11.11, <www.museuhistoria.bcn.es>. Ouv. oct.-mai mar.-sam. 10 h-14 h et 16 h-20 h, dim. 10 h-14 h ; juin-sept. mar.-sam. 10 h-20 h, dim. 10 h-14 h. Entrée payante. Visite : au moins 1 h ; un audiovisuel sert d'avant-propos.*

C'est par la **Casa Padellàs** que vous entrerez dans le complexe du musée d'Histoire de la ville ; vous serez d'abord convié à un voyage souterrain à travers les premières cités de Barcelone, romaine et wisigothique. Sur près de 4 000 m², on y découvre des vestiges de rues, de maisons et d'ateliers, les soubassements du complexe épiscopal qui s'étendait jusque sous l'actuelle cathédrale. Vous remonterez ensuite vers les salles romanes et gothiques du palais avant de terminer le parcours dans la chapelle Santa Àgata, dominée par un somptueux retable de Jaume Huguet. Une visite passionnante qu'une présentation attractive ne réserve pas aux seuls passionnés d'archéologie.

Le sous-sol archéologique**

• **Les quartiers d'habitation**. Cette partie de la zone archéologique située sous la plaça del Rei est introduite par la **maquette d'une maison romaine** où sont présentés des objets usuels découverts *in situ*, ainsi que la peinture murale d'une scène de chasse. Ce quartier s'appuyait contre le flanc nord du rempart, dont on découvre un large tronçon ainsi que l'intérieur d'une des 78 tours qui le défendaient. Le mur fut dressé au IVe s. avec des matériaux de remploi provenant d'édifices écroulés lors du mystérieux mais probable sac de la ville.

On reconnaît ensuite une boutique de **teinturerie** avec ses canalisations pour l'évacuation des eaux – au-dessus furent construits des établissements de bains aux Ve-VIe s. Plus loin, ce sont les installations d'un atelier de **salaison** avec ses cuves de macération et ses jarres destinées au *garum*, le condiment dont raffolaient les Romains – au-dessus les colonnes appartiennent au portique qui entoura plus tard une nécropole paléochrétienne. Retournant à l'époque romaine (IIIe-IVe s.), on rencontre ensuite la boutique d'un **fabricant de vin**, qui complète l'image vivante et colorée – et certainement odorante – que donne de ce quartier l'ensemble de ces vestiges. On identifie sans peine la base du pressoir, les conduites pour acheminer le jus, les cuves de fermentation et de décantation. L'ensemble sert de prétexte à une exposition évoquant l'importance du vin dans les civilisations méditerranéennes.

• **Le complexe épiscopal**. Du IVe au VIIIe s. se développa, en lisière tout d'abord puis au-dessus des quartiers d'artisans, un vaste **ensemble épiscopal** dont les vestiges s'étendent jusqu'à l'actuelle plaça de Sant Iu et touchent le flanc nord de la cathédrale. Une maquette en restitue les volumes et l'ampleur. On découvre tout d'abord les murs d'une vaste salle d'audience, qui conservent une partie de leur décoration peinte imitant le marbre. Plusieurs conciles wisigoths s'y sont tenus au VIe s. Au-delà, c'est le baptistère, profonde cuve destinée au baptême des adultes par immersion totale ; au-dessus se dressent les jambages d'un portail de la cathédrale romane du XIe s. La visite s'achève par les vestiges du **palais de l'évêque**, construit au-dessus d'une villa romaine dont l'atrium a été dégagé.

Palau Reial Major

Le **palais royal** (palais des comtes de Barcelone) fut construit à partir du XIe s., époque à laquelle appartiennent les **voûtes romanes** que l'on rencontre tout d'abord. Le parcours permet ensuite de découvrir trois **peintures murales** du XIIIe s. mises au jour en 1998, dans une tour de la carrer de Basea. Elles représentent des scènes profanes avec notamment une cavalcade de chevaliers.

Le **Saló del Tinell**** qui fait suite est la salle du trône construite au milieu du XIVe s. : ce majestueux ensemble témoigne qu'en plein épanouissement du style gothique, les architectes catalans n'avaient pas tout à fait abandonné la voûte en plein cintre, qui soutient ici une toiture à charpente. Les Rois Catholiques y reçurent somptueusement Christophe Colomb au retour de son premier voyage en Amérique.

La chapelle Santa Àgata

La visite se termine par cette chapelle, haut vaisseau gothique bâti sous le règne de Jacques II (1291-1327). Elle est dominée par le retable du Connétable, commandé en 1465 à Jaume Huguet, pour occuper l'emplacement où il se trouve aujourd'hui.

Plaça de Sant Jaume★

> **III-A2 M°** *Jaume I. Bus touristique ligne bleue.*

Au centre géographique de la vieille ville, l'esplanade occupe une place particulière dans le cœur et la mémoire des Catalans qui y ont vécu dans l'enthousiasme les grands moments de leur histoire moderne : à chaque fois, le balcon de la Generalitat servit de tribune. De là, fut annoncée en 1873 l'**instauration de la République**. Soixante ans plus tard, devant une foule en délire, **Francesc Macià** y proclamait la République catalane, prenant de court les autorités de Madrid qui ne tardèrent pas à réagir *(p. 54)*. Enfin, le 23 octobre 1977, **Josep Tarradellas**, chef du gouvernement catalan en exil depuis 1954, lançait à une foule en larmes : « *Ja sóc aquí* » (« Enfin je suis là »). C'est là encore aujourd'hui que les joueurs du **Barça** *(p. 16)* viennent se faire acclamer par leurs supporters après chaque grande victoire.

• **Generalitat de Catalunya** *(ouv. seulement à la Sant Jordi, le 23 avr.)*. Derrière la haute façade de 1602 et son célèbre balcon se dissimulent les parties les plus anciennes du **palais de la Generalitat**, regroupées depuis le début du XIVe s. autour d'un vaste patio gothique. On peut voir des vestiges de cette première construction médiévale, dans la carrer del Bisbe, un porche gothique qui donne accès au patio principal, et dans la carrer Sant Honorat, un ensemble de fenêtres géminées.

• **Casa de la Ciutat**. Face à la Generalitat, l'hôtel de ville *(Ajuntament)* abrite l'autorité municipale, depuis le Conseil des Cent du XIVe s. à la mairie d'aujourd'hui. Nullement découragé par la pompe de la façade néo-classique (1831), vous vous dirigerez vers la carrer de la Ciutat où surgit l'édifice gothique originel *(ouv. sam.-dim. 10 h-14 h ; visite avec un guide)* pour découvrir le **Saló del Cent★★**, vaste salle gothique où se réunissait le conseil de la ville.

Autour de la plaça de Sant Jaume

Située au centre d'un quartier commerçant animé, la **carrer del Call III-A2** marquait le cœur de l'ancien quartier juif qui s'étendait jusqu'à la plaça de Sant Jaume. Débutant du côté presque opposé de la place, la **carrer del Paradís III-B2** conduit au porche d'une maison gothique qui abrite le Centre excursionniste catalan ; au fond d'une cour se dressent quatre hautes colonnes qui appartenaient au **temple d'Auguste** (Templo de Agusto), dressé en lisière du forum au Ier s. de notre ère.

♥ Plaça de Sant Just★

III-B2 À l'écart de la foule et du bruit, la plaça de Sant Just est un des coins les plus évocateurs de la ville médiévale : une esplanade aux contours irréguliers, une fontaine gothique qui offre généreusement son eau depuis 1367, de vieilles demeures aristocratiques et dominant l'ensemble, la façade de l'église Sant Just.

tradition

Le notaire de Sant Just

Depuis le Xe s., l'église Sant Just jouit du privilège des ***Testamentos Sacramentales***, toujours en vigueur. Tout testament exprimé oralement devant des témoins sera considéré comme valide, pour peu que ceux-ci viennent, dans les six mois suivant le décès, en rendre compte sous serment devant le retable de saint Félix. La paroisse de Sant Just fut aussi, depuis le règne de Jacques Ier, celle où les juifs venaient abjurer leur foi pour embrasser le christianisme. •

• **L'église Sants Just i Pastor** *(ouv. t.l.j. 8h30-13h et 16h-20h)*. L'église actuelle fut construite à partir de 1342, à l'emplacement de ce que la tradition considère comme le plus ancien lieu de culte chrétien de la ville. Elle avait certainement été précédée par une église wisigothique à laquelle appartiennent des chapiteaux servant aujourd'hui de bénitier. Avec la sobriété de sa façade, sa nef unique et ses chapelles latérales prises entre les contreforts, Sants Just i Pastor répond aux singularités du gothique catalan. Dans l'abside à g. du maître-autel trône le **retable de saint Félix** (XVIe s.), témoin des privilèges accordés à l'église.

• **Palau Requesens**. Face à l'église, ce palais, qui porte le nom d'anciens nobles catalans, est une des plus belles réalisations de l'**architecture médiévale civile** à Barcelone. Derrière de hauts murs aux allures de château fort, il abrite une vaste **cour intérieure*** où se lisent aisément les deux phases de construction de l'édifice : un rez-de-chaussée roman du XIIIe s. et, en haut d'un majestueux escalier, un étage gothique. L'ensemble s'appuie sur un pan de la muraille romaine que l'on découvre depuis la carrer del Sots-tinent Navarro **III-B2**. Le palais est aujourd'hui le siège de l'Académie royale des Belles Lettres *(ne se visite pas)*. •

La Ribera★★

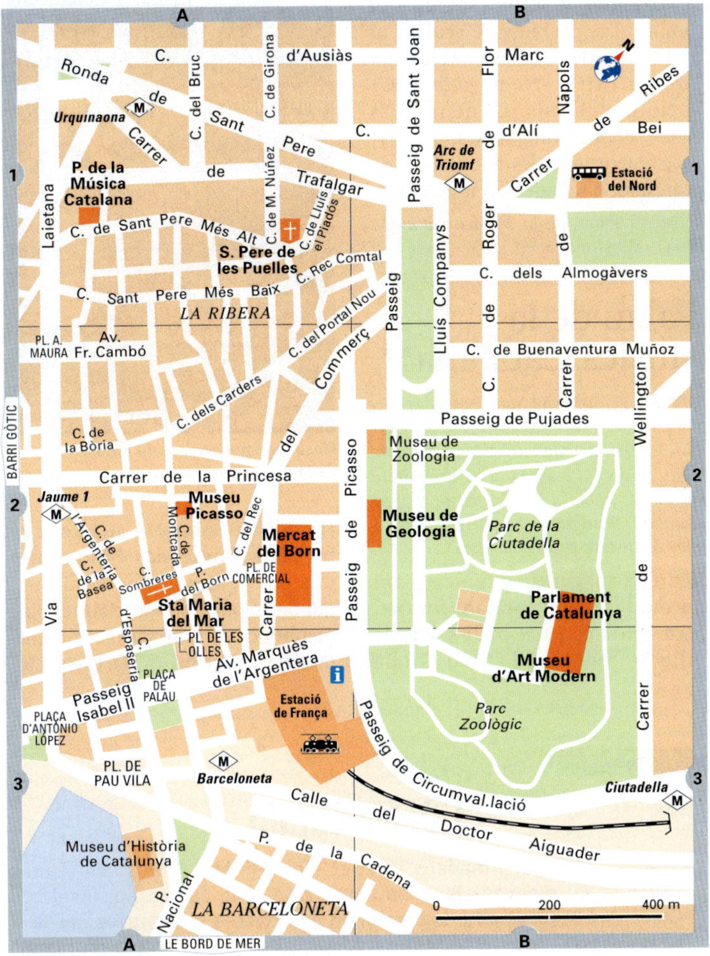

Plan IV : la Ribera

Séparé du Barri Gòtic par la lugubre saignée de la via Laietana, le quartier de la Ribera est l'autre version de la vieille Barcelone. Une version plus populaire, plus animée et qui peut tout autant revendiquer un long et prestigieux passé. Le faubourg de la Ribera se développa à partir du XIIIe s. entre les remparts et le petit village de marins dont Santa Maria del Mar était la paroisse. Ce fut le domaine d'expansion géographique des armateurs et des marchands, qui, enrichis par le commerce avec la Méditerranée, y construisirent de somptueux palais. La **carrer Montcada**, la rue principale du quartier médiéval, en regroupe une série remarquable : plusieurs de ces anciennes maisons ont été regroupées pour constituer le musée Picasso. Au sud de la Ribera, le quartier du Born à l'ombre de Santa

Maria del Mar est en passe de devenir un des nouveaux quartiers branchés de Barcelone tout en restant le repaire de marginaux de tout poil qui envahissent les rues sitôt la nuit tombée. Les riverains ne veulent ni de l'un ni des autres : *« Volem un barri per viure », « No al gueto lúdic »* (« Nous voulons un quartier à vivre », « Non à un ghetto ludique ») proclament ainsi les banderoles de protestation tendues sur les façades.

> *Départ Palau de la Música Catalana* **IV-A1**. **M°** *Urquinaona.*

Palau de la Música Catalana★★

> **IV-A1** *11 carrer de Sant Pere Més Alt. ☎ 932.95.72.00. Ouv. lun.-ven. 10 h 30-15 h 30. Entrée payante. Visite : uniquement guidée (1 h env.) ; rés. obligatoire sur place : choix d'horaire et de langue (catalan, castillan et anglais), plusieurs jours à l'avance éventuellement.*

L'édifice, magnifique représentant du **modernisme catalan**, fut bâti entre 1905 et 1908 pour servir de salle de concert à l'Orféó Català *(encadré ci-dessous)*. L'architecte en fut **Lluís Domènech i Montaner**, une des figures du modernisme à qui Barcelone doit entre autres l'immeuble de la fondation Tàpies, ou la réhabilitation de la Casa Lleó

Mosaïque moderniste du Palais de la musique catalane.

musique

L'Orfeó Català

Créé en 1891 par **Amadeus Vivet** et **Lluís Millet**, l'Orfeó Català fut l'héritier du mouvement initié à partir de 1845 par Josep Anselm Clavé *(p. 52)* qui visait à la promotion des classes laborieuses par le chant choral. Appuyé sur cette tradition qui contribua au renouveau de la sardane, l'Orfeó Català participa à l'effervescence du milieu musical barcelonais qui hissa la capitale de la Catalogne à la pointe de l'avant-garde européenne. Entre l'opéra à l'italienne et Wagner, les modernistes optèrent radicalement pour le maître de Bayreuth. En 1897, Richard Strauss s'y produisit pour la première fois et triompha en 1908 au Palais de la musique catalane tout juste inauguré. L'Orfeó Català participa à la redécouverte de Jean-Sébastien Bach au début du XXe s. en accompagnant l'orgue d'Albert Schweitzer dans sa salle fétiche durant la saison 1908-1909. Moteur important du renouveau catalan, au même titre que l'architecture, la peinture ou la littérature, l'Orfeó Català, de tradition plutôt catholique et conservatrice, suscita l'émergence de dizaines d'autres groupes vocaux, certains s'inscrivant dans une perspective plus progressiste, comme l'Orfeó Gracienc qui se produisit aux côtés de l'ensemble de Pau Casals. ●

Morera, une des trois maisons de la célèbre Pomme de Discorde (p. 148).

La construction utilise tout le répertoire architectural et décoratif en vogue à cette époque, céramique, fer forgé, vitraux, le tout suscitant une explosion de formes et de couleurs annoncée dès l'extérieur: des murs de briques rehaussées de céramiques et une immense mosaïque en façade représentant l'Orfeó Català. Au coin droit surgit un impressionnant groupe sculpté, allégorie de la ***Chanson populaire***, œuvre de Miquel Blay. L'intérieur magnifie la première impression avec ses colonnes multicolores, ses vitraux où figure en bonne place derrière la scène le drapeau catalan, son buffet d'orgue, ou ses lustres circulaires inclinés comme des diadèmes fleuris de perles.

L'église Sant Pere*

> **IV-A1** *Sant Pere de les Puelles, plaça Sant Pere. Ouv. lun.-sam. 8 h30-13 h et 16 h-21 h, dim. 9 h-14 h et 17 h-21 h. Entrée libre.*

De l'extérieur, rien ne témoigne de l'ancienneté du lieu. La faute à une série de restaurations aux XIXe et XXe s. Pourtant, **Sant Pere de les Puelles** (Saint-Pierre-des-Pucelles, ainsi nommé en mémoire du couvent de religieuses qui s'élevait ici) est un des plus anciens sanctuaires chrétiens de la ville. Il tire son origine d'un monastère fondé par **Louis le Pieux**, fils de Charlemagne et futur empereur d'Occident (814-840), qui pria à cet endroit avant de prendre Barcelone aux musulmans en 801. À l'intérieur, les restaurations modernes ont conservé le plan originel en croix grecque et on peut voir çà et là, pris dans les murs, des **corniches wisigothiques** en motifs de vanneries ou des chapiteaux corinthiens. Les restes d'un **atrium** semblent appartenir à une chapelle plus ancienne, celle où pria Louis le Pieux. La **coupole** est du XIIe s.

Museu Picasso***

> **IV-A2** *15-19 carrer Montcada* ☎ *933. 19.63.10, < www.museupicasso.bcn.es >.* **M°** *Jaume I. Ouv. mar.-sam. 10 h-20 h, dim. 10 h-15 h. F. lun. Entrée payante. Excellent guide en français disponible à la boutique. Visite: 1 h30.*

Le musée Picasso de Barcelone réunit un des fonds les plus importants au monde d'œuvres du peintre: plus de 3 600 pièces, peintures, dessins, carnets mais aussi céramiques et de nombreux témoignages de l'œuvre gravé. Ouvert en 1963 à l'initiative de la municipalité, il présentait alors l'ensemble des œuvres léguées à la ville par Picasso, à partir de la première d'entre elles, l'*Arlequin* de 1919. Depuis, ce fonds a été considérablement augmenté par des apports successifs, dons de Picasso lui-même comme la série des *Ménines* (1957) – variations sur le thème du célèbre tableau de Velázquez –, ou legs de collectionneurs. Les collections de Barcelone sont essentiellement centrées, ce qui en fait leur intérêt, sur les **premières années d'activité** du peintre, notamment sur sa période barcelonaise de 1895 à 1904, année de son départ définitif pour Paris. Après une première section qui introduit à l'œuvre du céramiste, la présentation suit un ordre chronologique.

Les années de formation : 1890-1899

L'enfance de Picasso suit les affectations de son père professeur de dessin: à La Corogne, de 1891 à 1895, d'où provient une *Vue* de cette ville de Galice, encore signée Pablo Ruiz. À partir de 1895, le jeune homme fréquente l'académie des Beaux-Arts de Barcelone où enseigne son père. C'est l'époque des premiers tableaux exposés: *Première Communion* (1896, *salle* 4) et *Science et Charité* (1897, *salle* 6), deux grands formats de facture très traditionnelle, tant dans l'académisme de la composition que dans le choix de thèmes de

architecture

Un ensemble de nobles demeures

© Office espagnol du tourisme

La cour du musée Picasso.

Les bâtiments du musée Picasso regroupent trois palais remontant au XIIIe s., époque de l'urbanisation du faubourg de la Ribera *(p. 135)* : au cœur de l'ensemble, le **palais Aguilar** fut aménagé au XIVe s. à partir de trois maisons plus anciennes ; lors des travaux de transformation du lieu en musée, fut mis au jour un ensemble de peintures murales du XIIIe s., du temps où le palais appartenait à la famille Caldes : elles illustrent la prise de Majorque par Jacques Ier en 1229 et sont aujourd'hui exposées au MNAC de Montjuïc *(p. 154)*. En 1970, le musée fut augmenté du **palais Castellet**, dans son état actuel, fruit de remaniements du XVIIIe s., et en 1986 du **palais Meca**, construit dans la première moitié du XVe s. Enfin, en 1999, deux autres maisons voisines furent adjointes à cet ensemble : la **Casa Mauri** du XVIIe s., et la **Casa Finestres** construite à partir du XIIIe s. •

genre, très prisés à l'époque. Dans les deux tableaux, l'homme barbu emprunte ses traits au père de l'artiste.

Les séjours à Paris : 1900-1901

Picasso en ramène une manière expressionniste évoquant Toulouse-Lautrec, et des thèmes empruntés au monde des cabarets et de la vie nocturne : *Dans la loge* (1900, *salle 10*), la *Naine* et l'*Attente (salle 11)*, deux œuvres réalisées au cours de son second séjour en 1901.

La période bleue : 1901-1904

Cette nouvelle manière plus mélancolique que la précédente est inaugurée à Paris avec une série à laquelle appartient la *Femme à la Coiffe* (1901, *salle 12*) ; elle se poursuit à Barcelone avec notamment *(même salle)* la *Mère et l'enfant au fichu* (1903) et le *Portrait de Sebastià Junyent* (1903). En avril 1904, Picasso s'installe définitivement à Paris.

De 1905 à 1916

La décennie commence avec la période rose (1905-1907) dont l'extraordinaire ***Portrait de Doña Benedetto Canals**** ★★★ (1905, *salle 12*) est un des chefs-d'œuvre. L'*Offrande* (1908, *salle 13*) appartient à une série qui témoigne des nouvelles recherches formelles, inaugurées l'année précédente avec les *Demoiselles d'Avignon*, l'acte de naissance du cubisme.

De 1917 à 1940

Suivant les Ballets russes, et plus particulièrement la danseuse Olga Kokhlova qui deviendra sa femme,

Picasso séjourne à Barcelone de juin à novembre 1917. Il y laissera *(salle 13)* le célèbre *Arlequin*, point de départ des collections du musée, ainsi que la *Femme en costume espagnol* ; le *Portrait de Jaume Sabartés avec collerette et chapeau* (1939, *salle 14*) est emblématique de la manière déconstruite qui définit le style de Picasso aux yeux du grand public.

Les Ménines★★★

En 1968, en hommage à son ami de toujours Jaume Sabartés mort cette année-là, Picasso donna à la ville de Barcelone les 58 tableaux qui composent ses variations sur la célèbre œuvre de Velázquez. Extraordinaire confrontation entre deux titans de la peinture pour laquelle Picasso s'enferma dans sa villa de Cannes d'août à septembre 1957.

En manière de récréation durant cet obsédant tête-à-tête, il peignit neuf tableaux de pigeons, ceux qu'il voyait depuis la fenêtre de son atelier, et un portrait de sa dernière compagne, Jacqueline Roque, seule personne avec l'ami Sabartés autorisée à venir troubler la réclusion du maître. C'est ici la seule série complète de variations sur un thème réunie dans un même lieu.

Santa Maria del Mar★★★

> **IV-A2** *Plaça Santa Maria. Ouv. t.l.j. 9h-13h30 et 16h30-20h. Entrée libre.*

Plus que la cathédrale, la basilique dédiée à la « Bonne Mère » de Barcelone témoigne de l'adaptation des modes architecturaux gothiques par le génie local : c'est le chef-d'œuvre du **gothique catalan** : des lignes pures et élancées, une économie de décoration qui n'épargne même pas les zones qui, comme les archivoltes, servaient traditionnellement de supports au talent des sculpteurs. L'église, construite en une cinquantaine d'années à partir de 1329, signe l'apogée du développement de la Ribera, le faubourg des gens de la mer, marchands et armateurs.

L'extérieur

Précédée d'une charmante place où l'on remarquera une **fontaine gothique★**, la haute façade témoigne de la sobriété de l'architecture catalane. Les archivoltes qui surmontent le portail sont dépourvues de sculptures qui n'apparaissent sobrement qu'au tympan avec un Christ entouré de la Vierge et de saint Jean-Baptiste, et sur les montants avec les hautes figures des saints Pierre et Paul. Les façades latérales, parfaitement symétriques, se signalent par un porche surmonté d'une Vierge à l'Enfant (XVe s.) tandis que la porte du chevet fut aménagée au XVIe s.

L'intérieur

Si l'existence de deux bas-côtés distingue Santa Maria del Mar des églises catalanes à nef unique, dont Santa Maria del Pi est le plus bel exemple barcelonais, l'extraordinaire amplitude de la **nef centrale★★★** en semble pourtant un écho : une magistrale allée qui conduit le regard vers le chœur, encadrée de piliers polygonaux dont les lignes pures renforcent la verticalité. Une élévation proprement vertigineuse puisqu'ici les piliers représentent les sept huitièmes de la hauteur totale (contre la moitié à Amiens par exemple).

C'est la prouesse architecturale du maître d'œuvre dont l'histoire a conservé le nom : **Berenger de Montagut** qui, avec le peintre Ferrer Bassa *(encadré p. 167)*, marque l'apogée de l'art gothique du XIVe s. en Catalogne. Les plus anciens vitraux datent du XVe s. ; ceux de la rosace représentent le couronnement de la Vierge. Les plus récents, au bleu d'une magnifique luminosité, se trouvent dans la partie gauche du déambulatoire : ils ont été mis en place en 1996.

© A. Félix, Hémisphères Images

C'est dans le parc de la Citadelle que fut donné le coup d'envoi architectural du modernisme, à l'occasion de l'Exposition universelle de 1888.

El Born

IV-A2 *« Roda el món i torna al Born »* (« Fais le tour du monde et reviens au Born ») : le dicton dit assez la place que tient le quartier dans le cœur des amoureux de Barcelone. Dans le prolongement de l'abside de Santa Maria del Mar, une place tout en longueur (où se déroulaient les joutes au Moyen Âge) sert d'exutoire à un réseau de ruelles populaires. Au bout de la place, le **Mercat del Born** (aujourd'hui centre culturel) est une des premières réalisations de l'architecture métallique à Barcelone (1876). Au-delà ouvre le parc de la Citadelle aménagé pour l'Exposition universelle de 1888.

Parc de la Ciutadella

> **IV-B2** *Ouv. t.l.j. 8 h-21 h avr.-sept. 8 h-20 h oct.-mars.* **M°** *Arc de Triomf.*

Depuis 1715, la citadelle au nord de la ville incitait, avec son pendant méridional de Montjuïc, les Barcelonais au respect de l'autorité royale. Lorsqu'en 1868 ces terrains militaires furent remis à la municipalité, les Catalans y virent comme une revanche sur la défaite de 1714 qui les avait privés de leurs droits ancestraux *(p. 47)*. Il fut alors décidé de transformer le lieu en vaste parc d'agrément, puis d'y organiser l'Exposition universelle de 1888. De cette dernière subsistent quelques pavillons, dont le Castell dels Tres Dragons (le château des Trois Dragons), aujourd'hui **musée de Géologie**, œuvre de Domènech i Montaner *(Museu de Geologia ☎ 933.19.68.95, < www.museugeologia.bcn.es > ; ouv. t.l.j. sf lun. 10 h-14 h ; f. à 18 h 30 jeu. ; entrée payante)*. On pourra également flâner autour du lac et jusqu'à la cascade, surmontée du Quadrige du Soleil.

À proximité se dresse la statue monumentale d'un mammouth. La partie orientale du parc est aménagée en **parc zoologique**. Au cœur de ce vaste espace vert de 60 ha, les anciens bâtiments de l'arsenal abritent le **Parlement de Catalogne** et le **Museu d'Art Modern**.

Museu d'Art Modern★★★

> **IV-B3** *Parc de la Ciutadella ☎ 933.19.57.28. Ouv. mar.-sam 10h-19h, dim. et j.f. 10h-14h30. Entrée payante.* **M°** *Ciutadella. Bus touristique ligne bleue.*

Il abrite une remarquable collection d'œuvres des artistes qui, au début du XXe s., firent de Barcelone une des capitales artistiques de l'Europe. Une visite indispensable pour explorer en profondeur l'aventure du modernisme *(voir p. 58)* et du noucentisme (*p. 143*). Nous présentons quelques œuvres à ne pas manquer.

Marià Fortuny

> *Salle 2.*

Héritier du romantisme, **Marià Fortuny** (1838-1874) est le peintre catalan le plus célèbre de son époque. Il accomplit l'essentiel de sa carrière à Rome où il s'installa à l'âge de 20 ans : après s'être épanoui dans les scènes de genre, comme le *Vicariat* où se lisent des souvenirs de Goya, il se tourna vers la peinture orientaliste dont la *Bataille de Tetouan* est l'œuvre la plus représentative. Remarquez le *Paysage de Grenade*, exécuté à la fin de sa courte vie. La salle précédente expose un portrait de Fortuny exécuté par Federico de Madrazo.

Le réalisme

> *Salles 3 à 5.*

Fin du XIXe s. La ***Sieste***★★★ de Ramon Martí i Alsina (1826-1894) : ce maître du réalisme à la française inspiré de Courbet exerça une influence déterminante sur ses contemporains. Notamment sur les **peintres paysagistes** qui renouvelèrent le genre en se détournant du *costumbrismo* folklorique, pour privilégier une vision mélancolique comme Modest Urgell (1839-1919) avec son *Angelus* (*El Toc d'Oració*, 1876), ou inspirée de Barbizon comme le *Chagrin* (*Recança*, 1876) de Joaquim Vayreda (1843-1894).

Le premier modernisme

> *Salle 6.*

On verra tout d'abord les deux œuvres présentées à l'exposition des Beaux-Arts de Barcelone de 1891 et qui marquèrent le début de l'aventure moderniste : toutes deux furent peintes à Paris par les initiateurs du mouvement : ***Plein Air***★★ de Ramon Casas et le ***Laboratoire du Moulin de la Galette***★★ de Santiago Rusiñol. Est également présenté le célèbre tableau qui ornait les Quatre Gats (*p. 143*) : ***Ramon Casas et Pere Romeu sur un tandem***★, peint par Ramon Casas (1897, *illustration p. 142*).

Le cercle de Sant Lluc

> *Salles 7 à 9.*

Exactement contemporain du modernisme, ce mouvement fut fondé en 1893 par deux frères, **Joan et Josep Llimona**, le premier peintre, l'autre sculpteur. S'opposant aux idées progressistes des

urbanisme

La via Laietana

Projeté par la municipalité dès 1865, le percement de la via Laietana suscita immédiatement l'hostilité des amoureux de la ville. L'ouverture de cette voie monumentale vers la mer signifiait la destruction de quartiers entiers qui comptaient parmi les plus anciens de la ville. Quartiers populaires d'artisans, mais aussi de palais aristocratiques, d'églises et de monastères. La protestation fut si vive et si constante que le projet ne put être réalisé qu'en 1907. Encore fallut-il à la municipalité démonter pierre à pierre les édifices les plus prestigieux, parmi lesquels la Casa Padellàs, qui sert d'entrée au Museu d'Història de la Ciutat *(p. 131)*. ●

Ramon Casas et Pere Romeu sur un tandem, *tableau peint par Ramon Casas en 1897.*

modernistes, le cercle se voulut résolument catholique et plaça toutes ses manifestations sous la présidence d'un prêtre, Torras i Bages, futur évêque de Vic et chantre du retour aux valeurs traditionnelles catalanes, qu'il exprima dans son ouvrage *La Tradició catalana* publié en 1890.

L'œuvre emblématique de ce mouvement est le ***Retour du Jardin**** (*Tornant del Tros*, 1896) de Joan Llimona. D'autres membres du cercle s'illustrèrent dans une veine symboliste comme Joan Brull et sa ***Rêverie**** (*Somni*, 1898). Les plus grands sculpteurs de cette époque se rattachèrent majoritairement à ce courant dont l'***Inconsolable**** (*Desconsol*, 1907) de Josep Llimona peut être considérée comme l'œuvre emblématique où la nudité de la chair devient synonyme d'affliction. Plus explicite, du même, *La Première Communion* (*La Primera Comunió*, 1897). Antoni Gaudí fut proche du cercle de Sant Lluc.

Carnet d'adresses p. 175. ●

Les arts décoratifs modernistes

> Salles 10 à 13.

Très belle collection de meubles, luminaires, éléments décoratifs provenant pour beaucoup des trois immeubles du passeig de Gràcia connus sous le nom de **Mançana de la Discòrdia** *(p. 148)*. Beaucoup de ces objets furent dessinés par les architectes eux-mêmes, Puig i Cadafalch et Gaudí.

Salle 14 et partie de la salle 15

On y verra principalement les œuvres de deux peintres inclassables. **Francesc Gimeno** (1858-1929), après ses années de formation à Madrid, s'installa à Barcelone pour produire une œuvre dans la veine réaliste. **Darío de Regoyos** (1857-1913), originaire des Asturies, se trouve quant à lui, après un long séjour à Bruxelles, au carrefour des influences impressionnistes, sensibles dans son ***Averse en baie de Saintonge**** (1890), symboliste et expressionniste.

Le style cosmopolite

> *Salle 15.*

Ce style est représenté par deux peintres qui connurent un succès international – grâce notamment au marché parisien. **Hermenildo Anglada Camarasa** (1871-1959) renouvela le genre des sujets espagnols dans un mode précieux ; ainsi sa *Grenadine* (*Granadina*, 1915). **Josep Maria Sert** (1876-1945) fut célèbre pour ses peintures murales dans la tradition baroque et pour lesquelles il fut sollicité dans toute l'Europe et aux États-Unis. Le paravent *La Cave de Camacho* (*La Bodega de Camacho*, vers 1932) rend compte de son talent singulier.

Les héritiers du modernisme

> *Salles 16 et 17.*

Dans les premières années du XXe s., le café des **Quatre Gats** *(carnet d'adresses p. 179)* servit de lieu de réunion à une nouvelle génération d'artistes modernistes, de dix ans à peine plus jeunes que leurs aînés. Autour de tables animées, on y retrouvait Isidre Nonell, Joaquim Mir ou encore Ricardo Canals, qui y côtoyaient un jeune Andalou dont le père était professeur à la Llotja, l'école des Beaux-Arts de Barcelone : Pablo Ruiz Picasso, qui ne tardera pas à être happé par l'avant-garde et quittera en 1904 les bords de la Méditerranée pour les rives de la Seine. **Ricardo Canals** (1876-1931) témoigne avec sa ***Toilette********* (vers 1903) de son admiration pour la dernière manière de Renoir, celle de l'éternel été qui baigne ses femmes aux lignes chaudes et lumineuses. **Joaquim Mir** (1878-1940) fut le chantre des paysages des Baléares et de Catalogne exprimés à travers une recherche de la couleur qui évoque la démesure de Van Gogh ; ainsi le ***Rocher de l'Estany********* (vers 1903) ou le ***Village en escalier******** (vers 1909). **Isidre Nonell** (1873-1911), l'ami de Picasso, fut sans doute le plus original des trois. Il ne rencontra pourtant jamais son public, même parmi la bourgeoisie éclairée de Barcelone qui ne lui pardonnait pas la brutalité avec laquelle s'exprimaient ses préoccupations sociales. En 1903, il fit scandale avec une série d'œuvres consacrées aux populations de la vallée de Boí, touchées par un crétinisme congénital, et s'attira les foudres du critique Eugeni d'Ors, le maître à penser du noucentisme. Les ***Deux Gitanes********* de 1904 – les Gitans furent un de ses thèmes de prédilection – illustrent parfaitement sa manière violemment expressionniste, au trait épais et à la palette obscure.

Le noucentisme

> *Salles 18 à 20.*

Contemporain du modernisme, ce mouvement artistique fournit sa doctrine esthétique à la Lliga Regionalista de Prat de la Riba et connut son apogée à l'époque de la Mancomunitat, de sa fondation en 1914 à sa dissolution en 1925. Marqué par un retour au classicisme et exaltant les traditions méditerranéennes, le noucentisme connut cependant des formes d'expression diverses. Une veine populaire avec **Xavier Nogués** *(salle 18)*, peintre mais surtout illustrateur à qui l'on doit les savoureux panneaux consacrés au vin provenant des Galeries Laietanes, haut lieu du noucentisme. La salle 19 expose les deux peintres les plus représentatifs du mouvement : **Joaquim Torres-García** (1874-1949), qui après 1917 se tournera vers l'avant-garde, et **Joaquim Sunyer** (1875-1956).

La sculpture

> *Salles 21 et 22.*

Vous verrez surtout les œuvres de **Pablo Gargallo** (1881-1934), qui traversa successivement les courants moderniste, puis noucentiste, avant de participer aux aventures de l'avant-garde en utilisant de nouveaux matériaux – le métal notamment – et en introduisant le vide dans sa sculpture. ●

Le bord de mer★

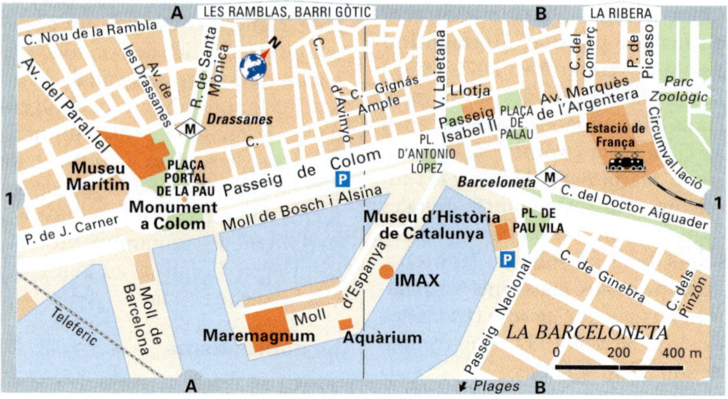

PLAN V : LE BORD DE MER

Aménagé dans la perspective de l'Exposition de 1888, puis plus d'un siècle plus tard pour les jeux Olympiques de 1992, le front de mer de Barcelone offre l'alternance des souvenirs historiques liés à l'expansion maritime de la capitale catalane, et des réalisations de l'architecture contemporaine avec les installations de loisirs du Moll d'Espanya. Au terme de la promenade, le Museu d'Història de Catalunya est aménagé dans d'anciens entrepôts du XIXe s.

Plaça del Portal de la Pau

> **V-A1 M°** *Portal de la Pau. Bus touristique ligne bleue.*

Assurant la transition entre l'entrée des Ramblas et le bord de mer, la place est dominée par la haute colonne du **Mirador de Colom** : juché sur son piédestal de 51,30 m, le célèbre navigateur y pointe depuis 1886 la direction du large et des Amériques. Un ascenseur permet aux visiteurs de gagner la plateforme supérieure *(ouv. t.l.j. 9 h-20 h 30 ; entrée payante)*.

Museu Marítim★

> **V-A1** *Reials Drassanes, av. de les Drassanes ☎ 933.42.99.20, < www.diba.es/mmaritim >. Ouv. t.l.j. 10 h-19 h. Entrée payante. Visite : au moins 1 h 30, enrichie par des audio-guides remis à l'entrée. Agréable cafétéria-restaurant aménagée dans les lieux.*

● **Le bâtiment**★★. Il s'agit des anciens arsenaux de la Barcelone médiévale, la plus impressionnante réalisation du **gothique civil catalan**, documentée depuis 1243. C'est, en Europe, le mieux conservé des édifices de ce type et de cette époque. Entouré de fortifications dont subsistent quelques vestiges, il aligne dix larges nefs où étaient assemblés les bâtiments destinés à assurer le rayonnement de la cité comtale à travers toute la Méditerranée. Depuis 1941, les anciens arsenaux abritent les collections du Musée maritime.

● **Les collections**. Dans une présentation résolument moderne et particulièrement attractive, elles offrent un vaste panorama sur l'**aventure maritime** de Barcelone : découverte des mers avec une collection de portulans, le plus ancien datant de 1439, de cartes et d'ins-

histoire

La bataille de Lépante

En mai 1571, Pie V implore les États chrétiens de s'unir pour combattre les Turcs. Philippe II d'Espagne s'engage à fournir la moitié des moyens financiers et militaires de l'expédition à laquelle se joignent Gênes, Venise et les États pontificaux. En septembre 1571, ce sont 300 navires qui appareillent de Messine ; à leur bord, près de 50 000 hommes, marins, fantassins, galériens aussi, enchaînés 5 par 5 à leurs lourdes rames.

C'est un jeune prince de 24 ans, don Juan d'Autriche, fils naturel de Charles Quint, qui depuis le haut château arrière de la *Real* commande les forces chrétiennes. Pendant quatre jours la formidable armada chrétienne croise au large des côtes grecques : elle cherche le contact avec la flotte du sultan de Constantinople qui sans cesse se dérobe. Enfin, le 15 octobre, les deux flottes sont face à face. Le combat s'engage, épouvantable chaos : les navires ennemis se jettent l'un contre l'autre en une succession de duels où les fantassins de chaque bord balaient le pont adverse de la mitraille des arquebuses. Le navire amiral turc lui-même se jette contre la *Real* ; de son éperon de fer, il en déchire le flanc. Près d'être investi, le vaisseau amiral chrétien est sauvé par une galère du pape venue prendre le bateau turc à revers. L'amiral ottoman est tué, l'étendard du sultan amené. À ce signe, les Turcs abandonnent le combat : à 17 heures, les chrétiens sont maîtres de la mer. ●

truments de navigation ; collection de figures de proue anciennes et évocation de la construction navale, des barques de pêcheurs aux vaisseaux de haute mer. Maquettes et reconstitutions forment la partie la plus spectaculaire des expositions : **maquette***** grandeur nature de la *Real*, la galère qui, à la bataille de Lépante servit de vaisseau amiral à don Juan d'Autriche *(encadré ci-dessus)* ; reconstitution d'une **passerelle**** de transatlantique, où, accoudé au bastingage, on sent souffler la brise du large…

Passeig de Colom

V-AB1 Cette longue promenade ombragée, aménagée pour l'Exposition de 1888, suit le tracé de l'**ancienne muraille de la mer** abattue en 1878. Ce fut avec les Ramblas la première artère à bénéficier de l'éclairage électrique. Elle passe devant la Capitainerie générale, dépendance de l'ancien monastère de l'ordre de la Charité, fondé au XIIIe s., sous le règne de Jacques Ier (1213-1276), par San Pedro Nolasco pour secourir les prisonniers chrétiens aux mains des musulmans ; l'église était, en arrière du bâtiment, la basilique de la Mercè, fondation gothique entièrement remaniée au XVIIIe s. La Capitainerie conserve un monumental cloître baroque.

Au-delà de la plaça d'Antonio López, point d'aboutissement de la via Laietana, l'avenue conduit à la **Llotja V-B1**, qui, derrière sa façade néo-classique du début du XIXe s., dissimule les salles gothiques (XVe s.) de l'ancien Consulat de la Mer, qui régissait le commerce maritime au temps de la splendeur commerciale de la cité comtale ; l'édifice abrite aujourd'hui la Bourse de Barcelone.

© F. Ontainón, Office espagnol du tourisme

Du port à la colline de Montjuïc, le funiculaire offre l'occasion d'effectuer un spectaculaire trajet aérien.

À dr. de la plaça d'Antonio López, une promenade permet de gagner le **Moll d'Espanya V-AB1** gagné sur la mer et où se trouvent une salle de projection **IMAX** (☎ *932.25.11.11*), un **aquarium** (☎ *932.21.74.74, < www.aquariumbcn.es > ; ouv. t.l.j. 9 h 30-21 h 30, 23 h en été ; entrée payante)* et des centres commerciaux.

Museu d'Història de Catalunya★

> **V-B1** *3 plaça de Pau Vila ☎ 932.25.47.00, < www.cultura.gencat.es/museus/mhc >. Ouv. mar.-sam. 10 h-19 h (20 h mer.), dim. et j.f. 10 h-14 h 30. F. lun., 25-26 déc., 1er et 6 janv. Entrée payante.* **Accès** *: bus touristique ligne bleue.* **M°** *Barceloneta. Brochure explicative en français remise avec le billet d'entrée. Visite : 1 h 30.*

Installé depuis 1996 dans d'anciens entrepôts du port, ce musée s'est donné pour ambition de restituer la fierté de son passé au peuple catalan. Les témoignages des temps anciens ne sont sans doute pas absents, de l'outillage néolithique aux Vierges médiévales et aux retables baroques. Mais c'est surtout par des **installations interactives** et de **spectaculaires reconstitutions** que les promoteurs du lieu ont voulu mener à bien leur projet. D'un habitat ibère d'Ullastret à une cuisine des années 1930, d'un atelier d'artisan du XVe s. à l'évocation de salles de classe de la période de la guerre civile, l'une républicaine, l'autre franquiste, c'est par la vie quotidienne que le visiteur découvre l'histoire de la Catalogne présentée en huit grandes périodes.

Séduisantes au premier abord, les présentations se révèlent rapidement assez didactiques et plutôt destinées aux élèves des écoles invités à prendre conscience de leur identité catalane. Pour le visiteur étranger, la partie la plus intéressante est la période contemporaine, de la naissance du catalanisme à la proclamation de l'autonomie dans l'Espagne post-franquiste.

La Barceloneta

V-B1 Comme une anticipation du projet orthogonal de l'Eixample de Cerdà, le quartier de la Barceloneta fut aménagé en 1753 pour loger au long de rues à angles droits le petit peuple des marins et des pêcheurs expulsés par la construction de la citadelle dans la première moitié du XVIIIe s. Au centre du quartier, l'église paroissiale de Sant Miquel voisine avec la maison qu'occupa Ferdinand de Lesseps lorsqu'il était consul de France à Barcelone. Le **passeig Nacional**, le long du port, offre un appétissant alignement de restaurants de poissons. ●

L'Eixample★

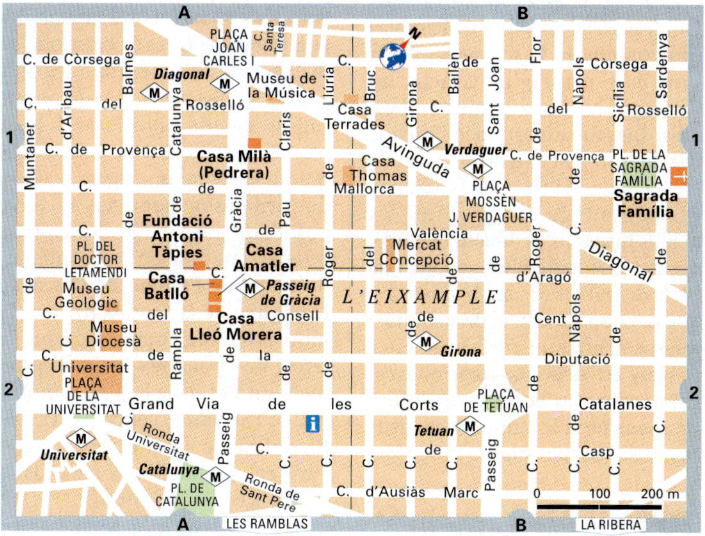

PLAN VI : L'EIXAMPLE

Après des décennies de déshérence, le rêve hygiéniste et orthogonal de Cerdà *(encadré p. 149)* est devenu un des quartiers les plus prisés de Barcelone. De beaux immeubles d'habitation aux vastes et confortables appartements y côtoient les commerces de luxe, les restaurants à la mode et les grands hôtels.

L'Eixample est traditionnellement divisé en deux parties séparées par la Rambla de Catalunya : l'Esquerra de l'Eixample, la « gauche » en tournant le dos à la vieille ville, et la Dreta de l'Eixample, la « droite ». C'est cette dernière partie, appelée le **Quadrat d'Or**, le « Carré d'Or », qui rassemble les édifices modernistes les plus intéressants.

La « gauche » n'est pas non plus dépourvue d'intérêt pour qui veut approfondir sa rencontre avec le quotidien barcelonais, entre lèche-vitrines et stations prolongées et bavardes sur une des innombrables terrasses ombragées.

L'EIXAMPLE APRÈS CERDÀ

Dès 1890, le quartier de l'Eixample dépasse la vieille ville en superficie et regroupe une petite bourgeoisie de commerçants et d'employés. Après la guerre civile, l'Eixample connaît une sévère désaffection : les immeubles habités par des populations de plus en plus modestes se dégradent rapidement. Ce n'est qu'au début des années 1970 que l'Eixample suscite un regain d'intérêt de la part de jeunes actifs attirés par la superficie des appartements et leur proximité du centre-ville. L'Eixample regroupe aujourd'hui 372 *mançanas* sur 745 ha, contre les 1 200 ha prévus par le plan Cerdà.

> *Départ : plaça de Catalunya* **VI-A2**. **M°** *Catalunya. Bus touristique : lignes bleue et rouge.*

Plan d'ensemble de Barcelone p. 118-119. ●

Plaça de Catalunya

VI-A2 L'immense esplanade sert de transition entre la vieille ville et les quartiers modernes de l'Eixample. De là partent les célèbres Ramblas qui conduisent le promeneur à la mer, et le **passeig de Gràcia**, les Champs-Élysées barcelonais – c'est ainsi que fut surnommée l'avenue lors de son aménagement au XIXe s. C'est dire que la place est l'endroit le plus animé du centre-ville ; les grands magasins y côtoient les sièges des grandes entreprises et sous l'esplanade qui en occupe le centre est aménagé un vaste parc de stationnement souterrain. Pour les visiteurs, la place est aussi une étape obligée : s'y trouvent les bureaux de l'office du tourisme et le terminus des deux lignes de bus touristiques *(p. 175)*.

Passeig de Gràcia★★

VI-A1-2 C'est dans la première moitié du XIXe s. que fut aménagé cet ancien chemin qui conduisait au faubourg de Gràcia. C'était alors une succession de jardins, de théâtres et de cafés en plein air où les Barcelonais venaient échapper à l'atmosphère confinée de la vieille ville, encore prisonnière de ses remparts. Intégrée dans le plan de Cerdà, elle devint rapidement l'artère la plus élégante de l'Eixample, où les grandes familles de la bourgeoisie rivalisaient par palais interposés. En 1853, elle fut la première artère de Barcelone à recevoir l'éclairage public au gaz.

Si on y trouve aujourd'hui le siège de grandes entreprises et des bâtiments commerciaux, l'animation ne s'y est pas démentie, notamment durant la pause du déjeuner, lorsque les nombreux employés du quartier prennent d'assaut les bars le temps de grignoter quelques tapas. Elle n'a rien perdu non plus de son élégance avec ses lampadaires et ses bancs de céramique hérités de la période moderniste (1900).

♥ Mançana de la Discòrdia★★★

> **VI-A2** *35 à 43 passeig de Gràcia.*

Voici sans doute les trois maisons les plus photographiées de Barcelone : le dialogue au sommet entre les plus grands architectes du modernisme, Antoni Gaudí, Lluís Domènech i Montaner et Josep Puig i Cadafalch qui fut en outre une figure majeure du catalanisme politique. La verve populaire eut tôt fait de baptiser cette exceptionnelle confrontation du terme de **Pomme de Discorde** *(Mançana de la Discòrdia)*, jeu de mots à double entente puisque le terme de « pomme » désigne également un îlot dans le plan orthogonal de l'Eixample conçu par Cerdà. Bien difficile en effet de jouer les Pâris en accordant sans remords sa préférence à l'une des trois.

• **Casa Lleó Morera** *(n° 35, à g. ; f. au public)*. Elle fut achevée en 1906 par **Lluís Domènech i Montaner**. Les références historicisantes y sont nombreuses, gothiques et Renaissance, dominant une façade sobre et élancée. L'édifice eut à souffrir de la reconversion du rez-de-chaussée en local commercial qui entraîna la perte d'une grande partie de ses sculptures.

• **Casa Amatller** *(n° 41)*. C'est l'œuvre de **Puig i Cadafalch** (1900) : en bon historien qu'il était aussi, il y intégra de nombreuses réminiscences de l'architecture du gothique civil, plus spécifiquement du style en vigueur dans les Flandres avec le pignon en escalier qui domine l'ensemble. La Casa Amatller abrite aujourd'hui un centre d'information sur le modernisme (☎ *934.88.01.39, ouv. lun.-sam. 10 h-18 h)*.

• **Casa Batlló** *(n° 43 ☎ 932.16.03.06, ouv. lun.-sam. 9 h-14 h, dim. 9 h-20 h, entrée payante, audioguide)*. Ici se retrouve la manière, fluide et colorée, d'**Antoni Gaudí** (1904). Dans cette maison récemment ouverte à la

portrait

Ildefons Cerdà, un urbaniste engagé

Ildefons Cerdà naît en 1815 d'une famille gagnée aux idées libérales. Après des études de mathématiques, il intègre l'école des Ponts et Chaussées de Madrid et en sort ingénieur en 1841. Il entame une confortable carrière de fonctionnaire. Pourtant, en 1849, il démissionne. Frappé par l'inadéquation des villes et des villages aux innovations techniques – le chemin de fer notamment –, et les conditions misérables d'existence des classes laborieuses, il décide de consacrer tout son temps et toute son énergie à la résolution de celle-ci et l'amélioration de celles-là.

En 1851, il est élu au Parlement sur une liste de gauche. En 1856, c'est la publication d'une monumentale étude statistique sur la vie des ouvriers de Barcelone : Cerdà y pousse le détail jusqu'à calculer, dans les logements populaires, le volume d'air disponible pour chaque individu.

En 1860, son **projet d'urbanisation de l'Eixample** commence d'être mis en œuvre. En 1872, il est à nouveau député et l'année suivante participe avec enthousiasme à la proclamation de la Ire République. Le coup d'État de 1874 met fin à l'expérience. Cerdà meurt en 1876 dans une villégiature de la côte cantabrique, loin de sa Catalogne natale. ●

visite, on pourra découvrir de magnifiques salons ouvrant sur le passeig de Gràcia. Ils présentent un splendide échantillon d'ameublement et de décoration caractéristiques du modernisme catalan *(voir p. 58)* : un monde, selon le mot de Gaudí, où les angles ont disparu.

Fundació Antoni Tàpies★

> **VI-A1** *225 carrer Aragó ☎ 934.87.03.15. Ouv. mar.-dim. 10 h-20 h. Entrée payante. Visite : 1 h.*

L'édifice qui abrite la fondation est un des premiers témoignages des recherches modernistes. Il fut conçu en 1879 par l'architecte **Lluís Domènech i Montaner**, futur maître de l'Art nouveau barcelonais. Suivant encore la structure classique d'un palais du XIXe s., il annonce pourtant déjà les temps nouveaux avec ses nombreuses références à l'architecture industrielle.

La façade de la Casa Batlló.

portrait

Antoni Gaudí

Rien ne prédisposait Antoni Gaudí i Cornet à devenir l'architecte préféré de la bonne société barcelonaise. Né en 1852 à Reus, près de Tarragone, dans une modeste famille de chaudronniers d'origine française, les Gaudin de Clermont-Ferrand, il n'en possédait ni les bonnes manières ni le goût pour le cosmopolitisme, lui qui, comme seul voyage, se rendit à Carcassonne pour admirer l'œuvre d'un de ses principaux inspirateurs, Viollet-le-Duc.

En 1878, il est architecte et remporte un prix pour la création de réverbères. Collaborateur de Joan Martorell, il entre en relation avec deux grandes familles de la bourgeoisie barcelonaise, les Comillas et les Güell, elles-mêmes liées par mariage. Pour les Comillas, il réalise en 1883 son premier projet monumental, le Capricho près de Santander. En 1886, c'est Eusebi Güell qui lui commande un palais en plein cœur des vieux quartiers de Barcelone : le célèbre **palais Güell** *(p. 125)*, détour obligé de toute visite de la Barcelone moderniste.

Depuis 1883 cependant, il est aussi chargé de la réalisation de la **Sagrada Familia** *(voir ci-contre)*, qui deviendra bientôt l'œuvre de sa vie. Au sommet de sa gloire, et alors qu'il jouit d'une existence semblable à celle de la bourgeoisie qu'il sert, il se désintéresse peu à peu de tout autre projet profane pour se consacrer entièrement à son grand œuvre. À partir de 1918, il vit sur son chantier, dans une petite cabane, entouré de ses ébauches, de ses croquis et de ses plâtres. Comme la construction de l'édifice, il ne dépend plus matériellement que de la charité des fidèles. Il meurt le 7 juin 1926, renversé par un tramway. Dix ans plus tard, sa mémoire est déjà contestée par les milieux révolutionnaires qui condamnent son allégeance à la bourgeoisie et sa proximité avec les milieux ecclésiastiques. Son atelier est saccagé en 1936, beaucoup de ses archives détruites. Il ne sortira de ce purgatoire que dans les dernières décennies du XXe s. ●

Depuis 1988, l'ouvrage est couronné par une réalisation monumentale de Tàpies, *Nuage et chaise.*

La fondation Tàpies, inaugurée en 1990, introduit à l'œuvre de ce dernier grand représentant, né en 1923, de l'art contemporain espagnol, tant par ses recherches formelles que par ses écrits théoriques. Les œuvres sont présentées par roulement, et témoignent des différentes manières suivies par Tàpies, des premières années du franquisme jusqu'à aujourd'hui.

Des expositions temporaires, portant sur d'autres thèmes, sont également organisées.

Pedrera★★

> **VI-A1** *Casa Milà, 92 passeig de Gràcia et 261-265 carrer de Provença (entrée des visiteurs) ☎ 934.84.55.30. Ouv. t.l.j. 10 h-20 h. Entrée payante.*

C'est avec cet immeuble collectif qu'Antoni **Gaudí** signa la dernière de ses réalisations de l'Eixample : désormais, il allait se consacrer presque exclusivement à son grand œuvre, la Sagrada Familia.

Après son achèvement en 1910, l'édifice, loin de réunir l'unanimité des suffrages, fut bientôt baptisé la Carrière (Pedrera) par les Barcelonais, frappés par la minéralité de la façade : les ondoiements des lignes, loin d'adoucir la brutalité de la pierre nue, apparaissent au contraire comme le surgissement des éléments naturels bridés par ce quartier de l'Eixample tiré au cordeau. Les fenêtres semblent ouvrir alors sur quelque habitation troglodyte. L'édifice appartient à une compagnie bancaire qui a aménagé pour la visite un appartement bourgeois du début du XXe s. meublé et décoré dans le goût de l'époque avec des matériaux originaux.

Guidé par un bataillon de pimpantes hôtesses, vous serez ensuite conduit vers les combles où sont réunis des témoignages de l'œuvre de Gaudí, puis vers la terrasse hérissée de cheminées fantasmagoriques.

Sagrada Familia★★★

> **VI-B1** *Plaça de la Sagrada Familia* ☎ *932.07.30.31, < www.sagradafamilia.org >. Ouv. t.l.j. 9h-18h, 9h-19h mars, sept. et oct., 9h-20h avr.-août. Entrée payante.* **M°** *Sagrada Familia. Bus touristique ligne rouge.*

Cent vingt ans après la pose de la première pierre, les travaux de la Sagrada Familia continuent. Ils sont même loin d'être achevés, près de la moitié de l'édifice restant encore à construire. Interrompus à la suite de la guerre civile, ils ne reprirent qu'en 1954 et sont depuis financés, comme chapelle expiatoire, uniquement par les dons des fidèles. Une persévérance qui ne fait certes pas l'unanimité : nombreuses sont en effet les voix qui, à Barcelone, considèrent qu'on assiste là à une monstrueuse trahison des projets de l'architecte – plans, croquis et archives ont en effet disparu lors du saccage de son atelier en 1936. N'empêche, l'édifice sans doute le plus célèbre de Barcelone attire toujours comme un aimant la foule des visiteurs, un engouement qui ne s'est pas démenti en 2002 lorsque la capitale catalane a organisé une année Gaudí pour le cent cinquantième anniversaire de la naissance de l'architecte.

© A. Félix, Hémisphères Images

La Sagrada Familia : « un temple qui attend toujours ses autels », selon Joan Maragall.

Une vue d'ensemble

La Sagrada Familia suit un plan basilical avec abside et transept. **Trois porches** donnent accès à l'intérieur : deux latéraux, le porche de la Passion à l'ouest et celui de la Nativité à l'est. Le porche de la Gloire qui servira de façade au sud reste encore à construire. Chacun des porches est surmonté de **quatre clochers**, l'ensemble symbolisant les douze apôtres ; en outre, les **porches latéraux** présentent trois ouvertures : les trois vertus théologales, la foi, la charité, l'espérance (du nord au sud).

L'édifice repose sur des **sous-sols** : on y trouve une crypte – où est inhumé Gaudí –, un ensemble de pièces abritant le musée, et à l'origine des salles de classe détruites lors des saccages de 1936.

Pour les générations futures ont été réservés l'achèvement de la nef et l'érection de la façade de la Gloire, qui avec son parvis devrait recouvrir la carrer Mallorca, et surtout les six lanternes de l'abside et de la croisée, dédiées à la Vierge, aux évangélistes et au Christ, cette dernière devant culminer à 170 m.

La façade de la Passion

C'est par la partie la plus controversée que débute la visite : elle fut construite entre 1954 et 1977 et a reçu, depuis 1987, une décoration d'une centaine de sculptures, réalisées par **Josep Subirachs**, artiste catalan né en 1927, un an après la mort de Gaudí. À l'évidence, la rudesse de ces œuvres contraste avec la fluidité des lignes de l'architecture de Gaudí.

Les scènes se lisent à partir du registre inférieur gauche en suivant un S jusqu'à la *Mise au Tombeau*, à l'extrémité droite du registre supérieur. Au montant droit de la façade est sculpté un carré comprenant seize nombres : l'addition des lignes verticales, horizontales ou diagonales donne toujours 33, l'âge traditionnel de Jésus lors de la crucifixion.

L'abside

Achevée en 1895, elle reste fortement influencée par une manière **néo-gothique** à laquelle s'ajoute le ton propre de Gaudí dans le bestiaire des gargouilles et les végétaux pétrifiés des pinacles.

La nef

C'est sur le chemin d'une heure qui reliait le domicile familial à l'atelier de son père que Gaudí apprit à aimer la nature qu'il reconnaissait volontiers comme son seul maître. Il voulut ainsi pour sa nef une véritable forêt, où les colonnes au-dessus d'un nœud se ramifient à la manière d'arbres pour supporter la toiture.

♥ La façade de la Nativité

Sa construction fut entreprise à partir de 1891 et achevée après la mort de Gaudí, par son successeur l'architecte **Sugrañes**, à l'œuvre sur le chantier de 1927 à 1935. Gaudí eut cependant l'immense joie de voir terminé le premier clocher de l'église, dédié à Sant Bernabé et qui se trouve à l'extrémité gauche de la façade. Les trois autres furent achevés en 1930. C'est ici que l'on retrouve le mieux la manière du maître, avec sa profusion de scènes liées à l'enfance du Christ, adoration des Bergers et des Mages, présentation au Temple, massacre des Innocents... et qui apparaissent dans un exubérant décor végétal.

Le musée et la crypte

Aménagé dans les sous-sols, le **musée** présente un ensemble de maquettes, de plans et de croquis. Dans la **crypte** *(ouv. aux heures de culte)*, on découvrira principalement des pièces de mobilier liturgique, chandeliers, chaire, confessionnaux, qui furent pour certains réalisés par Gaudí. Une chapelle abrite la tombe de l'architecte catalan. •

La colline de Montjuïc★★★

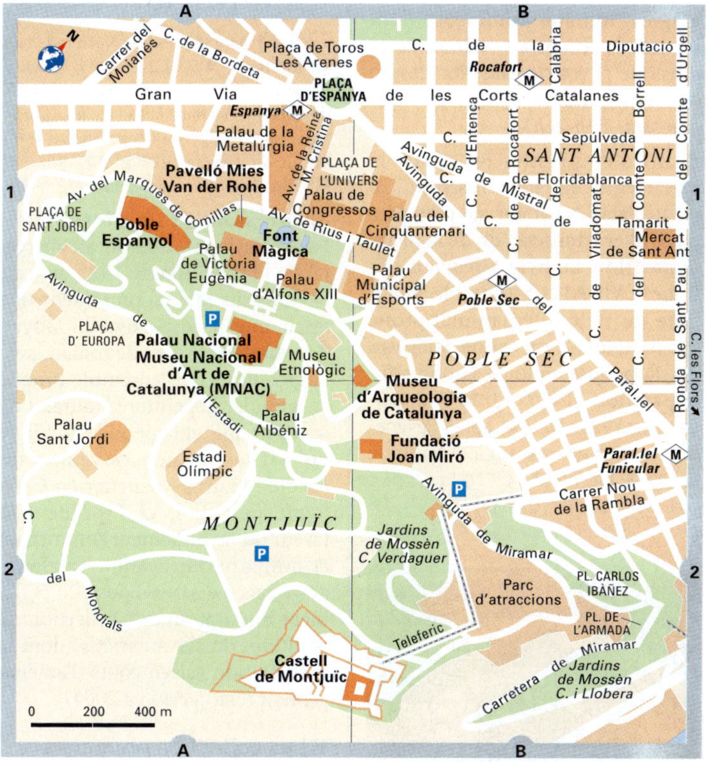

Plan VII : la colline de Montjuïc

La colline de Montjuïc offre l'occasion d'une passionnante journée d'excursion entre découvertes culturelles, avec le MNAC et son époustouflante collection médiévale et la fondation Miró, et moments plus récréatifs au Poble Espanyol ou à la citadelle que l'on peut atteindre en téléphérique depuis la fondation Miró. En chemin, vous pourrez vous restaurer dans un des nombreux restaurants du Poble Espanyol ou dans l'agréable cafétéria de la fondation Miró. Près de la station inférieure du téléphérique **VII-B2**, un funiculaire vous ramènera au Paral.lel, d'où vous rejoindrez les Ramblas à l'heure de l'apéritif *(Funicular, ouv. t.l.j. 10h45-20h)*.

De la plaça d'Espanya au Palau Nacional

En même temps que la « domestication du Montjuïc » (Manuel Vázquez Montalbán), dont les flancs servaient jusque-là de lieu de pique-nique champêtre aux classes populaires de la ville, l'Exposition de 1929 se traduisit par l'urbanisation des lisières sud de Barcelone. La plaça d'Espanya devint cet immense espace circulaire autour de sa fontaine monumentale. Annonçant le Palau Nacional, triomphe de l'éclectisme qui se dresse depuis sa terrasse, deux hauts **campaniles de brique**, échos de celui de Venise, ouvrent sur l'avinguda de la Reina Maria Cristina. Elle conduit magistralement à la plaça Carlos Buïgos, avec sa **Font Màgica**, fontaine lumineuse dont les jets évoluent au rythme de la musique *(spectacle toutes les 20 mn; en été jeu.-dim. 20 h-0 h; en hiver ven.-sam. 19 h-21 h)*.

Avant d'emprunter les escaliers mécaniques qui vous hisseront jusqu'au Palau Nacional, ne manquez pas d'aller admirer, à dr. de la place, le **pavillon Ludwig Mies van der Rohe**★★ **VII-A1**. Ce véritable manifeste du style international prôné par le Bauhaus qu'anima Mies van der Rohe à la suite de Gropius fut le pavillon allemand de l'Exposition de 1929. Détruit après l'événement, il fut reconstruit à l'identique en 1986 *(☎ 934.23.40.16 ; ouv. t.l.j. 10 h-20 h; entrée payante)*.

© A. Félix, Hémisphères Images

Le pavillon Ludwig Mies van der Rohe, manifeste de l'architecture moderne, abrite la célèbre sculpture de Georg Kolbe (1877-1947), Le Matin (Mañana).

Museu Nacional d'Art de Catalunya★★★

> **VII-A1** *MNAC, Palau Nacional, parc de Montjuïc ☎ 936.22.03.75, < www.mnac.es >. Ouv. mar.-sam. 10 h-19 h, dim. et j.f. 10 h-14 h 30. F. lun. Entrée payante.* **Accès** *: bus touristique ligne bleue, et lignes 9, 13, 30, 50, 55.* **M°** *Espanya. Visite: au moins 2 h.*

Abritées dans l'impressionnant Palau Nacional, fleuron architectural de l'Exposition de 1929, les collections du MNAC présentent une fascinante rétrospective du **Moyen Âge catalan** : le monde roman, avec l'exposition d'un ensemble unique au monde de peintures murales de cette époque, et la période gothique qui vit les influences venues du reste de l'Europe pénétrer en Catalogne, puis de là en Espagne, à la faveur du rayonnement commercial et militaire du royaume catalano-aragonais. Le MNAC possède également une importante collection de peintures du XVIe au XVIIIe s., dont la présentation est en cours d'aménagement *(ouv. prévue en 2004)*.

♥ Les collections romanes

À elles seules les **peintures murales** déposées de leurs églises d'origine entre 1919 et 1923 – essentiellement pour éviter qu'elles ne prennent illégalement le chemin de l'étranger – justifieraient la visite. C'est la plus importante collection de peintures de cette époque (XIe-XIIIe s.) conservée en Europe : au total 26 ensembles rétablis dans le cadre architectural où ils prenaient place ; un dispositif spectaculaire rendu possible par l'ampleur du bâtiment. À ces chefs-d'œuvre, dont chacun réclame une attention particulière, s'ajoutent d'importantes collections de sculptures – éléments architecturaux, statues – de parures d'autel ou de pièces d'orfèvrerie, l'ensemble composant un panorama unique sur cette période de l'histoire de l'art catalan. Voici

Des influences de la manière byzantine sont sensibles sur ce détail du parement d'autel de l'église d'Avià, exposé au musée national d'Art de Catalogne.

quelques étapes à ne pas manquer au long de ce parcours très dense.

• **Section I**. Cette vaste salle plante le décor: une **collection numismatique** fixe la chronologie depuis l'époque de la Marche hispanique carolingienne, jusqu'au règne de Ramon Berenguer I (1035-1076), le troisième des comtes indépendants de Catalogne ; trois **stèles funéraires** évoquent le contexte sociopolitique de la péninsule Ibérique: une chrétienne, une musulmane, une juive. Une collection de **sculptures** – des chapiteaux essentiellement – témoigne de l'évolution de cette technique depuis le VIe s. avec des pièces provenant d'édifices paléochrétiens et islamiques. L'ensemble est présidé par les **peintures** de l'abside de l'église Sant Pere (début du XIIe s.), inscrite dans l'ensemble de la cathédrale de la Seu d'Urgell: la voûte est occupée par une **Théophanie**★★, tandis qu'au registre inférieur apparaît la Vierge accompagnée des apôtres. En avant de l'abside a été placé un parement d'autel (XIIe s.) orné de figures d'évêques entourant un personnage central; il s'agit de saint Sernin, particulièrement vénéré à Toulouse et dont la présence ici illustre les rapports qu'entretenait la Catalogne avec le Languedoc et l'Europe.

• **Section II**. Les **peintures de l'église Sant Joan de Boí** (vers 1100) sont présentées dans une reconstitution de cette petite église rurale au pied des Pyrénées et du val d'Aran. À côté de représentations traditionnelles comme l'Apocalypse, l'évocation des saints (virtuose **Lapidation de saint Étienne**★★), on trouve des figures apparemment plus profanes, comme des jongleurs ou un fauconnier, ainsi que de nombreux animaux plus ou moins fantastiques dont le nombre n'a aucun équivalent dans la peinture murale de l'époque. Ces personnages et ces animaux seraient l'expression d'une tradition locale catalane.

• **Section III**. Les **peintures de l'église de Sant Quirze de Pedret** (fin XIe s.) témoignent d'influences italiennes sensibles également dans les panneaux des églises de Santa Maria d'Àneu et de Sant Pere del Burgal, présentées conjointement

iconographie

La parabole des Vierges

Tirée de l'Évangile de saint Matthieu, la parabole des Vierges fut fréquemment représentée dans l'iconographie médiévale comme **préfiguration du Jugement dernier**.

« Il en sera du Royaume des Cieux comme de dix vierges qui s'en allèrent, munies de leurs lampes, à la rencontre de l'époux. Or, cinq d'entre elles étaient sottes et cinq étaient sensées. Les sottes prirent leurs lampes mais sans se munir d'huile, tandis que les sensées prirent de l'huile dans des fioles. Comme l'époux se faisait attendre, elles s'endormirent. Mais à minuit un cri retentit : voici l'époux ! Alors toutes ces vierges se réveillèrent et apprêtèrent leurs lampes. Et les sottes de dire aux sensées : Donnez-nous de votre huile, car nos lampes s'éteignent. Mais celles-ci leur répondirent : il n'y en aura sans doute pas assez pour nous et pour vous ; allez plutôt [en acheter] chez les marchands. Elles étaient parties en acheter quand arriva l'époux : celles qui étaient prêtes entrèrent avec lui dans la salle des noces et la porte se referma. Finalement les autres vierges arrivèrent aussi et dirent : Seigneur, ouvre-nous. Mais il répondit : en vérité, je ne vous connais pas. Veillez donc, car vous ne savez ni le jour ni l'heure » (Mt 25, 1-13). •

dans cette section. Ici, les scènes de l'Apocalypse ne s'inspirent pas des manuscrits du *Beatus* mais de la manière en vigueur dans le nord de l'Italie, en Lombardie notamment, où le premier art roman catalan *(voir p. 42)* puisa son vocabulaire architectural. Italiennes également, les représentations des archanges **Gabriel et Michel****, somptueusement vêtus à la manière byzantine, ou ces décorations en forme de rideaux plissés, inspirées de l'Antiquité classique.

À signaler également, parmi cet ensemble d'œuvres d'une exceptionnelle qualité, l'illustration de la **parabole des Vierges sages et des Vierges folles** (Pedret, *encadré ci-dessus*), et le portrait de la comtesse Llúcia (el Burgal) en donatrice, qui permit de dater précisément les fresques : après la mort de son époux, elle régna sur le comté de Pallars de 1081 à 1090.

• **Section V**. **Peintures de Sant Climent de Taüll*****. Une inscription conservée sur une colonne du côté gauche de l'église indique que celle-ci, construite au XIe s., fut à nouveau consacrée le 10 décembre 1123. Elle reçut à cette occasion un nouveau cycle pictural qui est unanimement considéré comme le chef-d'œuvre de la peinture romane catalane. Attirés par la prospérité et la puissance des comtes de Pallars et du baron d'Erill *(encadré ci-contre)*, des artistes de premier plan œuvrèrent à la décoration de l'édifice. Les analyses des archéologues ont également révélé la qualité particulière des pigments employés, certains étant même importés de l'étranger. L'abside est occupée par un **Christ en majesté**, magistralement traité, dans son attitude, ses atours, son expression dominée par un fascinant regard. Plutôt qu'un souci narratif, c'est un véritable programme théologique qui s'exprime ici, avec ses symboles et ses allégories. Ainsi, les animaux du tétramorphe qui entourent la mandorle du Christ s'ornent-ils d'yeux, de même qu'à la voûte qui précède la conque, la figure de l'Agneau mystique, rappelant la parole de l'Apocalypse : « Alors j'aperçus [...] un Agneau [...] portant sept yeux qui sont les sept esprits de Dieu en mission par toute la terre » (Ap. 5-6). Dans la voûte, au plus près de l'abside, apparaît la main de Dieu surgissant des nuées. À dr. du Christ, l'ange porte l'aigle de saint Jean dans ses mains recouvertes d'un linge, symbole du mystère de l'Eucharistie, comme au registre inférieur, la Vierge tenant une coupe.

• **Section VII**. **L'église Santa Maria de Taüll** a livré le plus important cycle de fresques exposé au musée ; elles furent réalisées en vue de la consécration de l'édifice le 11 décembre 1123, un an après celle de l'église Sant Vicent ; on y retrouve la manière riche et élégante des peintures de la vallée de Boí *(encadré ci-dessous)*, du moins dans les peintures de l'abside, celles couvrant les murs de l'église ayant été exécutées après la consécration dans un style moins raffiné ; l'abside est occupée par une **Épiphanie**, tandis que sur les murs on remarquera surtout un **Jugement dernier** qui se déroule sur le mur occidental et une partie du mur sud ; sur ce dernier, remarquez la scène montrant David décapitant Goliath, triomphe du bien sur le mal.

• **Section VIII**. La **statuaire romane** se répartit selon trois types principaux : les Vierges à l'Enfant, les crucifixions et les descentes de croix, ce dernier étant particulièrement bien représenté en Catalogne. Parmi les crucifixions, le **Christ Batlló***** (XIIe s., *illustration p. 43*) est considéré comme une des pièces maîtresses de la collection. Il ne s'agit pas ici de Jésus souffrant sur la croix, mais d'un Christ triomphant de la mort, la figure sereine et vêtu d'une tunique de majesté. Ce type iconographique serait originaire d'Orient dont on retrouve le goût dans le traitement polychrome du vêtement. Une œuvre exceptionnelle tant par ses qualités plastiques que par son état de conservation, de ses couleurs notamment.

• **Section XIII**. Autour de l'an 1200, de 1180 à 1230 environ, l'art roman de Catalogne est marqué par la **tradition byzantine**. Ces influences, venues de Sicile et de Venise, mais aussi de Terre sainte où les croisés sont présents depuis près d'un siècle, sont manifestes dans les

histoire

La vallée de Boí

Au IXe s., la haute vallée de la Noguera de Tor, le val de Boí sur les contreforts pyrénéens au sud du val d'Aran, fut conquise par les comtes de Toulouse qui la placèrent sous la protection de l'évêque d'Urgell. À partir du XIe s., la région dépendait de deux familles seigneuriales : les **comtes de Pallars** et les **barons d'Erill**. Ces deux maisons apportèrent un soutien décisif aux rois d'Aragon dans leurs guerres contre les musulmans en participant notamment à la prise de Bobastro (1064) et à celle de Saragosse (1118). Généreusement récompensés par le roi d'Aragon, les nobles pyrénéens employèrent une partie de leur fortune à la **construction et à la décoration d'églises** dans leurs fiefs. De manière significative, ces fondations religieuses suivirent en deux vagues les deux victoires militaires, alors qu'aucune n'est attestée par la suite. À cette courte période de prospérité appartiennent les **églises de Taüll**, **Sant Vicent** et **Santa Maria**, dont les fresques sont exposées au MNAC *(sections V et VII)*, ainsi que l'église **Sant Joan de Boí** *(section II)*. •

histoire

Pour venger les Vêpres siciliennes

En 1276, le trône de Barcelone, Aragon et Valence revient à **Pierre II**. Poursuivant la politique d'expansion de son père Jacques Ier, il établit fermement son autorité sur la **Sicile**. Il en est pourtant délogé par **Charles d'Anjou**, le fils du roi de France, qui agit au nom du pape, désireux de se débarrasser de l'Aragonais, champion du parti gibelin hostile à son autorité temporelle. Cependant, les Siciliens ne l'entendent pas de cette oreille et massacrent les troupes françaises : c'est l'épisode connu sous le nom de **Vêpres siciliennes** (31 mars 1282). Ils font ensuite appel à Pierre II qui débarque dans l'île et chasse les Français. Cela vaut au roi d'Aragon une excommunication à laquelle le pape associe tous les sujets du royaume. En 1285, une véritable croisade de 200 000 hommes d'armes de toute l'Europe marche contre Pierre II ; le roi de France lui-même, **Philippe le Hardi**, est à sa tête. Après quelques premiers succès, les envahisseurs sont arrêtés devant Gérone qui oppose une farouche résistance. Harcelée par les Catalans et décimée par la peste, l'armée de Philippe le Hardi doit rebrousser chemin. Le roi de France ne survivra pas longtemps à son humiliation : il meurt à Perpignan sur le chemin du retour. •

peintures de l'église Sant Esteve d'Andorra la Vella, et surtout dans le parement d'autel de Baltarga.

• **Section XIV** : **peintures du narthex de Sant Vicenç de Cardona**. À voir, surtout, la représentation de la défense de Gérone assiégée par Philippe le Hardi en 1285 *(encadré ci-dessus)*. Le seigneur de Cardona participa à l'action et tint à rappeler cette victoire sur les murs de l'église principale de sa ville.

• **Sections XX et XXI**. La visite se termine avec deux ensembles qui échappent à l'aire géographique catalane : les peintures provenant du **monastère de San Pedro de Arlanza** (Burgos) et celles de la salle capitulaire du **couvent de Sigena en Aragon** (Huesca) : exécutées à la fin du XIIe s., elles présentent des parentés stylistiques et iconographiques, marquées par l'influence byzantine. Les peintures de Sigena montrent un grand nombre de scènes historiées empruntées à l'Ancien et au Nouveau Testament (cycle d'Adam et Ève, cycle de Noé, épisodes de l'Exode).

Les collections gothiques

Les nouvelles conceptions mises en œuvre dans l'architecture gothique ne laissaient plus d'espace pour les vastes fresques qui se déployaient jusque-là sur les murs des églises. La peinture murale se trouve désormais reléguée à des emplacements plus restreints et secondaires. À sa place se développent les compositions peintes sur bois : c'est la naissance du retable qui connaîtra la postérité que l'on sait en Espagne. Ce sont ces nouvelles formules picturales dont rendent compte les salles gothiques du MNAC, rehaussées d'une importante collection de sculptures qui prennent désormais un tour plus monumental. Nous vous présentons une sélection des œuvres à ne pas manquer.

• **Section I**. **Art civil.** La période gothique c'est aussi pour la Catalogne l'émergence d'une puissante bourgeoisie marchande, enrichie par l'extension du royaume en Méditerranée, et bientôt anoblie. Cela valut à Barcelone le développement de nouveaux quartiers bordés de riches palais comme le Palau Caldes, aujourd'hui le musée Picasso, carrer Montcada *(encadré p. 138)*, d'où proviennent les **peintures murales**★ exposées ici. Pas de thèmes religieux mais la relation de la conquête de Majorque par Jacques Ier en 1229, longues frises de scènes historiées, inspirées sans doute de la littérature épique. Vous remarquerez l'encadrement, imité de l'écriture arabe.

• **Section III**. Le **panneau de saint Michel**, œuvre du maître de Soriguela, est le plus ancien témoignage de la peinture gothique en Catalogne (fin du XIIIe s.).

• **Section VII**. La **période italianisante du premier gothique.** Après la mort, à la suite de la peste noire de 1348, de Ferrer Bassa, le maître incontesté du gothique italien en Catalogne (monastère de Pedralbes, *p. 166*), et celle de son continuateur, son fils Arnau, l'atelier familial fut dispersé. La tradition italianisante fut reprise par les frères Serra, actifs durant la seconde moitié du XIVe s. : ainsi ***La Vierge des anges et les saints*** de Pere Serra, et, de son frère Jaume, le **retable de saint Étienne** et celui de la **Vierge de Sigena**, œuvre longtemps anonyme mais que les spécialistes s'accordent aujourd'hui à lui restituer. Cette dernière composition est un des premiers exemples de polyptyque monumental présentant des scènes sur trois registres soutenus par une prédelle. Les panneaux de la prédelle sont caractéristiques de l'antisémitisme médiéval : de part et d'autre de la Cène, où Judas est identifiable par le diable noir juché sur son épaule, trois scènes présentent des juifs profanant l'hostie (la jetant à l'eau ou la poignardant), et une quatrième un prêtre tranchant la gorge d'une musulmane pour y récupérer l'hostie qu'elle a avalée de manière impie.

• **Section IX**. À la suite des maîtres valenciens, dont les œuvres sont exposées dans la section VIII, et au contact de l'Europe du Nord, favorisé par le rayonnement de la Catalogne sous les règnes de Jean Ier et de Martin l'Humain, les ateliers catalans se détournent, à la fin du XIVe s., de la manière italienne afin de privilégier le goût pour la décoration précieuse du **gothique** dit **international**. L'initiateur de cette nouvelle manière fut **Lluís Borrassà**, originaire de Gérone et actif à Barcelone entre 1383 et 1425. De ce maître, fondateur d'un atelier qui lui survécut, le MNAC conserve **deux panneaux d'un retable à saint André**★ destiné à la cathédrale de Barcelone ainsi qu'un **panneau de la Résurrection**★ (monastère de Santes Creus) qu'il réalisa avec son collaborateur Guerau Gener (un second panneau de ce même retable figurant la Nativité et saint Jean l'Évangéliste est présenté dans la section suivante). Contemporain, **Ramon de Mur** est représenté par une *Vierge allaitant* (vers 1415-1425), assise sur son trône et entourée de délicats anges musiciens.

• **Section XI**. La **seconde époque du gothique international** – deuxième quart du XVe s. – est marquée à Barcelone par la figure de **Bernat Martorell**, né à Gérone en 1400 et mort en 1452, qui se distingue de ses prédécesseurs par le soin apporté aux attitudes des personnages et au cadre dans lequel ils apparaissent : parmi d'autres œuvres, le **retable de saint Vincent**★★ (vers 1435) illustre le mieux les recherches esthétiques d'un maître dont l'influence s'exerça à Barcelone, dans les cercles de Gérone et jusqu'en Aragon.

La Vierge des Conseillers★★★ introduit à la dernière période du gothique qui s'épanouit entre 1450 et 1500, fortement marquée par l'influence de l'Europe septentrionale. Cette œuvre novatrice à plus d'un titre fut réalisée par le Valencien Lluís Dalmau. Envoyé en 1431 en Flandre par Alphonse le Magnanime, il y fut ébloui par la manière des peintres du Nord, Jan Van Eyck et Rogier Van der Weyden. Du premier, il put admirer le célèbre *Agneau*

La Vierge des Conseillers *de Lluís Dalmau (1445) marque l'introduction en Catalogne de l'art du portrait, celui des cinq notables qui présidaient aux destinées de Barcelone.*

mystique de la cathédrale de Gand, unanimement considéré comme un chef-d'œuvre dès son achèvement en 1432. Le tableau du MNAC y fait d'explicites références, dans le traitement des anges chanteurs par exemple. *La Vierge des Conseillers* (1443-1445) introduisit en Catalogne la technique de la peinture à l'huile, dont la mise au point est attribuée à Van Eyck, ainsi que l'art du portrait véritable avec la représentation des personnages agenouillés, les cinq conseillers de Barcelone, commanditaires du tableau.

• **Section XII**. Après la mort de Bernat Martorell (1452), la scène artistique barcelonaise est dominée par **Jaume Huguet**, documenté de 1448 à sa mort en 1492, l'année même qui, traditionnellement, marque la fin du Moyen Âge. La salle est tout entière consacrée à ses œuvres, où l'on assiste à l'abandon du fond d'or du gothique international en faveur de paysages hérités de la manière flamande, mais qui n'occupent cependant qu'une place très secondaire. Huguet accorde en effet toute son attention au traitement des personnages et aux relations subtiles qu'ils entretiennent entre eux.

Ne manquez pas l'étrange tête-à-tête de ***Saint Georges et la Princesse***** (entre 1459 et 1475).

• **Section XIV**. Le gothique tardif dans le reste de l'Espagne se découvre principalement par un saint Michel (vers 1460) du sculpteur d'origine française Mercadante de Bretaña *(encadré p. 86)*, actif à Gérone, mais dont l'essentiel de l'œuvre se trouve à Séville ; et par une Vierge de Gil de Siloé, sculpteur flamand et père du célèbre Diego de Siloé, l'architecte de la cathédrale de Grenade qui assura la transition entre le monde gothique et la Renaissance.

• **Section XV**. **Le Maître de la Seu d'Urgell**. Le MNAC conserve la quasi-totalité de l'œuvre de ce peintre anonyme actif à la fin du XVe s. dans le nord de la Catalogne. Encore marquée par l'influence flamande, la production qui lui est attribuée laisse poindre les prémices de la Renaissance qui s'épanouira au siècle suivant: panneaux peints destinés à orner l'orgue de la cathédrale de la Seu d'Urgell et ***Saint Jérôme pénitent*****, ouvrant sur un vaste paysage, bien éloigné des déserts orientaux où se retira le docteur de l'Église.

• **Section XVI**. L'influence flamande à Valence est illustrée par Jaume Bacó, dit **Jacomart**, l'artiste le plus célèbre de son temps ; comme Lluís Dalmau, il fut distingué par Alphonse le Magnanime qui l'appela auprès de lui en Italie. Paradoxalement, peu d'œuvres lui sont attribuées avec certitude : parmi elles, une magistrale ***Sainte Marguerite****** (vers 1451-1458, *illustration p. 44*). Sa manière fut continuée par son collaborateur **Joan Rexach** (documenté de 1431 à 1484) dont on peut admirer le retable de sainte Ursule signé et daté de 1468, et celui de l'Épiphanie.

Poble Espanyol*

> **VII-A1** *Av. del Marquès de Comillas ☎ 935.08.63.30, < www.poble-espanyol.com >. Ouv. lun. 9h-20h, mar.-jeu. 9h-2h, ven. et sam. 9h-4h, dim. 9h-0h. Entrée payante.* ***Accès****: bus touristique ligne bleue, et lignes 50 et 13.* **M°** *Espanya.*

Ce fut en 1929 un des hauts lieux de l'**Exposition internationale** : alors, comme aujourd'hui, les visiteurs s'y pressaient pour découvrir la reconstitution des monuments et des paysages urbains les plus caractéristiques des différentes régions d'Espagne. Cette étonnante réalisation s'appuya sur une recherche documentaire conduite par **Miguel Utrillo**, le plus célèbre critique d'art barcelonais de l'époque, promoteur des Quatre Gats *(p. 143)* et qui, à Paris en 1897, découvrit le peintre Maurice Utrillo – qui lui doit son nom –, et par le peintre et illustrateur Xavier Nogués, une des grandes figures du noucentisme *(p. 143)*.

Guidé par le plan détaillé remis gracieusement avec le billet d'entrée, vous franchirez la porte fortifiée d'Àvila, pour pénétrer sur la plaza Mayor, point nodal de toute ville espagnole. De là, vous traverserez les différents quartiers du parc, galicien, andalou, castillan, catalan… Des boutiques de souvenirs, d'artisanat, des bars et des restaurants vous escorteront tout au long du parcours. Avec ses discothèques, l'endroit est également un passage obligé de la vie nocturne barcelonaise.

Museu d'Arqueologia de Catalunya*

> **VII-B1-2** *Passeig de Santa Madrona ☎ 934.24.65.77, < www.mac.es >. Ouv. mar.-sam. 9h30-19h, dim. et j.f. 10h-14h30. F. lun. Entrée payante.*

L'ancien pavillon des Arts graphiques, conçu pour l'Exposition de 1929, est un bel exemple d'architecture noucentiste, inspiré de la Renaissance. Depuis 1940, il abrite des collections archéologiques illustrant les différentes cultures qui se sont succédé dans la péninsule Ibérique, de la préhistoire à l'époque wisigothique. Les antiquités catalanes y sont particulièrement bien représentées, avec notamment les plus beaux objets provenant du site d'Empúries *(p. 97)*.

La préhistoire : salles I à XIII

• **Salle IV**. Les vases campaniformes – en forme de cloche – sont caractéristiques de la culture du même nom (2200-1800) ; on situe généralement son origine en Andalousie, précisément dans la vallée du Guadalquivir, d'où elle aurait essaimé dans toute la péninsule Ibérique, puis en Europe, diffusant avec elle la technique de la métallurgie du cuivre.

● **Salle V**. Intéressantes **maquettes de sépultures mégalithiques** dressées dans toute l'Espagne : du Romeral d'Antequera (Andalousie, vers 1800), qui témoigne d'une véritable architecture avec ses pierres appareillées, au Peña Tu des Asturies (vers 1500), avec son idole grossière taillée dans une cavité rocheuse.

● **Salles XI et XII**. La **culture dite des talayot,** du nom des tours de défense circulaires qui la caractérisent, s'épanouit aux Baléares entre 1400 et 200 ; on peut voir des maquettes de différents monuments mégalithiques. La fin de la période est marquée par les échanges avec les autres peuples marins de la Méditerranée, comme en témoigne un **bronze grec** (Ve s.) d'un homme nu coiffé d'un casque.

La colonisation : salles XIII à XVII et XIX

À partir du VIIe s., des populations étrangères s'installent de façon permanente dans la Péninsule, Puniques, Phéniciens, Étrusques, Grecs, et enfin Romains.

● **Salle XIII**. Vous admirerez des collections de statuettes votives puniques découvertes à Ibiza et un **buste de Tanit**, déesse punique, traitée à la manière grecque.

● **Salles XIV à XVII**. La colonisation grecque et romaine. Au VIe s., les Grecs venus de Phocée fondent les deux colonies d'Empúries *(p. 97)* et de Roses *(à 29 km N d'Empúries)*. Les fouilles ont livré un abondant matériel de cette époque parmi lequel se distingue un ensemble de céramiques grecques. En 218 avant notre ère, les Romains s'emparent d'Empúries et en font la tête de pont de leur avancée dans la péninsule Ibérique. Les fouilles sur le site ont révélé un grand nombre de témoignages de leur présence, céramique et statuaire, mais aussi restes du **mécanisme d'une catapulte** du IIe s. avant notre ère. Dans la rotonde centrale *(salle XVII)* est exposée la grande **statue d'Esculape*** en marbre de Paros provenant du sanctuaire qui lui était dédié. Cette même salle propose une maquette du site d'Empúries ainsi qu'une collection de sarcophages (certains étrusques) et de stèles funéraires.

● **Salle XIX** *(1er étage de la rotonde)*. Un **sarcophage romain** du IIe s. de notre ère est orné d'un haut-relief illustrant l'enlèvement de Perséphone (Proserpine) par Hadès, le dieu des Enfers, qui en fit son épouse. Un autre sarcophage, du IIIe s., montre une scène de chasse d'une grande expressivité.

Le monde ibère : salle XVIII

Cette section encerclant la rotonde centrale témoigne de la culture ibère qui s'épanouit en Espagne du VIIe s. avant notre ère à l'arrivée des Romains : des statuettes votives ainsi qu'un crâne percé d'un clou post-mortem rendent compte des pratiques religieuses d'alors ; une collection de parures évoque les techniques mises en œuvre par ces peuples qui développèrent la métallurgie du fer.

♥ Fundació Joan Miró***

> **VII-B2** *Parc de Montjuïc ☎ 934.43.94.70, < www.bcn.fjmiro.es >. Ouv. mar., mer., ven. et sam. 10 h-19 h (20 h juil.-sept.), jeu. 10 h-21 h 30, dim. et j.f. 10 h-14 h 30. F. lun. Entrée payante. Bus touristique ligne bleue.* **M°** *Espanya. Agréable* **restaurant** *dans le jardin. Visite : 1 h.*

Après la rétrospective que lui avait consacrée Barcelone en 1968, Joan Miró décida de laisser ses œuvres à sa ville natale. La constitution d'une fondation fut décidée, et pour construire le bâtiment destiné à abriter les œuvres, Miró fit appel à **Josep Lluís Sert**, l'architecte qui

© A. Félix, Hémisphères Images

La fondation Miró : une passionnante rétrospective sur l'œuvre du maître.

avait dessiné le pavillon de la République espagnole à l'Exposition universelle de Paris en 1937 et conçu l'atelier de l'artiste à Majorque – il est aussi l'auteur de l'édifice de la fondation Maeght à Saint-Paul-de-Vence. Le résultat : un dialogue entre les parcs des flancs du Montjuïc et de pures lignes blanches, héritières du monde méditerranéen avec leurs terrasses et leur patio intérieur.

Ouverte au public en 1975, la fondation Joan Miró rassemble une collection de près de 11 000 pièces, peintures, sculptures, tapisseries mais aussi un énorme matériel documentaire avec les dessins, croquis, esquisses, notes laissés par l'artiste.

L'objectif de la fondation dépasse la présentation de l'œuvre de Miró : elle possède une riche bibliothèque d'art contemporain, sert à des expositions temporaires, à des représentations musicales et théâtrales. Des œuvres d'artistes du temps de Miró, Matisse, Balthus, Tanguy, Ernst, ainsi que de la génération suivante, comme Tàpies, ouvrent de passionnantes perspectives sur l'aventure artistique du XXe s.

Le rez-de-chaussée

Tout commence avec une **tapisserie monumentale** de 1974, un mode d'expression que Miró aborda à partir de 1972 dans de modestes dimensions tout d'abord, puis, à la suite de commandes pour des édifices publics, dans d'immenses formats comme celui exposé ici. Vient ensuite, avec pour toile de fond les jardins de la fondation, la ***Fontaine de mercure****, œuvre réalisée par Calder en 1937 pour le pavillon de la République espagnole de l'Exposition universelle de Paris. La salle des sculptures qui lui fait suite – un domaine que Miró aborda à partir du milieu des années 1940 –, expose notamment la maquette du ***Couple d'amoureux****, une composition destinée au parvis de la Défense à Paris.

L'étage

• **La salle Joan Prats**, dédiée à l'ami de toujours, expose essentiellement des œuvres des années 1920, souvent accompagnées des dessins à l'origine de leur élaboration.

Se dégageant du fauvisme et du cubisme dont s'inspiraient ses premières œuvres, Miró, au contact des surréalistes qu'il fréquente à Paris, s'engage dans l'épure et l'abstraction. On voit ainsi le chemin parcouru entre le *Portrait d'une jeune fille* de 1919 et la *Bouteille de vin* ou le *Gant blanc* de 1924 et 1925.

L'Intérieur hollandais II (1928), partie d'une série réalisée à l'occasion d'un voyage en Hollande, rend compte du cheminement esthétique de l'artiste qui prit pour point de départ une carte postale représentant la *Leçon de danse du chat* de Jan Steen, maître hollandais du XVIIe s.

• **La salle Pilar Juncosa**, épouse de Miró, relate la confrontation de l'artiste avec les fracas de son siècle : la guerre civile espagnole avec le tableau *Aidez l'Espagne* (1937) et la participation de Miró au pavillon de la République espagnole à l'Exposition de Paris en 1937, en compagnie de Picasso dont on put voir le *Guernica*, ou de Calder qui y installa la *Fontaine de mercure*. L'avancée des Allemands surprend Miró en Normandie : il y compose les *Constellations*, une série de 23 peintures sur papier, qui lui fourniront un répertoire de formes pour les œuvres des années à venir.

La fondation possède une de ces *Constellations*, l'***Étoile matinale***** où, sur un fond aux subtiles nuances, évoluent des figures et des formes comme prises dans un filet de lignes déliées. Les présentations se poursuivent avec les productions de l'après-guerre.

Castell de Montjuïc

> **VII-AB2** *Musée militaire ☎ 933.29.86.13. Ouv t.l.j. sf lun. 9 h 30-20 h. Entrée payante.* ***Accès****: par le funiculaire (uniquement sam., dim. et j.f. 11 h-14 h 45 et 16 h-20 h) depuis les jardins de Mossèn C. Verdaguer (accessibles par l'avinguda de Miramar depuis la Fundació Miró).*

Construit en 1640, le premier fortin était destiné à défendre la ville contre les troupes du roi d'Espagne, Philippe IV : c'était alors la **Guerra dels Segadors**, la guerre des Moissonneurs, contre le roi d'Espagne qui entendait réduire les libertés catalanes. La présente forteresse fut dressée au XVIIIe s. par les Bourbons pour surveiller et mettre au pas une ville qui avait lors de la guerre de Succession prit fait et cause pour les Habsbourg. Elle servit de lieu d'exécution : l'anarchiste **Ferrer i Guàrdia**, rendu responsable de la Semaine tragique de 1909, y fut fusillé, tout comme **Lluís Companys**, l'ancien président de la Generalitat de Catalogne, réfugié en France et livré à Franco par la Gestapo. Il exigea d'être exécuté pieds nus, pour fouler une dernière fois la terre de la mère patrie.

Prison jusqu'en 1960, la forteresse fut rendue par l'armée aux autorités civiles qui l'aménagèrent en **musée** ouvert en 1963. On peut en découvrir ainsi les puissantes fortifications et les sinistres fossés, aujourd'hui aménagés en jardin. Dans d'immenses – et lugubres – salles sont présentées de foisonnantes **collections d'armes** de toutes époques et de toutes provenances, armes blanches et armes à feu, des armures et des décorations, des drapeaux. Un cauchemar de pacifiste. Du haut de la colline, on a une belle vue sur la ville en contrebas. •

En dehors du centre

Dans le parc Güell, le célèbre banc ondoyant s'est imposé comme un symbole des audaces du modernisme.

Un peu plus éloignées du centre-ville, deux visites devront également attirer votre attention : deux hauts lieux de la culture catalane et espagnole. Le monastère de Pedralbes, où vous pourrez voir les fresques magnifiquement conservées peintes au XIVe s. par Ferrer Bassa à la manière italienne. Et le parc Güell, jardin moderniste dessiné par l'incontournable Gaudí.

Parc Güell★★

> **Hors pl. I par D1** *Carrer Olot. Ouv. t.l.j. nov.-fév. 10 h-18 h, mars et oct. 10 h-19 h, avr. et sept. 10 h-20 h, mai-août 10 h-21 h. Entrée libre pour le parc, payante pour la maison-musée (f. lun.).* ***Accès****: bus touristique ligne rouge.* **M°** *Vallcarca.*

À l'origine de cette autre réalisation emblématique du modernisme catalan se retrouvent les deux hommes qui ont marqué l'aventure artistique de leur époque : **Eusebi Güell**, le financier, et **Antoni Gaudí** l'architecte. Il ne s'agissait pas là de palais ou d'église, mais d'une **cité-jardin à l'anglaise**, où de petites maisons seraient disposées dans un parc aménagé au flanc de la colline du Carmel, magnifique terrasse ouvrant largement sur la ville en contrebas. Le projet, entrepris à partir de 1900, n'aboutit pas : une seule maison fut construite. L'architecte y vécut un temps ; elle abrite aujourd'hui un musée consacré à son œuvre.

Reste l'étonnant jardin, semé de jeux d'eau et de sculptures animalières rehaussées de céramique de couleur, et le célébrissime **banc ondoyant★★★** incrusté de fragments de céramiques multicolores, œuvre de Jujol, un proche collaborateur de Gaudí. Au-dessous, la **salle hypostyle★★★** aux 86 puissantes colonnes doriques apparaît comme un clin d'œil à l'architecture historicisante. Dans la maison-musée, qui conserve sa décoration d'origine, vous verrez essentiellement des pièces d'ameublement dessinées pour la Casa Batlló *(p. 148)*.

Le monastère de Pedralbes★★★

> **Hors pl. I par B1** *9 baixada Monestir.* ***Monastère*** *(☎ 932.03.92.82, < monestir pedralbes@mail.bcn.es >) et* ***collection Thyssen-Bornemisza*** *(☎ 932.80.14.34, < www.museothyssen.org >) : ouv. mar.-dim. 10 h-14 h ; f. 1er janv., Vendredi saint, 1er mai, 24 juin et 16 et 25 déc. Entrée payante.* ***Accès*** *: bus touristique ligne rouge ; en voiture, suivre la Diagonal en direction du Palau Reial Major* **hors pl. I par B1**, *puis tourner à dr. dans l'avenue de Pedralbes qui aboutit au monastère. Visite : 1 h 30.*

En 1326, **Élisende de Montcada**, épouse de Jacques II (1291-1327), choisit cet emplacement champêtre pour y fonder un monastère qu'elle remit aux clarisses. La proximité d'une carrière de pierres blanches lui donna son nom : Pedra Albas. Devenue veuve, elle s'y retira dans le palais qui y avait été aménagé. Toujours occupé par des religieuses, qui résident aujourd'hui dans un bâtiment annexe, le monastère est un bel exemple d'**architecture gothique catalane**, qui regroupe église, cloître et dépendances monastiques. Une chapelle du cloître a rendu le lieu célèbre : elle conserve un **cycle de fresques** exécutées en 1346 par Ferrer Bassa qui introduisit en Catalogne la vision italienne du gothique, dans la manière de Giotto. L'ancien dortoir des nonnes accueille une somptueuse collection de peintures appartenant au fonds Thyssen-Bornemisza, dont le siège se trouve à Madrid. Une étape indispensable pour les amateurs d'art.

Les bâtiments monastiques

• **L'église**★ *(ouv. 10 h-13 h)*. C'est un bel exemple de l'architecture gothique catalane, empruntée aux modèles languedociens, et plus précisément à la cathédrale Saint-Étienne de Toulouse : une **nef unique** prolongée par un **chevet polygonal**. Vous remarquerez dans le chœur les nombreux blasons de la famille Montcada, une des plus anciennes et des plus puissantes de Catalogne, et qui, jusqu'à la fin du XVIIe s., donna une lignée d'abbesses au monastère de Pedralbes. Contre le mur de droite, dans la chapelle la plus proche du chœur, se trouve le **gisant de la reine Élisende**★ : elle est ici représentée avec ses atours de souveraine. Vous verrez ensuite dans le cloître l'autre gisant de ce sarcophage double.

• **Le cloître**. Ce vaste et harmonieux ensemble gothique présente une superposition de trois niveaux de galeries, la **galerie inférieure** datant de l'époque de la fondation du monastère, les deux autres du siècle suivant. La galerie inférieure présente la particularité de petits oratoires aménagés dans le mur, des cellules de jour où les religieuses se retiraient dans la solitude pour prier. Elles étaient autorisées à les décorer et à les meubler selon leurs moyens et leur goût. L'une d'elles, Francesca Saportella, seconde abbesse du couvent, l'avait à l'évidence très sûr en convoquant le peintre **Ferrer Bassa** *(encadré ci-contre)* pour y exécuter un cycle de **peintures murales**. Le thème principal en est les sept douleurs de la Vierge – les épisodes de la Passion – et ses sept joies – Annonciation, Nativité, Épiphanie, Résurrection... –, qui courent en deux registres sur les murs irréguliers de la petite pièce.

S'y ajoutent des figures de saints et, au-dessus de la porte, un Agnus Dei flanqué des allégories de la Chasteté et de la Charité, ainsi qu'une évocation du Jugement dernier où les médaillons du Christ et des archanges se détachent sur un fond imitant le marbre inspiré de l'antique.

Sa **chapelle** est la première que l'on découvre à dr. en pénétrant dans le cloître. Immédiatement à côté se trouve l'autre version du double gisant d'Élisende de Montcada, représentée ici dans son costume monastique.

portrait

Les peintures de Ferrer Bassa

© A. Félix, Hémisphères Images

La manière de Ferrer Bassa fut profondément influencée par le long séjour du maître en Italie.

L'activité artistique de Ferrer Bassa, documentée entre 1324 et 1349, marque l'**introduction de la manière italienne** en Catalogne et dans la péninsule Ibérique. Une étape, somptueuse, entre la manière française précédente et le gothique international qui lui fait suite. C'est, pense-t-on généralement, à la suite d'un voyage en Italie effectué vers 1325, que Bassa découvrit les maîtres italiens, Duccio, Giotto, mais aussi l'école siennoise de la génération suivante, Simone Martini, ou les frères Lorenzetti. Il fut un des peintres les plus prisés de son époque : artiste favori de Pierre le Cérémonieux, il fut aussi celui des puissantes familles du royaume aragono-catalan. À la tête d'un important atelier, il exécuta la décoration de leurs palais et de leurs chapelles à Barcelone, Lérida, Perpignan ou encore Majorque. C'est donc à un artiste au faîte de sa gloire que l'abbesse de Pedralbes demanda de décorer sa minuscule cellule de jour. Il en résulta un magnifique cycle de peintures murales, aux couleurs merveilleusement préservées. ●

La collection Thyssen-Bornemisza★★★

> *Au 1er étage ; accès par la galerie du cloître.*

Les œuvres réunies ici proviennent du fonds rassemblé à partir des années 1930 par le baron Heinrich Thyssen-Bornemisza, puis par son fils Hans. L'essentiel de cette collection extraordinaire léguée à l'État espagnol en 1993 est présenté à **Madrid**. Barcelone en possède une sélection, peu nombreuse mais d'un intérêt exceptionnel, qui brosse à grands traits un somptueux panorama de la vie artistique européenne, entre le XIIIe s. et l'âge baroque.

Les œuvres sont présentées dans l'ancien dortoir des religieuses, puis dans une salle qui appartenait au palais de la reine Élisende. Le mur de droite du dortoir et de la salle suivante est entièrement consacré à la peinture italienne ; celui de gauche met en regard la production des peintres du reste de l'Europe. L'énoncé de quelques noms présents dans la collection suffit à en dire la qualité : Tadeo Gaddi, le disciple de Giotto, Lorenzo Monaco, Fra Angelico, Lorenzo Lotto, Titien, Tintoret, Véronèse pour la peinture italienne ; et pour la peinture européenne Lucas Cranach, Rubens, Zurbarán, ou Velázquez. ●

Barcelone en trois mouvements

Vue panoramique de Barcelone prise du Mirador de Colom vers 1909.

De la cité provinciale qui, au milieu du XIXe s., étouffait dans le corset de ses remparts médiévaux à la grande métropole de dimension européenne d'aujourd'hui, trois événements ont décidé la croissance urbaine de Barcelone. Deux expositions internationales, l'une en 1888, l'autre en 1929, et l'organisation des jeux Olympiques en 1992. À chaque fois, les habitants de la ville s'enthousiasmèrent pour le projet et le rendirent possible grâce à leur participation active. C'est que ces événements sonnaient aussi comme autant de défis au pouvoir de Madrid.

L'Exposition universelle de 1888

En 1885, un groupe d'industriels barcelonais présente un projet à la municipalité : ils souhaitent prendre en charge l'organisation d'une Exposition universelle qui témoignerait devant le monde entier du dynamisme catalan. Ils obtiennent facilement l'autorisation et un terrain, celui de l'**ancienne citadelle**, rendue à Barcelone par l'armée en 1868. Le projet commence à prendre corps lorsque, à un an de la date prévue pour l'inauguration, le consortium privé, à bout de ressources, jette l'éponge. Pour ne pas perdre la face devant le monde entier, et peut-être, pire encore, devant Madrid, la municipalité de Barcelone décide de relever le défi et d'assumer l'organisation de la manifestation. Débute alors une véritable course contre la montre. Pour édifier les pavillons de l'Exposition, on fait appel à des architectes locaux : leurs innovations signent l'acte de naissance du **modernisme catalan**. La **lumière électrique** fait son apparition sur les grandes avenues qui conduisent à l'Exposition : les Ramblas et le passeig de Colom, où l'hôtel International est construit en cinquante-trois jours. Si l'Exposition remporta un succès international honorable, elle apparut surtout comme un événement majeur sur le plan national. Les autorités catalanes y avaient démontré leur capacité de mener à bien un projet de dimension internationale, sans le secours de Madrid.

L'Exposition internationale de 1929

Le succès de 1888 va dès lors constituer une référence pour les mouvements catalanistes. Dès 1905, **Puig i Cadafalch** avance l'idée d'une seconde Exposition. En 1913, le site est choisi : comme en 1888, et comme auparavant pour l'Eixample de Cerdà, il s'agit de terrains pris aux militaires : la **colline de Montjuïc**, couronnée par la forteresse qui, depuis des siècles, tient Barcelone en respect. Au pied de la colline, un nouveau quartier est urbanisé autour de la place d'Espagne. Différée par la Première Guerre mondiale, l'Exposition ouvre finalement ses portes en 1929, dans les derniers mois de la dictature de Primo de Rivera.
Les pavillons témoignent de l'évolution des goûts de la bourgeoisie catalane : un **néo-classicisme** un peu grandiloquent, illustré par le pavillon principal, l'actuel MNAC *(p. 154)*. On y trouve aussi quelques représentants de l'avant-garde, comme dans le pavillon allemand dessiné par **Mies van der Rohe**.
Les pentes de la colline, naguère des campagnes où venaient pique-niquer les Barcelonais, sont apprivoisées en **jardins paysagers**.

Vue de la Barcelone moderne depuis la Sagrada Familia.

Les défis du XXIe siècle

Dans les dernières années du XXe s., Barcelone s'est offert un nouvel **aggiornamento architectural**. C'est qu'elle entend rester la grande place économique et industrielle qu'elle est depuis deux siècles. Mais elle doit faire face aujourd'hui à la concurrence d'autres villes d'Espagne qui, elles aussi, ont rejoint le train de l'européanisation, en développant les secteurs des nouvelles technologies. Ainsi Madrid, mais également Valence, la rivale historique. Pour se rendre attractive, Barcelone doit à nouveau prouver son dynamisme. De grands chantiers sont ouverts sur lesquels sont convoqués les grands architectes contemporains : **Bofill** pour l'**aéroport**, **Meier** pour le **musée d'Art contemporain**. Les derniers grands travaux ont eu lieu à l'occasion des jeux Olympiques de 1992, pour lesquels a été réaménagé le front de mer avec, pour figure de proue, les **tours jumelles** de **Frank O. Gehry**, le concepteur du musée Guggenheim à Bilbao. ●

Aux environs de Barcelone

Plan VIII : aux environs de Barcelone

Depuis la capitale catalane, trois jolies excursions sont réalisables dans la journée : Sant Cugat del Vallès, aux portes de la ville avec son splendide ensemble monastique roman ; Montserrat, le sanctuaire national catalan ; l'élégante station balnéaire de Sitges où l'on peut aussi séjourner très agréablement.

Sant Cugat del Vallès*

> *À 19 km N du centre. Quitter la ville par le tunnel de Vallvidrera* **hors pl. I par C1** *en suivant tout droit la via Augusta. Cloître ouv. mar.-sam. 10 h-13 h 30 et 15 h-17 h 30 (18 h 30 juin-sept.), dim. et j.f. 10 h-13 h 30. F. lun. Entrée libre. Visite : 1 h.*

Grâce au tunnel qui relie rapidement la localité, au pied du flanc nord-ouest du Tibidabo, Sant Cugat est devenue une ville satellite de la capitale où beaucoup d'habitants sont venus rechercher le calme. Le monastère s'élève au centre de la ville. Fondé au XIe s., il est l'héritier d'un ancien lieu de culte paléochrétien – sans doute autour de la sépulture de saint Cucufas (Cugat en catalan), martyr sous le règne de Dioclétien (284-305) –, puis wisigothique. L'ensemble fut construit sur les bases d'un *castrum* romain dont les archéologues ont identifié quelques vestiges, les bases de deux tours semi-circulaires. Les fouilles se poursuivent pour mettre au jour les traces du premier lieu de culte.

L'église*

Elle présente un plan basilical à trois nefs prolongées par trois absides et offre une belle illustration de la transition du roman au gothique. Ainsi, la **façade** est gothique, avec son tympan présentant des traces de polychromie et son unique statue de la Vierge pour toute décoration ; gothique aussi la partie supérieure du campanile, alors que sa base est romane. À l'intérieur, les **trois absides** sont caractéristiques de la période romane, celle du centre ayant reçu plus tard une baie ogivale tandis que les chapelles latérales sont un ajout postérieur (XVIe s.). Dans l'abside droite est conservée le splendide **retable de Santa Maria de Tots els Sants****, œuvre de Pere Serra (vers 1400), héritier de la manière italianisante de Ferrer Bassa *(encadré p. 167)* et dont *La Vierge des anges et les saints*, très proche du présent retable, est exposée au MNAC de Barcelone (section VII, *p. 157*).

Le cloître

Si la partie supérieure est une addition du XVIe s., le rez-de-chaussée est une pure création de l'art roman de la fin du XIIe s. Les 144 **chapiteaux**★★ sont particulièrement remarquables avec leur décoration historiée de chasseurs et de chevaliers, de scènes de la vie monastique, d'animaux fantastiques et d'épisodes de l'Ancien et du Nouveau Testament. Sur le chapiteau de l'angle nord-est figure la représentation d'un sculpteur au travail ; une inscription sur le pilier contigu semble identifier le personnage : Arnau Cadell, sculpteur dont le texte rappelle qu'il fut le maître d'œuvre de la décoration du cloître.

Montserrat★

> *À 42 km N-O de Barcelone. Quitter la ville en direction de Manresa* **hors pl. I par B1**. *L'abbaye est perchée au-dessus du village de Monistrol : 1 km env. avant de l'atteindre, il faudra laisser la voiture au parc de stationnement payant, et poursuivre à pied. On peut aussi la laisser à Monistrol et emprunter le funiculaire qui conduit à l'abbaye.* ***Accès en bus*** *: depuis Estació de Sants* **I-A1**, *départ à 9 h, retour à 17 h ;* ***en train (Ferrocarril)*** *: depuis la plaça d'Espanya* **I-A2**, *départs toutes les heures ☎ 938.77.77.77, < www.abadia montserrat.net >.* ***Basilique*** *ouv. t.l.j. 8 h-20 h 30 ; entrée libre.* ***Musée*** *ouv. lun.-ven. 10 h-18 h, sam.-dim. 9 h 30-18 h 30. Entrée payante. Visite : 3 h.*

Spectaculairement niché au cœur d'un splendide paysage de montagne, le monastère de Montserrat est le sanctuaire de la célèbre **Vierge noire**, la patronne de la Catalogne. Lieu de pèlerinage religieux, sanctuaire national, l'abbaye, dont les bâtiments modernes n'offrent guère d'intérêt, abrite une exceptionnelle collection d'art. Les alentours sont l'occasion de plusieurs possibilités de promenade, à pied ou en téléphérique. Une belle excursion qui permet d'approcher l'âme catalane. Ne manquez pas la **messe** quotidienne en grégorien *(t.l.j. à 11 h)* et l'**hymne à la Vierge** chanté par la chorale du monastère *(t.l.j. à 13 h)*.

La basilique

Si le premier prieuré bénédictin fut fondé en ce lieu au XIe s., rien ne subsiste de son riche passé architectural : le monastère fut quasiment

Au cœur d'un chaos minéral trône le monastère de Montserrat, le sanctuaire national catalan.

histoire

Montserrat, sanctuaire national

Pour les Catalans, plus qu'un lieu de pèlerinage, l'abbaye représente un véritable sanctuaire national, où se jouèrent plusieurs actes décisifs de leur longue histoire. Durant les guerres napoléoniennes, ce nid d'aigle servit de refuge à la junte patriotique, chassée des villes occupées par les Français. Ce qui lui valut d'être pillé et incendié en représailles par les troupes du maréchal Suchet, en 1811.

Abandonnée en 1835 à la suite de la sécularisation des biens monastiques, l'abbaye est repeuplée dès 1844 et devient le **refuge du nationalisme catalan**. Plus près de nous, elle fut un des hauts lieux de la **contestation antifranquiste**. En 1959 sort de ses imprimeries, toujours très actives, la ***Serra d'Or***, première revue en catalan alors que l'usage de cette langue est interdit par le pouvoir de Madrid. En 1963, son abbé, Aureli Escarré, signa un retentissant article dans le journal *Le Monde* où il dénonçait le caractère antichrétien du régime, alors que l'immense majorité de la hiérarchie religieuse soutenait le pouvoir. En 1971, ce sont plusieurs centaines d'intellectuels qui s'y enferment, assiégés par la police, pour protester contre le procès de Burgos où sont jugés six militants antifranquistes de l'ETA. ●

détruit durant les guerres napoléoniennes. Les bâtiments actuels, élevés aux XIXe et XXe s., ne présentent qu'un intérêt anecdotique. Plus frappante, en revanche, l'extraordinaire dévotion des fidèles – on en compte plus de 2 millions par an – qui viennent baiser la **statue de la Vierge noire**, une sculpture sur bois du XIIe s. hissée sur un socle d'argent *(accès à la Vierge autorisé : 8 h-10 h 30, 12 h-18 h 30 et 19 h 30-20 h 15)*.

Le musée★★

Ses immenses salles aménagées sous le parvis de la basilique présentent une splendide collection de peintures dont l'intérêt dépasse le cadre strictement religieux. On y trouve en effet de nombreuses œuvres de deux des figures emblématiques du modernisme catalan *(voir p. 58)*, **Santiago Rusiñol** et **Ramon Casas**, avec des sujets on ne peut plus profanes, comme la belle *Madeleine* (Ramon Casas), jeune femme fumant le cigare saisie à la terrasse d'un café. Les grands noms de la peinture catalane et espagnole des XIXe et XXe s. sont également présents avec Sorolla, Ramon Martí i Alsina, Romero de Torres ou encore Marià Fortuny. Parmi les maîtres anciens, citons le Gréco, Tiepolo, Caravage ; également importante réunion d'impressionnistes avec Renoir, Sisley, Pissarro, Degas ou encore Monet.

Le musée présente aussi une **collection archéologique** consacrée au monde biblique : Palestine, Mésopotamie, Égypte, Chypre. Elle fut réunie par le moine Bonaventura Ubach i Medir (1879-1960), orientaliste érudit qui effectua de nombreux séjours au Moyen-Orient.

Sitges★★

> À 42 km S-O de Barcelone. Compter 1 h de trajet en voiture. ***Accès en train*** *: Estació de Sants* **I-A1**, *départs toutes les 20 mn ;* ***en bus*** *: compagnie Mon-bus, départ de la ronda de la Universitat* **I-C2**. ***Carnet d'adresses*** *p. 183.*

La station chic de la côte catalane a échappé à la fureur bétonnière des promoteurs immobiliers. On y trouve au contraire, face à sa belle et longue plage, une succession d'hôtels particuliers, construits pour la plupart par les *Americanos*, émigrés ayant fait fortune au Nouveau Monde et rentrés au pays.

Ce fut aussi, à la fin du XIXe s. un haut lieu du renouveau artistique avec les fêtes modernistes qu'y organisait Santiago Rusiñol et auxquelles assistait l'élite culturelle catalane. Les collections du **Museu Cau Ferrat**, la demeure où vécut Santiago Rusiñol, se font l'écho de ces audaces. Pour le reste, Sitges conserve un **vieux quartier** aux ruelles pentues du temps où la localité abritait un modeste village de pêcheurs.

Un agréable but d'excursion d'une journée à partir de Barcelone. On peut choisir d'y passer la nuit (ou plusieurs nuits), pour profiter de la chaude ambiance de cette station balnéaire branchée qui fait figure de Saint-Tropez catalan : les soirées y commencent à l'heure de l'apéritif et ne se terminent qu'au petit jour.

Museu Cau Ferrat**

> Carrer Fonollar ☎ 938.94.03.64. Ouv. mar.-ven. 10 h-13 h 30 et 15 h-18 h 30, sam. 10 h-19 h, dim. 10 h-15 h ; en été mar.-dim. 10 h-14 h et 17 h-21 h. F. lun. tte l'année. Entrée payante : le billet donne également accès au Museu Romàntic et au museu Maricel. Visite : 1 h.

La retraite *(cau)* de Santiago Rusiñol fut, selon les vœux de l'artiste, ouverte au public dès 1933, deux années après sa mort. Dans ce temple du modernisme sont conservées ses collections : des pièces anciennes de ferronnerie, pour laquelle il entretenait une véritable passion (d'où le nom de Ferrat donné à la demeure), ainsi que plus de 200 céramiques, les plus anciennes datant du XIVe s., témoignages de l'artisanat populaire que Rusiñol recueillit dans toute la péninsule Ibérique. On y trouve aussi des œuvres du maître des lieux ainsi que de ses amis et contemporains.

Les pièces les plus importantes se trouvent à l'étage, avec les collections de fer forgé : il s'agit de deux

Le charme et l'animation de Sitges, à une heure de route de Barcelone.

œuvres du Gréco, ***Madeleine pénitente*** et les ***Larmes de saint Pierre*** que Rusiñol acheta à Paris en 1894. L'installation de ces deux chefs-d'œuvre la même année, lors de la troisième fête moderniste, donna lieu à une des manifestations les plus spectaculaires organisées par l'avant-garde catalane. De la gare du chemin de fer, où ils arrivèrent, au Cau Ferrat, les deux tableaux furent portés en procession à travers la ville, suivis par les artistes les plus en vue de l'époque. Sur le parcours, les habitants applaudissaient en lançant des fleurs sur le cortège.

Museu Maricel*

> *Carrer Fonollar ☎ 938.94.03.64. Ouv. 10 h-13 h 30 et 15 h-18 h 30, sam. 10 h-19 h, dim. 10 h-15 h ; en été mar.-dim. 10 h-14 h et 17 h-21 h. F. lun. Entrée payante. Visite : au moins 1 h.*

Cette vaste construction, qui s'étend des deux côtés de la rue, les deux ailes étant reliées par un pont, fut construite en 1910 par un riche esthète américain, Charles Deering, qui y demeura jusqu'en 1921. En 1970, la municipalité en fit l'acquisition afin d'y abriter des collections riches et hétéroclites.

• **Le rez-de-chaussée**. Il présente des peintures et des sculptures romanes et gothiques, parmi lesquelles se distinguent les fragments d'un retable exécuté par les **frères Pere et Jaume Serra** (*p. 159*). L'ancien vestibule de la demeure (*salle VII*) a retrouvé sa décoration d'origine : un ensemble de six allégories peintes par **Josep Maria Sert** (musée d'Art moderne de Barcelone, salle 15, *p. 143*) en 1917 sur le thème de la Première Guerre mondiale.

• **Les étages**. Le 1er étage présente une collection de meubles et d'objets d'ameublement de la période baroque jusqu'au XVIIIe s. Le 2e étage expose des œuvres d'artistes du XIXe s. à nos jours liés à la ville de Sitges. On trouve également à ce même niveau une collection marine, avec maquettes de bateau et instruments de navigation.

Museu Romàntic

> *Carrer Sant Gaudenci ☎ 938.94.29.69. Ouv. 10 h-13 h 30 et 15 h-18 h 30, sam. 10 h-19 h, dim. 10 h-15 h ; en été mar.-dim. 10 h-14 h et 17 h-21 h. F. lun. Entrée payante. Visite : 1 h.*

Comme son nom l'indique, ce musée nous ramène à une époque antérieure au modernisme. La demeure tout d'abord, un sobre édifice néo-classique construit en 1793. Les collections ensuite : un ensemble de pièces meublées et décorées qui restituent la vie du XIXe s. dans la haute société. Plusieurs audiovisuels complètent la perspective. Le **2e étage*** ravira les amateurs de poupées : ils y découvriront plus de 400 exemplaires de ces délicats jouets, du XVIIe au XIXe s. ●

Carnet d'adresses

Réverbères des magasins Corte Inglés, sur la place de Catalogne.

🛈 **Office du tourisme**, plaça de Catalunya **II-B1**. *Ouv. t.l.j. 9 h-21 h* ☎ 906.30.12.82 ; rens. hôteliers ☎ 933.04.32.32. Et plaça de Sant Jaume, dans le bâtiment de l'hôtel de ville **III-A2**. *Ouv. lun.-sam. 10 h-20 h, dim. et j.f. 10 h-14 h* ☎ 933.02.42.00, < www.barcelonaturisme.com >. Tourisme de Catalogne : < www.gencat.es/probert >.

> ***Plan I*** *(ensemble) p. 118-119,* ***plan II*** *(Ramblas) p. 121,* ***plan III*** *(Barri Gòtic) p. 126,* ***plan IV*** *(Ribera) p. 135,* ***plan V*** *(bord de mer) p. 144,* ***plan VI*** *(Eixample) p. 147,* ***plan VII*** *(Montjuïc) p. 153.*

Circuler

• **En métro** *(plan en rabat arrière de couverture)*. Bon marché et commode, son réseau de 5 lignes couvre toute la ville; pratique pour relier rapidement deux centres d'intérêt éloignés *(lun.-jeu. 5 h-23 h ; ven., sam. et veilles de fêtes 5 h-2 h ; dim. 6 h-0 h)*. Il existe des **forfaits** de 1, 3 ou 5 j.; des cartes valables pour dix trajets, éventuellement pour plusieurs personnes, en métro ou en bus. La **Barcelona Card**, forfaits 1, 2 ou 3 j., permet d'emprunter librement tous les transports urbains de Barcelone; réductions dans une centaine de lieux touristiques (sites, musées, magasins, restaurants) : en vente dans les offices du tourisme.

• **En bus**. Barcelone est dotée d'un réseau de **bus urbains** très dense, mais pas toujours pratiques à utiliser pour les voyageurs fraîchement débarqués (plans disponibles à l'office du tourisme). Il existe aussi **deux lignes de bus touristiques**, **rouge** pour les quartiers nord, **bleue** pour le sud *(fréquence 10 à 30 mn)*. Ils desservent tous les sites et centres d'intérêt majeurs. Des forfaits de 1, 2 ou 3 j. sont en vente à l'office du tourisme de la plaça de Catalunya. Ils vous permettent de les prendre à n'importe quel arrêt, et d'avoir droit à des réductions dans de nombreux lieux touristiques (Sagrada Familia, monastère de Pedralbes, MNAC, Palau de la Música Catalana...).

• **En voiture**. À proscrire dans le centre-ville en raison des difficultés de stationnement. L'usage d'une voiture ne se justifie que pour la visite des différents sites de la **colline de Montjuïc** *(p. 153)* et celle du **monastère de Pedralbes**, excentré *(p. 166)*.

• **À pied**. C'est la meilleure solution pour découvrir le centre, le Barri Gòtic, la Ribera, les Ramblas et l'Eixample.

Adresses utiles

• **Aéroport**. L'aéroport d'**El Prat** se trouve à 12 km au S du centre-ville **hors pl. I par A2**. Rens. ☎ 932.98.38.38, < www.aena.es/ae/bcn/homepage.htm >. Il possède trois terminaux, A, B et C. Bureaux du tourisme dans les terminaux A et B *(ouv. t.l.j. 9 h-21 h)*. Pour rejoindre le centre-ville, vous aurez le choix entre les **taxis**, le **bus** *(départ de chaque terminal toutes les 15 mn environ, lun.-ven. 6h30-23h, sam., dim. et j.f. 6h30-22h50)* : dans le centre, arrêt plaça de Catalunya, au passeig de Gràcia, et plaça d'Espanya ; ou le **train**, moyen le plus rapide *(20 mn jusqu'à la plaça de Catalunya ; départ toutes les 25 mn, t.l.j. 6h-22h)*. Consigne à bagages dans le terminal B.

• **Compagnies aériennes**. **Air France**, 56 passeig de Gràcia **VI-A1** ☎ 901.11.22.66. **Iberia**, 30 passeig de Gràcia **VI-A2** ☎ 902.40.05.00.

• **Consulats**. **France**, 22 ronda de la Universitat **VI-A2** ☎ 932.70.30.30. **Belgique**, 303 carrer de la Diputació **VI-B2** ☎ 934.67.70.80. **Suisse**, 94 gran via Carles III **hors pl. I par A1** ☎ 933.30.92.11. **Canada**, 10 carrer Reina Elisenda **hors pl. I par A1** ☎ 932.04.27.00.

• **Gares ferroviaires**. **Renfe** : rens. ☎ 934.90.02.02, < www.renfe.es/cerca >. **Estació de Sants**, plaça dels Països Catalans, **M°** Sants Estació **I-A1** ☎ 934.95.62.15 et 934.90.38.51. Grandes lignes nationales. **Estació de França**, avinguda Marquès de l'Argentera, **M°** Barceloneta **IV-A3** ☎ 934.96.34.64/934.96.30.06. Lignes internationales.

• **Gares routières**. **Estació del Nord**, 80 carrer d'Alí Bei, **M°** Arc de Triomf **IV-B1** ☎ 932.65.65.08. Lignes nationales. **Estació de Sants**, carrer Viriat, **M°** Sants Estació **I-A1**. Grandes lignes nationales et internationales.

• **Location de voitures**. **Avis**, 235 carrer d'Aragó **VI-A2** ☎ 934.87.87.54. **Europcar**, 680 gran via de les Corts Catalanes **VI-B2** ☎ 933.02.05.43 ; également à l'aéroport **hors pl. I par A2** ☎ 932.98.33.00, et à la gare de Sants **I-A1** ☎ 934.91.48.22. **Hertz**, 382 carrer d'Aragó **VI-B2** ☎ 932.70.03.30.

• **Objets trouvés** ☎ 010.

• **Poste centrale**. **Jefatura Provincial de Correos de Barcelona**, plaça d'Antonio López **V-B1** ☎ 902.19.71.97. *Ouv. lun.-sam. 8h30-21h30.*

• **Taxis**. **Barnataxi** ☎ 933.57.77.55. **Radio movil** ☎ 933.58.11.11. **Radio taxi** ☎ 934.90.22.22.

• **Urgences**. **Ambulances** ☎ 933.00.20.20. **Assistance aux touristes** ☎ 933.01.90.60. **Hôpitaux** ☎ 934.27.20.20. **Pertes de cartes de paiement** (24 heures/24) : Visa/MasterCard/Eurocard ☎ 933.15.25.12. American Express ☎ 915.72.03.03. Diners Club ☎ 915.47.40.00. **Pharmacies de garde** ☎ 010 ou ☎ 934.81.00.60. **Police** ☎ 091. **Urgences médicales** ☎ 061. **Vols de voitures** ☎ 092.

Hébergement

▲▲▲▲▲ **Arts Barcelona**, 19-21 carrer de la Marinera **hors pl. I par D3** ☎ 932.21.10.00, fax 932.21.10.70, < ritzcarlton.com/hotels/barcelona>. *397 ch.* Installé dans une des deux tours dessinées par Frank O. Gehry pour les jeux Olympiques de 1992, c'est un des hôtels de grand luxe de Barcelone. Depuis les chambres, vues magnifiques sur le port et la ville.

▲▲▲▲ **Avenida Palace**, 605 gran via de les Corts Catalanes **VI-B2** ☎ 933.01.96.00, fax 933.18.12.34, < avenidapalace.com >. *159 ch.* modernes et bien équipées. Grand hôtel de style ancien et cossu au beau milieu du quartier chic de l'Eixample. Boiseries et dorures sont au rendez-vous dans les parties communes.

▲▲▲▲ **Colón**, 7 avinguda de la Catedral **III-B1** ☎ 933.01.14.04, fax 933.17.29.15, < hotelcolon.es >. *147 ch.*

à savoir

Pour l'hébergement, vous pouvez contacter l'**Association des hôteliers** : < www.barcelona hotels.com >. •

Malgré des rénovations en 1992, le Colón a conservé son charme et son confort cossu du début du XXe s., lorsqu'il accueillait la haute société en villégiature dans la cité comtale. Les chambres du dernier étage sont pourvues de somptueuses terrasses.

▲▲▲▲ **Condes de Barcelona**, 75 passeig de Gràcia **VI-A1** ☎ 934.67.47.80, fax 934.67.47.81, < condesdebarcelona.com >. *183 ch.* spacieuses et ultra-modernes, décorées tout comme les parties communes dans un goût contemporain épuré. En plein cœur du Quadrat d'Or, entre la Pedrera et la Mançana de la Discòrdia. Rénové en 1997, l'hôtel occupe deux des splendides immeubles modernistes qui ont fait la gloire du quartier. Piscine.

▲▲▲▲ **Cristal Palace** ♥, 257 carrer de la Diputació **VI-A2** ☎ 934.87.87.78, fax 934.87.90.30, < www.hotelcristalpalace.com >. *148 ch.* Derrière une haute façade de verre un peu décourageante se dissimule un des derniers-nés de l'hôtellerie barcelonaise : l'hôtel a été entièrement rénové en 2000 dans un esprit résolument postmoderne avec ses alliances de bois et de métal, son mobilier de créateurs, et, dans les chambres, ses équipements ultra-modernes. Clientèle on ne peut plus branchée.

▲▲▲▲ **Rivoli**, 128 Rambla dels Estudis **II-B1** ☎ 933.02.66.43, fax 933.17.50.53. *89 ch.* Moderne et de grand confort pour qui souhaite résider en plein cœur de l'animation. Et après la visite des quartiers historiques de la ville, rien de tel qu'un petit plongeon dans la piscine.

▲▲▲ **Astoria**, 203 carrer Paris **I-C1** ☎ 932.09.83.11, fax 932.02.30.08. *114 ch.* Dans le haut de l'Eixample mais à distance raisonnable de la plaça de Catalunya et du centre que l'on peut rejoindre aisément à pied.

▲▲▲ **Catalonia Albinoni** ♥, 17 portal de l'Àngel **II-B1** ☎ 933.18.41.41, fax 933.01.26.31, < albinoni@hoteles-catalonia.es >. *74 ch.* Du bon usage de la réhabilitation des édifices anciens : l'hôtel ouvert en 1988 est installé dans un palais classique du XVIIe s., dont les nobles volumes s'ordonnent autour d'un patio à l'imposant escalier de marbre ; agréable salle de petit déjeuner ouverte sur un jardin et grand confort. Magnifiquement situé à deux pas de la cathédrale, des Ramblas et de la plaça de Catalunya. Belle adresse.

budget

Hébergement

En haute saison, pour une chambre :

▲▲▲▲▲ plus de 200 €

▲▲▲▲ de 120 à 200 €

▲▲▲ de 80 à 120 €

▲▲ de 40 à 80 €

▲ de 20 à 40 €

Restaurants

Prix pour un menu complet (boisson non comprise) :

♦♦♦♦ de 60 à 100 €

♦♦♦ de 30 à 60 €

♦♦ de 15 à 30 €

♦ de 6 à 15 € ●

▲▲▲ **Gran Via**, 642, gran via de les Corts Catalanes **VI-B2** ☎ 933.18.19.00, fax 933.18.99.97. *53 ch.* Bon confort classique, en plein centre du Quadrat d'Or *(p. 147)*, le quartier le plus prestigieux de l'Eixample. Pas de restaurant.

▲▲▲ **Guillermo Tell**, 49 carrer Guillem Tell **hors pl. I par C1** ☎ 934.15.40.00, fax 932.17.34.65, < www.guillemhotel.com >. *61 ch.* Excellent confort à deux pas de la plaça Molina et de sa quasi mythique Molina Charcutería *(p. 24)* où se presse le tout-Barcelone des gastronomes. Un bon emplacement pour qui veut partager le quotidien d'un sympathique quartier, loin des concentrations touristiques mais à distance raisonnable du centre-ville.

▲▲▲ **Montecarlo**, 124 Rambla dels Estudis **II-B1** ☎ 934.12.04.04, fax 933.18.73.23. *76 ch.* Un bon hôtel de confort situé dans le haut des Ramblas, près de la plaça de Catalunya.

▲▲▲ **Nouvel** ♥, 18-20 carrer Santa Anna **II-B1** ☎ 933.01.82.74, fax 933.01.83.70. *69 ch.* rénovées. Ouvrant sur la jolie carrer Santa Anna, une des plus commerçantes de la vieille ville, le Nouvel a conservé la décoration moderniste de ses débuts : sols de marbre, boiseries et fer forgé jusqu'au vénérable ascenseur qui continue de conduire les hôtes vers leurs chambres. Un grand charme donc, pour un confort simple mais satisfaisant.

▲▲▲ **Paseo de Gràcia**, 102 passeig de Gràcia **VI-A1** ☎ 932.15.58.24, fax 932.15.37.24. *33 ch.* L'hôtel occupe les trois derniers étages d'un imposant immeuble, bon confort, pas du dernier moderne cependant. Très bien situé. Excellent accueil.

▲▲▲ **Regencia Colón**, 13-17 carrer Sagristans **hors pl. III par B1** ☎ 933.18.98.58, fax 933.17.28.22, < www.hotelregenciacolon.com >. *55 ch.* Les parties communes un peu ternes servent d'introduction à des chambres sans grande originalité mais de tout confort. Excellente situation à proximité immédiate de la cathédrale et du Barri Gòtic.

▲▲ **Jardi**, 1 plaça Josep Oriol **II-B2** ☎ 933.01.59.00, fax 933.18.36.64. *35 ch.* très simples, mais confortables et propres. Remarquablement situé à l'ombre de la basilique Santa Maria del Pi, au centre du Barri Gòtic. Clientèle plutôt jeune et routarde.

▲▲ **Via Augusta**, 63 via Augusta **I-C1** ☎ 932.17.92.50, fax 932.37.77.14. *52 ch.* Petit hôtel simple dans le haut de l'Eixample. Bien tenu et accueil sympathique. Tout près de la plaça de Molina.

▲ **Call**, 23 carrer de la Boqueria **II-B2** ☎ 933.18.18.82, fax 933.18.19.73. *26 ch.* Simple, au cœur de l'animation du Barri Gòtic.

▲ **Condal**, 4 carre de Sant Ramon del Call **III-A1** ☎ 933.02.11.23, fax 933.01.34.86. *53 ch. avec s.d.b.* Bien situé, propre et bon marché. Pas de petit déjeuner.

▲ **Pension Dali**, 12 carrer de la Boqueria **II-B2** ☎ 933.18.55.80, fax 933.18.55.80, < pensiondali@wanadoo.es >. *57 ch. dont 36 avec s.d.b.* Sympathique et bon accueil.

Restaurants

♦♦♦♦ **Jean-Luc Figueras**, 10 carrer Santa Teresa **VI-A1** ☎ 934.15.28.77. *F. sam. midi et dim.* Ce chef français est devenu une vedette dans le monde gastronomique barcelonais, en renouvelant et modernisant la cuisine traditionnelle catalane. Sa manière a inspiré beaucoup de nouveaux chefs catalans, adeptes de la cuisine d'auteur. Le nouveau restaurant de Figueras est aménagé dans une magnifique demeure de l'Eixample, ancien atelier du couturier Balenciaga. Chic, cher. *Rés. indispensable.*

♦♦♦ **Reno**, 27 carrer Tuset **I-C1** ☎ 932.00.91.29. *F. sam. midi.* Une institution gastronomique barcelonaise, rendez-vous des gens en vue de la cité comtale. Cuisine traditionnelle maîtrisée à la perfection.

♦♦♦ **Via Veneto**, 10-12 carrer Ganduxer **hors pl. I par B1** ☎ 932.00.72.44. *F. dim.* Autre temple de la gastronomie locale, considéré comme un des meilleurs restaurants de la ville. Joli cadre moderniste. Excellente cave.

♦♦ **Agut** ♥, 16 carrer Gignás **V-A1** ☎ 933.15.17.09. *F. dim. soir, lun. et en août.* Belle carte de solides et goûteuses spécialités catalanes servies dans un joli cadre sans prétention ; les familles s'y retrouvent gaiement au coude à coude avec une clientèle plus branchée, de la mode ou des médias.

♦♦ **Agut d'Avignon**, 3 carrer Trinitat **II-B2** ☎ 933.02.60.34. *Ouv. t.l.j.* Bonne table de spécialités franco-catalanes, réputée depuis 1962 ; cadre rustique, excellente cave à prix abordables.

♦♦ **Botafumeiro**, 81 carrer Gran de Gràcia **I-C1** ☎ 932.18.42.30. *Ouv. t.l.j.* Spécialités galiciennes avec en vedette les fruits de mer et les poissons. Grande salle et bar où l'on peut déguster plus rapidement des *raciónes*, spécialités du chef. Belle cave de vins galiciens.

♦♦ **Ca l'Isidre**, 12 carrer les Flors **hors pl. VII par B2** ☎ 934.41.11.39. *F. dim. et j.f.* Cuisine catalane et décoration de peintures contemporaines et de gravures anciennes.

♦♦ **Casa Leopoldo**, 24 carrer de Sant Rafael **II-A2** ☎ 934.41.30.14. *F. lun., Semaine sainte et août.* À deux pas du marché central de Barcelone, belle carte de spécialités catalanes, servies avec bonne humeur dans un joli cadre orné de carreaux de faïence.

♦♦ **Gorría**, 421 carrer de la Diputació **VI-B2** ☎ 932.45.11.64. *F. dim. et août.* Spécialités basco-navarraises exécutées de main de maître par Javier Gorría, un nom qui compte dans le cœur des gastronomes barcelonais.

♦♦ **Set Portes** ♥, 14 passeig Isabel II **V-B1** ☎ 933.19.30.33. *Ouv. t.l.j.* Ouverte en 1836, cette institution a retrouvé son lustre d'antan : une brasserie chic décorée dans le goût bourgeois de la fin du XIXe s. La carte est renommée pour l'infinie déclinaison de ses spécialités de riz et de fruits de mer. Visite obligatoire lors d'un séjour à Barcelone. À défaut d'une réservation, préparez-vous à une longue attente, notamment durant le week-end.

♦♦ **Suquet de l'Amirall**, 65 passeig Nacional **V-B1** ☎ 932.21.62.33. *F. dim. soir et lun.* Le grand restaurant de poissons et de fruits de la Barceloneta. À ne pas manquer pour les amateurs. Belle cave.

Hommage au Chat Noir parisien, le café des Quatre Gats fut le haut lieu de l'avant-garde barcelonaise.

♦ **Bistrot de Bruno**, 14 carrer Oliana **hors pl. I par C1** ☎ 932.01.63.69. *F. sam. midi et dim.* Courte carte de délicieuses spécialités françaises dans un joli cadre plutôt intime.

♦ **Casa Majó**, 23 carrer Almirant Aixada **hors pl. V par B1** ☎ 932.21.54.55. *F. dim. soir et lun.* Excellents poissons et fruits de mer servis sans prétention dans la salle à la décoration minimale, ou en saison sur l'agréable terrasse face à la plage de la Barceloneta. Spécialités de riz et de *suquets* (ragoûts de poissons) ; carte de vins à petits prix.

♦ **Els Quatre Gats**, 3bis carrer Montsió **hors pl. II par B1** ☎ 933.02.41.40. *F. dim. midi et août.* La découverte de la Barcelone moderniste ne saurait être complète sans un détour par cet ancien café : il fut le témoin des réunions des poètes et des écrivains de l'avant-garde barcelonaise de sa création en 1897 à sa fermeture en 1903. Dans la première salle s'attablaient les habitués sous le célèbre *Tandem* de

Ramon Casas *(illustration p. 142)*, tandis que la salle suivante servait de lieu d'exposition et de salle de spectacles. Dans un cadre évoquant cette époque, on sert aujourd'hui une honnête cuisine de brasserie.

♦ **Gran Café**, 9 carrer d'Avinyó **II-B2-3** ☎ 933.18.79.86. *Ouv. t.l.j.* Vaste salle de brasserie dans le goût de la fin du XIXe s., carte courte et renouvelée chaque jour. Sympathique et commode pour le déjeuner au cours de la visite de la vieille ville.

♦ **La Gran Tasca**, 129b carrer Balmes **hors pl. I par C1** ☎ 932.45.15.40. *Ouv. t.l.j.* Grande brasserie, plats simples et savoureux. Rapide et bon marché.

♦ **Lázaro**, 146b carrer Aribau **hors pl. I par C1** ☎ 932.18.74.18. *F. dim. et j.f.* Petit restaurant douillet où le chef propose une carte-mosaïque de spécialités de diverses régions d'Espagne : Andalousie, Pays basque, Castille…

♦ **Los Caracoles**, 14 carrer d'Escudellers **II-B3** ☎ 933.02.31.85. *Ouv. t.l.j.* Bien sûr, l'entrée du restaurant à travers les cuisines est on ne peut plus pittoresque et les photos accrochées aux murs témoignent que le lieu a connu les honneurs de célébrités internationales. Si le cadre et l'ambiance restent sympathiques, la cuisine est parfois un peu décevante. Très touristique.

♦ **Mariona**, 53 carrer Amigó **hors pl. I par C1** ☎ 932.01.18.30. *F. dim. soir, lun., et août.* Sympathique et coquet petit restaurant aux teintes pastel fréquenté majoritairement par une clientèle de jeunes actifs. Carte inventive de spécialités catalanes revisitées.

♦ **El Rincón d'Aragón**, 28 carrer del Carme **II-A1** ☎ 933.02.67.89. *F. dim. soir et lun.* Solides et goûteuses spécialités aragonaises dans un cadre rustique.

♦ **Taverna del Prior**, 18 carrer Ample **II-B3** ☎ 932.68.74.27. *F. dim. soir.* Sympathique, populaire et bon marché.

♦ **El Turia** ♥, 7 carrer Petxina **II-B2** ☎ 933.17.95.09. *F. dim.* Une autre étape incontournable du circuit des gastronomes à Barcelone ; à l'ombre du marché de la Boqueria, le restaurant propose une solide cuisine traditionnelle, savoureuse et sans chichis. Vins à petits prix.

Bars à tapas

À la mi-journée, il semble que tous les Barcelonais se retrouvent au coude à coude devant les *barras* chargées de victuailles : c'est l'heure des tapas qui serviront de déjeuner à la plupart d'entre eux. C'est dire qu'innombrables sont les bars à tapas, où l'on peut également commander une *ración*, part (ou demi-part) d'un des plats chauds du jour. Voici une sélection d'établissements très recommandables.

♦ **Cal Pep** ♥, 8 plaça de les Olles **IV-A3** ☎ 933.10.79.61. *F. lun. midi, dim. et j.f., et août.* On y mange au bar, juché sur des tabourets, des spécialités de poissons et de fruits de mer qui ont fait la réputation de cette maison. Quelques tables également au fond de la salle.

♦ **Casa Fernandez**, 46 carrer Santaló **hors pl. I par C1** ☎ 932.01.93.08. *Ouv. t.l.j.* Bar moderne en haut de l'Eixample ; excellentes tapas et *raciónes*. Intéressant pour qui loge dans un hôtel du quartier.

♦ **Euskal Etxea**, 1-3 placeta Montcada **IV-A2** ☎ 933.10.21.85. *F. dim. soir et lun.* Bar basque à l'ombre du chevet de Santa Maria del Mar.

♦ **Irati** ♥, 15 carrer del Cardenal Casañas **II-B2** ☎ 933.02.30.84. *F. dim. soir et lun.* Taverne basque à deux pas des Ramblas. Un des meilleurs, visite indispensable d'autant que l'établissement se trouve au cœur de la Barcelone touristique.

♦ **Pinotxo** ♥, Mercat de la Boqueria (accès par la Rambla de Sant Josep) **II-B2** ☎ 933.17.17.31. *Ouv. 6h-17h. F. dim.* Au cœur du marché central, son long bar accueille le savoureux dialogue des meilleurs produits des étals alentour ; spécialités d'escargots et de fruits de mer. Une étape indispensable autant pour la gastronomie que pour le pittoresque.

♦ **Sagardi**, 10 carrer de la Basea **IV-A2** ☎ 933.19.99.93. *Ouv. t.l.j.* Tout près de Santa Maria del Mar, une bonne étape pour quelques en-cas basques accompagnés de cidre. Également salle de restaurant.

♦ **Bar Turó**, 1 carrer Tenor Viñas **hors pl. I par B1** ☎ 932.00.69.53. *Ouv. t.l.j.* Maison sérieuse qui draine une clientèle d'habitués de ce quartier du haut de l'Eixample.

♦ **Txapela**, 8-10 passeig de Gràcia **VI-A1-2** ☎ 934.12.02.89. *Ouv. t.l.j.* Les tapas version moderne : les tapas sur le bar, et une carte assortie de photos pour les spécialités chaudes : bien pratique pour qui ne parle ni catalan ni castillan. Excellent et bondé à midi.

Gourmandises

Pâtisserie Escriba, 83 Rambla de les Flors **II-B2** ☎ 933.01.60.27. *Ouv. t.l.j. 9 h-21 h.* Une des plus célèbres pâtisseries de la ville, installée dans une ancienne pharmacie moderniste.

Gispert ♥, 23 carrer Sombreres **IV-A2** ☎ 933.19.75.35. *Ouv. mar.-ven. 9 h 30-14 h et 16 h-19 h 30, sam. 10 h-14 h et 17 h-20 h.* Spécialités de *turrón* et de confiseries à base d'amandes (d'Alicante, torréfiées chaque matin) et de noisettes de Reus.

Fêtes et manifestations

• **5 janvier**. Arrivée des **Rois mages** ; parti du port, le cortège traverse la vieille ville pour la plus grande joie des enfants. C'est en effet à l'Épiphanie que les petits Catalans, comme tous les petits Espagnols, reçoivent les cadeaux que leurs voisins français ont reçus à Noël.

• **17 janvier**. Fête de **Sant Antoni Abat** ; pour commémorer la venue (sur un nuage) du saint à Barcelone, se déroule le défilé de Els Tres Tombs dans les quartiers de Sant Antoni et de Sants, au cours duquel a lieu la traditionnelle bénédiction des animaux domestiques.

bon plan

Articket permet de visiter des musées à demi-tarif : le MNAC, la fondation Miró, la fondation Tàpies, la Pedrera et le musée d'Art contemporain (MACBA). •

• **12 février**. Fête de **Santa Eulàlia**, patronne de la ville : dans les rues, défilés de Géants.

• **Carnaval**. Défilé des **Rois du carnaval**, don Carnal et Doña Cuaresma escortés des Barcelonais costumés ; le mer. des Cendres a lieu l'Enterrement de la Sardine qui marque le début du jeûne pascal.

• **3 mars**. **Romeria de Sant Medir** dans le quartier de Gràcia : défilé de chars et distribution de friandises aux enfants.

• **Semaine sainte**. **Bénédiction des palmes** le dim. des Rameaux et défilés de pénitents le Vendredi saint. Le dim., les parrains offrent des *monas* à leur filleul : les pâtisseries rivalisent d'imagination pour orner leurs vitrines de ces gâteaux au chocolat.

• **23 avril**. Fête de **Sant Jordi**, le patron de la Catalogne : visite traditionnelle à la chapelle du saint à l'intérieur du palais de la Generalitat exceptionnellement ouvert à la visite pour l'occasion. La Sant Jordi est aussi la fête de la culture (c'est la date anniversaire de la mort de Cervantès) et de l'amour. Les jeunes gens offrent une rose à leurs bien-aimées, et celles-ci un livre à leur promis. Toute la journée, les Ramblas sont envahies de marchands de livres et de roses.

• **2e dim. après Pentecôte**. **Corpus Christi**. Fête de l'*Ou com balla* dans le cloître de la cathédrale *(p. 129)*.

• **20 juin**. **Pascua Granada** : jour férié pour les Catalans.

• **23-24 juin**. C'est la **nuit de la Saint-Jean**, bals et réjouissances populaires dans les quartiers dans le fracas ininterrompu des pétards.

• **16 juillet**. Fête de la **Virgen del Carme**, patronne des marins : procession dans les rues de la Barceloneta.

• **2e quinzaine d'août**. **Fêtes patronales** des quartiers de Gràcia et de Sants.

• **11 septembre**. **Diada Nacional** : c'est la fête nationale catalane rappelant la capitulation de Barcelone devant les troupes bourboniennes en 1714 *(p. 27)*. Au programme : offrande de gerbes de fleurs devant le monument dédié à Rafael de Casanovas (ronda de Sant Pere), héros national défenseur de la ville.

• **23 septembre**. Fête de la **Virgen de la Mercè**, protectrice de Barcelone ; exposition, concerts, danses populaires, et sur la plaça de Sant Jaume, concours de *castellers*, pyramides humaines, où s'affrontent les meilleures équipes de Catalogne.

• **26 septembre**. Fête de **Sant Miquel**, patron de la Barceloneta : défilé du géant Bum Bum, personnage grotesque vêtu comme un général napoléonien, accompagné par les enfants.

Shopping

Les quartiers commerçants

Le **passeig de Gràcia I-C1-2**, l'avenue chic de Barcelone, regroupe les grandes enseignes internationales.

La **plaça de Catalunya I-C2** et ses alentours, est un autre lieu de shopping avec ses grands magasins : El Corte Inglés, Fnac…

La **plaça Francesc Macià** et l'**avinguda Diagonal I-BC1**, entre la place et le croisement avec le passeig de Gràcia, offrent un large éventail de boutiques : vêtements, décoration…

Le **Maremagnum**, moll d'Espanya **V-A1** : cet immense centre commercial est le paradis des promeneurs et des acheteurs compulsifs *(boutiques ouv. t.l.j. tte l'année 11 h- 23 h)*.

Les marchés

Mercadillo de numismàtica et filatelia, plaça Reial **II-B2**, **M°** Liceu *(ouv. dim. 9 h-14 h 30)*. Timbres et monnaies anciennes.

Els Encants, 186 carrer Dos de Maig **hors pl. I par D1**, **M°** Encants *(ouv. lun., mer., ven. et sam. sf j.f.)*. C'est le grand marché aux puces de Barcelone.

Mercat Gòtico de Antigüetat, plaça Nova **III-B1**, **M°** Liceu ou Jaume I *(ouv. jeu. 10 h-20 h sauf août)*. Brocante et antiquités.

Mercat de Pintura del Barri Gòtic, plaça Sant Josep Oriol **II-B2**, **M°** Liceu *(ouv. sam. 11 h-22 h et dim. 10 h-15 h sauf août)*. Les peintres exposent leurs œuvres en plein air.

Plages

Barcelone propose une succession de plages prises d'assaut les fins de semaine. Toutes sont équipées de douches et de sanitaires. Du sud au nord, vous trouverez la **Barceloneta** (**M°** Ciutadella), réaménagée tout récemment, **Nova Icária et Bogatell** (**M°** Llacuna), **Mar Bella et Nova Mar Bella** (**M°** Selva de Mar), cette dernière offrant un coin réservé aux nudistes.

Spectacles et vie nocturne

• **La vie culturelle**. Elle est particulièrement riche à Barcelone, les théâtres et les salles de concert présentant une programmation de qualité.

Gran Teatre del Liceu (Grand Théâtre du Liceu), 61 Rambla dels Caputxins **II-B2** ☎ 934.85.99.00, < www.liceubarcelona.com >. *Voir p. 124.*

Teatre Lliure (Théâtre libre), 47 calle Monseny **II-B2** ☎ 932.18.92.51.

Auditori, 150 calle Lepant **hors pl. VI par B2** ☎ 932.47.93.00, rés. ☎ 932.10.12.12, < www.auditori.com >. Concerts de musique classique et jazz. Siège de l'Orchestre symphonique de Barcelone.

Palau de la Musica Catalana (Palais de la musique catalane), 11 carrer de Sant Pere Més Alt **IV-A1** ☎ 932.95.72.00, < www.palaumusica.org >. Vente de tickets 10 h-21 h. *Voir p. 136.*

Teatre Nacional de Catalunya, 1 plaça de les Arts **hors pl. VI par B2** ☎ 933.06.57.00.

● **La vie nocturne**. La fin du dîner ou du spectacle ne signifie nullement que la ville s'endort. L'animation se prolonge jusqu'à une heure avancée de la nuit, jusqu'au petit matin les fins de semaine : simple promenade sur les Ramblas, ou ambiance plus agitée dans les innombrables bars et discothèques de la ville. Deux secteurs offrent une concentration de ces lieux réservés aux noctambules : le **Maremagnum V-A1** et le **Poble Espanyol VII-A1**.

Montserrat

> *Carte p. 170. Visite p. 171.*

ℹ **Bureau d'information** ☎ 938.35.02.01.

Hébergement

▲▲▲ **Abat Cisneros** ☎ 938.77.77.01. *56 ch.* Au cœur du complexe monastique, cet hôtel d'excellent confort est géré par l'abbaye. L'occasion de passer la nuit dans le silence des montagnes de Montserrat. L'abbaye propose aussi des formules d'hébergement plus spécialement destinées aux familles : 94 appartements entièrement équipés (cuisine, salle de bains, téléphone, télévision). *Rens.* au même tél.

Les **conditions d'accès** (en bus et en train) à Montserrat et Sitges sont détaillées p. 171 et 172. ●

spectacles

Les programmes des lieux culturels sont donnés par l'hebdomadaire ***Guía del Ocio*** (< www.guiadelocio.com >), l'équivalent barcelonais de *l'Officiel des Spectacles* parisien. ●

Sitges

> *Carte p. 170. Visite p. 172.*

ℹ **Office du tourisme**, Patronat Municipal de Turisme de Sitges, 1 carrer Sínia Morera ☎ 938.94.50.04, < www.sitges.org >. *Ouv. lun.-ven. 9h-14h et 16h-18h30.* L'office édite deux remarquables brochures, *La Ruta de los Americanos* et *Sitges au temps du modernisme*, qui vous permettront, à l'aide du plan détaillé qui les accompagne, de découvrir les belles demeures de la ville.

Hébergement

En haute saison, de mai à sept., la réservation s'impose.

▲▲▲▲ **Calípolis**, 2-6 avinguda Sofia ☎ 938.94.15.00, fax 938.94.04.27, < www.hesperia-calipolis.com >. *170 ch.* aux beaux balcons donnant pour certains sur la plage qui se trouve à deux pas. Un hôtel de grand confort.

▲▲▲▲ **San Sebastián Playa**, 53 Port Allegre ☎ 938.94.86.76, fax 938.94.04.30, < www.tryp.es >. *51 ch.* Le grand luxe, face à la mer ; une des adresses les plus réputées de Sitges. Piscine.

▲▲▲ **Celimar**, 20 passeig de la Ribera ☎ 938.11.01.70, fax 938.11.04.03, < www.hotelcelimar.com >. *26 ch.* Cet hôtel de bon confort est aménagé dans une de ces maisons d'*Americanos* (celle-ci fut construite en 1908) qui donnent son cachet à Sitges. Face à la plage et en lisière du centre ancien : c'est dire que le calme n'est pas la caractéristique principale de l'établissement.

▲▲▲ **Galeón**, 46-48 carrer Sant Francesc ☎ 938.94.06.12, fax 938.94.63.35, < www.interhotel.com/spain >. *47 ch.* Une belle adresse nichée dans une ruelle du centre ancien.

▲▲▲ **Platjador**, 35 passeig de la Ribera ☎ 938.94.50.54, fax 938.11.03.84. *59 ch.* Des volets bleus, un balcon face à la mer, près des ruelles animées du centre ancien : l'essence même de Sitges.

▲▲▲ **Subur**, 1 carrer Espanya ☎ 938.94.00.66, fax 938.94.69.86, < www.hotelsubur.com >. *95 ch.* Un excellent confort dans une petite rue située entre la plage et la rue principale du centre ancien de Sitges.

▲▲ **Pension Maricel**, 13 carrer Tacó ☎ 938.94.36.27, fax 938.94.38.69, < www.milisa.com >. *18 ch.* Sympathique et bien tenu.

Restaurants

♦♦ **El Velero**, 38 passeig de la Ribera ☎ 938.94.20.51. *F. dim. soir et lun. ; ouv. t.l.j. en été.* Élégant restaurant sur la promenade du bord de mer, à la carte des spécialités de poissons et de fruits de mer ; l'intérieur du pays n'est pourtant pas oublié avec par exemple une excellente salade de fèves au jambon. Terrasse.

♦♦ **Ma Maison**, 28 carrer Bonaire ☎ 938.94.60.54. *Ouv. t.l.j.* Spécialités de viandes dans un joli cadre de bois et d'azulejos. Jardin-terrasse.

♦♦ **La Santa Maria**, 52 passeig de la Ribera ☎ 938.94.09.99. *Ouv. t.l.j.* Spécialités de poissons. Terrasse.

♦ **Izarra Taberna Vasca**, 22 carrer Major ☎ 938.94.73.70. *Ouv. t.l.j.* Dans la rue principale du vieux village, l'endroit propose d'excellentes tapas ainsi que des plats du jour. ●

Tarragone et sa province

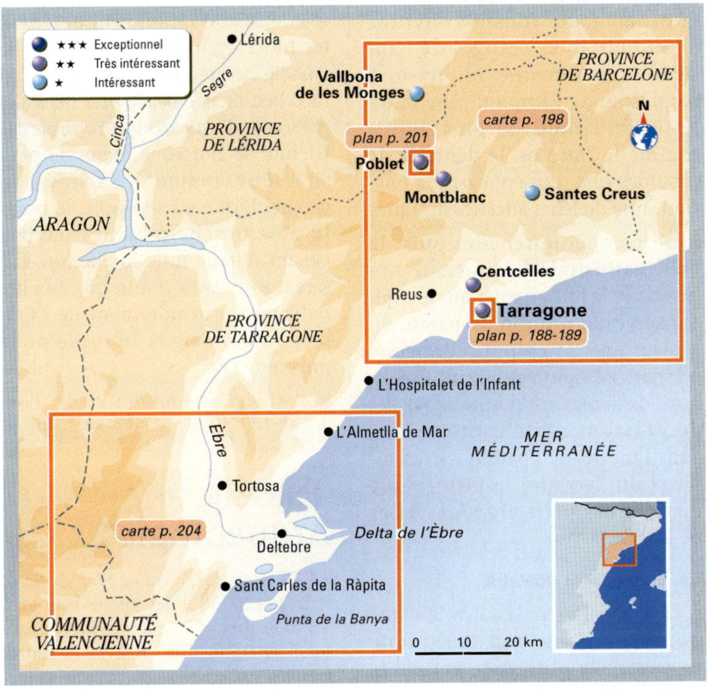

Formant une des trois provinces catalanes, Tarragone et sa région méritent que l'on s'y arrête. Tarragone fut l'une des plus brillantes cités de l'Espagne romaine. Loin d'être une ville-musée, elle est une capitale provinciale bouillonnante d'activité où il fait bon se promener dans les ruelles du vieux centre. Dans les environs, ne manquez pas le mausolée de Centcelles, dont la coupole conserve un remarquable ensemble de mosaïques paléochrétiennes du IVe s. Le monastère de Poblet et les fondations cisterciennes des environs proposent une plongée dans l'histoire de l'art européen et la découverte des paysages méditerranéens de l'intérieur. Enfin, dans le delta de l'Èbre, plus de collines, mais des étendues de lagunes, refuges de colonies d'oiseaux.

sommaire

© A. Félix, Hémisphères Images

Tarragone★★

Seconde ville catalane, avec ses 112 000 habitants, capitale de la province du même nom, Tarragone mérite la visite. Au fil de la promenade, vous découvrirez d'innombrables vestiges de l'ancienne cité romaine, impressionnants comme l'amphithéâtre et les restes du cirque, ou plus subtils comme le tracé ou le dénivelé de certaines rues, qui épousent la physionomie de leurs ancêtres antiques

À ne pas manquer non plus, la belle cathédrale flanquée de son cloître, et le joli quartier autour, qui conserve de nombreux palais du Moyen Âge. Et comme Tarragone n'a pas oublié qu'elle se trouve au bord de la mer, on pourra se régaler de poissons et de fruits de mer dans l'un des sympathiques restaurants du Serrallo, le pittoresque quartier des pêcheurs tout en bas de la ville.

La Tarragone romaine

À l'époque impériale, la colline que domine aujourd'hui la capitale supportait **le plus vaste ensemble civique du monde romain**, spectaculaire projet urbain couvrant près de 8 ha dont Rome ne connut pas d'équivalent : un temple voué à Jupiter, un forum provincial et un cirque. La ville était ailleurs, sur les pentes qui descendaient de la colline jusqu'à la mer et au port.

Cette fortune, Tarraco, la Tarragone romaine, la dut à **Octave Auguste**, qui, au Ier s. avant notre ère, en fit la capitale d'une des trois provinces romaines d'Espagne.

Jusque-là, et depuis 218 lorsque à l'occasion des guerres puniques les Romains s'emparèrent de ce petit fortin d'origine ibérique, Tarraco n'avait été qu'une ville de garnison, certes une des plus importantes d'Espagne, mais sans aucun rôle politique. Dès sa conquête par Scipion, bientôt surnommé l'Africain, l'éminence naturelle fut corsetée de remparts, restaurés tout au long des IIe et Ier s. et dont on peut découvrir les blocs cyclopéens en visitant le Passeig Arqueològic. Militaire, Tarraco bénéficia des activités liées à la présence d'une troupe nombreuse (débits de boissons, lieux de plaisir), tout comme de la situation géographique de son port, le point le plus proche pour les navires venant d'Italie qui, en chemin, faisaient une escale commode aux îles Baléares. L'effondrement de l'Empire romain signa la ruine de la puissante cité.

> *À 86 km S-O de Barcelone.* ***Plan*** *p. 188-189.* ***Carnet d'adresses*** *p. 207.*

Passeig Arqueològic★

> **CD1** *Accès par la via de l'Imperi Romà* ☎ *977.24.57.96. Ouv. en été mar.-sam. 9 h-21 h, dim. 9 h-15 h ; en hiver, mar.-sam. 9 h-17 h, dim. 10 h-15 h. Entrée payante.*

Une balade que vous pourrez également effectuer en fin de journée, lorsque le soleil déclinant frappe directement les pierres dorées de la muraille. C'est la plus jolie entrée en matière pour découvrir le passé de la ville : une agréable promenade fleurie au pied des vieux remparts, empilage successif de fortifications, de la République romaine jusqu'au XIXe s.

Le dépliant remis gratuitement à l'entrée vous permettra de repérer les parties les plus anciennes, énormes blocs à peine dégrossis sur lesquels s'appuient des pierres taillées avec soin, qui trahissent les deux étapes de la construction remontant à la République romaine, des structures plus récentes répondant au développement de l'artillerie.

Peu avant la sortie, ne manquez pas sur un côté de la **tour de Minerve D1**, dressée au IIIe s. avant notre ère, un **bas-relief** représentant la déesse qui a donné son nom à l'ouvrage. Au-delà de cette tour se dresse une belle **porte romaine** du IIe s. avant notre ère.

Après la sortie du site, vous longerez encore une partie du rempart, avant de le traverser et d'en découvrir la face intérieure. Par de paisibles ruelles, vous gagnerez la cathédrale dont on aperçoit le clocher.

La cathédrale★★

> **D1** *Plaça de la Seu. Ouv. t.l.j. 16 mars-30 juin 10h-13h et 16h-19h; 1er juil.-15 oct. 10h-19h; 16 oct.-15 nov. 10h-17h; 16 nov.-15 mars 10h-14h. Entrée payante. Accès des visiteurs par le cloître, à g. de la façade.*

Depuis la plaça Santiago Rusiñol, une volée de marches conduit à la **plaça de la Seu**, bordée d'un bel ensemble de demeures anciennes qui sert de cadre au **marché aux puces** du dimanche matin; au n° 5, le **palais de la Cambreria** avec ses fenêtres à fines colonnettes est un édifice gothique du XVe s.

Cette différence de niveau entre les deux places séparait à l'époque romaine le forum provincial du temple civique, les deux étant déjà reliés par un escalier. La **Seu** occupe précisément l'emplacement du *temenos* (périmètre sacré) du temple civique au centre duquel s'élevait le sanctuaire.

Après cent cinquante ans de travaux, elle fut consacrée en 1331 par l'évêque Joan d'Aragó, dont le beau gisant gothique est visible en avant du chœur. C'est dire que les plus anciennes parties de l'édifice, les galeries du cloître, la porte qui depuis l'église donne accès à celui-ci, l'abside, répondent aux canons du style roman, tandis que pour l'essentiel de sa structure, le reste est gothique.

La façade★★

Bien que restée inachevée, elle conserve un **porche central★★** d'un splendide gothique. Au tympan, une scène de Jugement dernier montre douze bienheureux sortant du tombeau, tandis qu'au-dessous le troupeau des damnés est promis à l'antre du démon. Une belle Vierge à l'Enfant préside au trumeau, tandis que sous les dais où retombent les archivoltes apparaissent des figures d'apôtres et de prophètes. Dans les deux **portails latéraux** survit en revanche le premier projet roman; celui de dr. est orné au tympan d'un montant de sarcophage paléochrétien (fin du IVe s.) illustré d'épisodes de la vie du Christ: la guérison du paralytique à la piscine de Béthesda, l'entrée à Jérusalem et la conversion de Zachée.

Le cloître★★

Comme la façade, le cloître se trouve à la charnière de deux styles; sévérité des arches d'un roman qui ne voulait pas mourir; envolée ogivale des voûtes des galeries. Seule et

Le porche gothique de la cathédrale de Tarragone.

suite p. 190 →

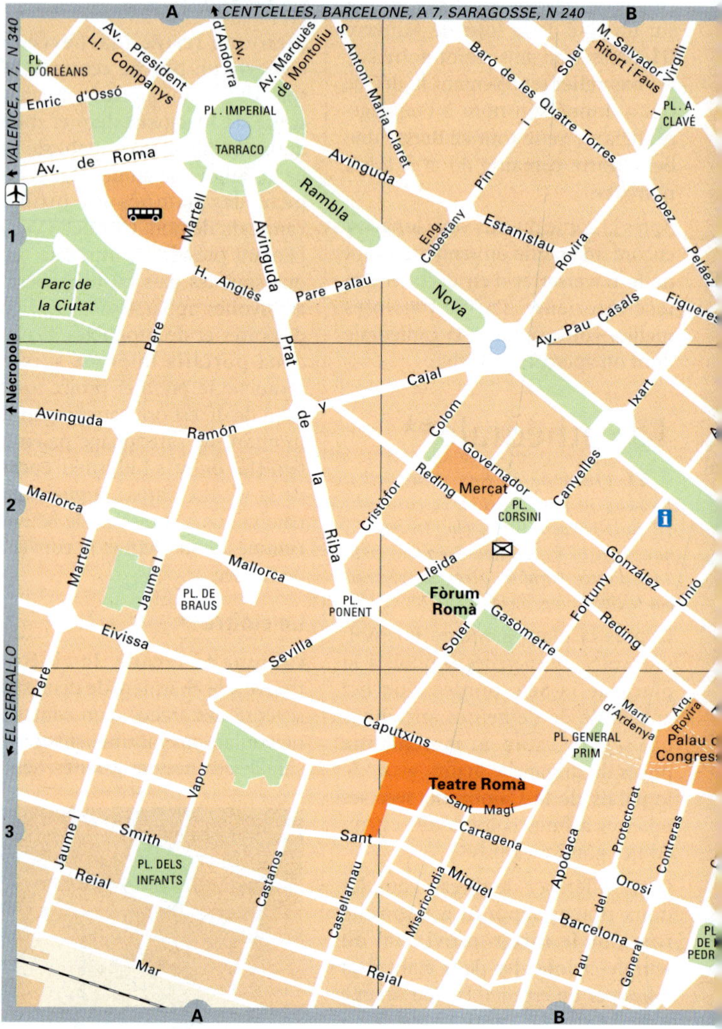

Tarragone

S'orienter. Le noyau historique de la ville s'étend autour de la **cathédrale D1** : un réseau de rues étroites, bordées de nobles demeures médiévales, descend vers la **rambla Vella C2**, qui limite ce quartier. La **carrer Major C-D1-2** en est l'artère principale, avec ses restaurants et ses boutiques. On y trouve également un bureau de l'office du tourisme *(p. 207)*. Au pied de la colline, la **plaça de la Font C2** est la partie la plus animée du quartier. Bars et restaurants accueillent les retrouvailles des habitants pour le *paseo* du soir. La **ville moderne** est traversée par la **rambla Nova** : elle relie la **plaça Imperial Tarraco A1**, qui marque la limite du centre-ville, au **Balcó del Mediterrani C3**, belvédère surplombant le rivage. Cette longue avenue en pente douce est le cœur commercial de Tarragone, avec ses boutiques de luxe et ses immeubles de bureaux. Le **port des pêcheurs**, le **Serrallo hors pl. par A3**, mérite également le détour : face au port, en arrière duquel s'alignent les maisons des pêcheurs, une série de restaurants de poissons draine une clientèle d'habitués. ●

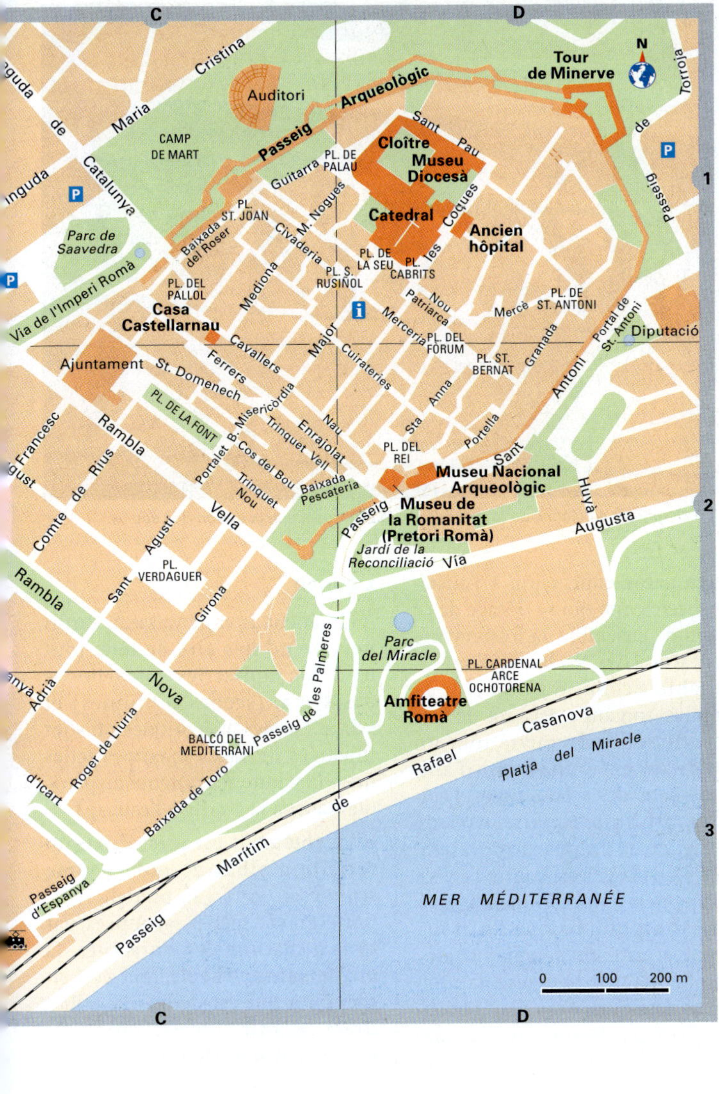

Programme. **EN 1 JOUR**. Une journée complète et bien remplie vous permettra de découvrir l'essentiel : le **Passeig Arqueològic C-D1** en préambule, puis la **cathédrale et son musée D1**. Une pittoresque promenade au long des ruelles médiévales vous conduira à la **plaça de la Font C2** pour l'heure du déjeuner. L'après-midi sera consacré à la découverte des vestiges romains, avec les visites du prétoire et du **Musée archéologique D2**. Les plus courageux termineront leur visite par l'**Amfiteatre Romà D3**. Le soir venu, un dîner de poissons dans l'une des tavernes du **Serrallo hors pl. par A3** sera bien mérité.

EN 2 JOURS. Une seconde journée vous permettra de visiter le matin le mausolée de **Centcelles hors pl. par A1**. L'après-midi, vous pourrez parfaire votre connaissance de la ville, en découvrant par exemple la **nécropole paléochrétienne hors pl. par A2** et le **Fòrum Romà B2**. Tarragone peut aussi servir de base pour une excursion au **monastère de Poblet** *(p. 201)*. ●

Sur un chapiteau du cloître de la cathédrale, la pittoresque procession des souris.

remarquable concession à l'austérité cistercienne qui se dégage de ce splendide ensemble, la foisonnante décoration des ♥ **chapiteaux*****, véritable « chant du cygne de la sculpture romane ». Passant de l'un à l'autre, on y découvre tout un monde de personnages et d'animaux, dans des scènes tirées d'épisodes bibliques mais aussi de contes et de fables populaires. Ainsi, dans la galerie contre l'église, un chapiteau montre une curieuse procession qui évoque l'histoire suivante : un chat feignit un jour d'être mort ; trop heureuse, la compagnie des souris s'en allait l'enterrer en cortège, lorsque, tout à coup ressuscité, le rusé mistigri sauta du brancard, se jeta sur les dames aux longues quenottes et les mangea. D'autres animaux (chameau, sangliers) apparaissent sur le mur intérieur à la retombée des voûtes, dans cette même galerie. Du cloître, une porte romane dominée par un Christ Pantocrator au tympan donne accès à l'intérieur de l'église.

Plan général de Tarragone p. 188-189. •

L'église

À l'intérieur, le vaste vaisseau à trois nefs prend des airs de fête, tout tendu de **tapisseries*** bruxelloises des XVIe s. (scènes bibliques) et XVIIe s. (scènes allégoriques où sont illustrées de sages maximes telles que « la nature se contente de peu », ou « tant va la cruche à l'eau »...).

• **Le chœur**. Il est présidé par un **retable d'albâtre*** polychrome sculpté au XVe s. : la prédelle rapporte en six scènes, groupées par trois à chacune des extrémités, la vie de **sainte Thècle** *(encadré ci-contre)*, à qui est dédiée la cathédrale, tandis que le centre est occupé par une Descente de croix. La partie principale du retable est rythmée par trois statues de grandes dimensions, sainte Thècle et saint Paul entourant la Vierge, entre lesquelles sont disposées des scènes de l'Ancien Testament.

• **Les stalles gothiques**. Datées du XVe s. et disposées en avant du chœur, elles appartenaient au *coro* qui occupe l'avant de la nef centrale mais dont la grille côté autel et le mur côté porche principal furent démantelés en 1962 de manière à dégager la perspective.

• **La chapelle des Tailleurs** *(à g. du chœur)*. Édifiée par cette confrérie au XIVe s., elle conserve son retable d'origine, orné de scènes des vies du Christ et de la Vierge; fragments de peintures aux murs.

• **Les bras du transept**. Ils sont illuminés à travers les rosaces gothiques par les magnifiques vitraux du XVe s. représentant la Vierge entourée des rois issus de David *(côté dr.)* et la résurrection du Christ *(côté g.)*.

Museu Diocesà★★

Ouvrant sur le cloître, les salles du **Musée diocésain** présentent une riche collection d'art religieux mais aussi de vestiges archéologiques : ainsi peut-on voir *(salle 1)* un sarcophage romain du début du IIIe s. où apparaît Apollon en compagnie des neuf muses, et un bel arc musulman du Xe s. dans le style en vigueur à la cour califale de Cordoue; dans cette même salle est conservée la porte qui fermait le *coro* de la cathédrale jusqu'à son démontage en 1962.

Parmi les collections d'art *(salles 2 et 3)*, voyez essentiellement deux tableaux attribués à deux grands maîtres de la peinture gothique catalane : ***Saint Jean-Baptiste et saint Jean l'Évangéliste***★★ de Bernat Martorell et une ***Annonciation*** de Jaume Huguet (sur ces deux maîtres, *voir p. 44*).

Autour de la cathédrale

D1 Partant de la cathédrale, cette courte promenade vous conduira au Musée archéologique et à la tour du Prétoire. En suivant le chemin des écoliers, vous découvrirez la partie la plus ancienne de la ville médiévale, lorsque Tarragone s'était recroquevillée dans une petite partie de la ville romaine : le périmètre du temple civique et de l'ancien forum provincial. Le **cirque**, sous l'actuelle **plaça de la Font C2**, resta en dehors du périmètre urbain jusqu'au XIVe s., lorsqu'un nouveau rempart vint s'appuyer sur les gradins méridionaux de l'édifice. Avant de vous éloigner de la cathédrale, voyez contre le flanc droit la petite **chapelle Sainte-Thècle** (Santa Tecla, *encadré ci-dessous*) du XIIIe s. qui conserve des vestiges du premier sanctuaire chrétien construit sur le site; de l'autre côté de la rue, l'**ancien hôpital**, mis sous la protection de la même sainte (aujourd'hui le Consell Comarcal de la ville), est une fondation du XIIe s.

• **Le portique médiéval D1**. L'escalier qui descend de la cathédrale se prolonge par la carrer Major, principale rue commerçante de la vieille ville qui, d'échoppes en boutiques, dégringole jusqu'à la plaça de la Font, au coeur de l'animation. Pour l'instant, tournez immédiatement

histoire

Sainte Thècle

Fille du gouverneur romain d'Iconium, aujourd'hui Konya en Turquie, Thècle entendit à 18 ans, par la fenêtre de son palais, la prédication de saint Paul. Elle décida sur-le-champ d'embrasser le christianisme, au grand scandale de ses parents qui l'avaient promise à un noble romain. Elle mit néanmoins ses pas dans ceux de l'apôtre et l'accompagna à Athènes. Sur le chemin du retour, à Antioche, elle frappa un prêtre païen qui voulait la violenter. Condamnée à mort, elle échappa au martyre grâce à l'intervention divine, en s'aspergeant de l'eau du bassin rempli de requins où ses bourreaux allaient la plonger. •

à g. au pied des escaliers, dans la carrer Merceria au début de laquelle *(à g.)* un beau **portique gothique** (Porxos Gòtics, XIVe s.) abritait un marché au Moyen Âge. Le **marché** *(mer., sam. et dim. matin)* d'aujourd'hui, il faut aller le chercher sur la petite **plaça del Fòrum D1-2**, où quelques maraîchers vendent leurs légumes sous l'autorité des vestiges appartenant au portique du forum provincial.

• **Le quartier juif D2**. De la plaça Sant Bernat qui prolonge la plaça del Fòrum, prendre à dr. la carrer Talavera au bout de laquelle *(à dr.)* un petit pâté de maisons avec ses arcs gothiques du XIVe s. appartient à l'ancien quartier des juifs présents à Tarragone dès la période romaine. De là, la carrer Santa Anna vous conduira à la **plaça del Rei** dominée par la tour du Prétoire.

Museu Nacional Arqueològic*

> **D2** *MNAT, 5 plaça del Rei ☎ 977.23.62.09, < www.mnat.es >. Ouv. t.l.j. sf lun. juin-sept. 10 h-20 h, oct.-mai 10 h-13 h 30 et 16 h-19 h. Entrée payante.*

L'ancienne capitale de la Tarraconaise a récompensé la patience des archéologues par une riche moisson de découvertes, modestes objets qui révèlent le quotidien de ses habitants d'il y a vingt siècles, ou statues monumentales qui ornaient les espaces publics. Une visite indispensable pour découvrir une des plus grandes cités romaines d'Espagne. Les collections sont disposées sur 4 niveaux. Dans chaque section, des livrets explicatifs en français sont mis à la disposition des visiteurs.

• **Sous-sol**. On y découvre un pan de la **muraille romaine** mis au jour lorsque fut entreprise la construction du musée en 1948. Des panneaux explicatifs, des fragments architecturaux, une collection d'autels et de monuments funéraires aident à mieux saisir la physionomie de la ville.

• **Rez-de-chaussée**. Éléments architecturaux provenant des grands édifices de Tarraco, statues de personnages en cuirasse, fragments de sièges du cirque, ou médaillons ornant le forum provincial sont exposés ici. Dans la salle adjacente sont présentées des **mosaïques** provenant de demeures privées; la plus intéressante est ornée d'une **tête de méduse**** à l'inquiétant regard (IIe-IIIe s. de notre ère).

• **1er étage**. Les vitrines racontent la vie quotidienne des habitants de la cité, à travers une riche collection d'objets usuels, de bijoux, de verres et de flacons ou encore d'outils. Voyez notamment une **lampe à huile** en forme de tête de nègre ou une émouvante petite **poupée articulée** en ivoire provenant de la nécropole paléochrétienne et qui accompagna jusque dans la tombe sa petite propriétaire.

Le cadre de vie est évoqué par une fontaine qui ornait la cour intérieure de quelque riche maison: l'eau s'y déversait dans un bassin dont le fond est recouvert d'une mosaïque ornée de poissons. Dans l'escalier qui conduit au niveau suivant est placée la plus belle **mosaïque**** conservée dans le musée; datant du IIIe s. elle provient d'une villa aux environs de la ville et représente avec un grand souci d'exactitude 47 espèces de la faune sous-marine de la Méditerranée; on y reconnaît le rouget, la murène, le poulpe, le homard...

• **2e étage**. Vous y verrez des collections de sculptures avec notamment un **Hercule enfant*** déjà coiffé de la dépouille du lion de Némée, et une charmante jeune femme endormie qui servait de fontaine. Le reste de l'étage est consacré à l'habitat urbain mais aussi rural, les campagnes environnantes possédant alors de luxueuses *villae* à la décoration intérieure raffinée: admirez ainsi cette délicieuse statuette en bronze d'un **petit Africain*** qui servait de support pour les lampes à huile.

Pretori Romà*

> **D2** *Museu de la Romanitat, plaça del Rei ☎ 977.24.19.52. On peut également accéder à l'édifice par la rambla Vella. Ouv. mar.-sam. 9h-19h (21h en été), dim. 9h-15h. Entrée payante.*

La visite de la **tour du Prétoire** complète celle du Musée archéologique voisin. Cette haute tour marquait l'angle méridional du forum provincial. Une tour similaire se dressait à l'autre angle sud du forum, à proximité de l'actuelle plaça del Pallol **C1** : l'**ancien tribunal** (Antigua Audiència) en conserve des vestiges et l'on peut voir près de la place des restes du portique pris dans une construction ultérieure. Ces deux tours abritaient des escaliers qui permettaient de passer du cirque au forum provincial. L'aménagement de la tour du Prétoire en résidence royale au XIVe s. transforma profondément la structure originelle par l'adjonction notamment d'une **belle salle gothique** au 2e étage.

La tour donne accès à la partie orientale du cirque qui, avec le temple civique et le forum provincial, constituait l'ensemble urbain monumental qui couronna la ville à partir du Ier s. Les travaux de dégagement conduits par les archéologues dans les années 1990 permettent d'en apprécier la structure et l'ampleur. De la tour, on parvient ainsi à une portion des **gradins** qui entouraient l'immense arène longue de 325 m et dont la plaça de la Font, que l'on découvre à quelque distance, n'occupait qu'une partie. Le circuit balisé conduit à l'une des **portes monumentales** par où s'engouffraient les spectateurs. Revenu à la tour, vous pourrez également parcourir sur près de 100 m une partie de la longue structure voûtée, aux pierres soigneusement appareillées, qui courait sous les gradins.

Les archéologues ont identifié d'autres parties du cirque, prises

Le prétoire romain conserve une des statues monumentales qui ornaient le centre civique.

dans les constructions postérieures : ainsi le sous-sol de la pizzeria Pulvinar, carrer Trinquet Vell **C2**, montre d'imposants vestiges de passages et d'escaliers donnant accès à la tribune officielle des arènes (le **Pulvinar**). La déclivité de la **Baixada Pescateria CD2** épouse celle des gradins tandis que les murs du flanc sud de la plaça de la Font reposent sur les structures qui soutenaient les gradins, la régularité de leurs façades répondant à celle de la construction romaine.

Casa Castellarnau*

> **C1** *14 carrer Cavallers ☎ 977.24.27.52. Ouv. t.l.j. sf lun. 9h-19h (21h en été). Entrée payante.*

De la plaça del Rei, la carrer Nau part à la rencontre de la carrer Major, qu'elle croise pour prendre au-delà le nom de carrer Cavallers. C'est là que vous trouverez cette belle maison construite au XIVe s.

puis transformée à plusieurs reprises jusqu'au XIXe s. Elle conserve intact son beau patio médiéval avec ses arcs en ogive et son escalier couvert scandé de gracieuses colonnettes.

Le rez-de-chaussée abrite des expositions temporaires, ainsi qu'une maquette de la ville au début du XIXe s. Les appartements de l'étage présentent meubles et décorations du XVIe au XIXe s.

Amfiteatre Romà★

> **D3** ☎ *977.24.25.79. Ouv. oct.-mars mar.-sam. 9h-17h ; avr.-sept. mar.-sam. 9h-21h, dim. 10h-15h. Entrée payante.*

L'amphithéâtre romain fut construit hors les murs, au début du IIe s. de notre ère, en s'appuyant, selon l'usage répandu, sur une pente naturelle pour faciliter la construction des gradins. Les travaux de dégagement ont permis la mise au jour d'une grande partie des degrés de l'ellipse, les uns taillés à même le roc, les autres maçonnés. L'arène de 61,50 m sur 38,50 est également visible, de même que les aménagements souterrains, dissimulés aux spectateurs par un système de poutres et de planches et nécessaires au déroulement des spectacles. Les archéologues y ont relevé les traces de systèmes d'élévation qui permettaient de hisser sur l'arène bêtes sauvages ou gladiateurs. On y voit également les fondations d'une chapelle wisigothique, en fonction sans doute jusqu'à la conquête musulmane en 714. Elle fut élevée en mémoire de Fructueux, l'évêque de la ville, qui fut avec ses compagnons brûlé vif dans l'arène lors des persécutions de Valérien en 259. Une seconde église plus vaste, dont le chevet s'appuyait sur les gradins, fut construite au XIIe s. en l'honneur de la Mare de Déu, sitôt la ville conquise par les chrétiens. Le plus vaste des deux amphithéâtres connus en Catalogne – l'autre se trouvant à Empúries *(p. 97)* – pouvait accueillir 14 000 spectateurs.

Le **Balcó del Mediterrani C3**, au-dessus de l'amphithéâtre, offre un séduisant point de vue sur la platja del Miracle en contrebas, le littoral et le large.

La ville moderne

Ce n'est qu'au XIXe s., avec l'industrialisation, que Tarragone a commencé à reconquérir la superficie qu'elle occupait du temps de la splendeur romaine. Pendant près de quinze siècles, elle s'était recroquevillée autour de la colline que domine aujourd'hui la cathédrale. Entre la rambla Vella et le littoral, des quartiers modernes aux rues se coupant à angle droit descendent doucement vers le Serrallo, le vieux quartier des pêcheurs. C'est aujourd'hui le rendez-vous des amateurs de poissons qui se retrouvent au coude à coude dans les restaurants du bord de mer. La ville romaine s'étendait également jusque-là et on peut en découvrir des vestiges, de moindre intérêt cependant que ceux de la ville haute.

Sur la rambla Nova, un audacieux hommage architectural aux castellers *de Tarragone.*

• **Rambla Nova AB1-BC2**. De la plaça Imperial Tarraco au Balcó del Mediterrani, la rambla Nova draine les promeneurs de la ville, sur ses trottoirs bordés de vitrines, ou sur son terre-plein central aménagé en jardin avec ses kiosques et ses terrasses. De nombreuses statues agrémentent la promenade; parmi elles, la spectaculaire représentation de la non moins spectaculaire pyramide humaine que d'audacieux Tarragonais dressent chaque année pour les fêtes de Sainte-Thècle (23 sept.).

• **Fòrum Romà B2.** *Forum de la colonie, carrer Lleida ☎ 977.24.25.01. Ouv. mar.-sam. 9h-17h (21h en été), dim. 9h-15h. Entrée payante.* Comme toute ville romaine, Tarraco possédait son forum, centre de la vie civique, qui ne se confondait pas avec le forum provincial. L'entrée du site donne accès à la basilique, le tribunal de la ville qui bordait le forum proprement dit, recouvert aujourd'hui par les maisons qui dominent le site. Puis par une passerelle qui enjambe la rue, vous gagnerez la seconde partie du périmètre archéologique où est conservée une portion de rue antique très évocatrice, avec le départ des murs des maisons qui la bordaient.

• **Teatre Romà B3**. *F. au public, les vestiges sont cependant visibles depuis la carrer Sant Magí.* La Tarraco romaine possédait un troisième lieu de spectacle avec ce théâtre très mal conservé. Diverses campagnes de fouilles ont néanmoins dégagé l'orchestre et quelques rangées de gradins. Malheureusement, un différend opposant l'administration et les propriétaires du terrain n'a permis ni la poursuite des fouilles ni l'aménagement du site pour la visite du public.

• **El Serrallo★ hors pl. par A3.** Coincées entre le port de pêche et la voie ferrée, quelques rues tracées au cordeau et bordées d'humbles maisonnettes abritent le quartier des pêcheurs. On y vient surtout pour ses excellents restaurants de

Le Serrallo, le port de pêche toujours actif de Tarragone. Sur les quais, on trouve les meilleurs restaurants de poissons de la ville.

poissons *(p. 208)*. De là, vous pourrez suivre le rivage pour gagner en un quart d'heure le passeig Marítim, la promenade du bord de mer, où le **Museu del Port** retrace l'histoire maritime de la ville (*☎ 977.25.94.42 ; ouv. mar.-dim. 10h-14h et 16h-19h; 17h-20h en été; entrée payante*).

La nécropole paléochrétienne★

> **Hors pl. par A2** *Museu i Necròpolis paleocristians, 80 avinguda Ramón y Cajal ☎ 977.21.11.75. Ouv. mar.-dim. 10h-13h30 et 15h-17h30 en hiver; 10h-13h et 16h30-20h en été. Entrée payante. En 2003, le site était toujours f. pour aménagement.*

Les passionnés d'histoire ancienne n'en auront pas fini avec Tarragone: il leur faudra encore visiter la vaste nécropole qui s'élevait à la lisière de la ville. Elle fut utilisée à partir du IIIe s. – sans doute à la suite de l'in-

iconographie

Jonas et la baleine

À partir du IIIe s., l'histoire de Jonas fut un des thèmes privilégiés de l'iconographie paléochrétienne. Les premiers chrétiens y voyaient en effet l'annonce de la Résurrection dans l'Ancien Testament. On sait comment Jonas, voulant échapper à la mission que lui avait confiée Dieu (lui ramener les habitants de Ninive), s'enfuit en bateau vers les confins du monde, Tarsis, que les Hébreux situaient en Espagne. En chemin, il fut englouti par un grand poisson. Il y resta trois jours et trois nuits – comme le Christ au tombeau – chantant les louanges de Yahvé avant d'être rejeté sur le rivage.

Les plus anciennes représentations connues de ce thème ont été découvertes dans les catacombes de Rome et ont été datées du début du IIIe s. Le monstre marin est alors décrit sous la forme d'un être hybride, corps de cheval et queue enroulée en spirale. Ce n'est que plus tard qu'il prendra la forme de la baleine, tradition dont se fait déjà l'écho saint Augustin (354-430) : « Comme Jonas passa du navire dans le ventre de la baleine, le Christ passa de la croix dans le tombeau » *(Lettre CII)*. ●

humation en ce lieu des restes de l'évêque Fructueux – et jusqu'à l'époque wisigothe. Les travaux de dégagement entrepris dans les années 1920 ont permis de repérer plus de 2 000 sépultures chrétiennes, protégées aujourd'hui par d'immenses auvents. Le parcours aménagé permet d'apprécier la diversité de condition des chrétiens de la ville à travers la diversité de leurs sépultures : certaines sont de simples fosses, d'autres de vastes mausolées. Les notables se faisaient parfois inhumer sous de somptueuses dalles de mosaïque, comme celle d'Optimus aujourd'hui exposée dans le **musée du site** où l'on peut également voir une collection de sarcophages et d'objets funéraires.

Aux environs : Centcelles★★

> **Hors pl. par A1** *Le site se trouve à la lisière du village de Constantí, à 10 km N de Tarragone ☎ 977.52.33.74. Ouv. mar.-sam. 10 h-13 h 30 et 15 h-17 h 30 (16 h-19 h 30 en été), dim. 10 h-14 h. Entrée payante. Prévoir au moins 2 h pour cette excursion.*

On a retrouvé le mausolée de l'empereur Constant, ce fils du grand Constantin qui, détrôné par l'usurpateur Magnence, mourut assassiné en 350 alors qu'il s'enfuyait vers l'Espagne. C'est du moins ce qu'affirment les archéologues après l'étude du monument qui se dresse à la lisière d'un petit village des alentours de Tarragone, dont le nom même, Constantí, rappelle celui de l'empereur déchu. Empereur ou pas, la discussion n'est pas définitivement close. On peut voir ici sous la haute coupole de l'édifice un ensemble de **mosaïques** exécutées au IVe s. présentant entre autres thèmes des scènes inspirées de l'Ancien et du Nouveau Testament. C'est le plus ancien ensemble de ce type connu à ce jour.

Une villa devenue mausolée

À l'origine était une *villa*, une de ces demeures de la campagne tarragonaise, à la fois centre d'exploitation des domaines agricoles et résidence d'agrément, comme en témoignent les vestiges de leur somptueuse décoration exposés au Musée archéologique de Tarragone *(p. 192)*. Cette demeure, à laquelle étaient annexés des thermes toujours visibles, fut au IVe s. transformée en mausolée pour recevoir la dépouille d'un personnage à l'évidence de haut rang et chrétien. Le lieu servit de chapelle à l'époque médiévale, puis de bâtiment agricole; à la fin du XIXe s., son intérêt archéologique fut reconnu, et les premiers vestiges de mosaïques furent découverts sous la couche de peinture qui les dissimulait jusque-là. Leur dégagement complet et leur restauration furent entrepris à partir de 1956 par des archéologues allemands.

Les scènes de la coupole

Après avoir traversé depuis l'entrée plusieurs salles exposant notamment les techniques de confection des mosaïques, on parvient à la salle principale du complexe, dominée par une large coupole qui s'élève à 13,60 m du sol. Sous cette salle fut creusée une crypte qui servit de chambre funéraire. Les murs étaient recouverts de peintures dont subsistent quelques vestiges dans les embrasements des fenêtres et à la base de la coupole. Le plus intéressant est bien sûr la **décoration de mosaïque de la coupole**, disposée en trois bandes concentriques autour d'un médaillon à la clé de voûte. Pour identifier les différentes scènes, placez-vous dos à la porte principale du complexe (aujourd'hui fermée) et suivez les scènes dans le sens inverse des aiguilles d'une montre.

• **Le cercle extérieur**. Après un premier tableau montrant une *villa* se déploie une scène de chasse très animée, où des cavaliers poussent un troupeau de cerfs vers des filets; plus loin apparaît le cortège des serviteurs, armes sur l'épaule ou tenant des chiens en laisse.

• **Le cercle central**. Il comportait seize scènes empruntées à l'Ancien et au Nouveau Testament, disposées entre des colonnes à cannelures torses. Quelques-unes sont encore clairement identifiables: Daniel dans la fosse aux lions, puis après deux personnages à l'interprétation incertaine, les trois tableaux suivants relatent les mésaventures de Jonas avalé par la baleine *(encadré ci-contre)*; dans l'axe de l'entrée apparaît la figure imberbe du Bon Pasteur; vient ensuite l'arche de Noé, puis après quelques scènes difficilement identifiables, le dernier tableau conservé évoque l'histoire des Trois Hébreux dans la fournaise: un seul d'entre eux est clairement visible, les bras levés au-dessus du brasier.

• **Le cercle interne**. Il s'orne de huit scènes présentant en alternance quatre personnages assis sur des trônes, accompagnés d'un serviteur, et les allégories des Saisons (seuls sont conservés le Printemps et l'Automne où apparaît un Bacchus vendangeur, témoin de la persistance de thèmes païens dans l'iconographie paléochrétienne: au même titre que le Christ sous les traits d'Orphée, les oiseaux autour d'une vasque, l'arbre de vie...).

• **Le médaillon central**. On y distingue seulement les traces des têtes de deux personnages, qui apparaissaient à l'origine sur un fond d'or. •

Montblanc★★
et les monastères cisterciens

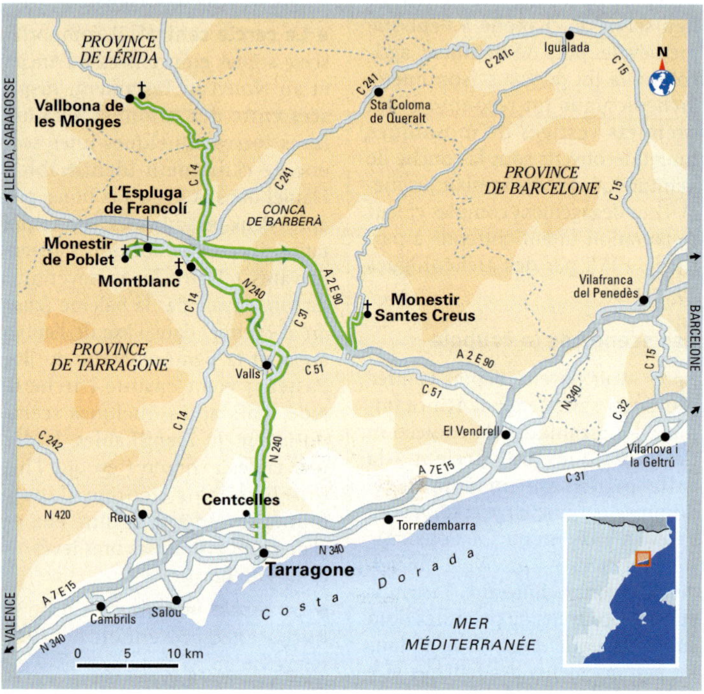

À 40 km de Tarragone, la charmante ville médiévale de Montblanc est avec ses hôtels et ses restaurants la base de départ idéale pour partir à la découverte de la Conca (région) de Barberà : de douces campagnes méditerranéennes où se nichent trois grands monastères médiévaux, le plus célèbre étant celui de Poblet, qui abrite le panthéon des rois d'Aragon. Les amoureux d'architecture religieuse pourront alimenter leur passion en partant à la découverte des deux autres fondations cisterciennes : les monastères de Vallbona de les Monges et de Santes Creus. Aux nourritures spirituelles s'ajoutent les nourritures terrestres : la région tire fierté de sa gastronomie et de ses vignobles, classés en appellation d'origine.

Montblanc★★

> À 40 km N de Tarragone par la N240. Se garer à l'extérieur des remparts, au parc de stationnement voisin de l'église Sant Francesc et de l'office du tourisme, pour découvrir la ville à pied. Visite : au moins 1 h. ***Carnet d'adresses*** *p. 207.*

Convaincue de l'inutilité militaire des remparts, la municipalité de Montblanc décida au XVIIIe s. de les louer aux habitants, qui reçurent l'autorisation d'appuyer leurs maisons contre la muraille médiévale : elle fut ainsi préservée de la destruction. Les maisons aujourd'hui détruites, mise en valeur du patrimoine oblige, cela vaut à Montblanc la plus jolie **muraille médiévale★★** de Catalogne. Ainsi, la petite capitale de la Conca de Barberà a retrouvé la fière allure des temps qu'elle hébergeait la cour d'Aragon et que les

Cortes catalans (Corts Catalanes) se réunissaient dans ses églises. Une fois franchie une des portes fortifiées, vous découvrirez un paisible réseau de ruelles médiévales, flanquées d'églises et de demeures gothiques. L'une d'entre elles, dit-on, abritait la synagogue du Call, le quartier juif dont la carrer dels Jueus rappelle encore l'existence.

Les murailles**

Cet ensemble défensif de 1 782 m de périmètre, un des plus spectaculaires de Catalogne, fut entrepris à partir du XIIIe s. Il était à l'origine doublé de fossés aujourd'hui comblés. Il subsiste 25 tours, ainsi que deux des quatre portes originelles : celle de Bover, dominant la N240 qui traverse la partie moderne de la ville, et celle de Sant Jordi du côté opposé. Du côté de l'église Sant Francesc et de l'office du tourisme, le rempart a été dégagé des constructions qui le dissimulaient ; c'est de là que l'on découvre les vues les plus évocatrices sur la muraille, haute de 6 m et couronnée de merlons.

Laissant l'**église Sant Francesc**, sanctuaire du XIIIe s. jadis attaché à un couvent et aujourd'hui salle d'expositions temporaires, vous franchirez la muraille pour entrer dans la rue principale de la vieille ville, la carrer Major.

L'église Sant Miquel

Cette petite église romane du XIIIe s. a subi de nombreux ajouts et restaurations au cours des siècles : aménagement des chapelles intérieures dans le goût gothique, puis adjonction d'un porche au XIXe s. Elle est fermée à la visite en dehors des heures de culte, mais vous pourrez (moyennant une obole à la minuterie commandant l'éclairage) en découvrir l'intérieur à travers la vitre qui en défend l'entrée.

Sur la place qui précède l'église, l'ancien **palais** des gouverneurs des rois de Castille fut enlaidi au XIXe s. par l'ouverture intempestive de fenêtres.

L'ancien quartier juif

La carrer River *(2e à dr. après l'église Sant Miquel)* conduit à la **carrer dels Jueus**, le centre de l'antique Call, la juiverie de la ville. Hormis le tracé de la rue, seules l'arche qui l'enjambe et une construction médiévale, peut être la synagogue de la communauté, rappellent ce lointain passé.

Regagnez la carrer Major par la carrer Sant Josep, bordée par la **Casa Alenyà**, une noble demeure gothique qui témoigne de l'opulence des grandes familles de la ville au Moyen Âge.

L'église Santa Maria*

> *Ouv. t.l.j. 11 h-13 h et 16 h 30-18 h.*

Dressée au-dessus des ruelles du centre, précédée par un ravissant parvis de galets, Santa Maria est l'une des fiertés architecturales de Montblanc : un haut vaisseau gothique, strié de hautes et étroites fenêtres alternant avec de puissants

L'église Santa Maria doit sa façade du XVIIe s. en retable baroque aux canons de Philippe IV, qui détruisirent la façade gothique d'origine.

contreforts. La façade pourtant est baroque, à la façon d'un retable monumental : elle remplaça au XVIIe s. la façade gothique malencontreusement détruite par les troupes de Philippe IV en 1651 qui tentaient de réduire la révolte catalane.

L'intérieur, une nef unique prolongée par une abside polygonale, conserve deux trésors : des **orgues** du XVIIe s., restaurées au XVIIIe s. puis en 1977, dont les qualités musicales attirent chaque année de grands maîtres internationaux invités à se produire à Montblanc ; une **statue gothique** de la Vierge, peut-être d'origine germanique, qui trône dans la Capilla Mayor.

Museu Comarcal de la Conca de Barberà

> Carrer Josa ☎ 977.86.03.49. Ouv. mar.-sam. 10h-14h et 16h-19h (17h-20h juin-sept.), dim. 10h-14h. F. lun. Entrée payante.

Consacré à la région de Montblanc, la Conca de Barberà, le **Musée régional** s'abrite dans une des belles demeures gothiques de la ville, construite aux alentours du XIIIe s., puis restaurée au XVIIIe s. Une section ethnologique au rez-de-chaussée introduit aux métiers et aux activités traditionnelles de la Conca à travers reconstitutions d'ateliers et présentations d'outils. Les collections historiques occupent les deux étages de l'édifice : vous y remarquerez notamment les **reconstitutions d'habitats et d'ateliers**. La section consacrée au Moyen Âge permet de saisir l'importance passée de Montblanc.

Plaça Major*

C'est par ce bel ensemble architectural que s'achèvera votre tour de la ville ancienne : un vaste espace rectangulaire, où de belles maisons semblent jouer à saute-mouton par-dessus leurs arcades. Chaque vendredi matin, elle s'emplit de la foule qu'attire le **marché** hebdomadaire. Rompant l'alignement des façades, la **Casa Desclergue** avance son étage Renaissance juché sur les épaules de solides arches gothiques. Sur un autre côté de la place, l'hôtel de ville occupe un palais gothique (XIVe s.) couronné d'une galerie ; portail et balcons sont des ajouts postérieurs.

À la sortie de la ville en direction de Barcelone, le **vieux pont*** est un bel ouvrage roman qui, depuis le XIIe s., enjambe vaillamment le riu Francolí.

Poblet**

> À 11 km N-O de Montblanc ☎ 977.87.02.54. Ouv. t.l.j. 16 mars-15 sept. 10h-13h30 et 15h-19h ; 16 sept.-15 janv. 10h-13h30 et 15h-17h30 ; 16 janv.-15 mars 10h-13h30 et 15h-18h. Entrée payante. Visite guidée (espagnol et catalan).

Désavouant de leur allure presque martiale les douces campagnes alentour, une haute muraille et ses douze tours, autant que d'apôtres, veillent à la sérénité des occupants du lieu : les moines cisterciens de Poblet. Si le monastère est le plus beau et le plus riche de Catalogne, c'est aussi que son église abrite, par décision de Pierre III le Cérémonieux (1336-1387), le panthéon royal de la couronne d'Aragon : huit souverains y reposent, d'Alphonse le Chaste (1162-1196) à Jean II (1458-1479), le père de Ferdinand le Catholique (1479-1516) ; rompant avec la tradition, et consacrant jusque dans la tombe l'unité espagnole, ce dernier préféra être inhumé à Grenade auprès de son épouse Isabelle.

Neuf siècles de prière

Laissé à l'abandon à la suite de la Desamortización de 1835 *(p. 305)*, Poblet abrite depuis 1940 une nouvelle communauté monastique, forte aujourd'hui d'une trentaine de frères. Fidèles à l'idéal cistercien, ils se partagent entre la méditation et la prière, le travail intellectuel – au cours de la visite, vous aurez l'occasion de jeter un coup d'œil sur la

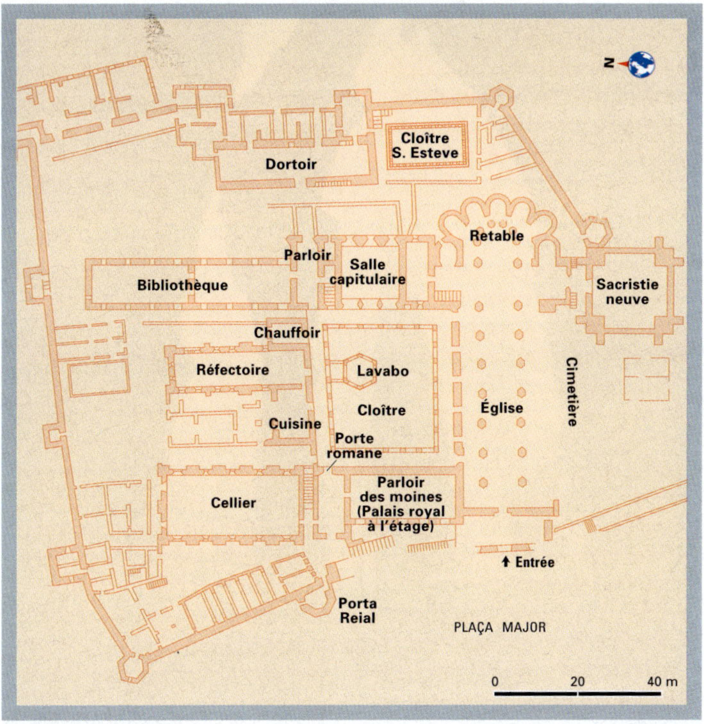

Le monastère de Poblet

bibliothèque – et le travail manuel avec l'exploitation du domaine agricole du monastère.

L'apport de Cîteaux

C'est en 1151 que la première communauté s'établit en ces lieux tout juste reconquis sur les musulmans. Des moines cisterciens, qui apportèrent avec eux les austères exigences architecturales propres à leur ordre, aucune décoration superflue ne devant venir les distraire de la méditation et de la prière. Architecture de grandeur donc, à la confluence des styles roman et gothique, mais aussi de grâce avec la célèbre fontaine du cloître, véritable merveille d'élégance.

L'enceinte

Les bâtiments monastiques sont enfermés dans trois enceintes successives, le haut mur extérieur datant du XIVe s., chacune délimitant un secteur particulier. La **porte extérieure** ouvrait sur un véritable village avec ses greniers, ses ateliers, ses remises, où s'activaient les frères lais, les artisans et les journaliers chargés d'assurer l'exploitation du domaine du monastère.

Une seconde porte, la **porte Dorée**, ouvrait sur la plaça Major bordée par l'hospice où étaient recueillis les pauvres. Au fond de la place, la **porte Royale** (porta Reial), flanquée de deux tours octogonales couronnées de mâchicoulis, gardait l'entrée du domaine des moines. C'est là que vous rejoindrez le guide qui vous conduira à travers les différentes parties du monastère.

Avant le vestibule, un escalier conduit au **palais** *(f. à la visite)* construit pour le roi Martí l'Humà (Martin l'Humain, 1395-1410), dernier représentant de la dynastie catalane sur le trône d'Aragon.

Le cloître est la merveille du monastère de Poblet.

Le vestibule

Voûté d'arêtes gothiques, il conduit à la belle **porte romane*** ouvrant sur le cloître. À dr. ouvre l'ancien dortoir des frères convers, aujourd'hui le **parloir des moines**. Vous serez tout d'abord conduit à l'étage, où un ancien dortoir de moines abrite le musée retraçant l'histoire de la restauration du site ; sont également exposés des fragments d'architecture et de décoration appartenant aux premières étapes de la construction du monastère.

Le cloître***

Construit entre le XIIe et le XIIIe s. et mêlant de ce fait les styles roman et gothique, il abritait comme à l'accoutumée le cœur de la vie monastique et desservait les diverses salles où s'écoulait le quotidien des moines. La galerie nord est occupée par l'ensemble constitué des cuisines et du vaste réfectoire ; blottie contre ce dernier, une petite salle où les frères vieux ou malades étaient autorisés à venir se réchauffer durant les mois d'hiver. Face au réfectoire, et empiétant sur le jardin central, un gracieux ♥ **pavillon**★★ cerné d'arcs romans abrite la fontaine qui servait de lavabo aux moines. Sous la galerie orientale ouvrent la bibliothèque puis la vaste salle capitulaire, lieu de réunion des frères sous l'autorité de leur abbé. Par les fenêtres donnant sur la galerie, les frères lais pouvaient assister aux débats et au prêche de l'abbé. Un passage donne ensuite accès au chœur de l'église.

L'église★★

C'est dans ce magnifique et ample vaisseau que trouvèrent le mieux à s'exprimer les exigences cisterciennes : à l'exception des ajouts postérieurs, on n'y trouve en effet aucune décoration, pas même sur les chapiteaux des colonnes qui restent nus. Seule concession acceptée par les frères, le **chevet avec déambulatoire** et **chapelles rayonnantes romanes**, contraire aux canons architecturaux de l'ordre qui préférait un chevet plat, que l'on retrouve néanmoins dans plusieurs fondations cisterciennes.

En avant du chœur, les **tombeaux des huit rois d'Aragon** sont hissés sur deux arches. Transférés dans la cathédrale de Tarragone après la sécularisation de Poblet (1835), les sarcophages ont été rétablis à leur emplacement originel en 1952, dans une structure monumentale réalisée par le sculpteur Frederic Marès (1893-1991). Le retable en albâtre du chœur est une œuvre du sculpteur valencien Damià Forment (mort en 1540) où des motifs italiens marqués par la Renaissance s'intègrent dans des structures encore gothiques.

La suite de la visite vous conduira sur les **terrasses** du cloître qui offrent des vues magnifiques sur les superstructures de l'église. De là, vous redescendrez vers les anciens **celliers**, primitivement réfectoire des moines, où des fouilles ont permis de mettre au jour les impressionnantes installations qui servirent jusqu'à la sécularisation à l'élaboration du vin.

Vallbona de les Monges★

> À 27 km N de Poblet ☎ 973.33.02.66. Ouv. mar.-dim. 10h-13h30 et 16h30-18h (18h45 mars-oct). Entrée payante.

Depuis sa fondation en 1175, ce monastère abrite une communauté de religieuses cisterciennes : vous en découvrirez le **cloître** construit entre le XIIe et le XVe s., mélange de roman et de gothique, et son **église** gothique (XIIIe-XIVe s.).

Santes Creus★

> À 31 km S-E de Poblet ☎ 977.63.83.29. Ouv. mar.-dim. 10h-13h30 et 15h-19h (15h-18h 16 janv.-15 mars, 15h-17h30 16 sept.-15 janv.). Entrée payante.

Fondé en 1158, le monastère abrita la sépulture des rois d'Aragon avant la décision de Pierre III de transférer le panthéon royal à Poblet. Contrairement aux vœux d'austérité des cisterciens, le **cloître gothique**★★ (XIVe s.) s'orne sous les arcs de délicates dentelles de pierre tandis que les chapiteaux s'animent d'une foule de personnages, fantastiques parfois, et d'animaux. L'église en revanche reste plus fidèle aux canons cisterciens, avec leurs chapelles à chevet à fond plat. L'ensemble fut augmenté d'un magnifique palais royal, construit au XIIIe s. puis remanié aux XVIe et XVIIe s. ●

Le delta de l'Èbre★

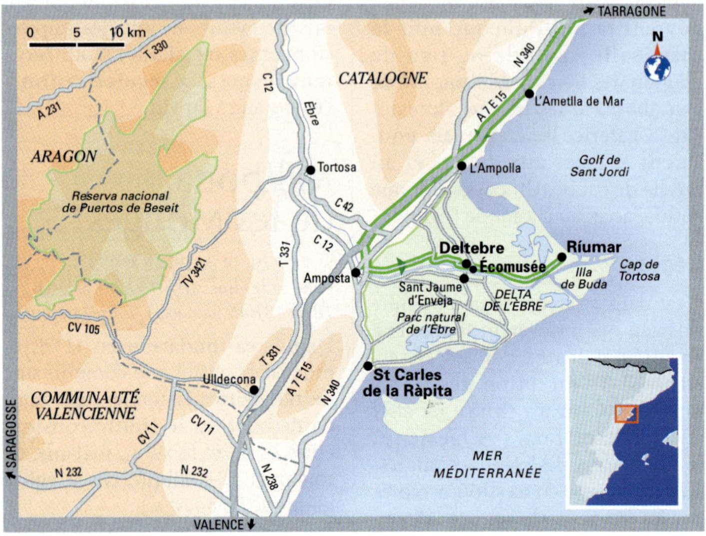

Après 950 km de course à travers le nord de l'Espagne, l'Èbre semble hésiter à quitter la Péninsule, ne mêlant qu'à regret ses eaux à celles de la Méditerranée: il sinue, serpente, se perd entre bandes de sable et lagunes, pour former un immense delta de quelque 32 000 ha. Refuge des oiseaux aquatiques, et jadis de pirates et autres malandrins qui dissimulaient leurs méfaits dans les secrets de cette zone impaludée, le delta de l'Èbre a été colonisé par les hommes depuis deux siècles. Ils y ont creusé leurs canaux – 400 km aujourd'hui –, et amendé les terres pour les rendre propres à l'agriculture. Le riz s'y taille la part du lion: la région fournit à elle seule 95 % de la production catalane.

> *À 74 km S de Tarragone.* ***Carnet d'adresses*** *p. 206. Prévoir 2 h pour une découverte rapide du delta.*

L'écomusée de Deltebre

> *Ecomuseu, 22 carrer Doctor Martí Buera, Deltebre ☎ 977.48.96.79, < www.ebre.com/delta/esp >. Ouv. lun.-sam. 10 h-14 h et 15 h-18 h, dim. 10 h-13 h et 15 h 30-18 h. Entrée payante.*

Avant toute visite de la région du delta, il est fortement conseillé de faire le détour par le **centre d'information de Deltebre**, en bordure de la route principale qui traverse le parc naturel de l'Èbre. Vous y trouverez des cartes qui indiquent notamment les sentiers balisés, ainsi que d'intéressantes publications pour parfaire votre connaissance de la région.

L'écomusée est aménagé en arrière du bâtiment: vous y découvrirez, reconstitués en miniature, les principaux écosystèmes présents dans la lagune.

© G. Grande, Office espagnol du tourisme

Le delta de l'Èbre est le grenier à riz de la Catalogne et un formidable terrain de randonnée, où faune et flore se laissent découvrir au fil de magnifiques sentiers balisés.

Le parc naturel

Le classement du delta en parc naturel a permis de conserver une partie de sa physionomie naturelle, 7 700 ha situés essentiellement en bordure du rivage. C'est là que vous partirez, à pied par des **sentiers de randonnée** bien balisés ou en barque au long des canaux, à la découverte d'un paysage envoûtant où s'abritent 69 espèces recensées d'**oiseaux aquatiques**. En dehors de la zone balnéaire de Ríumar, dans la partie nord du delta, de nombreux hôtels et chambres d'hôtes permettent de se loger au plus près de la nature.

Quant au mariage de la terre et de l'eau, on le retrouve à la table des restaurants qui proposent plats de riz, anguilles et produits de la mer. Attention, au printemps et en été les moustiques prolifèrent : prévoyez des protections en conséquence. ●

Carnet d'adresses

© A. Félix, Hémisphères Images

Femme de pêcheur réparant un filet sur le port de Tarragone.

Delta de l'Èbre

> *Carte p. 204. Visite p. 204.*

Office du tourisme, centre d'information, écomusée (Ecomuseu), 22 carrer Doctor Martí Buera, Deltebre ☎ 977.48.96.79, < www.ebre.com/delta/esp >. *Ouv. lun.-ven. 10 h-14 h et 15 h-18 h, sam. 10 h-13 h et 15 h-18 h, dim. 10 h-13 h.* Une mention particulière pour l'excellence de l'accueil. Vous y trouverez des plans du parc naturel ainsi que de la documentation sur les différentes randonnées pédestres.

Hébergement

▲▲▲ **Delta**, avenida del Canal, Camí de la Illeta ☎ 977.48.00.46, fax 977.48.06.63. *24 ch.* C'est l'hôtel qu'il faut choisir si vous souhaitez séjourner sur place : une architecture d'une grande sobriété dont les lignes pures s'accordent avec le paysage, une décoration de murs blancs mariés au bois et un excellent accueil. Piscine.

Restaurants

Vous trouverez de nombreux petits restaurants, de simples guinguettes parfois, au bord de l'eau à l'embouchure de l'Èbre près du village de **Ríumar**.

♦ **Nouri**, carretera de les Goles ☎ 977.48.01.28. *Ouv. t.l.j.* Spécialités d'anguilles et de plats de riz.

Montblanc

> *Carte p. 198. Visite p. 198.*

Office du tourisme, plaça Sant Francesc ☎ 977.86.00.12. *Ouv. lun.-sam. 10 h-13 h 30 et 15 h-18 h 30, dim. 10 h-14 h.*

Hébergement

▲▲ **Ducal**, 11 carrer Francesc Macià ☎ 977.86.00.25. *40 ch.* Un hôtel de bon confort, parking et restaurant.

▲▲ **Monestir**, Les Masies, L'Espluga de Francolí ☎ 977.87.00.58, fax 977.87.00.30. *36 ch.* À une dizaine de kilomètres de Montblanc, peu avant d'arriver au monastère de Poblet, une charmante auberge isolée au milieu des pins. Cadre rustique et bon confort, certaines chambres offrant des vues sur le monastère. Piscine et restaurant.

Restaurant

♦ **El Moli de Mallol**, 3 carrer Dionis Mestre ☎ 977.86.00.28. *F. dim. soir.* Une belle auberge de campagne, pour passer en beauté aux nourritures terrestres après la visite des monastères de la région. Spécialité de lapin aux escargots.

Fêtes et manifestations

- **13 janvier**. Fête de **Sant Antoni Abbat** : bénédiction des chevaux et procession à travers la ville.
- **2e semaine d'avril**. C'est la **Semaine médiévale** : reconstitutions historiques, dont la réunion des Corts Catalanes à Montblanc,

représentation du combat de Sant Jordi contre le dragon, concerts de musique médiévale, banquets... Ces festivités attirent un nombreux public venu de toute la région.

• **1er mai et dernier dim. de juin**. Les **festivals de sardane**: danses organisées par le groupe folklorique local.

• **Juillet-août**. Lors du **Festival international de musique**, de grands maîtres viennent tenir les orgues de l'église Santa Maria.

Tarragone

> *Plan p. 188-189. Visite p. 186.*

ℹ **Office du tourisme municipal**, 39 carrer Major **D1** ☎ 977.25.07.95, < www.fut.es/~turisme >. *Ouv. lun.-ven. 10h-14h et 16h30-19h, sam.-dim. 10h-14h; en été lun.-ven. 9h-21h, sam. 9h-14h et 16h-21h, dim. 10h-14h.* ℹ **Office du tourisme de la Généralité de Catalogne**, 4 carrer Fortuny **B2** ☎ 977.23.34.15. *Ouv. lun.-ven. 9h15-14h et 16h-19h30, sam. 9h15-14h.*

Circuler

À pied uniquement, les distances n'étant pas grandes à l'intérieur du centre-ville. On peut également découvrir les principaux sites de Tarragone par un petit **train touristique**, le Trenet. Départ du passeig de les Palmeres **C2** à *11h, 12h, 13h, et 17h, 18h, 19h, 20h (trajet 45 mn).*

Adresses utiles

• **Aéroport**. Aéroport de Reus, **hors pl. par A1** ☎ 977.77.98.00. À 9 km à l'E du centre-ville. Liaisons avec Madrid et Palma de Majorque.

• **Gare ferroviaire**. Estació Renfe, passeig d'Espanya **C3** ☎ 902.24.02.02. Liaisons avec Valence, Barcelone, Madrid, ainsi qu'avec l'aéroport de Barcelone.

• **Gare routière**. Plaça Imperial Tarraco **A1** ☎ 977.22.91.26. Liaisons avec Barcelone, Valence, Carthagène, Alicante, etc.

budget

Hébergement

En haute saison, pour une chambre double :

▲▲▲▲▲ plus de 200 €

▲▲▲▲ de 120 à 200 €

▲▲▲ de 80 à 120 €

▲▲ de 40 à 80 €

▲ de 20 à 40 €

Restaurants

Prix pour un menu complet (boisson non comprise) :

♦♦♦♦ de 60 à 100 €

♦♦♦ de 30 à 60 €

♦♦ de 15 à 30 €

♦ de 6 à 15 € ●

• **Poste**. Poste centrale, plaça Corsini **B2** ☎ 977.21.11.65. *Ouv. lun.-sam. 8h30-20h.*

• **Taxis**. Agrupacio Radio Taxi ☎ 977.23.60.64. Assossiacio Tarraco Taxi ☎ 977.22.21.21.

• **Urgences**. Pharmacies de garde ☎ 092. Police ☎ 091. Urgences médicales ☎ 061.

Hébergement

▲▲▲▲ **Ciutat de Tarragona**, plaça Imperial Tarraco **A1** ☎ 977.25.09.99, fax 977.25.06.99, < hotelt gna@sbgrup.com >. *135 ch.* Grand confort moderne, en lisière du centre que l'on peut atteindre aisément à pied. Un effort pourrait être consenti pour la restauration.

▲▲▲▲ **Imperial Tarraco**, 2 rambla Vella **C2** ☎ 977.23.30.40, fax 977.21.65.66, < imperial@tinet.fut.es >. *112 ch.* Établissement luxueux, planté sur le rebord de la vieille ville et dominant une vue magnifique sur la plage en contrebas. Beaucoup de charme. Jardins et piscine. Prix intéressants en fin de semaine.

▲▲▲ **Lauria**, 20 rambla Nova **C2** ☎ 977.23.67.12, fax 977.23.67.00, < lauria@tinet.fut.es >. *85 ch.* Au bout de la grande promenade de Tarragone, idéal pour « sentir » la ville. Bon confort moderne.

▲▲▲ **Urbis**, 20 carrer Reding **B2** ☎ 977.24.01.16, fax 977.24.36.54, < urbis@tinet.fut.es >. *58 ch.* Bon établissement dans les quartiers commerçants de la ville moderne.

▲ **Pension Alhambra**, 51 avinguda Estanislau Figueres **B1** ☎ 977.24.05.65, fax 977.23.34.71. *12 ch.* Une petite maison étroite et tout en hauteur abrite derrière ses balcons fleuris une pension modeste et bien tenue. Sympathique accueil.

Restaurants

♦♦ **Les Coques**, *2bis* nou Patriarca **D1** ☎ 977.22.83.00. *F. dim.* Petite salle cosy, où l'on propose avec gentillesse une carte de spécialités régionales finement modernisées : on peut par exemple y tenter la morue aux saucisses.

♦♦ **Fortí de la Reina**, platja del Miracle **hors pl. par D3** ☎ 977.24.48.77. *F. mar.* Immense restaurant en bordure de la plage, très couru par les habitants de Tarragone qui viennent se régaler des produits de la mer.

♦♦ **Merlot**, 6 carrer Cavallers **C1** ☎ 977.22.06.52. *F. dim. et lun.* Cadre raffiné pour une « cuisine d'auteur » : raviolis de cèpes ou palourdes truffées sont ainsi à l'ordre du jour.

♦♦ **Xaloc**, 6 carrer de Lepant **hors pl. par A3** ☎ 977.24.21.95. *F. lun.* Restaurant chic du quartier des pêcheurs. Excellent.

♦ **La Puda** ♥, 25 muelle Pescadores **hors pl. par A3** ☎ 977.21.15.11. *F. dim. soir sf en été.* Dans le pittoresque quartier des pêcheurs, une taverne de poissons comme on les aime : gaie, bruyante et sans prétention, où des serveurs blanchis sous le harnais brandissent à bout de bras les plats de *parilladas* ou de *zarzuelas*, savoureuses et gargantuesques. Bondée en fin de semaine de joyeuses tablées familiales. À ne pas manquer.

♦ **Pulvinar**, 20 carrer Ferrers **C2** ☎ 977.23.56.31. *F. lun.* Au cœur de la vieille ville, pizzeria sympathique qui propose également des salades et des plats du jour. Petite terrasse. En prime, vous pourrez découvrir à l'intérieur et dans les sous-sols des vestiges du cirque romain. Idéal pour une pause déjeuner.

♦ **Sakura**, 51 avinguda Ramón y Cajal **A2** ☎ 977.24.46.30. *Ouv. t.l.j.* Et pourquoi pas des sushis à Tarragone ? Une salle traditionnelle avec tatamis peut aussi accueillir les groupes d'amis. Excellent accueil.

Fêtes et manifestations

Comme dans toute l'Espagne les grandes fêtes du calendrier religieux, carnaval, Semaine sainte, nuit de la Saint-Jean, sont marquées par un éclat particulier. Tarragone abrite en outre quelques événements qui lui sont propres.

● **Mi-juin à mi-août**. **Festival d'Estiú** : pendant deux mois Tarragone voit se succéder des spectacles de danse, de théâtre, de cinéma, ainsi que de nombreux concerts très variés, de la musique classique à la techno ; également **festival international d'orgue**.

● **1re semaine de juillet**. C'est le **Festival international de feux d'artifice** : on assiste aux spectacles pyrotechniques depuis la plage.

● **19 août**. **Sant Magí** : la « petite » Fiesta major de la ville.

● **23 septembre**. La **Sainte Thècle** (Santa Tecla, *encadré p. 191*) est la grande date du calendrier des fêtes de la ville. ●

Valence★★

© A. Félix, Hémisphères Images

Les fleuristes donnent des couleurs à la plaza del Ayuntamiento.

Baroque et avant-gardiste, fêtarde et affairée, Valence se tourne résolument vers le IIIe millénaire. À preuve, l'immense cité des Arts et des Sciences, bientôt complétée par l'Oceanogràfic, 80 ha entièrement dédiés au monde de la mer. C'est que la capitale de la Communauté valencienne n'a eu ni l'Exposition universelle ni les jeux Olympiques, comme Séville et l'éternelle rivale, Barcelone, avec laquelle Valence a un long contentieux. Barcelone, travailleuse, moderne, tournée vers l'Europe depuis plus d'un siècle cependant que Valence s'assoupissait dans ses langueurs provinciales. Cette époque est révolue si l'on en juge par la frénésie immobilière favorisée par une municipalité entreprenante, et par le soin apporté à la réhabilitation du centre ancien, où l'on serait bien en peine aujourd'hui de trouver, comme il y a moins de vingt ans, de vieilles demeures, nobles mais décrépites. Quant à s'amuser, cela fait longtemps que les Valenciens en ont développé l'art, et lorsque Barcelone commence à s'assoupir, on continue ici à faire la fête jusqu'aux petites heures du jour.

> *À 361 km S-O de Barcelone, 182 km N d'Alicante.* ***Plan*** *p. 210. Visite : prévoir 1 ou 2 jours (encadré p. 213).* ***Carnet d'adresses*** *p. 231.*

sommaire

© A. Félix, Hémisphères Images

VALENCE

S'orienter. La partie ancienne de la ville est circonscrite à l'intérieur d'un boulevard circulaire, qui suit le tracé des anciennes **fortifications**. Aujourd'hui disparues à l'exception des monumentales **Torres de Quart B2** et **Torres de Serranos C1**, elles surplombaient pour une part le río Túria.

Le fleuve ayant été détourné vers le sud, son lit a été aménagé en une longue coulée verte, terrain d'entraînement privilégié des joggers et autres sportifs. Hors de ses limites historiques, la ville n'offre pas d'intérêt pour le visiteur. La vieille ville elle-

même se divise en **quartiers** qui présentent chacun leur spécificité : la **cathédrale et ses abords C1-2** occupent la partie la plus ancienne ; le **marché central** (Mercado Central) **C2** est le centre monumental, odorant et coloré du quartier des commerces populaires ; la **plaza del Ayuntamiento C3** est au cœur de la ville des affaires et des administrations ; le **quartier du Carmen C1**, autour de la place du même nom, est devenu le rendez-vous des branchés valenciens. À ces quartiers, il faut ajouter ceux du **port** et des **plages hors pl. par D3**. ●

Une fondation romaine

Les fouilles archéologiques entreprises derrière le chevet de la cathédrale dénoncent l'origine de la ville: romaine. Encore les vestiges visibles actuellement datent-ils de l'époque impériale. Quelques fragments de murs juchés sur les ruines romaines témoignent du fait que la ville ne perdit pas son importance à l'époque wisigothe: elle abritait un palais épiscopal auquel appartiennent ces vestiges ainsi que la chapelle de la crypte Saint-Vincent voisine.

La ville du Cid

Un modeste four aménagé dans l'ancienne chapelle Saint-Vincent (San Vicente); quelques tessons de céramique vernissée; le tracé des ruelles du centre-ville: voilà tout ce qui rappelle la présence musulmane, comme si les cinq siècles de domination du Croissant n'avaient été qu'un rêve, brièvement interrompu par le règne du **Cid** à la fin du XIe s. *(voir p. 214)*.

En 1238, dans le fracas des armes, **Jacques (Jaime) Ier d'Aragon** ravit la ville aux musulmans. Sitôt conquise, Valence se couvre d'églises: l'année même de la prise de la ville, les Hospitaliers font élever les puissants arcs romans de leur église Saint-Jean (San Juan), tandis que quelques années plus tard commence à se dresser la cathédrale sur le lieu où naguère le peuple musulman se prosternait chaque vendredi vers La Mecque.

Quelques parties de l'édifice actuel, la porte romane del Palau notamment, restent les témoins de cette première construction.

Le grand port du Moyen Âge

Au XIVe s. commence l'**âge d'or de Valence**: les navires valenciens sillonnent la Méditerranée tandis que dans le port se pressent bateaux et marchands étrangers. À travers la ville s'élèvent les orgueilleuses demeures des marchands enrichis: ainsi le magnifique ensemble de palais de la calle Caballeros. L'Almudín, la halle au blé, les Atarazanas – les arsenaux – dressent leurs hauts arcs gothiques pour contribuer à la prospérité de la cité.

La rivale de Barcelone

Pour avoir soutenu les prétentions de Charles de Habsbourg durant la guerre de Succession, Valence perd en 1707 les privilèges octroyés jadis par la couronne d'Aragon. Depuis longtemps déjà son étoile commerciale avait pâli, au profit des ports tournés vers l'Atlantique et les colonies américaines. Il faut attendre le siècle suivant pour voir à nouveau Valence renouer avec l'activité économique et commerciale, mais dans l'ombre cette fois de Barcelone, la grande rivale.

Entre-temps, la ville aura perdu en 1865 le corset de ses murailles, à l'exception de deux portes monumentales: la Torres de Serranos et

La Torres de Serranos témoigne encore aujourd'hui des murailles disparues qui encerclaient la ville.

programme

L'idéal est de disposer d'un minimum de deux jours pour découvrir de façon satisfaisante les principales curiosités de la ville.

- **En 1 jour**. La **cathédrale C2**, la **calle Caballeros C1**, le **marché central C2**, la **Lonja C2**, la **plaza Redonda C2**, l'église **San Juan del Hospital D2** et la **plaza del Ayuntamiento C3**, cœur battant de la ville.
- **En 2 jours**. Le premier jour sera consacré à la **cathédrale** et au quartier qui l'entoure **C2**. Après l'inévitable coupure de la mi-journée, vous terminerez par un des musées de la ville, le **musée des Beaux-Arts (Museo de Bellas Artes) D1** par exemple, que prolongera agréablement la découverte du **museo Benlliure C1**, situé à peu de distance. Le lendemain matin, la promenade dans le **marché central C2** s'impose ; après la visite de la **Lonja C2**, vous poursuivrez vers la **plaza del Ayuntamiento C3**. Tout proche, le **musée du Patriarche (Museo del Patriarca) D2** abrite, avec le musée des Beaux-Arts, l'autre collection de peintures à ne pas manquer. À la mi-journée, vous pourrez déjeuner dans un des nombreux, et pour certains excellents, bars du quartier del Ayuntamiento, à moins que vous ne préfériez emprunter le métro pour gagner les plages et leurs restaurants de bord de mer. Les plus courageux résisteront à la tentation de la baignade et regagneront le centre-ville pour une dernière promenade qui pourra les conduire au **musée de la Céramique (Museo de Cerámica) C2**. •

la Torres de Quart, dont les pierres ont été grêlées par la mitraille des troupes du maréchal Suchet en 1808. La nouvelle prospérité de Valence lui vient de l'exploitation de la ***huerta***, sa plaine fertile ; et aussi de la géniale invention d'un négociant qui imagina d'envelopper les oranges dans des papiers de soie et de les disposer dans des caisses afin d'en faciliter l'exportation.

Dans le centre-ville et les quartiers nouveaux de Valence se dressent les **temples de la modernité** : les sièges de banques, la gare de chemin de fer, l'hôtel de ville et le bâtiment des postes dans le style moderniste en vigueur à Barcelone, mais acclimaté ici de lumineux panneaux de céramique où sont célébrées les richesses et les beautés de la *huerta*.

Des projets pharaoniques

Après les gloires éphémères de l'Exposition universelle de Séville et des jeux Olympiques de Barcelone, qui mirent l'Espagne le temps de l'année 1992 sous les projecteurs du monde entier, Valence a préféré marquer son entrée dans le IIIe millénaire par du durable et du culturel : le monumental projet de la cité des Arts et des Sciences qui déploie son architecture audacieuse dans le lit asséché du río Túria ; le développement d'ambitieux projets immobiliers, autour de **nouveaux quartiers** créés *ex nihilo* entre la vieille ville et le port ; la réhabilitation accélérée du patrimoine architectural de la vieille ville, trop longtemps négligé. Valence a un rang à tenir : celui de troisième ville du pays par sa population et de **premier port marchand** d'Espagne. •

El Cid Campeador

« À moi, Comte, deux mots » : un hémistiche de Corneille, et c'est toute la fougue d'un jeune noble castillan, tiraillé entre l'honneur et l'amour, qui s'est incarnée pour des générations de Français. En Espagne, la légende s'est emparée du personnage historique moins d'un demi-siècle après sa mort. En 1140, El Cantar del mio Cid *chante les louanges d'un valeureux chevalier, en une épopée comparable à la* Chanson de Roland. *Les siècles suivants apporteront chacun leur pierre au monument : de Guillén de Castro, l'inspirateur de Corneille, au début du XVII*e *s., à Antonio Machado qui lui consacra un poème.*

Frontispice de l'édition origi du *Cid* de Corneille, publiée en 1637.

Rodrigo de Bivar

L'héritier d'un obscur fief des environs de Burgos fut remarqué dès son jeune âge par l'infant Sanche qui l'éduqua à sa cour et l'adouba lui-même. Devenu roi en 1065 sous le nom de Sanche II, il fit de Rodrigue le commandant de ses armées : le jeune chevalier, âgé d'à peine 23 ans, se distingua rapidement au combat en enlevant **Saragosse** aux musulmans. L'assassinat de Sanche porta sur le trône son frère Alphonse VI. Suspectant ce dernier d'avoir été l'instigateur du meurtre, il fit, comme la coutume l'exigeait, jurer au roi tout juste couronné qu'il n'était pour rien dans la mort de son prédécesseur. Le triple serment eut lieu sur le parvis de la cathédrale de Burgos en présence de toute la noblesse castillane. Le roi n'oublia jamais l'humiliation et poursuivit sa vie durant Rodrigue de sa vindicte. Jouant néanmoins son rôle de suzerain magnanime, il lui offrit pour épouse sa propre nièce, **Jimena**, notre Chimène. En 1081, prenant prétexte d'une échauffourée qui avait opposé le bouillant chevalier à un de ses favoris, le roi condamna Rodrigue à l'exil.

La naissance d'une légende

Rodrigue fut banni des terres de Castille ; tous ses biens lui furent confisqués, son château de Bilvar démantelé. Chimène dut s'enfermer dans un couvent avec ses deux jeunes enfants. Quiconque lui offrirait asile serait condamné à mort. Ce n'était pourtant pas un homme seul qui prenait le chemin de l'exil. Avec lui cheminait une centaine de cavaliers armés accompagnés de la troupe de leurs serviteurs. Après avoir en vain sollicité le comte de Barcelone, Rodrigue se mit au service du roi musulman de Saragosse. Pendant une dizaine d'années, à la tête d'une troupe d'hommes intrépides, Rodrigue sema la terreur parmi les ennemis de son maître, chrétiens ou musulmans.

Illustration romantique du Cid par Célestin Nanteuil.

« Un maudit, avouent les chroniques musulmanes, qui, avec une petite troupe de bandits, met en déroute les armées. » Ses exploits lui vaudront chez les musulmans le titre de **sidi** (brave) et chez les Espagnols celui de **campeador** (preux).

Réconcilié avec son roi

Le Cid combattait tous les ennemis de Saragosse. Mais lorsque le roi musulman s'affronta à Alphonse VI, Rodrigue refusa de combattre celui qu'il considérait toujours comme son suzerain. Il abandonna les honneurs qui lui étaient réservés à Saragosse et partit demander son pardon au roi de Castille. La rencontre eut lieu près de Tolède : à la tête de sa troupe revêtue de ses tenues d'apparat, les oriflammes de guerre au vent, le Cid se présente devant le roi qui l'attend au bord du Tage. Il met pied à terre, se prosterne face contre terre, et, selon un ancien rite de soumission, arrache de ses dents l'herbe du champ. Alors que le roi l'invite à se relever, Rodrigue reste à genoux, attendant les paroles de pardon solennelles, prononcées d'une voix forte devant l'assemblée des chevaliers. Après avoir baisé les mains de son souverain, Rodrigue se voit restituer ses propriétés de Castille, augmentées d'importantes possessions au sud du royaume. Le roi lui accorde en outre la possession de toutes les terres, à l'exception des villes, que le chevalier viendrait à conquérir. Une promesse que le Campeador allait rapidement mettre à profit.

Valence du Cid

À cette époque régnait à Valence l'ancien roi de Tolède, qui avait accepté de céder sa ville à Alphonse VI en échange de la cité du Levante, moyennant la reconnaissance de la suzeraineté du roi de Castille. Or voilà que la ville est assiégée par les émirs révoltés. À la tête de 7 000 hommes, cavaliers et fantassins confondus, le Cid, au terme d'une campagne fulgurante, délivre le vassal musulman d'Alphonse VI. Rodrigue a découvert les chemins du Levante ; il ne les quittera plus. S'il laisse Valence au roi de Castille, il se taille un immense fief dans l'est espagnol. En 1094, c'est pour son propre compte qu'il s'empare de Valence, où la population musulmane s'est soulevée après en avoir tué le roi. Il y régnera désormais en prince indépendant de fait, entretenant, au côté de Chimène, une cour fastueuse, où les soieries et les brocarts orientaux le disputaient aux tapisseries précieuses. Ce guerrier qui était aussi un lettré (il pratiquait le latin et l'arabe appris lors de son long séjour à Saragosse) aimait à s'y entretenir avec les poètes et les savants chrétiens et musulmans. Il mourut dans sa ville, le 10 juillet 1099. ●

Les ruelles du centre-ville évoquent encore la Valence du Cid.

La cathédrale★★ et son quartier

En plein cœur du noyau historique de la ville, la cathédrale raconte dans la pierre toute l'histoire de la Valence chrétienne. Chère au cœur des Valenciens qui voient dans son clocher, affectueusement appelé le **Micalet**, le symbole de l'identité municipale, elle abrite de surcroît la plus insigne relique conservée dans la ville: un calice qui ne serait autre que celui utilisé par le Christ lors de la Cène. Pour peu que vous visitiez les lieux le jeudi, vous aurez même l'occasion d'assister, à midi, à la réunion du **Tribunal des Eaux** *(encadré p. 64)*, une institution qui existait déjà à l'époque musulmane.

Dans les abords immédiats de la cathédrale, rues romaines, église wisigothique, bains arabes, édifices médiévaux constituent autant de témoignages du passé à découvrir.

À ces visites s'ajoute le plaisir immédiat d'une promenade de rues étroites en placettes paisibles, longeant en chemin de vénérables façades chargées d'ans. Pour les amateurs de chine, c'est dans ce secteur que se trouve le quartier des antiquaires, autour de la plaza Nápoles y Sicilia.

La cathédrale★★

> **C2** *Catedral de Valencia, plaza de la Reina ☎ 963.91.81.27, < www.archivalencia.org >. Ouv t.l.j. 7 h 30-13 h et 16 h 30-20 h 15. Entrée libre. Accès au sommet du Micalet: 10 h-13 h et 16 h 30-18 h. Musée payant.*

La façade

L'entrée en matière est spectaculaire: la **puerta de los Hierros★★**, flancs concaves et centre convexe, comme un retable entrouvert, rompt avec l'hiératisme des grandes façades planes en vigueur jusque-là (1703-1741). Dans ce théâtre d'ombres et de lumières, statues de saints et figures allégoriques trouvent une vigueur expressive renouvelée. À l'honneur, la Vierge, à qui est dédié le sanctuaire, est présente à chaque registre de la partie centrale: par son monogramme de bronze au-dessus de l'entrée, dans le vitrail ovale du premier niveau et au-dessus encore dans une éblouissante Ascension.

L'intérieur

Passé les gloires du baroque, l'intérieur ramène violemment à l'austérité cistercienne d'un pur gothique du XIIIe s., haute nef centrale flanquée de bas-côtés délimités par des piliers cyclopéens. S'approchant de la **Capilla Mayor**, on se trouve bientôt dans le transept, sous le magistral ♥ ***cimborrio***★★★, la tour lanterne octogonale construite en deux élans aux XIVe et XVe s. Il faut revenir voir le *cimborrio* de l'extérieur cette fois et de nuit, lorsque la lumière de l'intérieur embrase l'édifice et le rend presque aérien.

Dans la Capilla Mayor, le **retable** du XIXe s. intègre deux peintures du XVIe s. issues d'ateliers italiens, peut-être celui de Léonard de Vinci pour l'un d'entre eux. Le déambulatoire est comme à l'accoutumée entouré de chapelles: celle qui se trouve dans l'axe de l'édifice abrite une statue en albâtre de la Vierge (XVe s.). En face, une relique est particulièrement vénérée par les Valenciens: le bras de leur patron, **saint Vincent**, martyrisé à Valence en 304. Parmi les chapelles ouvrant sur les bas-côtés, celle de San Francisco Borgia *(2e du bas-côté dr. en partant de l'entrée)* est ornée de deux tableaux de Goya, inspirés de la vie de cet éminent membre de la Compagnie de Jésus.

© A. Félix, Hémisphères Images

Le cimborrio de la cathédrale est un chef-d'œuvre du gothique méditerranéen. La lumière y est diffusée par des carreaux d'albâtre enchâssés dans de véritables dentelles de pierre.

La chapelle del Santo Cáliz**

> *Accès : au début du bas-côté dr. Horaires chapelle et musée : ouv. t.l.j. sf lun. et sam. après-midi, déc.-fév. 10 h-13 h, mars-mai et oct.-nov. 10 h-13 h et 16 h 30-18 h, juin-sept. 10 h-13 h et 16 h 30-19 h. Entrée payante.*

L'ancienne salle capitulaire est une splendide réalisation gothique (moitié XIVe s.) coiffée d'une magistrale coupole. Aux murs sont suspendues de lourdes chaînes : elles barraient le port de Marseille et furent prises par les Aragonais qui enlevèrent la ville en 1423. Mais le plus remarquable est le **retable**** du mur du fond ; dans un encadrement d'albâtre sont présentés douze reliefs réalisés au début du XVe s. et illustrant des épisodes bibliques. Le retable sert d'écrin à la plus sainte relique conservée à Valence, le **calice de la Cène**, une coupe d'agate que saint Pierre aurait apportée avec lui à Rome.

Le **musée** de la cathédrale auquel la chapelle donne accès présente une collection d'art religieux ; on y admire surtout les douze grandes statues d'apôtres qui ornaient primitivement la porte du même nom *(ci-dessous)*.

L'extérieur

Après avoir retrouvé le soleil en franchissant la puerta de los Hierros, il vous faudra encore faire le tour de l'immense édifice, dont l'extérieur présente tout autant d'intérêt que l'intérieur. En tournant par la dr. voici tout d'abord la **puerta de los Apóstoles**, qui appartient au projet gothique initial. Les statues des apôtres sont les moulages de celles que vous aurez vues au musée.

La Vierge qui occupe le tympan, surmontée d'une rosace où s'inscrit l'étoile de David, est, en revanche, originale. C'est devant cette porte que se réunit chaque jeudi le **Tribunal des Eaux** *(encadré p. 64)*.

Le **chevet** de la cathédrale fut décoré au XVIe s. d'une élégante colonnade dans le plus pur style de la Renaissance : elle servait de tribune aux notables de la ville qui assistaient de là aux cérémonies en l'honneur de la **Virgen de los Desamparados**, la patronne de la ville, dont la basilique se dresse sur la place en arrière du chevet.

Entre le sanctuaire de la Vierge et la cathédrale fut également jetée une passerelle pour permettre à l'évêque de se rendre plus facilement d'une église à l'autre. C'est du chevet que l'on découvre les plus belles vues sur le *cimborrio*, l'aérienne tour lanterne gothique.

La **puerta del Palau**, qui ouvre sur le flanc sud de la cathédrale, est de style roman ; c'est la plus ancienne partie de l'édifice, construite au

Depuis l'époque des califes, le Tribunal des Eaux se réunit tous les jeudis sur le flanc de la cathédrale.

XIIIe s. ; les fines colonnettes sont sculptées de scènes empruntées au livre de la Genèse. Là encore, une passerelle de pierre permettait à l'évêque de circuler plus aisément : entre la cathédrale et son palais cette fois.

Les fouilles de l'Almoina

> **C2** *Calle Harina, au pied de la cathédrale ☎ 963.94.14.17. Ouv. mar.-dim. matin 10h-13h et 17h-20h (23h ven.-sam.). F. lun. et j.f.*

À l'ombre du chevet de la cathédrale, dont on découvre d'ici de belles perspectives, les archéologues ont depuis 1985 dégagé des vestiges significatifs du centre de la **ville romaine**. Une passerelle dominant l'ensemble et agrémentée de panneaux explicatifs permet aux visiteurs une bonne compréhension des lieux. Ce que l'on voit ici, c'est le *cardo* de la ville antique, son axe principal nord-sud. Les reconstitutions proposées permettent d'identifier les restes d'une colonnade, de thermes ou encore d'une fontaine publique : ces nymphées monumentaux faisaient l'orgueil des citadins qui y voyaient un des symboles de la supériorité de la civilisation sur les barbares.

L'Almudín★

> **D1** *Plaza San Luis Betrán ☎ 963.52.54.78 poste 4521. Ouv. mar.-dim. matin 9h15-14h et 17h30-21h. Entrée libre.*

Cette belle construction du XIVe s. était le grenier public de la ville. Magnifiquement restaurée pour servir de salle d'exposition, elle conserve en haut de ses murs intérieurs une série de **peintures** (XVIe-XVIIe s.) illustrant des moments de la vie agricole ainsi que des scènes religieuses. La charmante place sur laquelle elle se dresse est bordée par la façade du **Palacio de los Escriva**, qui, malgré des restaurations ultérieures, a conservé sa porte gothique d'origine.

La crypte Saint-Vincent

> **C2** *Cripta de la Carcel San Vicente Mártir, plaza del Arzobispo, < www.cbcp.com/cripta >. Ouv. mar.-dim. matin 9h30-14h et 17h30-20h. Entrée libre. La visite ne s'effectue qu'au cours d'une projection audiovisuelle d'une durée de 25 mn ; pour les horaires des séances en français ☎ 963.52.54.78, poste 4143.*

Sous le règne de l'empereur Dioclétien (284-305), à Valence comme dans tout l'Empire, des chrétiens furent martyrisés lors d'effroyables campagnes de persécution. Parmi eux **saint Vincent**, devenu le saint patron de la ville. Selon la tradition, il aurait été, avant d'être exécuté, jeté dans une geôle au-dessus de laquelle fut construite une église à l'époque wisigothique. Elle appartenait alors au complexe épiscopal, puis, après l'invasion arabe, fut transformée en bains. Ce sont les vestiges de ces différentes périodes que l'on découvre aujourd'hui ; une peinture murale appartient à la période romaine ; de l'église wisigothique, on distingue encore bien le plan cruciforme ; des bains arabes, on reconnaît le four aménagé dans l'ancienne abside.

San Juan del Hospital★★

> **D2** *5 calle Trinquete Caballeros ☎ 963. 92.29.65. Ouv. lun.-ven. 7 h-8 h et 9 h30-13 h30, sam. 9 h30-13 h30, dim. et j.f. 11 h-14 h, t.l.j. 17 h-21 h. Entrée libre.*

Un peu après la cathédrale, de hauts murs aveugles dissimulent un des joyaux de l'**architecture gothique** valencienne : l'**église Saint-Jean-de-l'Hôpital**. Après bien des vicissitudes – sa démolition fut envisagée après la guerre civile et elle abrita par la suite une salle de cinéma –, l'église a retrouvé le lustre austère de ses origines après les travaux de restauration conduits sous l'autorité des prêtres de l'Opus Dei à qui elle fut confiée en 1967. C'est la plus ancienne église de Valence, construite par les chevaliers de l'ordre de l'Hôpital en 1238, sitôt la ville prise aux musulmans.

L'extérieur

Sous le porche qui marque l'entrée du périmètre de l'église sont conservées des croix peintes, symboles de leur ordre laissés par les moines soldats. Longez ensuite le flanc de l'église jusqu'à une **porte**★ remarquable surmontée d'un arc semi-circulaire qui trahit son origine romane, au-dessus duquel apparaissent les armes de l'ordre. Au-dessus de la porte, le XIVe s. gothique a ouvert une fenêtre encadrée dans une ogive au centre de laquelle une croix de Jérusalem s'inscrit dans la rosace.

L'intérieur

Comme l'annonçait la porte précédente, roman et gothique coexistent à l'intérieur de l'édifice. Gothiques les chapelles du bas-côté droit ainsi qu'au pied de la nef la partie conservée du cloître. Romanes les chapelles du bas-côté gauche dont la dernière, au plus près de l'autel, a révélé un cycle de peintures murales du XIIIe s.

La nef unique, à l'exception de l'abside plus nettement gothique, appartient à un style de transition, un premier gothique où transparaissent encore les modes romans, dans la massivité de la structure notamment, qui ne ménage quasiment aucune ouverture vers l'extérieur. La dernière chapelle du bas-côté droit fut entièrement remaniée au XVIIe s. dans le goût baroque pour abriter la sépulture de **Constanza**, fille de Frédéric II qui, par son mariage, devint impératrice de Byzance (la sépulture est située depuis le XIIIe s. dans une petite chapelle ouvrant à dr. du chœur). Les chapelles latérales renferment des œuvres de grande qualité parmi lesquelles se distingue un émouvant calvaire du XIIe s. *(1re chapelle du bas-côté dr.)*.

Vous pourrez compléter votre visite par le petit **musée** attenant où sont exposés des fragments architecturaux dégagés lors des travaux de restauration. ●

De la plaza de la Virgen au marché central

© A. Félix, Hémisphères Images

La plaza de la Virgen, au chevet de la cathédrale, prend des allures féeriques à la nuit tombée.

Cette promenade qui part du chevet de la cathédrale pour conduire au marché central sert de trait d'union entre les deux passions des habitants de Valence : leur sainte patronne qui trône en sa basilique, et le grand marché alimentaire. Deux affaires sérieuses, donc, qui encadrent la noble rue des Chevaliers (Caballeros) bordée de vénérables demeures seigneuriales.

Plaza de la Virgen

C1 Deux fois l'an, la place au chevet de la cathédrale se couvre d'un immense tapis de fleurs : pour la fête des Fallas en mars et le 2e dimanche de mai *(p. 234)*. Les Valenciens honorent ainsi leur sainte patronne, la **Virgen de los Desamparados**, encore appelée affectueusement la **Geperudeta**, la « petite Bossue ». Sa statue trône dans la basilique qui ferme un côté de la place *(ouv. t.l.j. 7 h-14 h et 16 h-21 h)* : au-dessus des monceaux de fleurs que lui apportent chaque jour ses fidèles, elle semble incliner doucement sa tête couronnée vers chacun de ceux qui se pressent à ses pieds. Et qu'importe si cette statue gothique fut offerte à la ville par Benoît XIII, le Papa Luna de Peñíscola, l'antipape que ne reconnaît même pas l'Église catholique.

Plaza Manises*

C1 À deux pas de la basilique et de la cathédrale s'ouvre un autre ensemble architectural, et des plus séduisants. Tout d'abord le **Palacio de la Generalitat**, le siège du gouvernement de la Communauté valencienne, dont le bâtiment s'avance jusque sur la plaza de la Virgen. C'est de ce côté d'ailleurs que s'élève la partie la plus récente de l'édifice : une haute tour y fut dressée entre 1940 et 1950, identique à celle qui domine la plaza

Manises. Pour le reste, le palais date du XVe s., du temps de la splendeur de Valence qui imposa la construction d'un édifice prestigieux pour abriter les institutions municipales. Pas chiche, le XVIe s. lui adjoint la **tour donjon de la plaza Manises**, et les siècles suivants ses décorations intérieures parmi lesquelles le salón Dorado, sur lequel règne un éblouissant plafond à caissons dorés à l'or fin. L'intérieur ne se visite qu'en groupe et sur rendez-vous *(rens. ☎ 963.86.34.61)*.

Le reste de la place est animé par une succession de façades d'une grande diversité de styles : palais gothiques du XVIe s., Casa del Marqués de Scala, à la belle cour intérieure, Casa de Baylia, ou immeubles de style moderniste comme celui qui occupe le n° 1 de la place depuis 1909.

Calle Caballeros*

C1 De la plaza Manises, engagez-vous dans la calle Caballeros, la bien nommée si l'on en juge par le nombre de demeures seigneuriales qui l'escortent sur tout son parcours ennobli par une élégante courbe. Ces belles demeures restant propriétés privées, il vous faudra tendre le cou ou pousser quelques portes pour découvrir le secret de leurs cours intérieures, paisibles havres gothiques aux allures de cloître. Un des plus beaux palais se trouve du côté droit de la rue ; récemment restauré, il abrite aujourd'hui le siège de l'**Union des coopératives agricoles**. Ce qui permet d'accéder aisément, aux heures d'ouverture des bureaux, à son beau patio gothique du XIVe s.

Plus loin, au niveau de la plaza Conde de Buñol, une allée à dr. conduit au **portal de Valldigna**, la porte de 1400 qui donnait accès au quartier musulman. Au bout de la calle Caballeros, sur la plaza San Jaime, il ne vous reste plus qu'à tourner à g. dans la calle Bolsería qui conduit à la place du Mercado Central.

À moins que la proximité de l'heure du déjeuner ne vous incite à tourner à dr. vers le **quartier du Carmen** tout proche et ses restaurants réputés *(encadré ci-dessous)*. •

Plan de Valence p. 210-211.
Carnet d'adresses p. 231. •

sortir

Le quartier du Carmen

Tous les soirs de la belle saison, et elle dure ici neuf mois sur douze, se répète la même scène. À partir de minuit, des dizaines de milliers de fêtards envahissent les ruelles médiévales de ce quartier (autour de la plaza del Carmen **C1**) quasi désert le jour. Longtemps à l'abandon et mal famé, il est devenu le **rendez-vous des « branchés » valenciens**. Les maisons, réhabilitées ou non, ont été transformées en bars qui déversent dans les rues, avec les décibels de la musique et des cris, la masse des clients qui n'ont pu trouver place à l'intérieur et qui poursuivent leurs conversations sous les étoiles, un verre à la main. L'animation ne s'apaise qu'aux premières heures du jour. On y trouve également des **restaurants de « créateurs »**, où dans des cadres souvent recherchés, de jeunes chefs proposent des variations modernes de recettes traditionnelles. Le quartier où il vous faudra au moins passer une soirée. •

Le centre commerçant

Le cœur animé de Valence est un quartier dévolu au commerce depuis le Moyen Âge musulman : à cette époque, c'est là que s'entremêlaient les allées étroites du principal souk de la ville. Une atmosphère orientale que l'on retrouvera dans les petites rues qui entourent la plaza Lope de Vega et la plaza Redonda. Mais la vedette aujourd'hui est incontestablement le Mercado Central, le grand marché où sont proposés les magnifiques produits de la région. Une visite à ne pas manquer.

♥ Mercado Central★★

> **C2** < *www.mercadocentralvalencia.com* >. *Ouv. lun.-sam. 8 h-14 h 30.*

En 1928, la ville de Valence décida d'édifier un temple à sa *huerta* : ce fut l'immense **marché central**, orgueilleuse coupole de verre enchâssée dans des structures métalliques et soutenue par des poutrelles et des piliers de fer. Un bâtiment où triomphe l'**architecture moderniste,** orné de lumineux panneaux de céramique évoquant les travaux et les jours du monde des campagnes.

© A. Félix, Hémisphères Images

La haute coupole du marché central avec sa girouette emblématique : une perruche et un poisson.

Depuis, les fruits et légumes de la *huerta* s'exposent artistement sur leurs étals en savantes pyramides ; les produits de la mer toute proche les ont rejoints, promis à de prochaines épousailles dans les *paelleras* pour composer les plats de riz qui ont fait la célébrité gastronomique de la région. Charcuteries et salaisons descendues des montagnes de l'intérieur ne sont pas en reste et se racontent en de rabelaisiens chapelets de saucisses et en boudins noirs comme le diable, sous la surveillance hautaine des escouades de voluptueux jambons suspendus à leur crochet. On l'aura compris, la visite du marché est tout aussi indispensable que celle de la cathédrale. Et pour ceux que cette promenade gourmande aurait mis en appétit, quelques restaurants plaqués tout contre la façade du marché proposent une déclinaison de plats à déguster en *raciónes* au bar, juchés sur des tabourets. Visitez le site internet du marché : vous y trouverez de succulentes recettes parmi lesquelles une vingtaine de plats de riz.

Lonja★★

> **C2** *Plaza del Mercado ☎ 963.52.54.78. Ouv. mar.-sam. 9 h-14 h et 17 h-21 h, dim. et j.f. 9 h-13 h 30. Entrée libre.*

Cet autre temple du commerce, édifié à la fin du XVe s. et que l'Unesco a pris soin d'inscrire à la liste de son patrimoine de l'humanité, ne connaît plus aujourd'hui que l'animation feutrée d'un **marché aux**

timbres du dimanche. Effet de la solennité de l'architecture intérieure ? Les transactions s'y déroulent avec le même sérieux qu'aux heures de gloire de l'édifice qui abritait à l'origine la **Bourse** *(Lonja)* **de la soie**, le **tribunal du Commerce maritime** et la **Taula de Canvis**, une institution bancaire fondée en 1408. Mais on ne risque plus de voir aujourd'hui un marchand failli conduit entre deux gardes vers les cachots aménagés dans le haut donjon au couronnement de merlons, qui apporte une note martiale à l'édifice.

À l'intérieur, le **Salón de las Columnas**★★, où les anciennes tables des courtiers servent aujourd'hui aux philatélistes, aligne les hautes colonnes qui lui ont valu son nom, autour desquelles s'enroulent des nervures torses qui, leur ascension achevée, vont se déployer en arcs savants sous les voûtes. Ne manquez pas d'entrer dans le petit jardin de gauche d'où l'on découvre la décoration des murs intérieurs, monde de grotesques et d'animaux fantastiques qui se déploie jusqu'aux gargouilles.

♥Plaza Redonda★★

> **C2** *Près de la plaza Lope de Vega.*

Le commerce version intimiste cette fois. C'est là qu'à l'époque musulmane les orfèvres tenaient boutique. La plaza Redonda est née au XIXe s. : un ensemble conçu d'un seul élan, circulaire comme une arène dont les gradins seraient un anneau d'immeubles de trois étages, précédés de savants balcons en fer forgé. Au centre, autour d'une fontaine, des boutiques se mettent en cercle pour proposer les plus charmantes des marchandises : des tissus, des bobines multicolores de fils de soie et de coton destinés à la broderie et aux travaux d'aiguille. Au pied des immeubles, on trouve des boutiques de céramistes qui reproduisent à merveille formes et motifs décoratifs des plus belles réalisations de la **faïence valencienne**. Un petit restaurant populaire, avec ses quelques tables qui se risquent sur la place, complète l'ensemble, en offrant l'occasion d'une halte sympathique et roborative.

Plaza del Ayuntamiento

C2-3 Depuis la plaza Redonda, on y est conduit par la **calle San Vicente Mártir**, majestueuse artère bordée d'arbres et de commerces de luxe de l'ancien temps : magasins d'éventails, chapeliers, marchands de cannes et de parapluies…

L'immense esplanade marque le cœur de la ville. Le centre civique, tout d'abord, avec l'imposant **hôtel de ville** (1905). En face lui répond le **bâtiment de la poste** : il est marqué par le modernisme lui aussi et par la confiance dans le progrès promis en ce début du XXe s. et que symbolise, parmi les allégories des cinq continents, la présence d'une locomotive au-dessus du fronton. Vous êtes aussi dans le centre des affaires : dans la **calle las Barcas** se dressent les orgueilleux sièges de banque construits au début du XXe s. La **calle Poeta Querol** accueille les boutiques à la mode où se pressent les *fashion victims*. C'est enfin le centre de la Valence festive puisque c'est ici que s'achèvent les fêtes des Fallas *(p. 69)* dans un gigantesque brasier, annoncées les semaines précédentes par de bruyants feux d'artifice.

Au fond de la place, la gare de chemin de fer (**Estación del Norte C3**) est un bel édifice moderniste qui conserve, à l'intérieur, sa décoration originelle du début du XXe s. (1906). À côté, la **plaza de Toros C3** fut construite entre 1850 et 1860 *(Musée taurin, Museo Taurin, 10 pasaje Dr Serra ☎ 963.88.37.38, < www.xarxamuseus.com/taurino > ; ouv. t.l.j. sf j.f. 10 h-21 h, lun. 10 h-14 h ; entrée libre).* ●

Les musées de Valence

© A. Garrido, Office espagnol du tourisme

Entre la fin du XVIe et le début du XVIIe s., Valence abrita, grâce aux libéralités de son archevêque Juan de Ribera, une importante école de peinture. Elle rivalisait avec le vaste chantier de l'Escorial, où Philippe II conviait les plus grands artistes du temps, et les ateliers de Tolède dominés par l'écrasante figure du Greco. Deux musées se font les témoins de cet âge d'or dont les grands noms sont Francisco de Ribalta, Luis de Morales ou Juan Zariñena : le musée du Patriarche, où sont exposées les œuvres réunies par le prélat-mécène, et le musée des Beaux-Arts, dont les collections dépassent largement cette période.

↖ *Ci-dessus : les délices de la* huerta *débordaient jusque dans les tableaux costumbristes du début du XXe s. ; ainsi dans ce* Floreal, *œuvre de José Pinazo Martínez (1915) exposée au musée des Beaux-Arts.*

Museo de Bellas Artes San Pío V★★

> **D1** *9 calle San Pío V ☎ 963.60.57.93, < www.cult.gva.es/mbav >. Ouv mar.-sam. 10 h-14 h 15 et 16 h-19 h 30, dim. et j.f. 10 h-19 h 30. Entrée libre. Visite : 2 h.*

Une collection dense, sans être écrasante par son abondance, des présentations aérées, deux raisons de rendre visite à ce musée. Le rez-de-chaussée présente des œuvres des maîtres de la peinture espagnole, et l'étage est plus spécifiquement consacré aux **artistes valenciens** des XIXe et XXe s. D'un intérêt moins soutenu, cette dernière section présente néanmoins l'avantage de brosser le portrait d'une société valencienne au tournant du siècle, partagée entre le modernisme d'une bourgeoisie éclairée et l'attachement à une tradition pittoresque de scènes de genre aimables et fleuries. Nous vous proposons ici une sélection d'œuvres.

Le rez-de-chaussée

• **Salles 1 à 3**. Elles sont consacrées aux primitifs. Comme entrée en matière, deux **retables** retiennent l'attention : celui de la *Vierge* de Pere Nicolau (1405) et celui de *Saint Martin* de Gonçal Peris (vers 1440) : tous deux furent exécutés au XVe s., au moment de l'âge d'or de la ville, lorsqu'elle entretenait de fructueux rapports commerciaux avec l'ensemble du monde connu. Rien d'étonnant alors à ce que les canons du gothique international aient également touché le grand port du Levante, et marqué les artistes de son goût du faste et du raffinement.

• **Salle 10**. Deux œuvres d'artistes majeurs s'y disputent l'attention : un ***Saint Sébastien*** du Greco (vers 1600) et un ***Autoportrait*** de Velázquez (vers 1650).

• **Salle 11**. Vous remarquerez six tableaux de Goya parmi lesquels le portrait de ***Doña Joaquina Candado*** (vers 1802) accompagnée de son petit chien malicieux, et deux délicieuses petites scènes de jeux d'enfants dans un paysage madrilène.

• **Salles 12 et 14. Francisco Ribalta** (1565-1628), maître méconnu du siècle d'Or mais omniprésent à Valence où il réalisa l'essentiel de son œuvre *(Museo del Patriarca* *p. 226)*, est dignement représenté par une série de tableaux parmi lesquels se distingue un dramatique ***Saint François*** au pied de la Croix (vers 1620) : sept félins au bas de la scène représentent les sept péchés capitaux, et la longue forme blanche de saint Bruno, le doigt sur la bouche, signifie le silence imposé aux membres de l'ordre dont il fut le fondateur. Cette œuvre appartient au retable monumental que Ribalta exécuta à la fin de sa vie pour la Cartuja (chartreuse) de Portacoeli et dont d'autres panneaux sont présentés ici.

• **Salle 15. José de Ribera** (1591-1652), dit l'Espagnolet en raison de sa petite taille, fut qualifié de « peintre à la rude brosse » par Théophile Gautier en considération de son goût pour les scènes macabres *(encadré ci-dessus)*. Il est présent ici par quatre œuvres. Voyez notamment deux portraits de philosophes, Héraclite et Pythagore, visages blafards surgissant de l'obscurité.

portrait

Ribera selon Théophile Gautier

Il est des cœurs épris du triste amour du laid.

Tu fus un de ceux-là, peintre à la rude brosse

Que Naple a salué du nom d'Espagnolet. [...]

Chez toi, l'on voit toujours le noir valencien,

Paysan hasardeux, mendiant équivoque,

More que le baptême à peine a fait chrétien.

Comme un autre le beau, tu cherches ce qui choque :

Les martyrs, les bourreaux, les *gitanos*, les gueux,

Étalant un ulcère à côté d'une loque ; [...]

Tu ne dédaignes rien de ce que l'on méprise ;

Nul haillon, Ribera, par toi n'est rebuté :

Le vrai, toujours le vrai, c'est ta seule devise !

Ribera, 1844. •

L'étage : les peintres valenciens

Entre la fin du XIXe et le début du XXe s., la scène artistique valencienne fut dominée par **José Benlliure Gil** auquel la ville a consacré un musée *(p. 228)*. Son fils et disciple Peppino Benlliure Ortíz, prématurément disparu en 1916 à l'âge de 32 ans, fut également l'élève de

portrait

Juan de Ribera, évêque et mécène

Durant plus de quarante ans, Valence vécut sous le magistère de Juan de Ribera, archevêque de la ville de 1569 à sa mort en 1611. Né à Séville en 1532, ce grand homme d'Église – il a été canonisé en 1960 –, et grand aristocrate était le fils du duc d'Alcalá. Il multiplia durant son sacerdoce les fondations religieuses, offrant à Valence un séminaire, le **collège de Corpus Christi**, pour y promouvoir les innovations du concile de Trente.

Véritable maître de la ville, il cumula même un temps les titres de vice-roi de Valence et de capitaine général. Homme d'Église, homme politique, Juan de Ribera fut aussi un amateur d'art et un mécène éclairé. Il rassembla une collection d'œuvres de premier plan, parmi lesquelles des toiles du Greco ou des peintures flamandes, et favorisa le travail d'artistes dont la spiritualité faisait écho à ses propres préoccupations théologiques, et dont les visions altières répondaient aux siennes. Au nombre de ses protégés on compta ainsi **Luís de Morales**, **Juan Zariñena** (qui participa à la décoration de la Generalitat de la ville) et **Francisco Ribalta**. Plus qu'une réunion de peintures de grand intérêt, le Museo del Patriarca *(ci-dessous)* présente un ensemble cohérent constitué par un personnage d'une culture et d'une spiritualité exceptionnelles. L'âme d'un homme révélée par ses choix esthétiques. ●

Joaquín Sorolla, l'autre grand peintre valencien de l'époque; il est représenté par une *Sortie de messe* (1915) frappée d'un certain réalisme social. Plus aimable est la *Mosca* de Cecilio Pla (salle 23), figure de femme marquée par l'esthétique du modernisme, tandis que le *Grupa Valenciana* de Joaquín Sorolla (salle 26) s'inscrit pleinement dans la veine folklorique.

Museo del Patriarca★★

> **D2** *Plaza de la Universidad ☎ 963.51.41.76. Ouv t.l.j. 11 h-13 h 30. Entrée payante.*

Ce beau **musée du Patriarche** rassemble les collections réunies par Juan de Ribera *(encadré ci-dessus)*, archevêque de Valence au XVIIe s. et qui portait également le titre de patriarche d'Antioche, souvenir prestigieux des lointaines croisades. Il s'abrite dans les bâtiments du collège de Corpus Christi, un séminaire fondé par le prélat en 1583. Une visite à ne pas manquer pour les amateurs d'art.

Les collections

Depuis la cour Renaissance avec sa statue de Juan de Ribera (1893), un escalier conduit à l'étage qui abrite le musée. La deuxième salle contient les incontestables chefs-d'œuvre des collections : trois tableaux du **Greco** dont une magistrale *Adoration des Bergers* ; et un triptyque ayant pour thème principal la montée de l'âme de Juan de Ribera au paradis : il fut réalisé du vivant même du prélat par **Luís de Morales**, un des peintres favoris de l'homme d'Église. La salle suivante expose plusieurs œuvres de **Francisco Ribalta**, dont un portrait de Juan de Ribera. Dans la petite rotonde qui fait suite, vous verrez enfin le délicat *Triptyque de la Passion*, œuvre flamande due à Dirk Bouts (vers 1400-1475).

L'église du Corpus Christi

L'église du séminaire, aux murs entièrement couverts de fresques réalisées par l'Italien **Bartolomé Matarana** (1550-1625), est dominée par l'immense *Cène de la Capilla Mayor* réalisée par l'omniprésent **Francisco Ribalta** : sur la Sainte Table, le calice n'est autre que la précieuse relique pieusement conservée dans la cathédrale de la ville.

La chapelle de l'Immaculée Conception

Cette chapelle baroque, ouvrant à dr. dans le porche d'entrée, est surtout remarquable pour ses quatre immenses **tapisseries flamandes** tendues sur les murs latéraux. Elles furent réalisées à Bruxelles vers 1500 et acquises par Juan de Ribera.

Museo Nacional de Cerámica★

> **C2** *Calle Rinconda García Sanchís ☎ 963.51.63.92, < www.mcu.es/nmuseos/ceramica >. Ouv mar.-sam. 10 h-14 h et 16 h-20 h, dim. et j.f. 10 h-14 h. F. lun. Entrée payante. Visite : 1 h.*

Donnant d'un côté sur la calle Poeta Querol, l'artère élégante de la ville où se pressent les grandes enseignes de la mode internationale, le **musée de la Céramique** ouvre par un porche époustouflant, triomphe du rococo avec son exubérante décoration d'où émergent deux musculeux atlantes. Il fut plaqué au XVIIIe s. sur une noble demeure du XVe s., le palais de Dos Aguas, dont les volumes et la décoration intérieure ont été en partie restitués lors des travaux d'aménagement qui ont précédé l'ouverture du musée.

En guise d'introduction, le 1er étage présente un ensemble de pièces meublées et décorées dans le goût des XVIIIe et XIXe s. Les véritables vedettes du palais, les céramiques, sont exposées au 2e étage. **Céramiques valenciennes**, bien sûr, célèbres depuis le XIVe s. grâce aux artisans musulmans restés sur place après la Reconquête et qui transmirent leur savoir-faire aux potiers chrétiens *(voir p. 70 et encadré ci-dessous)*. Les collections ne se cantonnent cependant pas aux limites de la province puisqu'elles accueillent des pièces grecques antiques et des céramiques musulmanes. Vous y verrez également la splendide **reconstitution**★★ d'une cuisine valencienne du XVIIIe s. entièrement tapissée de carreaux de céramique *(illustration p. 71)*.

artisanat

Céramiques valenciennes

Depuis le Moyen Âge, la région de Valence est célèbre pour ses céramiques. Aux XIVe et XVe s. la production se répartissait entre deux faubourgs de la ville dont les noms étaient connus de toute l'Europe qui s'en disputait les merveilles : **Paterna**, dont le style montrait une prédilection pour les tons verts, et **Manises**, avec ses reflets dorés, ses teintes vert olive, bleues et jaunes, et ses motifs décoratifs inspirés de la calligraphie arabe. La tradition de la céramique s'est prolongée bien au-delà de cet apogée. L'Art nouveau y trouvera également à la fin du XIXe s. un mode d'expression privilégié, comme on peut le constater sur la façade de la gare de chemin de fer de Valence et dans nombre d'édifices publics autour de la plaza del Ayuntamiento **C2-3**. Pour les amateurs, le magasin **Colla Monlleo**, plaza Redonda **C2**, propose de ravissantes copies d'ancien. ●

Museo Benlliure

> **C1** *23 calle Blanquerías ☎ 963. 91.91.03. Ouv mar.-sam. 9h30-14h et 17h30-21h, dim. et j.f. 9h30-14h. F. lun. Entrée libre. Visite : 45mn.*

À deux pas du pittoresque quartier du Carmen *(p. 221)*, la maison-musée Benlliure ouvre une intéressante fenêtre sur la scène artistique de Valence au tournant du XIXe s. et du XXe s. Elle est dominée par trois figures, **José Benlliure Gil** (1855-1937), **Cecilio Pla** (1860-1934) et **Joaquín Sorolla** (1863-1923), sans doute le plus connu. Ces trois artistes du Levante partagèrent la même passion de la lumière qui baigne leur province natale, qu'ils exprimèrent chacun à leur manière. Sorolla dans une veine impressionniste au service de scènes folkloriques et de marines, Pla dans un registre plus mondain, tandis que Benlliure Gil en éclairait les portraits qui constituent la majeure partie de son œuvre.

Après la mort de Benlliure Gil, la maison qu'il habita fut pieusement conservée en l'état par ses filles. Vous découvrirez ainsi une **maison bourgeoise** typique de la Valence de ce temps avec son ameublement et son jardin romantique : vous verrez surtout une vaste collection de peintures du maître des lieux et de ses contemporains, ainsi que l'abondante collection de Peppino, le fils et disciple regretté. Sont également exposées des esquisses de **Mariano Benlliure Gil** (1862-1947), frère de José, qui fut un sculpteur célèbre de son temps. On lui doit notamment l'étonnant monument funéraire de Julián Gayarre, célèbre ténor du XIXe s. (1844-1890), dans la vallée de Roncal en Navarre.

♥ Museo Fallero★

> **Hors pl. par D2** *4 plaza de Monteolivete ☎ 963.52.54.78. Ouv. mar.-sam. 9h15-14h et 16h30-20h, dim. et j.f. 9h15-14h. F. lun. Entrée payante. Visite : 1h.*

Chaque année depuis 1934, une falla de la fête *(p. 69)* est sauvée des flammes et de la destruction par un vote populaire. Sauvés du bûcher, ces *ninots indultats* (graciés) sont conservés au **musée des Fallas**. Dans ces savoureuses réalisations s'expriment tout à la fois la verve, l'ironie, et la tendresse du peuple valencien : personnages familiers des rues de la ville, balayeurs ou mendiants, vedettes de music-hall ou de cinéma, scènes de la vie familiale, ou encore irruption incongrue du monde moderne comme ces pittoresques hippies croqués en 1971. Une magnifique collection d'affiches complète les présentations.

Les ninots indultats, *fallas sauvées des flammes par un vote populaire, sont exposés dans le pittoresque Museo Fallero.*

La cité des Arts et des Sciences★

> **Hors pl. par D2** *Ciutat de les Arts i de les Ciències, avenida Autopista de el Saler ☎ 902.10.00.31, < www.cac.es >. Ouv. t.l.j. 10h-20h, sam. 10h-21h. Entrée payante.*

Avec cet ensemble de constructions d'avant-garde, en aval de la ville sur le lit asséché du río Túria, et que complètent de gigantesques projets immobiliers, Valence a voulu marquer spectaculairement son entrée dans le IIIe millénaire. L'ensemble, couvrant une superficie de 35 ha, est coupé par un pont dont la silhouette élancée structure l'ensemble.

En amont, en voie d'achèvement, se trouve le **Palau de les Arts** (palais des Arts) qui n'offrira pas moins de trois auditoriums : la grande salle, d'une capacité de 1 800 spectateurs, une salle dévolue à la musique de chambre, plus intime avec ses 400 sièges, et enfin un auditorium de plein air de 2 500 places.

En aval, les visiteurs trouveront les trois autres pavillons, œuvres, comme l'édifice précédent, des architectes Santiago Calatrava et Felix Candela : l'**Hemisfèric**, immense salle de projection de 900 places face à un écran de 900 m², le **musée des Sciences Príncipe Felipe**, et l'**Oceanogràfic**, un véritable monde sous-marin de 8 ha duquel émerge un gracieux pavillon en forme de lotus, où seront présentées des espèces de la faune aquatique du monde entier. Pour l'heure (2003), seuls le musée des Sciences et l'Hemisfèric sont ouverts aux visiteurs.

• **Museu de les Ciènces Príncipe Felipe** (*☎ 963.10.00.31, < www.cac.es > ; ouv. lun.-jeu. 10h-20h et ven.-dim. 10h-21h ; entrée payante ; visite : prévoir 1h30*). La silhouette de cet

© A. Félix, Hémisphères Images

La Valence avant-gardiste se découvre à la cité des Arts et des Sciences.

immense vaisseau de verre et de béton n'est pas sans évoquer quelque toit d'usine du XIXe s. dont l'intérieur serait cependant baigné de lumière. Il offre sur trois niveaux quelque 8 000 m² de salles d'exposition, entièrement dévolues à la science, de la recherche fondamentale aux applications dans la vie quotidienne. On peut également y voir une section consacrée à l'architecte **Santiago Calatrava**, auteur du bâtiment, dont dessins préparatoires et maquettes sont exposés. Les enfants sont à l'honneur au premier niveau où les attendent des ateliers interactifs : aidés par des conférenciers, ils pourront y faire leurs propres expérimentations. Une partie du musée, la Calle Mayor, est ouverte librement au public : vous pourrez notamment y voir un immense pendule de Foucault. •

Le bord de mer

Quelques minutes de métro suffisent pour passer de l'animation du centre-ville aux plages, l'immense playa de la Malvarrosa ou la playa de Levante, bordée de restaurants de poissons. Une solution bien pratique pour passer agréablement les heures chaudes de la mi-journée, lorsque la ville jouit des délices de la sieste et que tout est inexorablement fermé. Quant à ceux que taraude l'obsession des itinéraires culturels, ils pourront apaiser leur idée fixe en allant visiter la maison-musée de Blasco Ibáñez, le Zola de la vie valencienne, ou les Reales Atarazanas, arsenaux gothiques du XIVe s. Il leur faudra néanmoins attendre là aussi la fin de l'heure de la sieste.

Casa Blasco Ibáñez

> **Hors pl. par D1** *Calle Isabel de Villena, au N de la playa de la Malvarrosa* ☎ *963.56.47.85,* < *www.cbcp.com/vbi* >. **M°** *Eugenia Viñes. Ouv. mar.-sam. 9 h 15-14 h et 16 h 30-20 h, dim. et j.f. 9 h 15-14 h. Entrée libre.*

Cette haute demeure néo-classique abrite une collection de souvenirs évoquant la mémoire de **Vicente Blasco Ibáñez** (1867-1928), écrivain prolixe qui décrivit dans une veine réaliste la vie de la province du Levante au tournant du XXe s. Une partie de son œuvre a été traduite en français : *Arènes sanglantes* ou *Boue et Roseaux* qui dépeint la vie de l'Albufera, l'immense zone de lacs et de lagune aux portes de Valence. Blasco Ibáñez a laissé de passionnants récits de ses innombrables voyages, également traduits en français. Vous verrez aussi des collections de meubles, de portraits, ainsi qu'une abondante bibliothèque où figurent notamment les nombreuses éditions étrangères de l'œuvre de l'écrivain.

Las Reales Atarazanas

> **Hors pl. par D1** *Plaza Juan Antonio Benlliure* ☎ *963.52.54.78 poste 4299. Ouv. mar.-sam. 9 h 30-14 h et 17 h 30-21 h, dim. et j.f. 9 h 30-14 h. Entrée libre.*

À l'époque musulmane déjà, Valence était connue pour l'importance de ses **chantiers navals**. C'est du reste de l'arabe *dar al-sina'a*, qui donna le *darsena* italien d'où nous avons tiré notre « arsenal », que provient le terme espagnol. Le monumental édifice fut construit au XIVe s. : cinq hautes nefs aux arcs en ogive qui abritent aujourd'hui le Musée maritime ainsi que des expositions temporaires.

Le port

Hors pl. par D1 La visite des arsenaux vous aura rapproché du port : il conserve une partie de ses installations du début du XXe s. : hangars à l'architecture de fer, haute tour de l'Horloge. Près de celle-ci se dresse la statue d'un des grands hommes de Valence : **José Aguirre Matiol**. C'est lui qui, le premier, eut en 1870 l'idée d'envelopper les fruits dans un papier de soie portant le nom du producteur et de les disposer dans des caisses. Le port possède également une halle aux poissons, très active en fin d'après-midi au retour des pêcheurs. ●

Carnet d'adresses

© A. Félix, Hémisphères Images

Vitrine de boutique sur la plaza Redonda.

> *Plan p. 210-211. Visite p. 209.*

ℹ **Office du tourisme**, 1 plaza del Ayuntamiento **C3** ☎ 963.51.04.17, < touristinfo.aytovalencia@turisme >. *Ouv. lun.-ven. 8 h 30-14 h 15 et 16 h 15-18 h 15, sam. 9 h 15-12 h 45. F. dim.* 48 calle de la Paz **D2** ☎ 963.98.64.22, < touris tinfo.valencia@turisme >. *Ouv. lun.-ven. 10 h-18 h 30, sam. 10 h-14 h.*

Circuler

● **En métro**. Valence, grande métropole, est fière de ses 5 **lignes** de métro. Elles intéressent davantage les habitants des banlieues gagnant chaque jour le centre-ville que les visiteurs dont le champ d'action se limite au centre. Une exception, les plages et le quartier du port que l'on peut rejoindre rapidement par la ligne 4 en une dizaine de minutes depuis le centre (au départ de la station **M°** Pont de Fusta **D1**).

● **En bus**. Comme pour le métro, les bus urbains ne sont pas réellement utiles aux touristes. Pour une première approche de la ville, on peut emprunter le **bus touristique** qui, au cours d'une visite commentée *(1 h env.)*, part à la rencontre des principales curiosités de la ville. *Départ plaza de la Reina* **C2** *toutes les 30 mn, de 10 h 30 à 21 h 30.*

● **À pied**. C'est la meilleure façon de découvrir la partie la plus intéressante de la ville, c'est-à-dire le centre ancien. On peut même rejoindre la cité des Arts et des Sciences par une jolie promenade suivant le lit asséché du Túria.

Adresses utiles

● **Aéroport.** Aéroport Manises, 12 km O du centre-ville **hors pl. par A2** ☎ 961.59.85.00. Liaisons nationales et avec les grandes villes européennes. Services de bus desservant la gare routière et le centre.

● **Compagnies aériennes**. **Iberia**, 14 calle de la Paz **D2** ☎ 963.52.06.77. **Air France**, aéroport ☎ 961.52.27.37.

● **Consulats**. **France**, 11 calle Cronista Carreres **D2** ☎ 963.51.03.59. **Suisse**, 9 calle Cronista Carreres **D2** ☎ 963.51.88.16. **Belgique**, 33 gran vía de Ramón y Cajal **B3** ☎ 963.80.29.09.

● **Gare ferroviaire.** Estación del Norte **C3** Rens. **Renfe** ☎ 902.24.02.02.

● **Gare routière**. Avenida Menéndez Pidal **A1** ☎ 963.46.62.66.

● **Location de voitures**. Les grandes compagnies de location de voitures sont toutes représentées à l'aéroport. **Avis**, 17 calle Isabel la Católica **D3** ☎ 963.51.07.34. **Europcar**, 7 avenida del Antic Regne de Valencia **D3** ☎ 963.74.15.12. **Hertz**, 7 calle Segorbe **C3** ☎ 963.41.50.36.

● **Poste centrale**, 24 plaza del Ayuntamiento **C3** ☎ 963.51.67.50.

● **Taxis**. **Radio-taxi** ☎ 963.70.33.33. **Tele-taxi** ☎ 963.57.13.13

● **Urgences**. **Police** ☎ 091. **Guardia Civil** ☎ 062. **Urgences médicales** ☎ 112. **Fourrière** ☎ 963.69.90.34.

Hébergement

▲▲▲ **Ad Hoc** ♥, 4 calle Boix **D1** ☎ 963.91.91.40, fax 963.91.36.67, < www.sercotel.es >. *28 ch.* Dans la ville ancienne, à deux pas de la cathédrale, l'hôtel occupe une vieille demeure du XIXe s. joliment réhabilitée; chambres confortables au décor simple qui privilégie la brique apparente, comme du reste dans les parties communes de l'établissement. Excellent restaurant, le **Chust Godoy** *(p. 233)*.

▲▲▲ **Consul del Mar**, 39 avenida del Puerto **hors pl. par D2** ☎ 963. 62.54.32, fax 963.62.16.25, < www. hotelconsuldelmar.com >. *62 ch.* Derrière sa façade néo-classique du XIXe s., l'hôtel tout récemment rénové propose un excellent confort et un service attentionné. Situé sur l'avenue qui conduit au port, il est un peu loin du centre que l'on atteint en une vingtaine de minutes de marche. Parking payant.

▲▲▲ **Husa Serrano**, 48 avenida General Urrutia **hors pl. par D3** ☎ 935.10.13.00, fax 934.90.93.94, < www.husa.es >. *105 ch.* Bon confort moderne, un peu excentré à 20 mn de marche de la place de l'Ayuntamiento; aucune difficulté de stationnement dans le quartier.

▲▲▲ **Ingles**, 6 calle Marqués de Dos Aguas **C2** ☎ 963.51.64.26, fax 963. 94.02.51, < www.solmelia.es >. *63 ch.* Le charme de l'ancien avec tout le confort moderne, dans un des quartiers les plus élégants du centre. L'établissement appartient à la grande chaîne hôtelière espagnole Meliá.

▲▲▲ **Jardín Botanico** ♥, 6 calle Doctor Peset Cervera **B2** ☎ 963.15.40.12, fax 963.15.34.08, < www.hoteljar dinbotanico.com >. *16 ch.* Ouvert en 2001 dans un quartier populaire à l'ouest de la vieille ville; c'est la version postmoderne de l'hôtellerie valencienne: décoration minimale et mobilier aux lignes épurées, et dans les chambres tout le confort high-tech: jacuzzi, chaîne hi-fi, vidéo, branchement internet… Une excellente adresse à distance raisonnable de la ville ancienne (15 mn à pied du marché central) avec en prime le voisinage d'une des meilleures *marisquerías* de la ville, la **Casa Ramon** *(p. 233)*. Les sam. et dim., les prix des chambres baissent de 25 %.

▲▲ **Antiqua Morellana** ♥, 2 calle En Bou **C2** ☎ et fax 963.91.57.73, <inicia.es/de/hostalam >. *18 ch.* simples, tout confort. Un vieux palais du XVIIIe s., réhabilité pour accueillir un petit hôtel de charme, sympathique et bon marché. Idéalement situé à deux pas des monuments les plus prestigieux de la ville, en même temps que dans un quartier populaire très vivant. Joli salon près de la réception. Pas de petit déjeuner.

▲▲ **Continental**, 6 calle Correos **C3** ☎ 963.53.52.82, fax 963.53.11.13, < www.contitel.es >. *45 ch.* Simple et fonctionnel; sans grande originalité.

▲▲ **Venecia**, 5 calle En Llop **C2** ☎ 963.52.42.67, fax 963.52.44.21, < www.hotelvenecia.com >. *80 ch.* Simplicité, sobriété: les maîtres mots de cet établissement de bon confort, situé quasiment sur la place

budget

Hébergement

En haute saison, pour une chambre double :

▲▲▲▲▲ plus de 200 €

▲▲▲▲ de 120 à 200 €

▲▲▲ de 80 à 120 €

▲▲ de 40 à 80 €

▲ de 20 à 40 €

Restaurants

Prix pour un menu complet (boisson non comprise) :

♦♦♦♦ de 60 à 100 €

♦♦♦ de 30 à 60 €

♦♦ de 15 à 30 €

♦ de 6 à 15 € ●

de l'Ayuntamiento. Idéal pour qui souhaite séjourner dans le centre commerçant, à deux pas des boutiques les plus huppées de Valence.

▲ **Alkazar**, 11 calle Mosén Femades **C3** ☎ 963.51.55.51, fax 963.51.25.68. *18 ch.* Simple et propre ; à deux pas de la place de l'Ayuntamiento.

Restaurants

♦♦♦ **Chust Godoy**, 6 calle Boix **D1** ☎ 963.91.38.15. *F. sam. midi et dim.* Le restaurant de l'hôtel Ad Hoc est une table reconnue de la scène gastronomique valencienne. Quelques tables, un accueil impeccable au service d'une cuisine de marché revisitée selon les principes de la cuisine moderne : légèreté et mélanges de saveurs. Goulasch de homard ; ou, plus simple, le steak tartare préparé à table. *Rés. recommandée.*

♦♦♦ **La Hacienda**, 12 avenida Navarro Reverter **hors pl. par D2** ☎ 963.34.06.44. *F. dim.* Une des grandes tables de Valence : cadre élégant et cuisine raffinée ; ainsi la brandade de morue au confit d'ail et au croustillant de poireau. Cher.

♦♦♦ **San Nicolás**, plaza Horno San Nicolás **C1-2** ☎ 963.91.59.84. *F. dim. soir, lun. et août.* Un restaurant de poissons où la décoration, minimaliste moderne, ne cède pas aux facilités du folklore maritime. À la carte, des poissons d'une remarquable fraîcheur, dont vous pourrez choisir le mode de préparation. Une adresse réputée.

♦♦ **Ca'n Bermell** ♥, 18 calle Santo Tomás **C1** ☎ 963.91.02.88. *F. sam.* Une taverne de tradition dans le quartier du Carmen ; cadre sans prétention, belle carte valencienne où vous apprécierez les calamars farcis aux trompettes de la mort *(en saison)*, ainsi que la jovialité roublarde du patron.

♦♦ **Casa Ramon** ♥, 30-32 calle Borrull **B2** ☎ 963.91.50.24. *F. dim.* Une des meilleures *marisquerías* de la ville ; au bar de délicieuses *tapas*, et à table poissons et fruits de mer d'une remarquable fraîcheur, travaillés d'une manière traditionnelle et sans apprêts superflus. À ne pas manquer.

♦♦ **El Forcat**, 12 calle Roteros **C1** ☎ 963.91.12.13. *F. lun. soir.* Dans un joli cadre de poutres et d'azulejos, vous dégusterez une délicieuse cuisine valencienne, avec en vedette les spécialités de riz (près d'une vingtaine), parmi lesquelles un succulent riz aux langoustines.

♦♦ **La Pepica**, 6 et 8 paseo Neptuno, playa de Levante **hors pl. par D3** ☎ 963.71.03.66. *Ouv. t.l.j.* Une institution à Valence. Et depuis longtemps si l'on en juge par les photographies d'Ernest Hemingway qui fréquenta l'établissement quand il n'était encore qu'une simple cabane posée sur la plage. Les temps ont changé et c'est aujourd'hui une immense et bruyante salle qui accueille les consommateurs. Les dim. midi l'endroit est bondé de familles qui viennent par grandes tablées déguster de roboratives spécialités de riz : une ambiance à ne pas manquer si vous vous trouvez à Valence ce jour-là. Si vous n'avez pas réservé, présentez-vous avant 13 h, la foule n'arrivant qu'à partir de 14 h.

♦♦ **La Petxina**, 27 calle Doctor Sanchís Bergón **B1** ☎ 963.92.33.14. *F. sam. midi et dim.* Dans une paisible rue à l'écart du centre, une petite bonbonnière à l'ambiance calme et feutrée : aux commandes, une Maïté valencienne qui se serait convertie à la nouvelle cuisine et à l'art moderne, mais avec la même passion du produit et la même jovialité. Excellente louvine aux fruits secs et vinaigre balsamique.

♦♦ **Los Tres Mares**, 139 avenida Peris y Valero **hors pl. par D4** ☎ 963.34.10.59. *F. dim.* Confortable taverne de poissons fréquentée par les habitués du quartier. Plats du jour simples et savoureux.

♦ **El Kiosko**, 38 calle Derechos (plaza del Doctor Collado) **C2** ☎ 963.91.01. 59. *F. dim. Pas de carte* *de paiement.* Petit restaurant populaire demeuré dans son jus de bois et d'azulejos. À midi, on y mange au coude à coude avec de volubiles tablées de retraités, qui ont trouvé pour prétexte une visite au marché central voisin pour venir déguster quelques escargots entre camarades. Gentille petite terrasse où est servi un menu du jour.

♦ **Palacio de la Bellota ♥**, 7 calle Mosén Femades **C3** ☎963.51.49.94. *F. dim. soir.* Calculé à l'estime, c'est un troupeau d'une centaine de cochons, et de la meilleure souche, qui est suspendu au-dessus de la tête des consommateurs : des amateurs qui se pressent au bar pour déguster le jambon de bellota, considéré comme le meilleur d'Espagne. Très chaude ambiance à l'heure du déjeuner, rehaussée par une excellente sélection de vins. L'excellence ayant un prix, quelques tranches de ce délice charcutier feront rapidement grimper l'addition. Déjeuner possible (savoureux plats du jour). Une bonne adresse dans le quartier de l'Ayuntamiento.

♦ **La Rotonda**, plaza Redonda **C2** ☎963.32.32.21. *F. dim. Pas de carte de paiement.* Petit restaurant sans prétention, pour déjeuner agréablement, au cœur de l'animation de la vieille ville. Petite terrasse.

Fêtes et manifestations

• **Mars**. **Les Fallas.** La semaine précédant le 19 mars. Le grand moment du calendrier festif valencien *(p. 69)*.

• **Semaine sainte**. Les traditionnelles célébrations communes à toute l'Espagne sont ici particulièrement impressionnantes dans le quartier du port : le Jeudi saint à minuit a lieu la procession du silence, tandis que le Vendredi saint *(à partir de 18 h 30)* les confréries de la ville portent les différentes représentations des scènes de la Passion.

• **1ers dim. et lun. après Pâques**. **Saint-Vincent-Ferrier**. En divers points de la ville, notamment devant la maison natale du saint dans la calle del Mar, les enfants costumés font revivre les divers miracles qui sont attribués à ce célèbre prédicateur du XVe s.

• **2e dim. de mai**. **Procession de la Virgen de los Desamparados**. Le matin, la statue de la Vierge est transférée de sa basilique à la cathédrale, escortée par une extraordinaire ferveur. L'après-midi, elle regagne son lieu de résidence, après avoir traversé en cortège les ruelles du centre ancien.

• **Fête-Dieu**. **Procession des Rocas** : escortés par les gardes municipaux en grand uniforme et au rythme des tambours et des flûtes, des chars représentant divers épisodes bibliques défilent en compagnie des « grosses têtes », ces mannequins gigantesques, inséparables des fêtes espagnoles.

• **Juillet**. Foire de Valence.

• **9 octobre**. **Fête de la Communauté valencienne**. Elle rappelle la prise de la ville par Jacques Ier (1238) et culmine avec la procession civique qui, drapeau valencien en tête, parcourt les rues de la vieille ville.

On trouve le détail des spectacles et concerts de Valence dans l'hebdomadaire *Valencia Semanal*. •

Shopping

La **plaza Napoles y Sicilia D2** et les rues environnantes : c'est le coin des antiquaires. Vous y trouverez des céramiques anciennes, du mobilier et des objets décoratifs.

La **calle Poeta Querol C2** : la rue chic de Valence où sont présentes les grandes marques internationales.

La **plaza Redonda C2** : au charme de la place s'ajoute celui des échoppes de dentelles et de mercerie. Également boutiques de céramique qui proposent de belles copies d'ancien. •

La Communauté valencienne

Une large plaine côtière couverte de vergers dont l'orange est la reine. De basses terres qui se mêlent aux eaux, comme la région de l'Albufera (au sud de Valence), le domaine du riz. La douceur du climat a fait de la région un haut lieu du tourisme balnéaire avec ses complexes de béton, véritables cités nouvelles comme Benidorm. Mais la vraie vie valencienne est ailleurs : dans sa capitale, Valence *(visite p. 209)*, injustement méconnue, ou dans les petites localités de l'intérieur. Car le Levante ce sont aussi de petits villages blancs aux églises coiffées de tuiles vernissées où les traditions restent vivaces, à l'image de la langue, le valencien, et des fêtes. L'occasion de se fondre dans l'exubérance et la joie de vivre valenciennes.

sommaire

Au nord de Valence : la Costa del Azahar

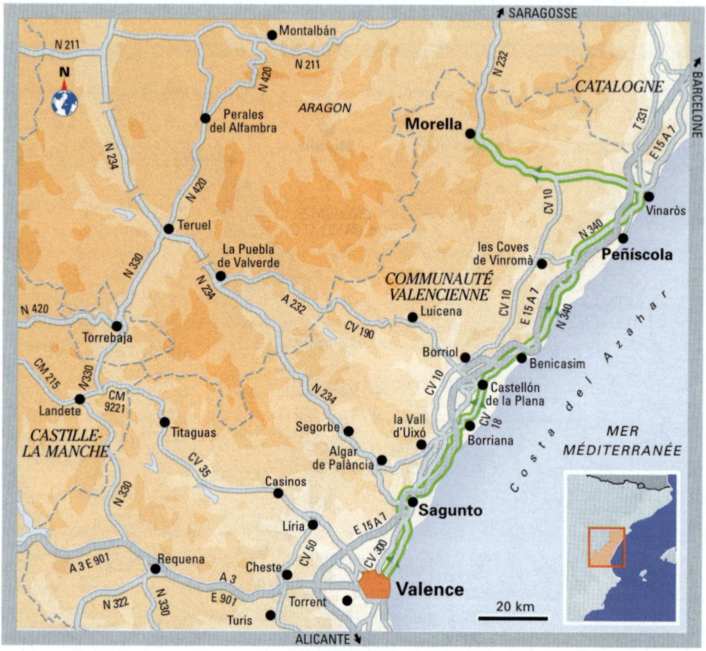

Au nord de Valence, la Costa del Azahar égrène ses stations balnéaires avec en figure de proue Peñíscola, dont les tristes alignements de béton ne parviennent pas à dissimuler le charme de la vieille ville. En chemin, Sagunto mérite un arrêt pour découvrir son ancien quartier juif et grimper jusqu'à l'acropole jadis enlevée par Hannibal. Un détour vers l'intérieur des terres vous conduira jusqu'à Morella, cité médiévale cernée de collines qui disputent le ciel au formidable donjon de la citadelle.

Une **carte Que Voir ?** en rabat avant de couverture indique les sites touristiques à ne pas manquer. ●

Sagunto★ (Sagunt)

> *À 24 km N de Valence. Visite : 2 h.* ***Carnet d'adresses*** *p. 264.*

Sagunto aussi a ses **fallas** : comme à Valence *(p. 69)*, une nuit du mois de mars, ses rues s'embrasent des bûchers où vont se consumer les pittoresques groupes que chaque quartier aura eu à cœur de confectionner. La petite ville nichée au pied de son Castillo, aux portes de la capitale régionale, aurait une tout aussi longue histoire à raconter que sa tentaculaire voisine. C'est ici que débutèrent les guerres puniques *(voir p. 40)* : en 218 av. J.-C., les Carthaginois prirent la ville alors alliée de Rome, au prix du massacre de tous ses défenseurs qui préférèrent la mort à l'esclavage. Une promenade dans la vieille ville vous révélera également un des quartiers juifs les mieux conservés de la région, de belles places médiévales bordées de palais, et tout en haut de la colline une puissante forteresse au pied de laquelle s'arrondissent les gradins d'un théâtre romain.

La vieille ville

> *Suivre les panneaux indiquant le centre, pour atteindre la plaza Cronista Chabret près de laquelle il sera possible de se garer. Sur cette place se trouve l'office du tourisme, qui propose un plan de la ville.*

De la plaza Cronista Chabret, vous gagnerez tout d'abord la **plaza Mayor** qui marque l'entrée de la ville ancienne. L'esplanade, qui sert d'arène chaque année pour les fêtes patronales de juillet, est bordée sur deux côtés d'un portique. Du côté droit, ouvre la porte de l'**Almudín**, l'ancien grenier de l'époque musulmane, tandis que du côté gauche la petite **place de la Peixcateria** semble sortie tout droit du Moyen Âge. Par un passage voûté, elle conduit à la **calle Mayor**, où s'alignent quelques façades de demeures médiévales, qui accompagnent le promeneur jusqu'aux restes d'une porte fortifiée qui défendait l'entrée de la ville.

De retour à la plaza Mayor, vous entreprendrez à pied l'ascension vers le Castillo, en laissant à dr. la haute structure gothique de l'église de Santa María qui attend stoïquement de nécessaires restaurations.

Vers le Castillo

De la plaza Mayor au théâtre romain, la calle del Castillo longe sur tout son parcours l'**ancien quartier juif** ; trois portes que vous découvrirez successivement donnaient accès à des ruelles conduisant à la rue principale de la *judería*,

© A. Félix, Hémisphères Images

Au flanc de la colline qui surplombe Sagunto s'accroche un calvaire monumental.

la calle de la Sang Vella. L'ensemble a conservé inchangés le tracé de ses rues et quelques maisons médiévales. La plus belle d'entre elles se trouve à proximité de la troisième porte du quartier *(n° 38)* : on peut encore voir sur le montant droit de la porte l'encoche où était placée la *mezuzah*, cette petite boîte que l'on trouve toujours à l'entrée des maisons juives et qui renferme un parchemin consignant un verset du Deutéronome (6,4), le Shema Israël (« Écoute Israël, Yahvé notre Dieu est le seul Yahvé »).

En haut de la *judería*, le **théâtre romain** *(ouv. t.l.j. sf lun. 10 h-14 h et 17 h-20 h, dim. et j.f. 10 h-14 h ; entrée libre)* s'adosse à la colline du château depuis le Ier s. de notre ère. Il a été entièrement restauré et a renoué avec sa vocation première en accueillant aujourd'hui des spectacles, notamment lors du festival *(p. 264)* qui se déroule chaque année au mois d'août.

Le Castillo

> *Ouv. mar.-sam. 10 h-18 h (20 h en été), dim et j.f. 10 h-14 h. Entrée libre.*

Du théâtre, une courte mais rude montée vous conduira jusqu'à l'entrée du château et à la **place d'Armes** *(plaza de Armas)*. C'est à cet endroit que les archéologues ont découvert les principaux vestiges de la période romaine, les traces du forum et de ses bâtiments civiques.

D'une ampleur remarquable, le **château**, très ruiné, s'étire sur près d'un kilomètre. En montant à dr. à partir de la place d'Armes, vous traverserez plusieurs cours successives, chacune défendue de murs, jusqu'au point le plus haut de la forteresse d'où l'on comprend son importance stratégique : elle gardait vers le nord Valence et sa *huerta* en contrebas. Outre le dramatique siège de huit mois conduit par Hannibal, Sagunto fut prise par le Cid (1094) pour défendre sa ville de Valence, et assiégée par les troupes du maréchal Suchet en 1811.

Sur le chemin de la montée, à g., d'anciens corps de garde abritent une collection épigraphique dont des **stèles funéraires** de diverses époques.
L'une d'elles, datant du XIVe s., porte une inscription hébraïque.

Peñíscola

> *À 112 km N de Sagunto, 136 km N de Valence. Visite : 2 h pour la vieille ville.*

Un promontoire face à la mer, qui jadis ne tenait au continent que par une étroite langue de sable, et accrochées à ses pentes, de petites maisonnettes aux façades peintes des couleurs de Peñíscola : bleu, ocre, blanc. Tout en haut, le château, dont les murs presque aveugles dissimulèrent la résidence d'un pape, **Benoît XIII**, alias Papa Luna, le dernier des papes schismatiques qui, condamné par l'Église, se réfugia là en 1415. Il y entretint une dérisoire cour pontificale jusqu'à sa mort en 1423.

La vieille ville

Tout cela aurait de quoi justifier une visite si le piton de Peñíscola n'était pas devenu la toile de fond pittoresque d'une immense station balnéaire qui étire ses hauts immeubles de béton sur des kilomètres de plage. Et si la vieille ville au charme indéniable n'était pas devenue une zone presque entièrement dévolue au tourisme, avec ses boutiques de souvenirs, ses bars et ses restaurants. Chaque après-midi, après la baignade, des flots de touristes franchissent en rangs serrés le **portal Fosc**, la porte fortifiée qui jadis défendait l'entrée de la ville, pour s'égailler dans les ruelles envahies par les étals.

Le château

> *Ouv. t.l.j. 10 h-13 h et 16 h-20 h (10 h-20 h oct.-mai). Entrée payante.*

Ce puissant ouvrage fut construit au XIIIe s. par les Templiers, à qui fut remise la région après sa conquête

Avec ses maisons aux balcons de bois, Morella a le charme d'un bourg de montagne.

sur les musulmans. Après la disparition de l'ordre, les chevaliers de Montesa leur succédèrent. Au XVe s., Benoît XIII y tint sa cour. La visite permet d'apprécier la qualité des ouvrages défensifs et de découvrir les appartements aménagés pour le Papa Luna.

♥ Morella★★★

> *À 73 km N-O de Peñíscola. Visite : 4 h.* ***Carnet d'adresses** p. 263.*

Les vitrines des magasins d'alimentation confirment ce qu'ont annoncé les 80 km de route en lacets qui, depuis la côte, vous ont hissé jusqu'ici, à près de 1 000 m d'altitude. La Méditerranée est loin, et les spécialités charcutières, jambons, saucisses, boudins ont remplacé les *mariscos* sur la table des gastronomes. C'est que l'on approche les **sierras de Teruel** au climat vivement contrasté qui, l'hiver, peut devenir franchement glacial. C'est sa position de gardienne des cols entre l'intérieur et la côte qui a valu à Morella sa formidable forteresse. Au pied du **château**, enserrée dans un monumental corset de murailles parfaitement conservées, la ville se déploie en ruelles concentriques épousant les courbes de la colline. Galeries couvertes de pierre et de bois, nobles demeures blasonnées tout droit sorties du Moyen Âge y accompagnent le promeneur jusqu'à une splendide **basilique**, dont la construction débuta trente ans après la prise de la ville sur les musulmans en 1232. Cet ensemble urbain, sans doute le plus charmant de l'intérieur du Levant, ne fera pas regretter d'avoir quitté la douceur de la région côtière.

Les vieux quartiers

> *La visite ne s'effectue qu'à pied, l'entrée des voitures étant réservée aux riverains et aux clients des hôtels intra-muros. En arrivant en ville, les panneaux indiquant la direction du centre conduisent jusqu'à la Porta San Miquel devant laquelle est aménagé un vaste parking.*

Morella conserve sa ceinture fortifiée, 2 500 m de murailles dressées au XIVe s. interrompues par sept portes, la plus impressionnante étant celle de San Miquel derrière laquelle se trouvent les bureaux de l'office du tourisme. De là, vous suivrez la **carrer Joan Giner**, qui, en prenant plusieurs noms successifs, fait figure de carrer Major. À dr. et à g. des ruelles perpendiculaires, parfois des escaliers, conduisent aux rues des niveaux inférieurs ou supérieurs. Devenue la **carrer Blasco de Alagón**, elle est bordée de splendides portiques de pierre et de bois, qui abritent chaque semaine le marché dominical. Au bout de la rue, avant de suivre, en tournant à dr. en épingle à cheveux, la carrer Mare de Déu de Vallivana qui conduit à la basilique, continuez tout droit jusqu'à la **pla dels Estudits**, un autre coin charmant de la ville, avec ses maisons aux balcons de bois fleuris et décorés, sous des auvents de tuiles vernissées.

La basilique Santa María la Mayor*

> Ouv. en été t.l.j. 11 h-14 h et 16 h-19 h ; en hiver lun.-ven. 12 h-14 h et 16 h-18 h, sam.-dim. 11 h-14 h et 16 h-18 h. Entrée libre.

La jolie **place Arciprestal** offre au regard le flanc sud de l'église percé de deux magistrales portes gothiques du XIVe s. Celle de dr., la **porte des Apôtres** (puerta de les Apostólos), est la plus ancienne : outre les figures des apôtres qui animent les archivoltes, elle s'orne au trumeau d'une imposante statue de la Vierge à l'Enfant. La **porte des Vierges** (puerta de las Vírgenes), exécutée à la fin du XIVe s., donne accès à l'intérieur de l'édifice.

L'espace intérieur présente un plan basilical à trois nefs d'un beau gothique du XIVe s. Au XVe s. fut ajouté le *coro*, qui, au lieu d'occuper une grande partie de la nef centrale comme c'est le cas d'ordinaire, se présente ici comme une plate-forme surélevée au-dessus de la nef. Une solution ingénieuse qui pourtant n'est connue qu'à Morella. On y admirera le gothique particulièrement orné, caractéristique de ce siècle. La **Capilla Mayor** est occupée par un retable baroque du XVIIe s., tandis que l'ancienne sacristie à g. de la Capilla Mayor abrite le petit **musée diocésain** *(entrée payante)*, où est conservée une collection de peintures et d'orfèvrerie religieuse.

histoire

Les derniers cathares

Bien après le bûcher de Montségur en 1244 qui décima toute la hiérarchie cathare, les idéaux des **parfaits** demeurèrent vivaces dans la paysannerie occitane. Mais au début du XIVe s., pourchassés par l'**Inquisition**, nombre d'entre eux franchirent les cols pyrénéens, des passages connus par ces populations de bergers. Arrachant les croix jaunes d'infamie que les tribunaux ecclésiastiques leur avaient imposées, ils s'en allaient chercher une sécurité relative dans les anciens comtés catalans désormais réunis à la couronne d'Aragon.

C'est ainsi que les historiens ont retrouvé la trace de certains d'entre eux à **Morella** et dans ses environs. Là, comme à **Sant Mateu**, une famille tenait auberge, où ne manquaient pas de faire halte les Occitans de passage. Quelques-uns s'établirent durablement à Morella, où ils survécurent en vivant chichement d'artisanat. Mais l'Inquisition avait gagné l'Aragon : les derniers hérétiques furent arrêtés et livrés aux autorités ecclésiastiques du nord des Pyrénées. Ceux qui ne périrent pas brûlés vifs furent condamnés à la réclusion perpétuelle, avec pour repas « le pain des tribulations et pour boisson l'eau de douleur ». ●

Le donjon de Morella : une impressionnante masse de pierre dont la silhouette domine le paysage à des kilomètres à la ronde.

Le couvent Saint-François et le Castillo*

> *Ouv t.l.j. 10h30-18h30 (19h30 en été). Entrée payante.*

L'accès au château se fait par la sobre **église gothique** (XIIIe s.) d'un ancien couvent franciscain, dont subsiste également une grande partie du cloître adjacent. Dans l'église sont présentés des fragments architecturaux et décoratifs du couvent, mis au jour ou déposés lors des travaux de rénovation de l'édifice. C'est par le cloître que vous entreprendrez l'ascension vers le château qui vous conduira, par un sentier dépourvu d'ombre, au point le plus haut de la citadelle. En chemin, vous aurez franchi la porte d'accès du XIIIe s., étroit passage qui défendait une chicane, avant d'atteindre une première esplanade ouvrant d'un côté en belvédère sur la région, et bordée de l'autre par une citerne médiévale et les restes du logis du gouverneur de la citadelle. Avant d'atteindre les escaliers conduisant au donjon, au plus haut de la colline, le chemin longe à dr. les prisons, grottes creusées dans la falaise. ●

Játiva (Xàtiva)★

© A. Félix, Hémisphères Images

François Ier, retenu prisonnier dans la citadelle après la bataille de Pavie (1525), dut y regretter les douceurs italiennes en promenant son regard sur les collines presque toscanes. Pour les Espagnols, la petite ville médiévale lovée au pied de son château prétend à d'autres titres de gloire que celui d'avoir brièvement détenu un roi de France. Játiva fut en effet le berceau d'une des plus célèbres familles de la Renaissance, les Borgia (Borja), qui donnèrent à la chrétienté deux papes natifs de la ville, Calixte III (1378-1458) et Alexandre VI (1453-1503), et à l'art un des maîtres du ténébrisme espagnol, José de Ribera (1591-1652, *encadré p. 225*). Sur la route de Valence à Alicante, Játiva s'offre comme une agréable étape : une jolie ville médiévale avec ses palais et ses ruelles étroites, avec ses placettes ornées de fontaines, sa puissante forteresse juchée sur la plus haute colline, et, ce qui ne gâte rien, un ravissant hôtel de charme, le Mont Sant *(carnet d'adresses p. 262)*, dont le restaurant est considéré comme une des meilleures tables de la région.

Ci-dessus : les ruelles pimpantes de la vieille ville au pied de la citadelle de Játiva.

> *À 56 km S de Valence, 105 km N d'Alicante (voir carte p. 244). Visite : 3 h (vieille ville et château).* ***Carnet d'adresses*** *p. 262.*

La Seu

Ce n'est pas la **collégiale** (**Seu**), plantée au centre de la vieille ville, qui justifiera l'arrêt à Játiva : commencée en 1596, sa construction ne fut achevée qu'en 1926. À l'intérieur *(ouv. aux heures de culte)* est exposé le triptyque de sainte Anne où apparaît le cardinal Alonso Borja, le futur pape Calixte III (1455-1458). Plus intéressant, de l'autre côté de la place qui sert de parvis à la collégiale, l'**ancien hôpital** des XVe et XVIe s. lui oppose son gothique tardif, où le portail principal est dominé par la figure de la Vierge entourée d'anges musiciens.

Calle San Francisco Moncada★

Parallèle à l'Alameda, la grande avenue moderne où se trouve l'office du tourisme, la rue principale de la vieille ville en concentre l'essentiel des charmes. À l'entrée, l'**église Saint-François** (Sant Francesc) remonte au XIVe s., son portail gothique étant d'un siècle postérieur à la construction. Partant du flanc droit de l'église, la **carrer de Moncada**, qui plus loin prendra d'autres noms, traverse la vieille ville de part en part. Tout du long, c'est une succession de palais et de nobles demeures blasonnées, jusqu'à la **plaça de la Trinidat** qui se déploie en triangle autour d'une fontaine gothique du XVe s. Sur un côté, le **Palau d'Alarcó** abrite, derrière sa façade du XVIIIe s., le palais de justice. Plus loin, ornement d'une petite place, s'élève la demeure natale du pape Alexandre VI (1492-1503). Peu avant la limite de la vieille ville, l'**église Sant Pere** est une fondation du XIIe s. qui suivit immédiatement la conquête de la ville sur les musulmans par Jacques Ier.

L'Almodí

> *Carrer de la Corretgaría* ☎ *962.27.65.97. Ouv. t.l.j. sf lun. 10h-14h et 16h-18h. F. l'après-midi 15 juin-15 sept. Entrée libre.*

Le bâtiment du **Musée municipal** mérite le détour: un ancien grenier à blé construit au XVIe s. dont les parties s'ordonnent autour d'une jolie cour Renaissance digne d'un palais. S'y trouve aujourd'hui une collection lapidaire de l'époque romaine au Moyen Âge : à voir principalement, **trois arcs** provenant d'un ancien bain arabe.

Au 2e étage, le **portrait de Philippe V** curieusement accroché la tête en bas rappelle un cruel épisode de l'histoire de la ville : lors des guerres de Succession du XVIIIe s., elle fut incendiée par le petit-fils de Louis XIV pour avoir pris fait et cause pour Charles, le dernier Habsbourg, qui lui disputait sa légitimité à monter sur le trône d'Espagne. Au même étage se trouvent des œuvres mineures issues de l'atelier de José de Ribera. Dans la section archéologique du 3e étage, vous pourrez voir une **tête de guerrier ibérique** du IVe s. avant notre ère, et un bassin à ablutions musulman orné de figures humaines, chasseurs et cavaliers.

Le château*

> *El Castell. Ouv. t.l.j. sf lun. 10h-18h (avr.-sept. 10h-19h). Entrée payante.*

Le plan remis au visiteur à l'entrée vous convaincra que la citadelle se divise en deux parties distinctes. L'ensellement par lequel vous serez arrivé sépare le château Mineur à g. et le château Majeur à dr.

● **Le château Mineur**. Il marque la première occupation du site ; la porte gothique qui y donne accès porte le nom d'**Hannibal** : le célèbre Carthaginois entra par ici dans la première forteresse, suivi quelques années plus tard par Scipion qui la conquit en 211 av. J.-C., au nom de Rome, pendant la deuxième guerre punique *(voir p. 40)*. Après un passage en chicane défendu par une seconde porte, musulmane celle-là, on accède à la cour intérieure (ruinée). Une fenêtre moderne dans la **tour de la Reine** (on dit que l'épouse d'Hannibal accoucha ici d'un fils) offre une belle vue sur le château Majeur.

● **Le château Majeur**. Au départ du chemin, à dr., une chapelle moderne est dédiée à saint Georges ; une salle voisine abrite une curieuse **exposition** : les mannequins de cire des prisonniers célèbres de la forteresse qui ne servit pas qu'à François Ier. Laissant de part et d'autre des vestiges de constructions romaines et musulmanes, le chemin conduit au point le plus haut de la citadelle, là où se trouvaient les prisons. On découvre à g. une sobre petite chapelle gothique : sous son dallage étaient inhumés les prisonniers de marque morts en détention.

Plus haut, à dr. du chemin, des arcs gothiques appartiennent aux anciens corps de garde qui jouxtaient les prisons : une porte basse et lugubre donne accès à la vaste salle qui servait de lieu de détention. On parvient ensuite rapidement au point le plus haut du rempart dominant les pacifiques paysages alentour. ●

La Costa Blanca

Avec la Costa Brava catalane, la Costa Blanca est l'autre haut lieu du tourisme balnéaire de l'Espagne méditerranéenne. C'est dire que de Gandía à Alicante, la côte est outrageusement construite : les hôtels y disputent le littoral aux immeubles collectifs, séparés par des centres de commerce et de loisirs et leurs kyrielles de restaurants et de supermarchés. Les petits ports de pêche sont devenus d'immenses stations balnéaires, étourdissantes de bruit et d'animation en été, et tristement désertes en hiver. Le summum de la laideur étant atteint à Benidorm qui, chaque année, compte toujours plus d'immeubles. Seule une portion de la côte échappe à cette frénésie de constructions verticales : les alentours du **Cabo de la Nao** où le relief rend difficile tout projet immobilier. Ce havre n'est pas pour autant un désert touristique : le paysage est mité de résidences secondaires, appartenant souvent à des retraités d'Europe du Nord qui y demeurent pour certains une grande partie de l'année. Mais au moins le regard est-il libre de flâner sur les collines couvertes de pins et les coteaux plantés de vigne, et peut-on encore y trouver quelques criques solitaires.

Gandía

> À 68 km S de Valence, 40 km E de Játiva
*❶ **Office du tourisme**, calle Marqués de Campo ☎ 962.87.77.88, < touristinfo.gandia@turisme.gva.es >. Ouv. lun.-ven. 10 h-14 h et 16 h 30-19 h 30, sam.-dim. 10 h-*

13 h 30. Visite guidée de la ville t.l.j. à 11 h (juil.-15 sept.). Visite : 1 h 30 pour le centre ancien.

Chef-lieu d'une vaste région balnéaire – la grande station du Grau de Gandía se trouve à 4 km du centre –, la petite ville mérite une courte visite, le temps de découvrir quelques beaux bâtiments remontant à l'époque où Gandía était la capitale d'un duché, octroyé en 1485 par Ferdinand le Catholique aux Borja, originaires de la ville du même nom près de Saragosse. Parmi les illustres représentants de cette famille, François (1510-1572), canonisé en 1671, abandonna le lustre de la vie nobiliaire pour rejoindre la Compagnie de Jésus dont il devint le troisième général.

Le centre ancien

L'imposante bâtisse de l'**ancienne université** se dresse à une extrémité de la vieille ville. Elle fut fondée en 1546 par saint François Borja, conformément à la mission d'éducation que s'était assigné son ordre. Devant la façade, un groupe de statues modernes rappelle la mémoire des membres les plus illustres de la célèbre famille. Face à l'université, la **calle Mayor** s'enfonce dans le réseau de ruelles du centre ancien, en grande partie piétonnier. En chemin, la calle Abadia à g. conduit à la **collégiale***, bel exemple du gothique valencien (XIIIe-XVe s.), où se retrouve notamment l'emploi des colonnes torses présentes également dans la cathédrale d'Orihuela. La façade a perdu l'essentiel de sa décoration lors de la guerre civile.

Face à l'église, une charmante place propose des terrasses où vous pourrez déjeuner de simples mais goûteux plats de riz. De là, vous pourrez gagner en quelques minutes l'**Ayuntamiento**, entièrement reconstruit en 1983 à l'exception de sa façade néoclassique du XVIIIe s. Un peu plus loin, le **palais des ducs** de Gandía reste fermé à la visite.

L'intérieur du palais des ducs de Gandía, longtemps fermé à la visite.

Dénia

> À 41 km S de Gandía, 109 km S de Valence. ❶ ***Office du tourisme**, 9 Glorieta Oculista Buigues ☎ 966.42.23.67, < www.denia.net >. Ouv. 9 h-13 h 30 (sam. 10 h-14 h) et 16 h-19 h. F. dim. Visite : 1 h.*

Le nom de cette grosse station balnéaire est l'héritier de la Dianium romaine, la **ville de Diane** au pied du Mongo, le *mons Jovis* dédié à Jupiter. Les vestiges de la ville antique sont visibles au **Musée archéologique** aménagé dans le château, une forteresse d'origine musulmane plantée face à la mer *(ouv. t.l.j. sf lun. 10 h-14 h et 16 h-20 h, 21 h en été ; f. sam. et dim. après-midi ; entrée libre)*. On y verra des souvenirs de l'époque musulmane, lorsque la ville abritait un port prospère grâce au passage des pèlerins vers La Mecque mais aussi grâce au trafic d'esclaves. Depuis Dénia, vous pouvez traverser la **réserve naturelle du Mongo** en suivant la route qui rejoint Jávea, à 10 km plus au sud.

Jávea (Xàbia)

> À 10 km S-E de Dénia. **Office du tourisme**, *plaza de la Iglesia ☎ 965.79.43.56. Ouv. lun.-sam. 10 h-13 h 30 et 16 h-19 h.*

Au-dessus d'une longue et belle plage, la vieille ville s'accroche à sa colline et dissimule derrière ses remparts un charmant réseau de ruelles conduisant à un sympathique petit marché. Au point le plus haut, l'**église San Bartolomé** (XIVe s.) apparaît, avec ses murs presque aveugles et ses mâchicoulis au-dessus des portails, comme le dernier réduit d'une citadelle.

Calpe (Calp)

> À 26 km S de Jávea. **Office du tourisme**, *Puerto Pesquero ☎ 965.83.74.13. Ouv. lun.-ven. 10 h-13 h 30 et 16 h 30-19 h 30, sam. 10 h-14 h.*

Actif port de pêche et encore plus active station balnéaire, Calpe est dominée par la principale curiosité géologique de la région : le **Peñon d'Ifach**★, rocher isolé dominant la mer dont la silhouette apparaît comme une réduction de celui de Gibraltar. Un sentier, aux pierres très glissantes par endroits, conduit jusqu'au sommet (332 m).

Guadaleste★

> À 21 km de la côte par la route d'Alcoy qui se prend à 3 km au N de la bourgade d'Altea. Visite : 2 h.

C'est l'excursion favorite de tous les estivants en villégiature sur la côte. C'est dire que l'on ne se sent pas seul dans ce pittoresque village planté en belvédère au-dessus de la côte, et que l'on atteint par une agréable route en lacets. En passant un tunnel creusé dans la roche, on entre dans la partie ancienne du village où plusieurs maisons sont ouvertes à la visite. La plus importante, la **Casa Orduña**, est celle d'une famille d'origine basque, installée ici depuis le XVIe s. et anoblie au XVIIIe s. La maison, du XVIIIe s. dans son état actuel, présente des intérieurs reconstitués selon le goût du XIXe s. : meubles, collections de tableaux et de faïences, bibliothèque. C'est par la Casa Orduña que se fait l'accès au vestige du **château médiéval** qui fut à l'origine du développement du bourg *(ouv. t.l.j. 9 h-18 h ; entrée payante)*.

Benidorm

> À 22 km S de Calpe et 45 km N d'Alicante. **Office du tourisme**, *6 avenida Martinez Alejos ☎ 965.85.13.11. Ouv. t.l.j. 10 h-20 h.*

Sans doute la baie est belle. Magnifique même. Une des plus belles d'Europe, affirment sans crainte d'être démentis les prospectus de l'office du tourisme. Symbole du boom touristique qui accompagna le miracle espagnol de la période franquiste, Benidorm est depuis les années 1960 une ligne ininterrompue de hauts immeubles ; ils bordent les deux longues et belles plages de part et d'autre du promontoire où se niche le petit village des origines. Ignorant la foule cosmopolite qui s'empare du bord de mer à la tombée du jour, les habitants continuent d'y entretenir l'art de vivre de l'Espagne traditionnelle, en suivant en famille le *paseo* qui les conduit au long des ruelles du vieux village jusqu'à la proue du belvédère tendu vers le large. Le continuel développement de la ville (on ne cesse de construire de nouveaux immeubles dans des quartiers de plus en plus éloignés du littoral) ne va pas sans poser de graves problèmes d'équipement, d'approvisionnement en eau notamment, dans une ville de 5 000 habitants qui voit sa population multipliée par dix au plus fort de la saison touristique. ●

Alicante (Alacant)*

© De La Puente, Office espagnol du tourisme

Alicante, poste avancé de l'Andalousie et de l'Orient.

À l'instar de Benidorm, Alicante est devenue synonyme de tourisme balnéaire. Il est vrai qu'avec son ensoleillement exceptionnel et ses immenses plages de sable blond, la ville présente en la matière de sérieux atouts. De plus, son aéroport international en fait une destination facile à atteindre depuis les grandes villes d'Europe du Nord. Mais au contraire de la cité factice qu'est Benidorm, sa rivale du nord, Alicante est une véritable ville, très sympathique même à travers les ruelles du centre, ou dans les excellents restaurants de poissons de la **Marina Deportiva**, l'extension moderne du port. La partie balnéaire, la **Albufereta** et **San Juan**, qui présente le visage peu amène d'immenses faubourgs bétonnés de hautes constructions, se trouve à l'écart du centre et comme ignorée de la ville. Une autre raison de s'attarder à Alicante : le **MARQ**, le tout nouveau Musée archéologique, avec ses présentations ultra-modernes. Le visiteur y découvre les objets en se promenant entre d'immenses écrans sur lesquels sont projetés des films restituant les lieux et les civilisations auxquels ils appartenaient.

> *À 45 km S de Benidorm, 182 km S de Valence et 78 km N-E de Murcie (voir carte p. 244).* ***Plan*** *p. 248-249.* ***Carnet d'adresses*** *p. 260.*

Une capitale à l'ombre de son château

Un site archéologique remarquablement présenté à la visite, cerné par les complexes touristiques de la Albufereta, révèle l'origine de l'occupation du site : une butte dominant la mer, fortifiée d'abord par les **Carthaginois**, puis par les **Romains**. Avec les **Arabes**, qui lui ont donné son nom, la ville se déplace vers le sud, où se trouve aujourd'hui la vieille ville, dominée par la masse de son *alcazaba*, le **Castillo Santa Bárbara**. On y trouve le réseau traditionnel de ruelles ombreuses, bordées d'anciennes églises – la plus

suite p. 250 →

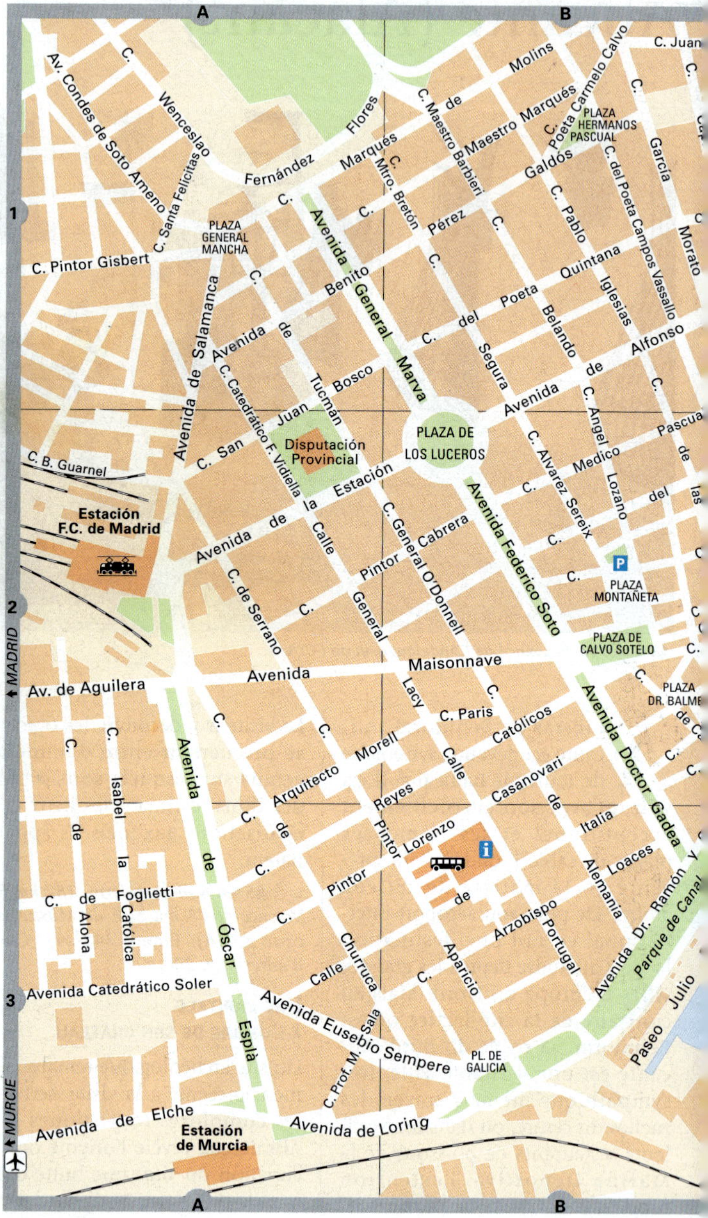

Alicante

S'orienter. Seule la **partie ancienne** intéressera les visiteurs de passage. Cette zone historique s'étend au pied du **monte Benacantil D1** jusqu'à la **rambla Méndez Núñez C1-2** qui la limite à l'ouest. Au-delà de cette grande artère où sont concentrés les grands magasins de la ville, commencent des quartiers moins prestigieux, avec leurs bars louches et leurs rues mal famées. La **zone balnéaire**, la **Albufereta** et **San Juan**, se trouve 5 km plus au nord **hors pl. par D1** : une immense ville moderne, quasiment déserte en hiver, et présentant peu d'intérêt. ●

Programme. Une journée suffit pour découvrir l'essentiel. Dans les vieux quartiers autour de la **cathédrale C2**, on ne manquera pas l'**église Santa María D2** et le **Musée des Crèches (Museo de Belenes) C2**. Après un déjeuner sur les agréables terrasses de la **plaza de la Santíssima Faz C2**, par exemple, vous passerez de l'autre côté du monte Benacantil, pour visiter le **MARQ hors pl. par C1**, le tout nouveau et incontournable Musée archéologique. En fin de journée, il ne vous restera plus qu'à monter au **Castillo D1**, pour voir s'allumer les lumières de la ville. ●

ancienne, **Santa María**, date du XIVe s. –, mais aussi de nobles demeures comme celles de la calle de los Labradores, édifiées au XVIIIe s. par les marchands enrichis par le commerce avec l'Amérique, dont Alicante fut un port important. Alicante est aujourd'hui la capitale de la province du même nom : elle en abrite les administrations ainsi que deux universités qui concourent, avec les retombées économiques du tourisme, à lui donner son dynamisme.

La vieille ville

> *Parc de stationnement près de la plaza Puerta del Mar* **D2**. *Visite : 2 à 3 h.*

Entre la rambla Méndez Núñez et les premières pentes de la colline du château, le cœur historique d'Alicante est la seule partie du centre-ville, avec la belle promenade du bord de mer, qui retiendra l'attention des visiteurs de passage.

Ayuntamiento

C2 Le bâtiment de l'**hôtel de ville,** emblématique de la cité, est un édifice du XVIIIe s. d'un sobre baroque, traversé par un passage qui permet d'en gagner la façade postérieure : à l'avant, la **plaza del Ayuntamiento**, raide et solennelle avec ses arcades sous lesquelles s'abritent des terrasses ; à l'arrière, la charmante **plaza de la Santíssima Faz**, intime comme le patio d'une maison avec son petit jardin planté au centre où quelques restaurants ont poussé tables et chaises.

Sous le porche de l'hôtel de ville se trouve le niveau zéro à partir duquel sont calculées les altitudes dans toute l'Espagne. Les visiteurs sont également admis à jeter un coup d'œil à la belle salle du Conseil tendue de bleu *(ouv. lun.-ven. 9 h-14 h, sam. 9 h-13 h ; entrée libre)*. Longeant la façade postérieure de l'édifice, la **calle Mayor CD2** est la rue la plus animée du centre, le soir surtout lorsqu'une clientèle populaire s'installe aux terrasses des nombreux restaurants bon marché.

La cathédrale San Nicolás de Bari

> **C2** *Plaza Abad Peñalva* ☎ *965.21.26.62. Ouv. lun.-sam. 7 h 30-12 h 30 et 17 h 30-20 h 30, dim. et j.f. 8 h 30-13 h 40 et 17 h 30-21 h. Entrée libre.*

Ce que l'on voit aujourd'hui, et qui est loin d'être la plus gracieuse façade d'Espagne, est l'œuvre du XVIIe s. ; l'intérieur est du même acabit. Cela vaut pourtant la peine de pousser la porte de l'édifice pour aller découvrir le joli **cloître* du XVe s.** planté d'essences odorantes : il appartient à la première église construite sur ce site où s'élevait précédemment une mosquée. Elle fut dédiée au saint fêté le jour de la prise de la ville musulmane, au XIIe s. Sous une galerie du cloître, une belle porte en noyer du XVIIIe s. s'orne de reliefs où s'identifient des scènes du Nouveau Testament.

♥ Museo de Belenes*

> **C2** *3 calle San Agustín* ☎ *965.20.22.32. Ouv. nov.-mars 10 h-14 h et 16 h 30-19 h 30 ; avr.-oct. 10 h-14 h et 17 h-20 h. F. sam. après-midi, dim. et lun. Entrée libre. Visite : 45 mn.*

Le **musée des Crèches** présente une collection qui ravira ceux qui ont conservé une âme d'enfant : une centaine de crèches, de tous les coins d'Espagne et du monde entier, offrent de pittoresques variations sur ce thème universel, à travers costumes, climats et paysages. Ainsi l'adaptation régionale de la scène qui s'incarne dans un village de maisons blanches, ornées d'**azulejos** typiques du Levant.

Le quartier de San Roque

C1-2 Depuis le Museo de Belenes, la courte ascension de la calle San Agustín conduit à la plaza Quijano et à **San Roque**, pittoresque quartier de maisons peintes de fraîches teintes pastel plaquées contre le flanc de la colline au sommet de laquelle veillent les murs ocre de la citadelle. L'ermitage San Roque, qui a donné son nom à ce pittoresque voisinage, abrite un *Christ gitan*, dont l'adoration suscite une intense ferveur populaire.

En suivant la calle San Roque, belvédère ouvrant sur la ville en contrebas, on parvient rapidement aux **Pozos de Garrigós D1**, immenses citernes creusées dans la roche et qui seraient un vestige de l'époque musulmane. Elles permettaient de recueillir près de 28 000 m³ d'eau de pluie. Sous les hautes et impressionnantes coupoles percées d'un orifice qui servait à tirer l'eau, est présentée une petite exposition consacrée à l'eau et aux façons de la retenir et de la conserver. À g. en sortant des puits, un alignement de maisons populaires aux façades multicolores conduit en 5 mn de promenade jusqu'à l'ascenseur qui vous hissera au sommet du **Castillo** *(p. 252)*.

Si vous réservez la visite de la forteresse pour plus tard *(accessible également en voiture)*, redescendez des Pozos vers le centre-ville et la plaza Santa María **D2**.

L'église Santa María*

> **D2** *Plaza Santa María ☎ 965.21.60.26. Ouv. t.l.j. 10h-13h et 17h-20h. Entrée libre.*

Le sanctuaire le plus ancien de la ville a bien mérité d'être précédé d'une si charmante place : c'est la plus belle église de la ville, construite à partir du XIVe s. à l'emplacement d'une mosquée dont il faudrait reconnaître quelques pierres dans les soubassements des murs de l'édifice. Le XVIIIe s. baroque n'a pu s'empêcher de lui adjoindre un foisonnant décor en façade (1721) et, par souci de symétrie, s'est fait un devoir d'élever une tour au coin gauche de la façade ; la tour de droite appartient en revanche au projet originel médiéval. L'intérieur aussi est resté fidèle à ses origines, un austère gothique primitif, particulièrement sensible dans le chœur où est conservée une Vierge du XVe s.

Museo de la Asegurada

> **D2** *3 plaza Santa María ☎ 965.14.09.59. Ouv. mar.-sam. 10h-14h et 16h-20h (17h-21h juin-sept.), dim. et j.f. 10h30-14h30. F. lun. Entrée libre. Visite : 1h.*

Le cadre : un ancien grenier à blé construit en 1685, le plus ancien bâtiment civil d'Alicante. Les collections : un fonds d'**art contemporain** légué à la ville par Eusebio Sempere (1923-1985), peintre et sculpteur natif du Levant. Les grands noms de l'art moderne sont présents – Miró, Dalí, Picasso – et leurs œuvres sont présentées par roulement.

Museo Bellas Artes Gravina

> **D2** *MUBAG, 13-15 calle Gravina ☎ 965.14.67.80, < www.mubag.org >. Ouv. mar.-sam. 10h- 14h et 16h-20h, dim. et j.f. 10h-14h. F. lun. Entrée libre. Visite : 1h.*

Installé depuis 2001 dans deux belles demeures des XVIIe et XVIIIe s., le **musée des Beaux-Arts** présente essentiellement des œuvres d'artistes originaires de la province d'Alicante et du Levant. La plus ancienne est une ***Crucifixion**** de Rodrigo de Osona (1476), à la croisée des influences italiennes dans le traitement des paysages, et flamandes dans celui des personnages aux longues silhouettes. Pour le reste, les présentations exposent principalement les réalisations de petits maîtres locaux du XIXe s. et du début du XXe s. On en retiendra l'inquiétant regard de la femme en prière de la *Rosa Mistica* de Francisco Laporta Valor (1850-1914) et la *Vue du port d'Alicante* au début du XXe s. par Joaquín Agrasot y Juan.

Carnet d'adresses d'Alicante p. 260. ●

Castillo de Santa Bárbara

> **D1** *Accès par l'ascenseur de la plaza del Postiguet ou en voiture en contournant la colline. Ouv. t.l.j. 9 h-19 h en hiver, 10 h-20 h en été. Entrée libre.*

Depuis le IXe s., la colline de Benacantil, sentinelle de la baie, est couronnée de murailles. Celles des musulmans tout d'abord, qui y dressèrent leur ***alcazaba***, mi-forteresse, mi-palais. Celles des armées chrétiennes ensuite, au XIIIe s., qui venaient de conquérir la ville. Il en reste quelques tours et pans de murs insérés dans l'ensemble que l'on découvre aujourd'hui : une citadelle du XVIe s., triple enceinte concentrique enfermant un ensemble de cours, de casernements et d'entrepôts. Certaines de ses tours furent arasées au XVIIIe s. par les Anglais pour servir de plates-formes d'artillerie. Au-delà de la deuxième enceinte, les anciens corps de garde abritent des **collections de sculpture contemporaine** *(ouv. mar-sam. 10 h-14 h et 16 h-19 h, dim. 10 h-15 h ; f. lun. ; entrée payante)*. Après la troisième enceinte, construite sur le mur médiéval dont des travaux de dégagement ont permis de révéler d'importants vestiges, on découvre la partie la plus ancienne de l'ensemble, l'ancienne *alcazaba* arabe. Ce point le plus élevé offre les plus **belles vues*** sur la ville et le littoral.

Museo Arqueológico**

> **Hors pl. par C1** *Museo ARQueológico Provincial de Alicante (MARQ), plaza Dr Gómez Ulla ☎ 965.14.90.00, < www.marqalicante.com >. Ouv. mar.-sam. 10 h-19 h, dim. et j.f. 10 h-14 h. Entrée payante. Visite : 2 h.*

Ouvert en 2001, le **Musée archéologique** justifierait à lui seul la visite d'Alicante. Ses quatre sections, en attendant l'ouverture prochaine d'un département consacré à l'histoire maritime et à l'archéologie sous-marine, bénéficient de judicieuses présentations qui rendent accessibles et attrayants des sujets aussi austères que la préhistoire : ici, les pierres taillées et les pointes de flèches reprennent vie, replacées dans leur contexte par des jeux de lumière et des projections.

La préhistoire

Les présentations commencent avec le monde **paléolithique** : d'un côté de la salle sont évoqués les modes de vie des chasseurs-cueilleurs, de l'autre les objets nés de l'habileté de leurs mains ; des séquences filmées montrent le processus de la taille de la pierre. Progressant dans la salle, on avance dans le temps en découvrant le monde **néolithique** (à partir de 6000) qui vit l'apparition des premiers villages sédentaires, de l'élevage, de l'agriculture et des premières céramiques.

Précédant de deux siècles l'âge du bronze (2300-1300), la **culture dite campaniforme** est ainsi nommée en raison des belles céramiques en forme de cloche qui la caractérisent. Elle apparut et se développa dans le sud de l'Espagne, et de là, selon certains spécialistes, essaima dans toute l'Europe en y diffusant la métallurgie du cuivre. À la fin de l'âge du bronze survinrent les premiers contacts avec les Phéniciens et les premiers échanges avec le monde méditerranéen, comme en témoigne la découverte d'objets en ivoire.

La période ibérique

Du VIIe s. à la romanisation, commencée au IIIe s. avant notre ère, se développa une culture dite ibérique, dont l'écriture, qui transcrit une langue non indo-européenne, n'a pas encore été déchiffrée. En contact avec le monde phénicien (dont les premiers comptoirs furent fondés vers 650) et le monde grec (par l'intermédiaire notamment de la colonie d'Empúries, *p. 97)*, les Ibères

excursion

L'île de Tabarca

C'est une des plus jolies excursions à entreprendre depuis Alicante: une **île sans voitures**, ses dimensions (1 800 m de long pour 450 m dans sa plus grande largeur) les rendant inutiles. Déclarée **réserve naturelle** en raison de la richesse de sa faune et de sa flore sous-marines, elle est protégée. Elle conserve le corset de murailles et ses rues tracées au cordeau datant de sa fortification au XVIIIe s. par Charles III. Après l'avoir débarrassée des pirates qui y trouvaient asile, le roi la peupla de 600 Génois qu'il avait tirés des geôles barbaresques de Tabarka, une presqu'île de la côte algérienne. Promenade dans la petite ville, détente au bord des criques et dégustation de poissons et de fruits de mer dans un des restaurants de l'île, composeront le programme d'une agréable journée de détente. Tabarca est accessible par bateau depuis le port d'Alicante. *Rens.* ***Kontiki****, Explanada de España* **C2** ☎ *965.21.63.96.* ●

développèrent une céramique dont les motifs décoratifs sont projetés sur le sol de la salle, ainsi qu'une statuaire originale représentée ici par la ***Dame de Cabezo Lucero****★*, un buste similaire à la célèbre *Dame d'Elche* *(p. 254)*, et que l'on a pu reconstituer à partir de fragments découverts en 1987.

La période romaine

C'est ici que l'on découvrira le clou de la visite: des séquences filmées projetées de part et d'autre de la salle donnent au visiteur l'impression de se trouver au milieu de la ville de **Lucentum**. Six séquences se succèdent, présentant divers lieux de la cité: la porte de la ville, une rue, les bains, le forum... Un préambule magnifique à la visite du site.

Le Moyen Âge

La section s'ouvre par le fracas des batailles entre chrétiens et musulmans; la période vit aussi l'émergence d'une civilisation urbaine raffinée, évoquée à travers la ville arabo-musulmane d'Elche. À ne pas manquer, au fond de la salle, la transformation d'un *mihrab* musulman en abside chrétienne, par un subtil jeu de lumières et de miroirs.

Lucentum★

> **Hors pl. par D1** *Quartier de la Albufereta, 5 km N-E du centre-ville. Depuis le centre-ville, accès aisé par train local: départ station FGV du Postiguet, arrêt La Albufereta. Ouv. t.l.j. sf lun. et dim. après-midi 9 h-13 h et 16 h-18 h; juil.-sept. 9 h-12 h et 18 h-21 h. Entrée payante. Visite: 2 h.*

Cette éminence appelée **Tossal de Manises**, d'où l'on découvrait jadis le littoral, fut occupée dès le Ve s. mais ne s'entoura d'une muraille que deux siècles plus tard. La ville que l'on découvre aujourd'hui est celle de l'époque impériale: ayant obtenu le rang de municipe, ce qui nécessitait l'existence d'édifices civiques, la ville fut entièrement reconstruite au Ier s. avant notre ère selon les principes de l'urbanisme gréco-romain. Un nouveau mur fut construit à partir de l'ancien dont les archéologues ont mis au jour des vestiges significatifs.

La visite s'effectue en suivant un parcours balisé d'où le visiteur découvre diverses parties de la ville: maisons, thermes avec leur système de chauffage et leurs canalisations, taverne... En chemin, un belvédère permet d'embrasser toute l'étendue du site. ●

Elche (Elx)★★

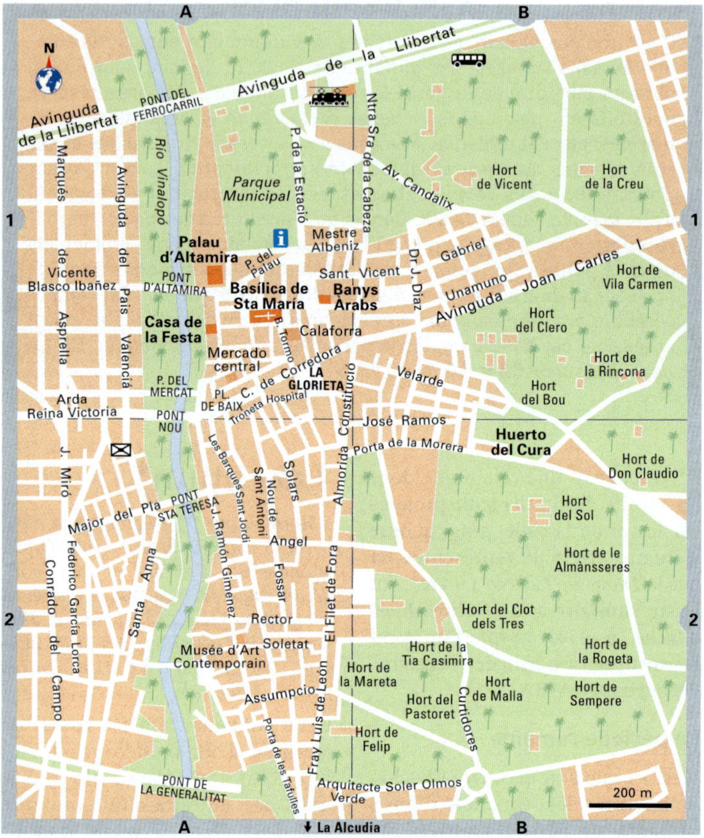

Elche, c'est tout d'abord une célèbre palmeraie, unique en Europe. 200 000 arbres y prospèrent, jusqu'en plein cœur de la ville, exploités pour leurs dattes mais aussi pour leurs palmes qui président à la fête des Rameaux dans toute l'Espagne. Elche, ce sont aussi ses Mystères (el Misteri), survivance du Moyen Âge chrétien : un drame religieux chanté en dialecte catalan du XVe s. dont les représentations en costumes attirent chaque année, le 15 août, des milliers de spectateurs.

> *À 24 km O d'Alicante, 58 km N-E de Murcie (voir carte p. 244). Visite : prévoir une demi-journée.* ***Carnet d'adresses*** *p. 261.*

La cité romaine

Elche doit aux musulmans arrivés au VIIIe s. sa palmeraie, mais aussi le site de la ville actuelle. La première cité se trouvait à quelques kilomètres au sud-est, plus près de la mer : c'est le parc archéologique, connu aujourd'hui sous le nom de **la Alcudia** *(p. 257)*, où fut découverte la célèbre *Dame d'Elche*. En déplaçant le site de la ville, les musulmans signèrent l'acte de naissance de l'Elche moderne. En 1265, Elche est prise par les armées chrétiennes.

Index général p. 314. ●

Huerto del Cura*

> **B2** *Suivre les nombreuses indications fléchées depuis le centre-ville. Ouv. t.l.j. 9h-18h (20h30 en été). Entrée payante. Parc de stationnement à proximité.*

C'est le plus célèbre des jardins de la palmeraie : plantés en haie simple ou double, les palmiers servent depuis l'époque musulmane à délimiter vergers et jardins auxquels ils offrent leur ombre parcimonieuse. Comme son nom l'indique (jardin du curé), ce jardin fut aménagé par un prêtre, le **père Castaño** qui en fut le premier propriétaire au XIXe s. Il en fit un somptueux jardin botanique planté des plus belles essences méditerranéennes et d'une impressionnante collection de cactées. Le tout placé sous la surveillance des palmiers omniprésents.

Au milieu de l'allée prolongeant l'entrée, un curieux spécimen, constitué de sept rejets formant couronne autour du tronc principal, est appelé le **Palmier impérial** depuis la visite de l'impératrice Élisabeth d'Autriche en 1894.

Le centre-ville

> *Visite : env. 1 h.*

En lisière du parc municipal **A1**, où se trouvent les bureaux de l'office du tourisme (on vous y remettra un plan de la ville), se dresse la silhouette médiévale du **palais d'Altamira** (XVe s.) qui abrite aujourd'hui le Musée archéologique d'Elche. Au-delà, un pont permet de gagner l'autre rive du **río Vinalopó** où s'étendent les quartiers modernes. De la rive, vous aurez de belles vues sur les vestiges des fortifications médiévales.

• **Palau d'Altamira A1** *(Musée archéologique, parque Municipal ☎ 965.45.36.03 ; actuellement f. pour travaux)*. Le buste de la plus célèbre fille du pays, la *Dame d'Elche*, se trouvant aujourd'hui à Madrid, le musée local en est réduit à proposer une copie. Les quelques salles exposent des témoignages du passé de la **palmeraie** : on verra surtout les deux statues monumentales d'un taureau et d'un sphinx, appartenant à la période ibérique (Ve s. avant notre ère). La *Vénus* de marbre grec

La palmeraie d'Elche : un legs des conquérants musulmans.

tradition

Les Mystères d'Elche

Chaque année à l'Assomption est représenté dans la basilique Santa María un drame religieux hérité du Moyen Âge, chanté en dialecte catalan du XVe s. Les rôles sont tenus, en costumes, par des habitants de la ville, des hommes seulement et des jeunes garçons, qui se transmettent leur savoir de génération en génération. Célébrés en deux actes, le **14 et le 15 août** *(gratuits à 18 h)*, les Mystères sont précédés de deux nuits.

Durant la première, le 13 août (la **Nit de l'Alba** ou « nuit de l'Aube »), est tiré à minuit un formidable feu d'artifice qui illumine les rues comme au petit matin. Durant la seconde, le 14 août (la **Nit de la Roà** ou « nuit de la Tournée »), les habitants forment une procession à travers la vieille ville, avant de se rendre à la basilique pour une veillée. Devant l'affluence que suscitent les Mystères, d'autres représentations sont données les 11, 12 et 13 août *(payantes)*.

Associée aux Mystères, la **fête de la Venue de la Vierge (Vingute de la Mare de Déu)** voit chaque **28 décembre** un cavalier parcourir à bride abattue la distance qui relie le littoral à la ville, sous les acclamations des habitants qui brandissent des palmes. Au XIVe s., Cantó, le garde-côte, découvrit ce même jour sur le rivage une statue de la Vierge qu'accompagnait le texte des Mystères. ●

découverte lors des fouilles du site de la Alcudia témoigne de la période romaine; le musée du site de la Alcudia *(voir ci-contre)* est néanmoins beaucoup plus riche sur le passé antique de la ville.

● **Casa de la Festa A1** *(25 carrer Major de la Villa ☎ 965.45.34.64 ; ouv. mar.-sam. 10 h-13 h et 16 h 30-20 h 30, en été 17 h-21 h ; dim. 10 h-13 h ; f. lun. ; entrée libre)*. L'ancien hôpital de la Charité construit au XVe s. abrite une exposition permanente consacrée aux **Mystères d'Elche** *(encadré ci-dessus)*. On y apprend tout sur cette fête à travers les costumes des acteurs bénévoles, accessoires et photographies. Un audiovisuel complète la présentation *(six séances par jour)*.

● **Plaça de Baix A1**. Précédée de l'alléchant marché central, la place principale de la ville est bordée par la belle façade de l'**Ayuntamiento** : un palais où depuis le XVe s. siège l'autorité municipale. Au coin de la place, en haut de la **tour de l'Horloge**, veillent les deux personnages les plus aimés de la ville : Calendura et Calendureta, deux jacquemarts du XVIe s. qui sonnent tour à tour les heures et les quarts. La **carrer de Corredora**, qui s'échappe de la place de l'hôtel de ville, conduit entre deux haies de boutiques – c'est la grande rue commerçante d'Elche – jusqu'à la **Glorieta**, agréable place plantée d'arbres et semée de bancs.

● **La basilique de Santa María A1** *(ouv. t.l.j. 7 h-13 h 30 et 17 h 30-21 h ; entrée libre)*. C'est ici que se déroule chaque année la représentation des Mystères. De cet édifice du XVIIe s. on retiendra surtout la lumineuse coupole couverte de tuiles vernissées bleues et la foisonnante façade baroque. En arrière du chevet se dresse la **tour de la Calaforra**, vestige des fortifications musulmanes du XIIe s.

● **Banys Àrabs A1** *(☎ 965.45.28.87 ; ouv. mar.-sam. 10 h-13 h 30 et 16 h 30-20 h ; dim. et j.f. 10 h 30-13 h 30 ;*

f. lun ; entrée libre). Rares témoins de la cité musulmane, ils datent du XIIe s. et conservent une partie de leurs installations de chauffe. Après la prise de la ville par les chrétiens, ils abritèrent un couvent, ce qui leur a valu les restes de peintures également conservées.

La Alcudia★

> **Hors pl. par A2** *À 2 km S du centre d'Elche. Ouv. mar.-sam. 10 h-17 h, avr.-sept. 10 h-14 h et 16 h-20 h, dim. et j.f. 10 h-14 h. F. lun. Entrée payante.*

Elche fut tout d'abord occupée par les Ibères, à partir du VIe s. avant notre ère. Dans son temple encore visible, ils vénéraient leur **Grande Déesse**. Après l'arrivée des Romains, celle-ci continua d'être vénérée sous la forme plus universelle de la **Junon** capitoline dont le sanctuaire se dressait au beau milieu du forum d'une ville reconstruite à la gréco-romaine, avec son réseau de rues rectilignes se coupant à angle droit. Malgré les troubles qui marquèrent la fin de l'Empire romain, la place continua d'être occupée au moins jusqu'au VIIIe s.

Il a fallu près de soixante années de travail aux archéologues (1935-1997) pour mettre au jour et explorer les **vestiges de la ville antique**. Un parcours balisé permet aujourd'hui d'en faire le tour et de découvrir les principaux édifices : les thermes, le temple ibérique qui conserve encore la table d'autel où l'on sacrifiait à la Grande Déesse – que représente peut-être la ***Dame d'Elche*** *(illustration p. 41)* –, les fondations d'une basilique paléochrétienne, en service jusqu'au VIIe s., et le forum romain où se dressait le temple de Junon.

La Alcudia

Plusieurs **maisons particulières** ont également été dégagées : certaines (dans la partie nord du site), antérieures à la période romaine, de dimensions modestes et abritant des ateliers d'artisans ; d'autres (derrière le musée), d'amples proportions suivant le modèle des demeures gréco-romaines, avec leurs cours à *impluvium* (bassin destiné à recevoir les eaux de pluie), autour desquelles ouvraient les différentes pièces. On peut y voir des fragments des mosaïques qui en ornaient le sol.

Le **musée** du site présente une partie de l'abondante moisson d'objets quotidiens et de fragments décoratifs découverts sur le site : céramiques, lampes, monnaies, objets cultuels. Une salle abrite également des mosaïques de l'époque romaine. ●

Orihuela★

On ne s'arrête guère à Orihuela. Pour beaucoup de voyageurs filant entre Alicante et l'Andalousie, la ville n'est qu'un point sur la carte, une sortie d'autoroute, signalée de loin par quelques bouquets de palmiers. Pourtant, la petite cité aux portes de la Murcie mérite largement qu'on s'y arrête; ses vieux quartiers, sous la surveillance d'une colline où s'évanouissent lentement les restes d'une vieille forteresse, recèlent un patrimoine architectural, gothique surtout, d'un grand intérêt.

> *À 35 km N-E de Murcie et 29 km S-O d'Elche (voir carte p. 244). Visite : 3 h.* ***Carnet d'adresses*** *p. 263.*

La cathédrale del Salvador★

> *Calle Ramon y Cajal. Ouv. lun.-ven. 10 h 30-13 h 30 et 16 h-18 h 30 (17 h-19 h 30 en été), sam. 10 h 30-13 h 30. F. dim. Entrée payante.*

On aborde l'édifice par un charmant **cloître★ du XIVe s.** provenant d'un couvent voisin et plaqué contre le chevet de la cathédrale en 1942. De là, un étroit couloir conduit à l'intérieur d'un modeste mais harmonieux vaisseau gothique dont la construction fut entreprise au XIVe s. Vous y remarquerez les épaisses arêtes des voûtes, soulignées par des cannelures torses, un motif décoratif prisé du gothique valencien qui se retrouve par exemple dans la collégiale de Gandía *(p. 245)*.

Portail gothique de la cathédrale d'Orihuela.

Une belle **grille gothique★** de la fin du XVe s. ferme la Capilla Mayor : sous un calvaire monumental, elle est ornée d'une foule de personnages dont les silhouettes apparaissent au milieu d'un foisonnant décor végétal.

À dr. de la Capilla Mayor, le **Musée diocésain**, modeste par la taille, est riche d'œuvres de premier plan. Sa fierté est une ***Tentation de saint Thomas d'Aquin★★*** de Velázquez : deux anges soutiennent le plus célèbre théologien du Moyen Âge, effondré après avoir résisté aux avances de la femme qui s'éloigne à l'arrière-plan. À voir également, les œuvres de **Pedro Orrente** (1580-1645), natif de la ville ; ce maître secondaire du siècle d'Or fut fortement influencé par la manière de l'Italie, où il effectua un séjour.

Avant de quitter la cathédrale, voyez encore ses parties extérieures : deux **portes gothiques**, la puerta de Loreto sur le flanc sud avec ses figures d'anges musiciens sur les archivoltes, et la puerta de las Cadenas en façade ; tandis que sur le flanc nord fut plaquée la **porte Renaissance de la Anunciación**.

L'église Santas Justa y Rufina

> *Calle Santa Justa. Ouv. lun.-ven. 10 h-13 h 30 et 16 h-19 h, sam. 10 h-13 h 30. F. dim. Entrée payante.*

À l'exception d'une façade baroque du XVIIIe s. inspirée de celle de la cathédrale de Murcie mais qui est restée inachevée, l'édifice conserve la silhouette gothique de ses origines (XIVe-XVe s.) dominée par une tour d'une remarquable élégance. L'intérieur aussi est gothique avec son réseau de fines nervures qui soulignent les arêtes des voûtes.

Museo de la Muralla

> *Accès par la calle del Río, en bordure du río Segura ☎ 966.74.31.54. Ouv. mar.-sam. 10 h-14 h et 16 h-19 h, dim. 10 h-14 h. F. lun. Entrée payante. Le site se trouve au sous-sol des bâtiments de l'université. Visite : 30 mn.*

C'est à l'occasion de travaux d'aménagement entrepris en 1998 que fut dégagé cet ensemble de vestiges du passé de la ville dont l'histoire s'est trouvée d'un coup éclairée d'un nouveau jour. Dans le **musée de la Muraille**, on découvre tout d'abord un impressionnant tronçon de la **muraille musulmane**, construite entre le XIIe et le XIIIe s. ; elle court sur une longueur de 80 m, au long desquels s'alignent trois bastions, et s'élève encore jusqu'à une hauteur de plus de 3 m. Contre la face interne du mur, une série de maisons particulières sont construites autour d'un patio central. À l'extérieur du mur se trouvait un établissement de bains dont l'aménagement intérieur avec la répartition traditionnelle en salles successives est encore bien visible. Mais les découvertes ne concernent pas seulement l'époque musulmane, puisqu'on peut également voir, prenant appui sur la face intérieure de l'ancien mur, les soubassements d'un vaste édifice gothique dont deux portes sont bien conservées.

Museo San Juan de Dios

> *Calle del Hospital. Ouv. mar.-sam 10 h-14 h et 17 h-20 h, dim. 10 h-14 h. Entrée payante.*

Le petit **musée archéologique** est installé dans une ancienne salle de l'hôpital municipal, laquelle justifie autant la visite que la petite collection archéologique dont les pièces les plus anciennes remontent au paléolithique. À voir, les **céramiques** de l'époque musulmane et du Moyen Âge chrétien.

Palacio de Rubalcava

> *Calle Francisco Dié. Ouv. mar.-sam. 10 h-14 h et 16 h-19 h, dim.-lun. 10 h-14 h. Entrée libre.*

L'imposante bâtisse, un palais du début du XXe s. construit dans le style des demeures de l'époque baroque, est en partie ouverte à la visite. On y voit une collection de meubles et d'objets décoratifs du XVIIe au XXe s. Le bâtiment abrite également les bureaux de l'office du tourisme. Jouxtant le palais, le **musée de la Reconquête** *(Museo de la Reconquista, 25 calle Francisco Dié, ouv. lun.-ven. 11 h-13 h et 16 h-18 h; entrée payante)* rassemble les costumes, bannières et ornements utilisés lors de la fête des Maures et Chrétiens *(p. 69)*.

L'église Santiago

> *Calle Francisco Dié. Ouv. lun.-ven. 10 h-13 h et 16 h-18 h, sam.-dim. 10 h-13 h. Entrée payante.*

L'église, dédiée au saint patron de l'Espagne, possède un somptueux **portail gothique**** tardif, extrêmement orné. Au tympan figurent les armes des Rois Catholiques, et, au trumeau, une monumentale statue de l'apôtre en pèlerin. L'intérieur présente une haute nef unique, encadrée de deux rangs de colonnes engagées, remarquables par leurs chapiteaux fleuris où la coquille de l'apôtre est omniprésente. La première chapelle du côté gauche abrite une *Sainte Famille* du sculpteur murcien Salzillo *(p. 272)*. ●

Carnet d'adresses

© A. Félix, Hémisphères Images

Alicante, la promenade du bord de mer.

Alicante

> *Plan p. 248-249. Visite p. 247.*

🛈 **Office du tourisme**, 23 rambla Méndez Núñez **C2** ☎ 965.20.00.00, < touristinfo.alicante@turisme.m400.gva.es >. *Ouv. lun.-ven. 10 h-19 h, sam. 10 h-14 h et 15 h-19 h.*

Adresses utiles

• **Aéroport**. El Altet, 11 km S ☎ 966.91.91.00. Services de bus vers le centre-ville.

• **Consulats**. France, 8 calle Arquitecto Morell **A2** ☎ 965.92.18.36. **Belgique**, 10 avenida Catedrático Soler **A3** ☎ 965.92.91.47.

• **Gare ferroviaire**. Renfe, avenida de Salamanca **A2** ☎ 902.24.02.02. **FGV (chemins de fer de la Communauté valencienne)**, avenida Villajoyosa **hors pl. par D1** ☎ 965.26.22.33 : la ligne du Trenet dessert toutes les plages entre Alicante et Dénia.

• **Gare routière**. Angle calle Portugal et calle Pintor Lorenzo Casanovari **B3** ☎ 965.13.07.00.

• **Location de voitures**. Avis, 3 explanada de España **C2** ☎ 965.14.46.66. **Hertz**, 22 avenida de la Estación **A2** ☎ 965.13.11.23. Ces compagnies, ainsi que d'autres, ont également un bureau à l'aéroport.

• **Pharmacies de garde** ☎ 900.500.952.

• **Police** ☎ 965.10.72.00.

• **Taxis**. Radio-taxi ☎ 965.91.01.23. Tele-taxi ☎ 965.10.16.11.

• **Urgences médicales** ☎ 112 ou ☎ 965.24.76.00.

Hôtels

▲▲▲▲ **Mediterranea Plaza**, 6 plaza del Ayuntamiento **D2** ☎ 965.21.01.88, fax 965.20.67.50, < www.hotelmediterraneaplaza.com >. *50 ch.* Le grand luxe et un certain cachet pour cet hôtel ouvrant sous les arcades de la place de l'Ayuntamiento.

▲▲▲▲ **Meliá Alicante**, plaza del Postiguet **D1** ☎ 965.20.50.00, fax 965.20.47.56, < www.solmelia.es >. *545 ch.* Grand confort moderne et une magnifique situation face au port. En contrepartie : le caractère un peu impersonnel de ce type de grands complexes hôteliers.

▲▲▲ **Tryp Ciudad de Alicante**, 9 calle Gravina **D2** ☎ 965.21.07.00, fax 965.21.09.76, < www.solmelia.es >. *66 ch.* Bon établissement de catégorie moyenne, confortable et bien situé à deux pas de l'hôtel de ville.

▲▲ **Les Monjes** ♥, 4 calle San Agustín (près du Museo de Belenes) **C2** ☎ 965.21.50, fax 965.14.71.89, < info@monjes.com >. *19 ch.* Une décoration kitsch de brocante chic dans une vieille maison sur les premières pentes du quartier San Roque. Toutes les chambres présentent une décoration particulière d'objets et de meubles anciens. Une d'entre elles est équipée d'un jacuzzi. L'adresse certainement la plus originale d'Alicante. Accueil charmant.

▲▲ **Rambla**, 9 rambla Méndez Núñez **C2** ☎ 965.14.45.80, fax 965.14.46.84, < rvrambla@mixmail.com >. *46 ch.* Un hôtel sans grand caractère, mais confortable et bien tenu. Accueil sympathique. Pas de restaurant.

▲ **Rialto**, 30 calle Castaños **C2** ☎ 965.20.64.33, fax 965.14.13.67, < hotelrialto30@hotmail.com >. *30 ch.* Simple et bon marché, dans un quartier très animé en arrière de la rambla Méndez Núñez.

Restaurants

♦♦♦ **Dársena** ♥, Marina Deportiva, muelle del Levante **D2** ☎ 965.20.75.89, < www.darsena.com >. *Ouv. t.l.j.* Un vaisseau ouvrant largement sur le port, où un service impeccable propose des spécialités de poissons et de fruits de mer. Une mention spéciale pour les plats de riz, déclinés en une centaine de préparations différentes.

♦♦♦ **Monastrell**, 10 calle San Fernando **C2** ☎ 965.20.03.63, < monas@wanadoo.es >. *F. dim.* La table la plus innovante d'Alicante : comme il se doit pour une cuisine d'auteur, le cadre est minimaliste, sans aucune concession au folklore. On y propose des compositions parfois surprenantes comme ce parmentier de gambas aux champignons.

♦♦ **Alebrije**, 11 plaza Gabriel Miró **C2** ☎ 965.21.68.14. *F. dim. soir et lun.* Une adresse innovante qui monte : la carte propose des spécialités traditionnelles, comme le merlu en sauce verte, ou des compositions plus audacieuses, comme le thon au jabugo et moutarde, le carpaccio de poulpe, ou les boulettes de dinde aux calamars.

♦ **O'Pote Galego**, 6 plaza de la Santíssima Faz **C2** ☎ 965.20.63.99. *F. lun.* Une sympathique auberge qui propose les spécialités de la lointaine Galice : poulpe, poissons et viandes à la braise. Petite terrasse sur une des plus charmantes places de la ville.

budget

Hébergement

En haute saison, pour une chambre double :

▲▲▲▲▲ plus de 200 €

▲▲▲▲ de 120 à 200 €

▲▲▲ de 80 à 120 €

▲▲ de 40 à 80 €

▲ de 20 à 40 €

Restaurants

Prix pour un menu complet (boisson non comprise) :

♦♦♦♦ de 60 à 100 €

♦♦♦ de 30 à 60 €

♦♦ de 15 à 30 €

♦ de 6 à 15 € ●

Fêtes et manifestations

● **1er-3 mai**. **Cruces de Mayo** : les quartiers rivalisent dans une compétition de croix de fleurs, qui embrase toute la ville dans une explosion de couleurs.

● **Dernière semaine de juin**. **Marché médiéval** : sur la place de la Santíssima Faz **C2** et dans les rues adjacentes est organisé un marché évoquant le Moyen Âge, avec ses produits, ses activités artisanales, et ses animations.

● **Juillet-août**. **Festival d'été** : théâtre, concerts, danses populaires.

Elche

> *Plan p. 254. Visite p. 254.*

🛈 **Office du tourisme**, parc municipal **A1** ☎ 965.45.27.47, < tourisinfo.elx@turisme.m400.gva.es >. *Ouv. lun.-ven. 10 h-19 h, sam. 10 h-14 h 30, dim. 10 h-14 h.*

Adresses utiles

- **Aéroport**. El Altet (Alicante) à 26 km E ☎ 966.91.91.00.
- **Gare ferroviaire**. Avinguda de la Llibertat **A1** (à la lisère N du parc municipal) ☎ 965.45.62.54.
- **Gare routière**. Avinguda de la Llibertat **B1** ☎ 965.45.58.58.

Hôtels

▲▲▲ **Huerto del Cura**, 14 porta de la Morera **B2** ☎ 966.61.00.11, fax 965.42.19.10, < www.huertodelcura.com >. *79 ch.* Un ensemble de bungalows disposés au cœur de la célèbre palmeraie, et entourés de jardins soigneusement entretenus. Calme et luxueux.

▲▲▲ **Milenio**, prolongación Curtidores **B2** ☎ 966.61.20.23, fax 966.61.52.04. *72 ch.* Excellent confort moderne, dans la partie S de la palmeraie.

▲▲ **Candilejas**, 19 carrer Doctor Ferrán **hors pl. par A2** ☎ 965.46.65.12, fax 965.46.66.52. *24 ch.* Petite pension confortable et sans prétention dans la partie moderne de la ville.

▲ **La Callosina**, 15 carrer Mario Pastor Sempere **hors pl. par A1** ☎ 965.46.00.76. *13 ch.* Simple et confortable dans un quartier tranquille de la ville nouvelle. Possibilité de parking.

Restaurants

♦♦ **Meson el Granaino**, 40 carrer Josep María Buch **A1** ☎ 966.66.40.80. *F. dim.* Une décoration rustique de bois et d'azulejos annonce les ambitions de la maison : sérieux et tradition. Au bar, magnifiques assortiments de tapas, où les fruits de mer sont en vedette (crabes, pousse-pieds, poulpe...), et à table de savoureuses spécialités régionales.

♦♦ **Pernil** ♥, 4 carrer Juan Ramón Gimenez **A2** ☎ 966.61.33.03. *F. dim.* Atmosphère élégante et sérieuse ; joli bar où déguster quelques tapas avant de passer à table *(pas avant 14 h)*, spécialités de riz et plat du jour. Excellente adresse.

♦ **Lizarran**, 17 avinguda Joan Carles I **B1** ☎ 966.61.46.48. *Ouv. t.l.j.* Un bar simple pour déjeuner sur le pouce de savoureuses tapas à la mode basque.

Fêtes et manifestations

- **Mi-août**. Célébration des Mystères d'Elche *(encadré p. 256)*.
- **28 décembre**. Fête de la Venue de la Vierge *(encadré p. 256)*.

Játiva (Xàtiva)

> *Carte p. 244. Visite p. 242.*

ℹ **Office du tourisme**, 50 alameda Jaume I ☎ 962.27.33.46. *Ouv. lun.-sam. 10 h-13 h 30 et 16 h-18 h, dim. 10 h-13 h 30.*

Hôtel

▲▲▲ **Mont Sant** ♥, subida al Castillo ☎ 962.27.50.81, fax 962.28.19.05, < www.servidex.com/montsant >. *17 ch.* Un havre de paix sur les pentes de la colline du château : au milieu de magnifiques jardins, l'hôtel propose chambres et bungalows de grand luxe, ouvrant par de larges baies vitrées sur la verdure et la ville en contrebas. Service discret et efficace, avec en prime une des **meilleures ♦♦ tables** de la région. Une magnifique étape à ne pas manquer.

Fêtes et manifestations

- **15-19 mars**. Fallas : comme à Valence, les différents quartiers de la ville présentent des groupes de statues, qui finiront dans les flammes le soir du 19 mars.
- **Semaine du 15 août**. Féria : une semaine de réjouissances célébrée depuis 1250 : concours de bandas, ces fanfares venues de toute l'Espagne, corridas, danses et représentations théâtrales.
- **25 novembre**. Sainte-Catherine : défilé des enfants.

fête

Sexenni a Morella

Depuis le XVIIe s., Morella célèbre sa sainte patronne, la **Vierge de Vallivana**. La fête commémore l'intercession de la Vierge, qui épargna à Morella une épidémie de peste, et se déroule tous les six ans au mois d'août ; les préparatifs durent tout l'hiver : costumes des processions, décoration de la ville dont les rues sont tendues de 4 000 km de bandes de papier crépon multicolore de 1 cm de largeur. Puis, lorsque tout est prêt, une immense procession s'ébranle ; un millier d'habitants se mettent en marche vers le sanctuaire où réside la Vierge en temps ordinaire, à 24 km de là. Après lui avoir rendu grâce, ils reviennent par le même chemin, en récitant le rosaire et en chantant des cantiques jusqu'à la ville où la Mère de Dieu reçoit l'hommage qui lui est dû. Les festivités durent quinze jours : processions de toutes les corporations de la ville, défilés de géants et de grosses têtes, danses et chants, célébrations religieuses. La prochaine édition aura lieu en 2006. L'ancienne église de San Nicolau (carrer Fortea) abrite un musée, **Museu de Sis en Sis**, consacré à la fête *(ouv. t.l.j. sf lun. 11 h-14 h et 16 h-19 h en été ; sam.-dim. seulement en hiver ; entrée libre)*. ●

Morella

> *Carte p. 236. Visite p. 239.*

Office du tourisme, 3 plaça Sant Miquel ☎ 964.17.30.32, < www.morella.net >. *Ouv. mar.- sam. 10 h-14 h et 16 h-18 h, dim. 10 h-14 h. F. lun.* L'office du tourisme peut vous proposer des formules d'hébergement en milieu rural.

Hôtels - restaurants

▲▲▲ **Cardenal Ram**, cuesta Suñer ☎ 964.17.30.85, fax 964.17.32.18. *19 ch.* Installé dans une noble demeure médiévale, l'hôtel offre tout le confort d'un hôtel de sa catégorie, le charme en plus ; bon restaurant.

▲▲▲ **Rey Don Jaime**, 6 carrer Joan Giner ☎ 964.16.09.11, fax 964.16.09.11. *44 ch.* pimpantes. Un petit hôtel familial remarquablement tenu ; bon restaurant, même si la salle est un peu tristounette.

Fêtes et manifestations

● **Août**. Fête de la Vierge de Vallivana *(encadré ci-dessus)*.

Orihuela

> *Carte p. 244. Visite p. 258.*

Office du tourisme, 25 calle Francisco Dié (Palacio de Rubalcava) ☎ 965.30.27.47, < www.dip.alicante.es/orihuela >. *Ouv. lun. 10 h-14 h, mar.-sam. 10 h-14 h et 16 h-19 h, dim. et j.f. 10 h-14 h.*

Adresses utiles

● **Aéroports**. El Altet (Alicante), à 38 km N-E ; **San Javier** (Murcie), à 58 km S-E.

● **Gare ferroviaire**. Renfe ☎ 965.30.02.84.

● **Gare routière**. Autocares Costa Azul ☎ 965.30.15.90.

● **Police**. Guardia Civil ☎ 965.30.01.39. **Police municipale** ☎ 965.30.02.04.

● **Taxi**. Radio-taxi ☎ 966.74.02.02.

Hôtel

▲▲▲ **Palacio de Tudemir**, 1 calle Alfonso XIII ☎ 966.73.80.10, < palaciotudemir@sh-serotel.com >. *51 ch.* Au cœur de la vieille ville, dans un beau bâtiment ancien, l'hôtel est de loin le meilleur d'Orihuela; grand confort, service attentionné. C'est le seul situé en centre-ville, les autres étant assez loin dans les périphéries.

Fêtes et manifestations

Orihuela est connue pour la richesse de son patrimoine architectural, mais aussi pour le caractère spectaculaire de ses fêtes principales.

• **Semaine sainte**. Elle est marquée par de grandes et émouvantes processions au cours desquelles les *pasos*, ces groupes monumentaux représentant les épisodes de la Passion, sont portés à bras d'hommes à travers la ville pour être exposés à la dévotion de la foule. La plupart de ces *pasos* sont conservés durant l'année au musée de la Semaine sainte *(Museo de la Semana Santa, calle Alfonso XIII; ouv. lun.-ven. 10h-13h et 16h-18h, sam. 10h-13h; f. dim.; entrée libre)*.

• **Juillet**. **Moros y Cristianos**. Chaque année, le week-end le plus proche du 17 juillet, est célébré l'anniversaire de la reconquête de la ville par les armées chrétiennes. Des troupes de figurants représentant chacun des deux camps défilent et s'affrontent dans la rue. Là encore, un musée conserve les costumes utilisés lors de la fête *(Museo de la Reconquista, p. 259)*.

• **Août**. **Feria del Ganado**. Cette foire au bétail, essentiellement aux chevaux, instituée par Alphonse le Sage, se tient durant quatre jours autour du 15 août. Spectacles de danses et de chants accompagnent l'événement.

• **8 septembre**. **Fêtes patronales** en l'honneur de la Vierge.

Sagunto (Sagunt)

> *Carte p. 236. Visite p. 236.*

🛈 **Office du tourisme**, plaza Cronista Chabret ☎ 962.66.22.13, < www.aytosagunto.es >. *Ouv. lun. 8h-12h, mar.-ven. 8h-12h et 16h-18h30, sam. 8h45-13h45.*

Restaurant

♦ **L'Armeler**, 44 calle Subida del Castillo ☎ 962.66.43.82. Un honnête restaurant de solides spécialités régionales, sur le chemin qui conduit au château.

Fêtes et manifestations

• **15-19 mars**. **Fallas**: tout aussi animées et bruyantes qu'à Valence.

• **Semaine sainte**. Procession de *pasos*.

• **2e quinzaine de juillet**. **Fêtes patronales**. Compétitions sportives, lâcher de vachettes et joyeuse animation devant les buvettes.

• **Juillet-août**. **Sagunt a Escena**: festival de théâtre, musique et danse dans le cadre du théâtre romain.

• **Octobre**. **Moros y Cristianos** *(p. 69)*. •

La Murcie

La Murcie ne représente pour les voyageurs qu'une petite heure d'autoroute entre la région valencienne et l'Andalousie. Dommage, car la petite communauté autonome – 11 314 km² et une seule province – a de quoi séduire. Sa capitale d'abord, Murcie, une charmante cité provinciale. Carthagène ensuite, la deuxième ville de la région, sise dans un site grandiose aux allures de fjord. Ses campagnes, enfin : doux moutonnement de collines qui s'élèvent jusqu'à 2 000 m, jardins de la *huerta* autour de Murcie, avec leurs succulents légumes (qui se retrouvent à la table des restaurants réputés de la capitale et dans les auberges de campagne), vastes domaines plantés de vignes et d'oliviers. La région de Jumilla, au nord, produit un des vins les plus réputés d'Espagne. La Murcie est enfin une des régions les plus chaudes du pays.

sommaire

Murcie★

Depuis quatre siècles, la cathédrale et le palais épiscopal poursuivent leur élégant tête-à-tête, d'un bord à l'autre de la plaza Belluga. L'imposante façade du sanctuaire, masque baroque dissimulant un intérieur encore gothique, s'offre même le bon goût de se tourner respectueusement vers le palais épiscopal, comme une révérence au premier prélat de la ville. Une place qu'il faut revoir dans la solitude de la nuit, lorsqu'un subtil éclairage vient en caresser les façades. Pour le reste, Murcie est une charmante ville de province, fière de son rang de capitale régionale, qui lui vaut d'abriter les institutions de la province homonyme en même temps qu'une université. Murcie abrite, depuis sa création en 1982, les organes politiques et administratifs de la région autonome qui porte son nom.

> *À 76 km S-O d'Alicante, 219 km N-E d'Almería. Visite : compter une journée.* ***Plan** p. 268-269. **Carnet d'adresses** p. 284.*

La cathédrale★★

> **C2** ☎ *968.21.63.44. Ouv. t.l.j. mai-juin 10 h-13 h et 17 h-20 h ; juil.-août 18 h-20 h ; sept.-avr. 17 h-19 h. Entrée libre.*

Dominant la **plaza Belluga** *(accès par la plaza de Hernández Amores* **C2***)*, la haute façade de la cathédrale est une des dernières réalisations magistrales du baroque espagnol, tout comme son gigantesque retable dont la structure fut réalisée entre 1743 et 1748. Il fallut tout le reste du XVIIIe s. pour la garnir de sa profusion de statues, peuple d'apôtres, de saints et de prélats, dominés par l'Assomption de la Vierge. Les plus célèbres artistes du temps se succédèrent sur le chantier. Construite pour masquer aux regards la structure gothique originelle, celle-ci réapparaît néanmoins sur les flancs de l'édifice, dans les deux portails latéraux.

L'intérieur

Une haute coupole classique élevée au XVIIIe s. en avant de la Capilla Mayor, et les inévitables et nombreux ajouts décoratifs baroques, n'ont pu altérer la majesté de ce vaste vaisseau gothique. Sa construction, entreprise en 1320, ne fut achevée qu'au XVIe s. : les nefs latérales sont prolongées au-delà de la Capilla Mayor par un déambulatoire d'une surprenante largeur. Dans cette couronne monumentale et sur les bas-côtés s'ouvrent des séries de chapelles, abritant les autels des saints ou même des monuments funéraires. Ainsi, sur le bas-côté droit *(4e chapelle)* se distingue la **capilla de los Junteros**★★, au fond de laquelle un splendide monument funéraire Renaissance (XVIe s.) est dominé par un relief représentant l'Adoration des Mages. La nef centrale est occupée par un *coro* : ses boiseries Renaissance ne sont pas celles d'origine (elles furent détruites par un incendie au XIXe s.), mais proviennent d'un autre sanctuaire et furent installées dans la cathédrale après le sinistre.

Après avoir admiré la grille du XVe s. qui ferme la Capilla Mayor, et avoir eu une pensée pour **Alphonse le Sage** (1254-1284) dont le cœur est conservé dans une urne veillée par deux hommes d'armes à g. de l'autel, vous passerez dans le déambulatoire. La chapelle la plus remarquable est celle de **los Velez**★ *(la 3e en partant de la dr.)* : elle s'ouvre par une remarquable porte de ce style gothique tardif (fin XVe s.) dit isabélin, en vogue, d'où son nom, sous le règne d'Isabelle la Catholique ; au-dessus de la chapelle règne une splendide coupole en étoile. Plus loin, avant de regagner le transept, une porte Renaissance donne accès à la sacristie où rutilent sous la cire des boiseries du XVIe s.

Le Musée diocésain

> *Accès par le bras N du transept.*

Il présente dans les dépendances du cloître gothique les habituelles et fastueuses collections d'orfèvrerie religieuse et de vêtements sacerdotaux. Deux objets sont plus particulièrement dignes d'attention : le **retable de saint Michel★★**, chef-d'œuvre gothique de l'école valencienne, où se côtoient la violence de certains détails et l'élégance des personnages aux silhouettes étirées, conformément aux canons du gothique international ; et un **sarcophage du IIIe s.★** provenant, pense-t-on, de quelque atelier romain et dont le flanc s'orne des représentations des neuf muses. Ce sarcophage fut découvert fortuitement en 1998 lors de travaux de réfection dans la **capilla de los Junteros** : il renfermait les restes de don Gíl Rodríguez de Junterón qui, en véritable prélat de la Renaissance (il avait longtemps servi Jules II à Rome), avait choisi de reposer sous les auspices de la glorieuse civilisation romaine alors remise à l'honneur.

Calle de la Trapería

C2 Quittant la plaza Belluga, dont les terrasses sont un poste d'observation idéal sur la façade baroque de la cathédrale, et sur celle rococo du palais épiscopal, vous partirez à la découverte de la vieille ville en suivant, dans le prolongement de la porte nord, la calle de la Trapería.

D'un bout à l'autre de la vieille ville, cette rue est l'épine dorsale du **centre commerçant**, le parcours privilégié des promeneurs qui, bras dessus bras dessous, s'en vont entre deux rangées de boutiques vers les

© A. Félix, Hémisphères Images

Les ruelles du centre de Murcie se nichent à l'abri de la cathédrale, l'une des plus belles façades baroques du sud de l'Espagne.

espaces ouverts de la **plaza Santo Domingo**. C'est même là que l'on se donne rendez-vous pour le *paseo* du soir : aux **Quatros Esquinas**, les « quatre coins » que forme l'intersection de la Trapería avec la calle Platería. La vocation commerçante du quartier ne date pas d'hier : c'était le cœur vivant de la ville médiévale, musulmane et chrétienne, où les artisans se regroupaient par activités, comme dans la calle Platería qui abritait les ateliers des orfèvres juifs. Entre les boutiques à la mode – qu'annoncent, de la rue, les pulsations énervées de la musique techno – et les commerces du début du XIXe s. – les devantures des bonnetiers de la calle Platería –, la « grand-rue » de Murcie est bien caractéristique de cette Espagne provinciale du XXIe s., entre attachement aux modes de vie du passé et vertiges postmodernes.

suite p. 270 →

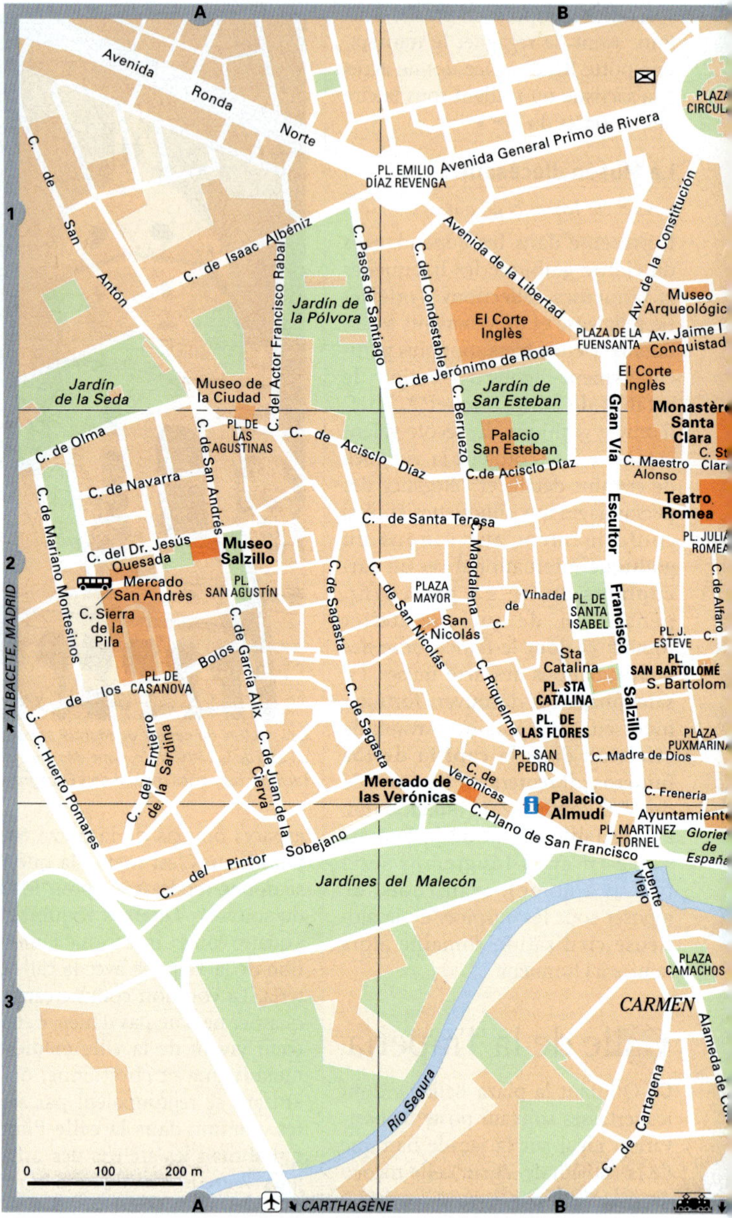

Murcie

S'orienter. La **ville historique BC2**, la seule partie qui intéressera véritablement les visiteurs, est tout entière située sur la **rive nord du río Segura**. Sur l'autre rive, c'est l'extension moderne, au bout de laquelle se trouve la **gare de chemin de fer hors pl. par B3**. La partie la plus ancienne de la ville s'étend entre la **plaza Belluga** et la **plaza Santo Domingo C2** : c'est un réseau de ruelles qui conservent leur tracé médiéval. À l'ouest, le quartier est bordé par la **gran via Escultor Francisco Salzillo B2**, où l'on rencontre grands magasins, boutiques de luxe et immeubles de bureaux. ●

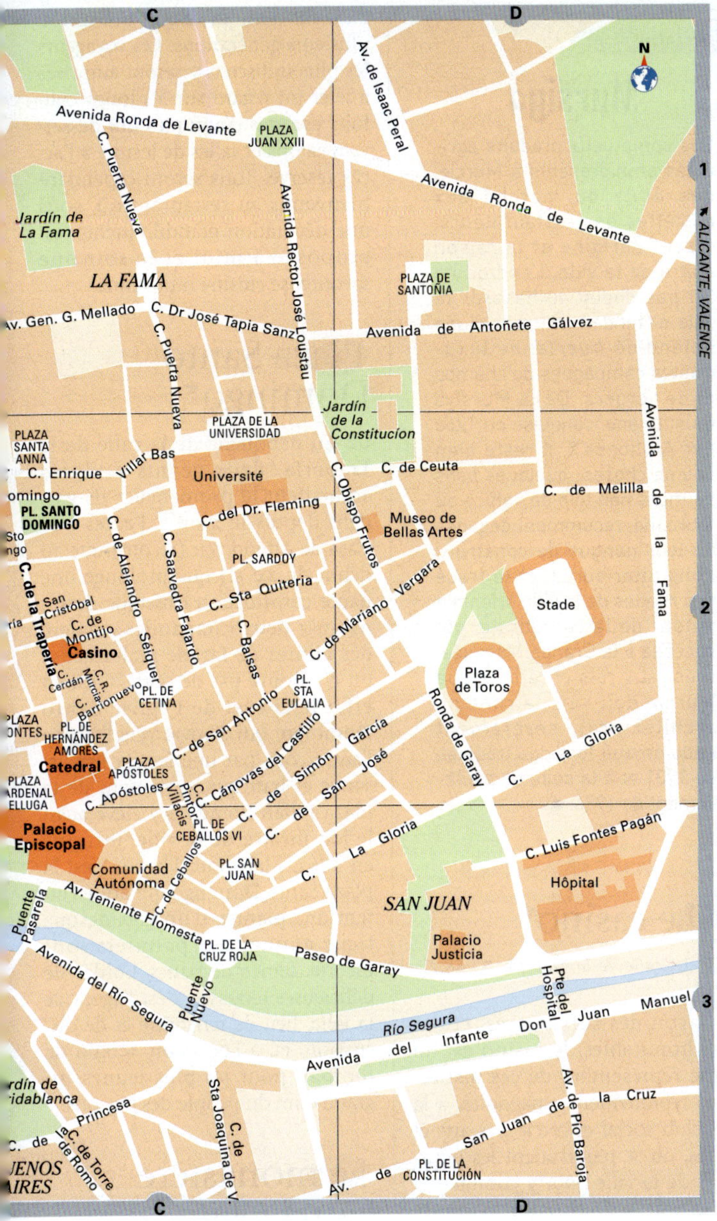

Programme. Une journée suffit pour découvrir les principaux attraits de la ville : la **cathédrale C2** et le bel ensemble architectural dans lequel elle prend place ; et **les ruelles du centre**, entre la cathédrale et la plaza Santo Domingo **C2**. À défaut du musée des Beaux-Arts dont la réouverture est annoncée, vous pourrez visiter la collection du **Museo Salzillo A2**, consacré au grand sculpteur baroque de la région. À la mi-journée, ne manquez pas la halte des tapas dans les bars de la **plaza de las Flores B2**. Le soir, la **plaza San Juan C3** concentre l'animation autour de ses restaurants. ●

histoire

Mursiya

Les somptueux produits agricoles omniprésents à Murcie, des étals du marché aux assiettes des restaurateurs, disent l'origine et la raison d'être de la ville. L'endroit ne fut pas choisi au hasard : la ville s'étendait au cœur d'une splendide *huerta*, de luxuriantes campagnes de champs et de vergers. De la Mursiya musulmane, conquise en 1266 par Alphonse X, il reste bien peu de choses : quelques pans de murs non loin de l'office du tourisme, récemment dégagés de leur gangue de constructions ultérieures, et le tracé des ruelles de la ville orientale autour de la cathédrale, qui succéda à la Grande Mosquée. C'est aux rois chrétiens que Murcie doit son patrimoine architectural, sévèrement endommagé lors des troubles de 1931 et à la suite du soulèvement de 1936. ●

♥ Le casino★

> **C2** *18 calle de la Trapería ☎ 968.22.06.58.*

Au rayon des survivances, et des plus honorables, le casino est un digne représentant de ces institutions typiquement espagnoles, à la fois club social et cercle des arts et lettres, où se réunissaient les bourgeois de la ville pour y commenter entre soi l'actualité à l'heure de l'apéritif. Sous des ors décatis, l'édifice a traversé inchangé les ans depuis sa fondation en 1847, tout juste eut-on l'audace d'y plaquer une façade moderniste au début du XXe s. ; et les mêmes vieux messieurs y jettent toujours un même coup d'œil distrait sur le même journal, confortablement installés dans des fauteuils dont les velours ont connu plusieurs générations. Les voyageurs les plus indiscrets y seront autorisés à jeter un regard sur les longs couloirs escortés d'antiques qui desservent salons et salles de lecture à l'accès réservé. Tous seront cependant bienvenus au restaurant où, sous une décoration grandiloquente, est proposée à midi et le soir une savoureuse cuisine murcienne.

Plaza Santo Domingo★

C2 Au débouché de la calle de la Trapería, deux géants sculptés accueillent le promeneur : ils gardent depuis le XVIIIe s. l'accès à la Casa de Almodovar (reconstruite au début du XXe s.) que prolonge une haute construction classique dominée par deux campaniles ; malgré des allures de façade majestueuse on n'y trouve pas de porte. C'est en effet le chevet de l'église **Santo Domingo**, qui s'ouvre vers l'est, de l'autre côté, par une façade Renaissance et baroque, ornement de la plaza Julián Romea ; s'y élève aussi le joli **théâtre de la ville**, inauguré en 1862. Mais pour l'heure, c'est la plaza Santo Domingo qui attire l'attention : plantée d'un gigantesque ficus auquel des palmiers font escorte, semée de bancs, bordée de délicieuses terrasses, c'est l'agora de la ville, lieu de rencontre et de discussion, et, à l'occasion, terrain de football pour les plus jeunes, au grand dam du peuple des pigeons.

Le monastère Santa Clara

> **B2** *1 calle Santa Clara ☎ 968.23.46.47. Ouv. selon les programmes d'exposition.*

Vers le nord, la via Alfonso X El Sabio, ombragée d'arbres, s'offre pour poursuivre la promenade, laissant à g. l'élégante façade aux fenêtres à meneaux du monastère Santa Clara. Il fut fondé au XIVe s. par

Alphonse le Sage, et conserve à l'intérieur des restes de l'époque musulmane, sans doute ceux du palais du calife. Il renferme également un joli **cloître gothique** (XVe s.) que les autorités municipales ont promis d'ouvrir bientôt à la visite. En attendant, une salle d'exposition aménagée dans une partie des bâtiments monastiques permet de découvrir quelques vestiges architecturaux de l'époque musulmane. Quelques pas vous ramèneront vers la plaza Julián Romea.

Ruelles et places de la vieille ville

B2 De la plaza Julián Romea, vous plongerez à nouveau dans le lacis des ruelles médiévales, réduites pour certaines à un couloir, pour de place en place gagner les rives du río Segura. Suivez par exemple la calle Jabonería jusqu'à la charmante **plaza San Bartolomé**, présidée par la façade du XVIIIe s. de l'église du même nom : elle abrite à l'intérieur *(ouv. aux heures de culte)* une statue de la Vierge, œuvre du maître local Salzillo *(p. 272)*. De là, il vous faudra traverser la **gran via Escultor Francisco Salzillo**, l'artère principale du centre-ville vouée au commerce, pour retrouver, de l'autre côté, le calme de deux des plus charmantes placettes de la ville, la **plaza Santa Catalina**, et, la jouxtant, la ♥ **plaza de las Flores****, qui, comme son nom l'indique, abrite quotidiennement un **marché aux fleurs**. À midi, elles connaissent une animation folle, lorsque, venu des commerces et des bureaux voisins, tout un peuple d'employés ou de promeneurs prend d'assaut les comptoirs chargés de hors-d'œuvre des bars alentour. L'affluence est telle qu'il a bien fallu se résoudre à installer tables et chaises sur les places métamorphosées en terrasses des plus agréables le temps du déjeuner. Les derniers consommateurs partis, chacune des deux places est rendue aux pigeons et aux chats.

La statue du cardinal Belluga veille de son piédestal sur la Glorieta de España.

La Glorieta de España

En route vers la rive du río Segura, vous découvrirez, dans un recoin de la **calle Arco de Verónicas B2**, un haut **pan de mur**, vestige des fortifications arabo-musulmanes : une tour y est encore bien visible ; on en comptait 95 au temps des émirs. Tout près, le beau **mercado de las Verónicas*** **B2** sert de transition bruyante et colorée avec l'austère façade de l'**Almudí B3**, édifice sévère comme la justice dont il fut le palais lors de sa construction au XVIIe s. Il est aujourd'hui aménagé en centre d'exposition ; la salle principale est couverte d'un beau plafond à caissons en bois du XVIIIe s. Quelques dizaines de mètres encore et c'est le petit **jardin de la Glorieta de España B3**, qui vient buter contre la façade postérieure du palais épiscopal. Sur l'autre rive du río Segura, le quartier du Carmen **BC3**, extension de la ville au XIXe s., présente moins d'intérêt.

© F. Ontañón, Office espagnol du tourisme

Depuis le XVIIIe s., les poignantes statues de Salzillo sont conduites en procession lors de la Semaine sainte.

Museo Salzillo★

> **A2** *Iglesia Nuestro Padre Jesús, 3 plaza San Agustín ☎ 968.29.18.93. Ouv. mar.-sam. 9h30-13h et 16h-19h, dim. 11h-13h; juil.-août lun.-ven. 9h30-13h et 16h-19h. Entrée payante.*

La visite de Murcie ne serait pas complète sans un détour par le musée consacré à un des plus célèbres de ses fils : le sculpteur **Francisco Salzillo** (1707-1783), dont les œuvres sont omniprésentes dans les églises de la ville. C'est aussi que ce dernier représentant de la grande sculpture baroque ne quitta jamais sa province malgré les sollicitations d'aller exercer ailleurs, notamment à Madrid, les talents qui lui avaient assuré la célébrité.

L'**église Nuestro Padre Jesús** construite au XVIIe s. pour la confrérie du même nom, à laquelle le pieux Salzillo appartenait, abrite une série d'œuvres du maître. Autour de l'espace central de l'église sont disposés huit ***pasos***, groupes monumentaux figurant des scènes de la Passion, qui, hissés sur des brancards, sont au cœur des processions de la Semaine sainte. Le plus lourd d'entre eux, la *Prière à Gethsémani*, ne pèse pas moins de 2,75 tonnes. À côté de ces œuvres monumentales et d'une si bouleversante expressivité qu'elles tirent les larmes des fidèles massés sur le parcours des processions, les 556 figurines de la **Nativité**★★ illustrent une autre facette des talents de Salzillo : ceux d'un miniaturiste attentif aux détails pittoresques et charmants, empruntés à la vie quotidienne du petit peuple de sa province. ●

Carthagène★

C'est peu dire que la rade de Carthagène, l'un des plus beaux mouillages d'Espagne, est bien défendue : la profonde baie aux allures de fjord s'encadre entre de noires collines hérissées d'ouvrages militaires, des grandes casernes qui dominent la ville aux bastions qui gardent l'accès du port. Depuis le XVIIIe s. Carthagène est le port d'attache de la flotte espagnole de Méditerranée.

À cette vocation militaire s'ajouta au XIXe s. l'exploitation des gisements de plomb et d'argent. Ces richesses étaient connues déjà des Carthaginois venus d'Afrique du Nord et qui, on s'en doute, sont à l'origine de la fondation de la ville. Cette activité industrielle et commerciale fit la fortune d'une bourgeoisie locale pour laquelle furent construits dès la fin du XIXe s. les immeubles modernistes qui donnent son charme au centre-ville.

Toits de Carthagène.

Une fondation punique

Selon les chroniques, c'est à **Hasdrubal**, général carthaginois, que revient l'honneur de la fondation de la ville en 229 avant notre ère. Elle ne reste pourtant que quelques années entre les mains des conquérants africains, puisqu'ils en sont délogés dès 209 par le Romain Scipion, le héros de la première guerre punique. En 42 avant notre ère, alors qu'elle est hissée au rang de colonie romaine, la ville prend le nom de **Carthago Nova**.

Au Ve s., elle est wisigothe, comme presque toute l'Espagne ; en 554, byzantine au terme d'un traité conclu entre le basileus de Constantinople et un noble wisigoth qui, grâce à l'aide de l'empereur, a pu se hisser sur le trône. Cette présence des armées de l'Orient chrétien se signale encore par quelques vestiges dans les environs du théâtre. En 622, la ville est reprise par les rois wisigoths, et entièrement détruite, on ne sait pourquoi. Le silence se fait sur les ruines jusqu'au Xe s. lorsque les textes mentionnent une petite cité musulmane, **Kartadjannat**, conquise en 1245 par Ferdinand III. Ce n'est pourtant qu'au XVIe s. que Carthagène se voit reconnaître son importance stratégique, lorsque Philippe II ordonne la construction des premières fortifications.

Entre Antiquité et modernisme

Le charme du centre-ville se partage entre vestiges antiques dont la municipalité a favorisé la mise en valeur – en dépêchant des guides sur les principaux sites archéologiques pour fournir gracieusement des informations aux visiteurs –, et animation de la calle Mayor qui s'écoule entre deux haies de constructions modernistes. Après avoir

CARTHAGÈNE

éventuellement laissé votre voiture au parc de stationnement souterrain de la **plaza del Rey B2**, vous gagnerez à deux pas la **plaza de l'Ayuntamiento B3** ouvrant largement sur la baie en une jolie promenade, et où l'hôtel de ville moderniste de 1907 attend d'importantes et nécessaires restaurations.

> *À 62 km S-E de Murcie. Visite : env. 2 h.* ***Carnet d'adresses*** *p. 283.*

Le théâtre romain

> **B3** *Ouv. lun.-sam. 10 h-14 h et 17 h-19 h, dim. 11 h-13 h 30. Entrée libre.*

Adossé à la colline de la Concepción, qui domine la baie et où il vous faudra grimper pour admirer le point de vue, le théâtre romain a été, depuis 1988, au cœur des préoccupations des archéologues à l'œuvre dans la ville.

Construit au Ier s., il témoigne, par son ampleur – il pouvait accueillir 7 000 spectateurs –, et par la qualité de sa décoration, dont des fragments significatifs ont été mis au jour, des grands travaux de rénovation urbaine consécutifs à la proclamation de la ville comme colonie romaine au Ier s. avant notre ère. Un guide présent sur le site vous expliquera la disposition de l'édifice le plus important de la cité romaine et vous en désignera les différentes parties ainsi que les vestiges des édifices construits ultérieurement au-dessus des gradins. Parmi eux, une villa byzantine. Au-dessus de l'arc des gradins s'élèvent les ruines de l'ancienne **cathédrale gothique** Santa María La Vieja des XIVe et XVe s., détruite par un bombardement en 1936 et dont les vestiges ont depuis été laissés en l'état.

Sur les traces de Rome

Pour qui se passionne pour les vestiges de l'Antiquité romaine, le centre-ville offre un terrain d'investigation, à la recherche des divers sites dégagés et aménagés pour la visite. Une portion d'une **rue de la ville romaine** est visible au sous-sol d'une agence bancaire *(au 29 calle del Duque* **C2** *; ouv. lun.-ven. 8h30-14h; entrée libre)*; de part et d'autre de la chaussée, sous laquelle court le réseau des égouts, s'élèvent les départs des murs des maisons et des boutiques, percés d'ouvertures où l'on devine encore l'emplacement des portes.

Une autre portion de rue plus importante est protégée dans une crypte **archéologique**★, plaza de los Tres Reyes **B2** *(ouv. mar-sam. 10h-12h et 17h-18h, dim. 10h-12h; entrée libre)*, non loin de la plaza San Francisco qui marque l'emplacement de l'ancien forum. Plus importante que la précédente, cette portion de rue conserve un dallage en parfait état, ainsi que le départ de la colonnade qui bordait la voie.

Quant à l'**amphithéâtre**, où se donnaient des spectacles de gladiateurs, il faut logiquement aller le chercher sous l'actuelle plaza de Toros **C2**; deux mille ans plus tard, la foule vient éprouver le même frisson devant le spectacle du sang et de la mort. Vous remarquerez le système de voûtes qui supportaient les gradins de cet édifice construit au Ier s. avant notre ère *(ouv. mar.-dim. 12h-14h; entrée libre)*.

Calle Mayor★

B2 Partie de la plaza de l'Ayuntamiento, la calle Mayor abrite l'animation attendue d'une ville espagnole où, le soir avançant, le plaisir de la promenade n'aura même plus besoin du prétexte des vitrines des magasins.

À mi-parcours, sur la g. lorsqu'on vient de l'hôtel de ville, le **casino** est depuis 1897 le rendez-vous de la bourgeoisie locale; seul le portail du XVIIIe s. rappelle que l'édifice est héritier d'une ancienne demeure noble qui s'élevait à cet emplacement.

Plus loin, du même côté, la **Casa Llagostera**★ est la plus étonnante des réalisations modernistes de la rue, véritable conservatoire de l'architecture du début du XXe s.: une haute façade, encadrée de deux tours à la manière des demeures murciennes traditionnelles, scandée de balcons aux fers forgés enroulés en volutes, et contre la façade de lumineux panneaux de céramiques multicolores.

Plus haut, la calle Mayor s'élargit et devient place, la **plaza San Sebastián**: c'est là que l'on trouvera bars et terrasses, aboutissements logiques de la promenade. Ne manquez pas de vous glisser dans les ruelles perpendiculaires, où vous attendent d'autres **édifices modernistes**, comme le Grand Hôtel aux coins des rues del Aire et Jara.

Museo Arqueológico★

> **Hors pl. par A1** *45 calle Ramón y Caja* ☎ *968.12.88.81. Ouv. mar.-ven. 10h-14h et 17h-20h, sam.-dim. 11h-14h. Entrée payante. Le musée se trouvant assez éloigné du centre-ville, mieux vaut s'y rendre en voiture. Bus: ligne 2.*

Une visite indispensable pour qui veut ouvrir de nouvelles fenêtres sur le passé antique de la ville. Le bâtiment tout d'abord: il est construit au-dessus d'une **ancienne nécropole chrétienne** de la ville, utilisée du IIIe au VIIe s. Les tombes, certaines de simples sépultures individuelles, d'autres des mausolées familiaux qui perpétuaient certains modes d'inhumation d'origine païenne, sont ainsi visibles dans l'espace central autour duquel s'organisent les galeries d'exposition.

Les présentations elles-mêmes suivent un cheminement chronologique, de la préhistoire à l'époque médiévale. La période impériale, au temps où la ville fut proclamée colonie romaine, est particulièrement bien représentée : des fragments et des éléments décoratifs, beaucoup provenant du théâtre, témoignent des profondes modifications que connut alors la physionomie de la ville. On y découvre également des peintures murales, des panneaux de mosaïques, etc. provenant de demeures particulières dont on peut ainsi imaginer le luxe.

Museo Nacional de Arqueología Marítima

> **Hors pl. par A1** *Dique de Navidad ☎ 968.12.11.66. Ouv mar.-dim. 10 h-15 h. Entrée payante. L'excursion nécessite d'être motorisé, le musée se trouvant à 3 km env. du centre. Depuis le centre-ville et la plaza de España, suivre la direction d'Almería, puis tourner immédiatement à g. après le bassin de l'arsenal. Visite : 30 mn.*

Une étroite route côtière offrant de jolies vues sur la baie et la ville conduit aux bâtiments du Centre national de recherches sous-marines qui abrite le musée. Les présentations ont pour objet de familiariser le visiteur avec les techniques de l'investigation sous-marine, à l'aide de maquettes et de panneaux explicatifs. On verra également le produit de ces fouilles sportives : amphores phéniciennes et romaines, ancres de navires et, à l'étage, une exposition sur les techniques de la construction navale à travers les âges. Au centre du dispositif muséographique se trouve la jolie reconstitution d'un vaisseau romain avec son chargement d'amphores.

© A. Félix, Hémisphères Images

La plaza de l'Ayuntamiento ouvre sur la baie de Carthagène en une jolie promenade.

Aux environs : Mar Menor

> **Hors pl. par D1** *À 33 km E de Carthagène. Quitter Carthagène en suivant la direction de La Union.*

Hier étonnant paysage de lagunes autour d'un immense lac salé s'étendant sur 170 km² et séparé de la mer par une étroite bande de terre, **La Manga del Mar Menor** est aujourd'hui le principal centre balnéaire de la Murcie. En été, des dizaines de milliers de vacanciers venus directement par charters remplissent les hôtels et résidences qui s'élèvent sans interruption sur plus de 20 km de part et d'autre de la route qui suit La Manga. Une folle animation pendant les quatre mois de la saison, mais un triste désert de béton, de commerces fermés et d'enseignes éteintes le reste de l'année. ●

Lorca

Aux portes de l'Andalousie, Lorca conserve de solides traditions artisanales : ses poteries et plus encore ses dentelles, célèbres dans toute l'Espagne. Cette charmante cité provinciale est dominée par les ruines de son vieux Castillo qui, pour l'heure, reste fermé au public en raison d'importants travaux de restauration. La vieille ville se hisse sur une colline. Sur les pentes, les rues droites arborent les fières façades de nobles demeures armoriées, si nombreuses qu'elles ont valu à la ville le surnom de « cité aux cent blasons ».

> *À 67 km S-O de Murcie. Visite : env. 2 h.* ❶ ***Office du tourisme**, Casa de los Guevara, calle Lope Gisbert* **B2** ☎ *968. 44.19.14, < www.lorca.net > ; ouv. lun.-sam. 10 h-14 h et 17 h-20 h.*

La Casa de los Guevara déploie les fastes du baroque.

Plaza de España★

AB2 À mi-pente, la plaza de España remplit à merveille le rôle traditionnellement dévolu à la plaza Mayor d'une ville espagnole : un carrefour où se donnent rendez-vous les principales rues du centre et la scène privilégiée du *paseo* vespéral, lorsque, vêtus de frais après une journée torride, les promeneurs savourent la douceur du soir et les plaisirs de la palabre. Elle est aussi le cœur de l'identité urbaine par la présence de l'Ayuntamiento, ici les **Casas Consistoriales** baroques, construites au XVIIIe s. à partir d'une ancienne prison.

De l'autre côté de la rue qui longe le flanc droit de l'hôtel de ville *(ayuntamiento)*, le tribunal occupe l'ancien **palais du Corregidor**, gardé par les deux géants mythiques auxquels la tradition attribue la fondation de la ville. Les bâtiments du tribunal sont prolongés par ceux de l'ancien ***pósito***, le grenier municipal du XVIe s. En dépit de sa vocation utilitaire, on le jugea digne d'une élégante façade frappée du blason de la ville et des armes de Charles Quint. Elle est le principal ornement de la charmante **plaza Caño**★ **A2** bordée de maisons blasonnées.

La collégiale San Patricio

> **AB2** *Ouv. t.l.j. 11 h-13 h et 16 h 30-18 h 30. Entrée libre.*

De retour sur la plaza de España, il vous faudra encore admirer la haute silhouette du principal sanctuaire de la ville, offerte à la vue du haut de sa terrasse. Sa façade baroque (XVIIIe s.), aux trois registres scandés de pilastres, dissimule un intérieur, trois nefs et un déambulatoire, fidèle au vocabulaire Renaissance en vigueur à l'époque de la fondation de l'édifice au

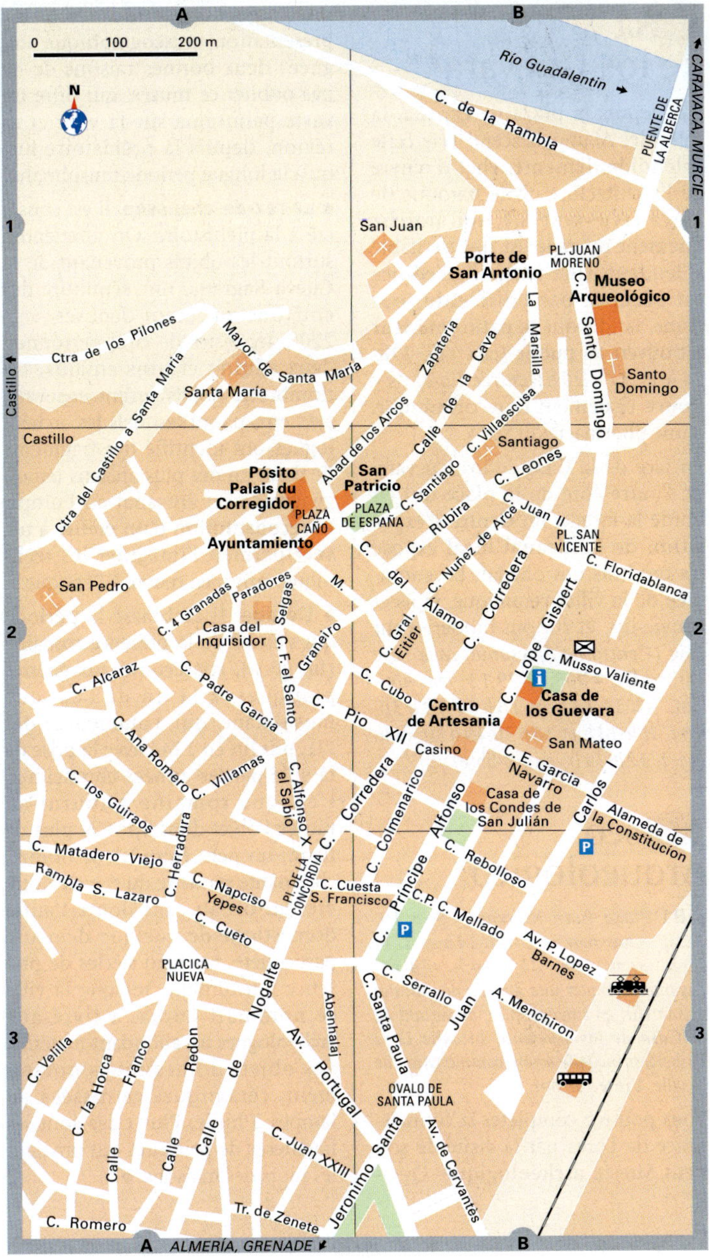

Lorca

XVIe s. Dans la sacristie, les lourdes armoires en bois sculpté datent du XVIIIe s., tout comme la salle capitulaire qui lui fait suite. Au fond de la plaza de España, face aux Casas Consistoriales, la calle de la Cava file au-delà de l'arc qui en marque l'entrée vers la **porte de San Antonio B1**, seul vestige d'importance des fortifications du XIIIe s.

Casa de los Guevara★★

B2 Depuis la plaza de España, la calle del Álamo descend vers cette splendide demeure, chef-d'œuvre de l'architecture civile baroque de Lorca (XVIIe-XVIIIe s.) ; son **porche** finement ouvragé est une véritable splendeur. Une partie de l'édifice est occupée par l'office du tourisme, tandis que le **patio intérieur** est ouvert au public *(ouv. t.l.j. 10 h-14 h et 17 h-20 h ; entrée libre)* ; s'y trouve également la reconstitution d'une pharmacie du XIXe s.

En face de la Casa de los Guevara, de l'autre côté de la place qui en borde la façade, un **Centre d'exposition de l'artisanat local** expose les produits qui ont fait la renommée de la ville : céramique, tapis et couvre-lits, et surtout broderies sur soie *(**Centro de Artesania**, calle Lope Gisbert* **B2** *☎ 968.46.39.12 ; ouv. lun.-ven. 9 h 30-14 h et 16 h 30-19 h 30, sam. 11 h-14 h et 16 h 30-19 h 30, dim. et j. f. 12 h-14 h ; entrée libre).*

Museo Arqueológico★

> **B1** *Plaza Juan Moreno ☎ 968.40.62.67. Ouv. mar.-ven. 11 h-14 h et 17 h-20 h, sam.-dim. 11 h-14 h. Entrée payante. Compter une dizaine de minutes de marche, en suivant, à dr. en sortant de la Casa de los Guevara, la calle Lope Gisbert, principale artère commerçante de la ville. Visite : 45 mn.*

Vous pourrez compléter la connaissance de Lorca par la visite de son petit **Musée archéologique**. Quelques objets de grand intérêt, une présentation muséographique soignée : deux bonnes raisons de ne pas oublier ce musée, qui offre un vaste panorama sur la ville et sa région, depuis la préhistoire jusqu'à la longue période musulmane.

● **Le rez-de-chaussée**. Il est consacré à la préhistoire. On y retiendra surtout les objets provenant de la **Cueva Sagrada**, une sépulture des environs où furent déposés, vers 2200, les restes de cinq personnes, deux adultes et trois enfants. De nombreux objets furent ensevelis avec eux, parmi lesquels les archéologues ont identifié des fragments de tissu, un des plus anciens témoignages de cet artisanat en Europe. La **reconstitution d'un métier à tisser★** permet d'imaginer les techniques mises en œuvre à l'époque.

● **L'étage**. Il embrasse la période qui s'étend de la présence romaine (fin IIIe s.), consécutive aux guerres puniques, à la fin de l'époque musulmane, qui, commencée dès 711, prit fin en 1244 avec la prise de la ville par les armées chrétiennes. L'époque romaine a fourni au musée l'objet dont il tire le plus de fierté : un petit ***Hermès★*** de bronze, charmante statuette du Ier s. de notre ère qui ornait sans doute l'autel domestique de quelque demeure particulière. Les cinq siècles de présence musulmane, lorsque la ville se nommait Lurka, a livré aux archéologues un abondant matériel, des objets domestiques notamment, céramiques vernissées ou lampes à huile. Plus rares sont les fragments de peintures qui ornaient les murs des maisons. ●

Caravaca de la Cruz*

© A. Félix, Hémisphères Images

À l'abri de son sanctuaire, la croix miraculeuse attire chaque année des centaines de milliers de pèlerins à Caravaca de la Cruz.

Son nom le proclame : le lieu tire sa notoriété d'une croix, celle qui apparut miraculeusement à un pauvre prêtre, prisonnier en cette année 1232 de l'émir musulman qui tenait alors la ville. Alors qu'il avait été convié par son geôlier à célébrer une messe à l'intérieur même du palais, une croix fut miraculeusement déposée par deux anges sur l'autel improvisé qui en était dépourvu. La sainte apparition entraîna la conversion immédiate du Maure et vaut depuis à la localité d'être devenue un lieu de pèlerinage dont l'engouement ne s'est pas démenti jusqu'à nos jours. En 1982, il a même reçu le privilège de l'année jubilaire qui, depuis 1996, est proclamée tous les sept ans.

Sur les pentes de la colline qui supporte le Castillo et la chapelle de la Sainte-Croix, subsiste un charmant quartier médiéval avec ses ruelles sinueuses et pentues. En contrebas, la Renaissance et l'âge baroque y ont ajouté de nouveaux quartiers, semés de sanctuaires et de belles demeures à blason. Les environs de Caravaca méritent également d'être explorés : un réseau de gîtes ruraux et de chambres d'hôtes en pleine expansion permet de profiter des campagnes et des montagnes alentour, qui promettent de splendides journées aux amateurs de randonnée.

> *À 82 km O de Murcie, 58 km N de Lorca. Visite : 2 h.* ***Carnet d'adresses*** *p. 283.*

Le Castillo

> *Ouv. t.l.j. 8 h 30-13 h 30 et 16 h 30-19 h (20 h 30 en été). Entrée libre. Accès possible en voiture (suivre les flèches), parc de stationnement à l'entrée.*

Reconquise par les chrétiens sous Alphonse X (1254-1284), Caravaca, poste avancé contre les royaumes musulmans, fut confiée aux ordres militaires : les Templiers tout d'abord, puis, à partir de 1344, les chevaliers de l'ordre de Santiago. C'est à ces moines-soldats que l'on doit la construction de la citadelle, même si sa physionomie actuelle est largement tributaire des restaurations du XXe s.

Au centre de l'immense esplanade s'élève le **sanctuaire de la Vera Cruz**, édifice Renaissance plaqué d'une façade baroque. C'est là qu'est conservé l'objet de la vénération des milliers de pèlerins, la sainte croix qui a motivé leur voyage vers ces confins de la Murcie. Elle est exposée à leur dévotion dans une chapelle à dr. de la Capilla Mayor *(ouv. t.l.j. 10h30-12h30 et 18h30-19h)*. Ce que l'on voit aujourd'hui c'est un reliquaire de l'âge baroque, qui protège à l'intérieur la croix miraculeuse, dont les deux bras superposés trahiraient une origine orientale – elle aurait appartenu au patriarche de Jérusalem au temps des croisades – et qui protégerait elle-même un fragment de la Vraie Croix.

Un petit **musée** aménagé dans un corps de bâtiment jouxtant l'église *(ouv. 10h30-13h30 et 16h30-19h, 20h30 en été; f. lun.; entrée libre)* conserve des collections d'art religieux et les costumes utilisés lors des célèbres fêtes de los Caballos del Vino *(encadré p. 284)*.

La ville basse

Depuis l'entrée du Castillo, vous descendrez par les pittoresques ruelles du quartier médiéval jusqu'à la **plaza del Arco**★★, bel ensemble architectural dominé par l'Ayuntamiento et qui fait office de plaza Mayor. Une statue moderne y rappelle la conversion du Maure *(voir plus haut)* à la suite de l'apparition miraculeuse.

Vous emprunterez ensuite la **calle Mayor**; n'hésitez pas à suivre les ruelles perpendiculaires pour en découvrir les splendides demeures seigneuriales, Renaissance et baroques. Du côté gauche, la **calle Canalejas**★★ présente un des plus séduisants ensembles de la ville. Au bout de la calle Mayor, l'**église del Salvador**★ *(ouv. 10h-13h30 et 17h-20h)* propose sa haute façade Renaissance qui émerge magnifiquement de l'étroit réseau de ruelles. À l'intérieur, les nervures des voûtes sont particulièrement séduisantes.

Aux environs

Las Fuentes del Marqués

> À 2 km N-O du centre-ville, en suivant l'avenida de Mayrena. Entrée libre. ***Carnet d'adresses Caravaca de la Cruz*** *p. 283.*

Ce **parc** aménagé autour de sources offre l'occasion d'une courte promenade rafraîchissante. L'endroit, délicieux, était déjà connu à l'époque musulmane et est mentionné par les géographes arabes. Une promenade instructive aussi, puisqu'un centre d'information permet de se familiariser avec la **flore** du lieu. En chemin, un réseau de **grottes** fait l'objet d'études archéologiques; des tessons de céramiques indiquent qu'elles ont été utilisées depuis le XIe s. de notre ère.

Cehegín★

> À 6,5 km E du centre-ville par la route de Murcie.

C'est un des plus séduisants villages des environs. Après avoir traversé des faubourgs sans charme particulier, il faut suivre en voiture la direction de la plaza de la Constitución. Vous grimperez ainsi par une rue de plus en plus étroite vers le promontoire qui abrite la partie la plus ancienne de la ville. Elle est bordée en chemin de belles demeures seigneuriales, parmi lesquelles l'Ayuntamiento qui s'abrite dans un ancien palais du XVIIIe s. Parvenu au point le plus haut de la ville, vous découvrirez de larges vues sur les riches campagnes environnantes. Le lieu fut jadis fortifié: une portion de remparts conservée à l'intérieur de l'hôtel de la place en témoigne. ●

Carnet d'adresses

Caravaca de la Cruz

> *Carte p. 265. Visite p. 281.*

❶ **Office du tourisme**, 17 calle de las Monjas ☎ 968.70.24.24, < www.caravaca.org >. *Ouv. lun.-ven. 10 h-14 h et 17 h-20 h, sam.-dim. 10 h-13 h 30. F. lun. après-midi.*

Hôtels

▲▲▲ **Central**, 18 Gran Via ☎ 968.70.70.55, fax 968.70.73.69, < hot.central@larural.es >. *45 ch.* Moderne. Bon confort ; pas follement gai.

▲▲ **El Molino del Río Argos** ♥, camino Viejo de Archivel, à 10 km S-O de Caravaca par la route de Grenade ☎ 968.43.33.81, < www.molinodelrio.com >. *28 lits en chambres de 2, 4 et 6 pers.* Très sympathique hôtel rural aménagé dans un moulin du XVIe s. Les environs sont ravissants, la cuisine délicieuse et l'accueil chaleureux. Piscine. Excellente adresse.

Restaurants

♦ **Las Fuentes del Marqués**, à 2 km du centre en lisière du parc du même nom ☎ 968.70.29.09. *Ouv. t.l.j.* Bon restaurant de campagne, rendez-vous des familles en fin de semaine qui viennent par grandes tablées déguster viandes à la braise ou plats de riz.

♦ **Rincón de Paco**, 5 calle la Lonja ☎ 968.70.83.90. *F. dim. soir et lun.* Spécialités de charcuterie que l'on peut aussi déguster au bar.

Fêtes et manifestations

● **Los Caballos del Vino**. Les 1er et 2 mai (*encadré p. 284*).

Carthagène

> *Plan p. 274-275. Visite p. 273.*

❶ **Office du tourisme**, plaza Almirante Bastarreche **D1** ☎ 968.50.64.83. *Ouv. lun.-ven. 10 h-20 h, sam. 10 h 30-13 h et 17 h-20 h, dim. 10 h 30-13 h.*

Adresses utiles

● **Aéroport**. Aéroport San Javier, 36 km N ☎ 968.17.20.00.

● **Gare ferroviaire**. Renfe, avenida América **D1** ☎ 968.50.22.14.

● **Gare routière**. Estación de Autobuses, avenida Troveró Marín **D2** ☎ 968.50.56.56.

● **Poste centrale**. Plaza San Francisco **B2** ☎ 968.50.28.90.

● **Taxis**. Radio Taxi ☎ 968.52.04.04. Cartagena ☎ 968.51.00.05.

● **Urgences** ☎ 112.

Hôtels

▲▲▲▲ **Alfonso XIII**, 40 paseo Alfonso XIII **D1** ☎ 968.52.00.00, fax 968.50.05.02, < www.hotelalfonsoxiii.com >. *98 ch.* Derrière sa façade aux couleurs vives, le grand luxe et tous les services propres à un établissement de cette catégorie.

▲▲▲ **Carlos III**, 49 calle Carlos III **C1** ☎ 968.52.00.32, fax 968.52.01.10, < www.carlosiiihotel.com >. *155 ch.* Très bon confort moderne, agréable terrasse en retrait de la rue. Le **restaurant Las Viñas** est très recommandable.

▲▲ **Cartagenera**, 32 calle Jara **B2** ☎ 968.50.25.00. *40 ch.* Un petit hôtel bien tenu au centre-ville.

▲ **Peninsular**, 3 calle Cuatro Santos **B2** ☎ 968.50.00.33, < www.verial.es/hotelpeninsular >. *22 ch.* Très simple et très bon marché. Au cœur du centre-ville.

Restaurants

♦♦ **Varadero**, Puerto Pesquero **D3** ☎ 968.50.58.48. *F. lun.* Excellentes spécialités de riz et de poissons ; ne pas se laisser rebuter par la laideur du bâtiment, planté sur le port de pêche : il abrite un des restaurants les plus renommés de la ville.

♦ **El Picho de Castilla**, 53 calle Jiménez de la Espada **hors pl. par A1** ☎ 968.50.89.87. *F. lun.* À une

fête

Los Caballos del Vino

Aux temps héroïques où Caravaca était à la garde des Templiers, la ville fut assiégée par les armées musulmanes. Réfugiée derrière les murailles, la population commença de souffrir de la soif. C'est alors qu'une poignée de chevaliers réussit à briser le siège ; après avoir chargé leurs montures d'outres de vin, ils forcèrent à nouveau le passage pour étancher la soif des assiégés. C'est l'origine légendaire de la fête qui chaque année, les **1er et 2 mai**, se déroule à Caravaca : los Caballos del Vino. Une **cinquantaine de chevaux**, conduits chacun par quatre hommes, s'élancent tour à tour et au grand galop, entre deux haies de spectateurs survoltés, sur la rampe qui conduit au château. Le 1er mai, ils auront fait admirer leurs chatoyantes parures sur la Gran Via. Le matin du 2, après une **messe en plein air** au Templete, un autel baroque à la lisière de la ville, les chevaux s'en vont en **défilé** à travers les ruelles de la ville prendre place au pied du Castillo. À 14 h, c'est le grand moment : tandis qu'au sanctuaire de la Vera Cruz la sainte croix est plongée dans le vin nouveau pour le bénir, en contrebas les premiers concurrents s'élancent pour une course effrénée. Un jury est chargé de proclamer le vainqueur : l'annonce officielle en est faite vers 16 h 30, sur l'esplanade du Castillo noire de monde. ●

centaine de mètres du paseo Alfonso XIII. Solide ambiance rustique importée des plateaux de Castille ; nappes à carreaux et lourdes chaises de bois propres à soutenir Pantagruel en personne. La cuisine est à l'avenant : de roboratives spécialités de viandes à la braise. Pour les petites faims, excellentes tapas au bar. Belle carte des vins.

♦ **La Tartana** ♥, 14 puertas de Murcia **B2** ☎ 968.50.00.11. *F. dim. soir.* De magnifiques assortiments de tapas au bar invitent les gourmands à déjeuner sur le pouce. La salle du fond propose d'honnêtes plats de poissons et des viandes grillées.

♦ **Valencia**, 2 plaza del Ayuntamiento **B3**. *Pas de cartes de paiement. Ouv. t.l.j. à midi.* Simplissimes menus du jour pour quelques euros. Rien de vraiment gastronomique mais le plaisir de déjeuner en terrasse à quelques encablures du port.

Fêtes et manifestations

● **2e quinzaine de septembre**. Fiestas de Carthagineses y Romanos *(p. 69)*.

Murcie

> Plan p. 268-269. Visite p. 266.

ℹ **Office du tourisme**, Almudí, 8 calle Plano de San Francisco **B3** ☎ 968.35.87.20, < www.murciaturismo.com >. *Ouv. lun.-sam. 10 h-14 h et 16 h-20 h (17 h 30-21 h 30 juin-sept.) ; dim. et j.f. 10 h-14 h.*

Adresses utiles

● **Aéroport**. San Javier, 49 km S-E du centre **hors pl. par A3** ☎ 968.17.20.00. Liaisons par autobus.

● **Gare ferroviaire**. Renfe, **hors pl. par B3** ☎ 902.24.02.02. Liaisons avec Carthagène, Alicante, Valence.

● **Gare routière**. Estación de Autobuses, calle Sierra de la Pila **A2** ☎ 968. 29.22.11. Services réguliers avec les principales localités de la région, ainsi qu'avec Alicante, Valence, Grenade, Séville…

● **Poste centrale**. 8 plaza Circular **B1** ☎ 968.25.21.54.

● **Taxis**. Radio Taxi ☎ 968.24.88. 00.

● **Urgences** ☎ 112.

Hôtels

▲▲▲▲ **Arco de San Juan**, 10 plaza de Ceballos VI **C3** ☎ 968.21.04.55, fax 968.22.08.09, < www.arcosanjuan.com >. *110 ch.* Un hôtel moderne de grand confort construit autour d'un bâtiment ancien dont les matériaux d'origine, pierre et brique, ont été laissés à nu ; belle et sobre décoration.

▲▲▲▲ **Meliá Siete Coronas**, 5 paseo de Garay **D3** ☎ 968.21.77.71, fax 968.22.12.94, < melia.siete.coronas@solmelia.com >. *153 ch.* Moderne et luxueux : une bonne adresse au bord du río Segura. Excellent ♦ **restaurant**.

▲▲▲▲ **Rincón de Pepe**, 34 calle Apóstoles **C2** ☎ 968.21.22.39, fax 968.22.17.44, < www.nh-hoteles.com >. *151 ch.* Récemment redécoré dans un style résolument moderne, jusqu'aux uniformes du personnel aux allures de figurants d'un film de science-fiction, c'est un des meilleurs établissements de la ville. Bien situé au cœur du centre. Alors pourquoi sortir quand l'hôtel abrite un des **meilleurs ♦♦ restaurants** de Murcie *(voir plus loin)* ?

▲▲▲ **Fontoria**, 4 calle Madre de Dios **B2** ☎ 968.21.77.89, fax 968.21.07.41, < www.hesperia-fontoria.com >. *120 ch.* Confort fonctionnel, bien situé à deux pas de la Gran Via, la grande artère commerçante de la ville.

▲▲▲ **Hispano II**, 3 calle Radio Murcia **C2** ☎ 968.21.61.52, fax 968.21.68.59. *35 ch.* Moderne, confortable, sans grand caractère.

▲▲▲ **Majesty**, 5 calle San Pedro **B2** ☎ 968.21.47.42, fax 968.21.67.65. *68 ch.* petites mais modernes et confortables. Bien situé à deux pas de la plaza de las Flores. Pas de restaurant.

▲▲ **La Huertanica**, 3 calle Infantes (donnant sur la plaza de Cetina) **C2** ☎ 968.21.76.68, fax 968.21.25.04. *31 ch.* Propre et accueillant, en plein centre-ville.

Restaurants

♦♦ **La Pequeña Taberna Típica**, plaza San Juan **C3** ☎ 968.21.98.40. *F. dim. soir.* Malgré un nom qui évoque quelque cantine touristique d'une station balnéaire, c'est un excellent restaurant de spécialités régionales, où se pressent chaque soir les gastronomes de la ville. Jolie décoration de faïences et de bois et ambiance très animée. On y déguste surtout de succulentes viandes, à la braise ou au four, et de non moins délicieux plats de légumes (à choisir séparément).

♦♦ **Rincón de Pepe**, 34 calle Apóstoles **C2** ☎ 968.21.22.39. *F. dim. soir.* Cadre joli et reposant, personnel attentif au service d'un des restaurants les plus réputés de la ville. Carte de plats traditionnels, impeccablement réalisés. À noter : l'impressionnante collection d'huiles d'olive qui attendent votre salade en rangs serrés. L'établissement possède un bar où déguster, plus simplement et plus rapidement, quelques plats de la carte.

♦ **Hispano**, 7 calle Arquitecto Cerdán **C2** ☎ 968.21.61.52. *F. dim. soir et lun.* Cadre rustique pour une cuisine traditionnelle : sans grande originalité, mais efficace.

♦ **Lizarran**, 5 calle Polo de Medina **B2** ☎ 968.22.34.29. *F. dim. soir.* Bon bar à tapas pour déjeuner sur le pouce à deux pas de la cathédrale.

♦ **La Taberna del Alcalde**, 10 calle Freneria **B2** ☎ 968.21.11.00. *F. dim. soir et lun.* Les jambons suspendus au-dessus du bar, les fromages qui mûrissent sous leur cloche, une décoration rustique où les roues de charrette servent de lustres : c'est la campagne qui s'invite à la ville. Excellents plats du jour à prix modiques : ne manquez pas les plats de riz, parfaits. Service sympathique. Bonne carte de vins : ribera del Duero et rioja.

Fêtes et manifestations

● **Les fêtes du Printemps** *(p. 69)*. ●

pratique

Organiser son voyage

© A. Félix, Hémisphères Images

Le charme de Cadaqués.

S'informer

Informations touristiques

● **En France. Office espagnol du tourisme,** 43, rue Decamps, 75784 Paris Cedex 16 ☎ 01.45.03.82.50, < www.espagne.infotourisme.com >. *Ouv. lun.-ven. 11 h-17 h.* Cartes, brochures et catalogues.

● **En Belgique. Office du tourisme d'Espagne,** 97, rue Royale, 1000 Bruxelles ☎ (02) 280.19.26, < www.tourspain.be >.

● **En Suisse. Office du tourisme d'Espagne,** 15, rue Ami-Lévrier, 1201 Genève ☎ (022) 731.11.33.

Page précédente : les mascletas *(feux d'artifice) sont allumés sur la plaza del Ayuntamiento lors de la fête des Fallas à Valence.*

● **Au Canada. Office du tourisme d'Espagne,** 2 Bloor Street West, 34th floor, Toronto M4W-3E2, Ontario ☎ 416.961.31.31, < www.tourspain.toronto.on.ca >.

Librairies de voyage

● **À Paris. L'Astrolabe,** 46, rue de Provence, 75009 ☎ 01.42.85.42.95, < www.lastrolabe.fr >. **L'Harmattan,** 16, rue des Écoles, 75005 ☎ 01.40.46.79.10, < www.editions-harmattan.fr >. **IGN,** 107, rue La Boétie, 75008 ☎ 01.43.98.80.00, < www.ign.fr >. **Librairie Voyageurs du Monde,** 55, rue Sainte-Anne, 75002 ☎ 01.42.86.17.38, < www.vdm.com >. **Ulysse,** 26, rue Saint-Louis-en-l'Île, 75004 ☎ 01.43.25.17.35, < www.ulysse.fr >.

● **En province.** BORDEAUX : **La Rose des vents,** 40, rue Sainte-Colombe, 33000 ☎ 05.56.79.73.27. CAEN : **Hémisphères,** 15, rue des Croisiers, 14008 ☎ 02.31.86.67.26, < www.lalibrairie.com/hemispheres >. LYON : **Raconte-moi la terre,** 38, rue Thomassin, 69002 ☎ 04.78.92.60.22, < www.raconte-moi.com >. MARSEILLE : **Librairie de la Bourse Frézet,** 8, rue Paradis, 13001 ☎ 04.91.33.63.06. MONTPELLIER : **Les Cinq Continents,** 20, rue Jacques-Cœur, 34000 ☎ 04.67.66.46.70. NANTES : **Géothèque,** 10, place du Pilori, 44000 ☎ 02.40.47.40.68. NICE : **Magellan,** 3, rue d'Italie, 06000 ☎ 04.93.82.31.81. RENNES : **Ariane,** 20, rue du Capitaine-Dreyfus, 35000 ☎ 02.99.79.68.47, < www.librairie-du-voyage.com >.

Strasbourg : Géorama, 20-22, rue du Fossé-des-Tanneurs, 67000 ☎ 03.88.75.01.95.
Toulouse : Ombres blanches Voyages, 48-50, rue Gambetta, 31000 ☎ 04.34.45.53.38, < www.ombres-blanches.fr >.
Tours : Géothèque, 6, rue Michelet, 37000 ☎ 02.47.05.23.56.

● **En Belgique**.
Anticyclone des Açores, 34, rue Fossé-aux-Loups, 1000 Bruxelles ☎ (02) 217.52.46, < www.anticyclonedes acores.com >.
Peuples et Continents, 11, rue Ravenstein, 1000 Bruxelles ☎ (02) 511.27.75, < www.peuplesetcontinents.com >. **La Route de Jade**, 116, rue de Stassart, 1050 Bruxelles ☎ (02) 512.96.54.

● **En Suisse**.
Travel Bookshop, 20, Rindermarkt, 8001 Zürich ☎ (01) 252.38.83, < www.travelbookshop.com >.

L'Espagne en ligne

● **Informations touristiques**. < **www.espagneinfotourisme.com** > (en français) : le site de l'Office espagnol du tourisme est assez complet. Informations pratiques sur le pays, son histoire, son patrimoine culturel, les activités que l'on y pratique... La navigation y est agréable et plusieurs liens permettent d'accéder à des centrales de réservation hôtelière.
< **www.amb-espagne.fr** > (en français) : récemment mis en ligne, le site de l'ambassade d'Espagne en France est une mine d'informations touristiques et de conseils pratiques destinés à ceux qui se rendent en Espagne pour leur plaisir ou pour y travailler.
< **www.tourspain.es** > (en français) : données générales sur le pays.
< **www.sispain.org** > (en français) : conseils aux voyageurs, informations générales, histoire et géographie, calendrier des fêtes et des festivals.

● **Actualité**.
< **www.elpais.es** > ou < **www.elmundo.es** > (en espagnol) sont les versions en ligne des deux quotidiens nationaux. < **aquiespana.free.fr** > (en français) : portail diffusant une multitude d'informations sur les sujets les plus divers, de la météo aux actualités artistiques et géopolitiques, de la musique à la gastronomie.

● **Sortir**.
< **www.barcelona.com** > (en espagnol et anglais) : annuaire des restaurants, théâtres, clubs, boîtes et bars de la capitale catalane.

● **Gastronomie**.
< **www.saveurs.sympatico.ca** > (en français) : site particulièrement complet, comportant des rubriques sur l'histoire de l'huile d'olive par exemple, ou les cuisines régionales de Valence ou de Catalogne. Recettes facilement réalisables.

Quand partir ?

Des étés chauds et secs, tempérés seulement par l'omniprésence de la mer, des printemps et des automnes doux et modérément pluvieux, des hivers encore agréables font de l'Espagne méditerranéenne une destination praticable tout au long de l'année. **Barcelone** et **Valence** sont deux destinations idéales pour un week-end prolongé à choisir de préférence **en dehors des mois d'été**, durant lesquels l'offre culturelle

L'Espagne à Paris

Maison de la Catalogne, 4-6-8, cour du Commerce-Saint-André, 75006 Paris ☎ 01.40.46.84.85, < www.catalogne.infotourisme.com >. *Ouv. lun.-sam. 11h-19h.* Avant de partir, un agréable avant-goût de l'art de vivre à la catalane. Le site abrite un bureau d'information, une salle d'expositions, un bar à tapas, un restaurant catalan, et une boutique de produits régionaux.

Instituto Cervantes, 7, rue Quentin-Bauchart, 75008 Paris ☎ 01.40.70.92.92, < www.cervantes.es >. *Ouv. lun.-jeu. 9h-20h et ven. 9h-14h.* L'Institut Cervantes dispense des cours d'espagnol mais aussi de catalan, de basque et de galicien. Cet organisme est également chargé de diffuser la culture hispanique et de favoriser les échanges culturels. On peut y consulter les ouvrages de la bibliothèque, en français ou en espagnol, et assister à des pièces de théâtre, à des expositions et à des conférences.

Librairie Pam de Nas, 30, rue des Grands-Augustins, 75006 Paris ☎ 01.43.54.04.84. *Ouv. mar.-sam. 14h-19h.* Librairie occitane et catalane. ●

est considérablement réduite. De même, de nombreux restaurants ferment la seconde quinzaine d'août. L'**été** est en revanche la saison privilégiée par les vacanciers des **bords de mer**, qui trouveront à cette période l'animation maximale dans les stations balnéaires. Sachez que la **Murcie** est l'une des régions les plus chaudes du pays. En été, le thermomètre franchit les 40 °C et les hivers y sont exceptionnellement doux. Quant à la découverte de l'**arrière-pays**, de son patrimoine naturel, culturel ou gastronomique, l'**automne** et le **printemps** en sont les saisons idéales.

- **Météo**. < **www.lachainemeteo.com** > (en français) : site de prévisions météorologiques avec recherche par villes.

Voyage individuel

L'Espagne est la destination idéale pour voyager seul. Particulièrement facile et rapide d'accès, le pays se prête aussi bien aux longs séjours qu'aux week-ends de découverte d'une ville.

L'avion

- **Depuis Paris. Air France** ☎ 0.820.820.820, < www.airfrance.fr >. Au départ de Roissy Charles-de-Gaulle : 10 vols quotidiens directs pour Barcelone (à partir de 349 € pour un voyage réservé au moins 7 jours avant le départ), 2 vols quotidiens directs pour Valence, 2 vols directs par semaine pour Alicante. Promotions et enchères sur le site internet. **Iberia** ☎ 0.820.075.075, < www.iberia.fr >. Au départ d'Orly-Ouest : 7 vols quotidiens directs pour Barcelone (à partir de 119 € pour un voyage réservé au moins 42 jours avant le départ ; 349 € pour un billet acheté 7 jours avant le départ), 1 vol quotidien direct pour Valence, 1 vol quotidien direct pour Alicante.
- **Depuis la Belgique**. **Iberia** ☎ 078.15.00.27. Au départ de Bruxelles : vols quotidiens directs pour Barcelone, et vols quotidiens pour Valence et Alicante avec escale à Barcelone ou à Madrid. **SN Brussels Airlines** ☎ 070.35.11.11, < www.brussels-airlines.com >. 5 vols quotidiens Bruxelles-Barcelone.
- **Depuis la Suisse**. **Iberia** ☎ 08.44.84.51.11. Au départ de Genève : vols quotidiens directs pour Barcelone, vols avec escale pour Alicante et Valence. **Swiss International Airlines** ☎ 0.848.85.2000, < www.swiss.com >. Liaisons hebdomadaires directes depuis Zurich et Genève vers Barcelone et Valence.

Le train

- **Depuis Paris**. SNCF ☎ 0.892.35.35.35, < www.voyages-sncf.com >. Plusieurs liaisons quotidiennes avec Barcelone : un train de nuit direct (wagon-lits uniquement) au départ de la gare d'Austerlitz (12 h de trajet), un train de jour avec changement à Montpellier au départ de la gare de Lyon (8 h 20 de trajet), et un train de nuit avec changement à Port-Bou au départ de la gare d'Austerlitz (13 h 50 de trajet). Certains de ces trains desservent Figueres et Gérone. À Barcelone, correspondance pour Tarragone, Valence, Alicante.
- **Depuis Bruxelles**. **SNCB** ☎ (02) 528.28.28, < www.b-rail.be >. Liaison quotidienne pour Barcelone avec changement à Paris.
- **Depuis Genève**. CFF ☎ 900.300.300, < www.cff.ch >. Train de nuit direct

températures

Mois	J	F	M	A	M	J	J	A	S	O	N	D
Températures moyennes (en °C)												
Barcelone	10	13	13	14	18	21	25	25	22	18	16	12
Valence	11	12	13	15	18	21	24	25	23	19	14	12
Températures moyennes de la mer (en °C)												
Alicante	14	14	14	15	17	20	23	25	23	21	18	15

bonnes affaires

Champions des bonnes affaires et promotions, les sites internet proposent des voyages à prix défiant toute concurrence, notamment pour ceux qui acceptent d'attendre la dernière minute.

Anyway ☎ 0.892.893.892, < www.anyway.com >. Promotions sur vols réguliers et charters.

Bourse des vols ☎ 0.892.888.949, < www.bourse-des-vols.com >. Tarifs dégriffés et offres de dernière minute.

Go Voyages ☎ 0.892.237.070, < www.govoyages.com >. Spécialiste des vols secs. Propose à ceux qui trouveraient moins cher ailleurs de rembourser la différence.

Last Minute ☎ 0892.705.000, < www.lastminute.com >. Nombreuses bonnes affaires, exclusivités et ventes de dernière minute dégriffées. ●

pour Barcelone 3 fois par semaine (9 h 30 de trajet) et liaison quotidienne avec changement à Montpellier.

Le bus

La compagnie Eurolines dessert 67 villes en Espagne au départ de Paris et de nombreuses villes de province : on peut rejoindre notamment **Alicante**, **Barcelone** (départ t.l.j. sf le dim. ; 15 h de trajet ; 155 € A/R), **Gérone**, **Murcie**, **Orihuela**, **Tarragone** et **Valence** (départ t.l.j. sf le dim. ; 19 h de trajet ; 209 € A/R).

Rens. : **Eurolines**, gare routière internationale de Paris-Gallieni, 28, av. du Général-de-Gaulle, 93541 Bagnolet Cedex ☎ 0892.695.252, < www.eurolines.fr >.

Le trajet en voiture

● **Depuis Paris**. Comptez 995 km pour rejoindre Barcelone (9 h 30 de trajet env.). Prenez l'A10 direction Orléans, puis l'A71 direction Vierzon, Bourges. À Vierzon, changez pour l'A20-E09 direction Toulouse. À Toulouse Nord-Est, suivez Carcassonne et Narbonne par l'A61. À Narbonne, prenez l'A9 vers Perpignan, puis l'A7 vers Figueres, Gérone et Barcelone. Coût des péages : 50 € env.

● **Depuis Bruxelles**. Comptez 1 309 km pour rejoindre Barcelone (12 h env.). Le plus simple est de rejoindre Paris par l'A2-E19 puis par l'A1. Coût des péages : 60 € env.

● **Depuis Genève**. Comptez 753 km pour rejoindre Barcelone (7 h env.). Rejoignez Grenoble par l'A41, puis Orange par l'A49 et l'A7. Changez à Orange pour l'A9-E15 direction Nîmes, Montpellier, Perpignan puis Barcelone. Coût des péages : 50 € env.

Hébergement

●●● *Pour l'hébergement, voir aussi p. 296.*

Quelques centrales de réservation pour s'organiser avant de partir.

Hoteles Reservas ☎ (00.34) 936.65.61.81, < www.hotelesreservas.com >. Une sélection d'hôtels dans les moyennes et grandes villes d'Espagne.

Interhotel ☎ (00.34) 902.18.07.43, < www.interhotel.com >. Sélection d'hôtels (gamme de 1 à 5 étoiles).

Maeva ☎ 0.820.060.060, < www.maeva.fr >. Pour louer un appartement dans une résidence de tourisme, en ville ou sur la côte.

Paradores de España ☎ (00.34) 915.16.66.66, < www.parador.es >. La centrale de réservation des *paradores*. Établis au cœur de monuments historiques, de châteaux et de monastères, les *paradores* allient confort, élégance, charme et originalité. Certains, très appréciés, sont pris d'assaut. Réservez longtemps à l'avance.

Location de voitures

Pour louer une voiture en Espagne, il faut impérativement être âgé de plus de 21 ans et posséder son permis de conduire depuis un an au moins. Le réseau routier et autoroutier est excellent.
Avis ☎ 0.820.05.05.05, < www.avis.fr >.
Europcar ☎ 0.825.352.352, < www.europcar.fr >.

Voyage organisé

Ceux qui voyagent accompagnés d'enfants pourront trouver plus sécurisant de réserver chambres d'hôtels, voiture, ou excursions par le biais d'un tour-opérateur. Ceux-ci proposent des tarifs très avantageux pour les forfaits avion + hôtel + location de voiture. L'**autotour**, formule qui inclut le vol et la réservation de chambres selon un itinéraire préétabli, est la manière idéale de découvrir l'Espagne : il faut compter entre 500 et 800 € la formule vols, hébergement avec petits déjeuners, voiture (hors kilométrage et assurances) pour une semaine. Les **week-ends** et **courts séjours** en ville sont très à la mode, et affichent des prix abordables.

Austro Pauli/Euro Pauli ☎ 01.58.64.50.00, < www.pauli.fr >. Ce spécialiste de l'Europe édite une brochure week-end. La formule court séjour à Barcelone se décline sous la forme transport et hébergement, auxquels on peut ajouter des excursions à la demi-journée ou à la journée.

Clio ☎ 01.53.68.82.82, < www.clio.fr >. Spécialiste des voyages culturels accompagnés par des guides conférenciers très pointus. Forfaits découverte à thème (Gaudí, Dalí...).

Croisitour ☎ 04.91.14.20.20, < www.croisitour.com >. Ce tour-opérateur s'est fait du bassin méditerranéen une spécialité. Séjours balnéaires et voyages à la carte.

Donatello ☎ 01.44.58.30.60, < www.donatello.fr >. Tout sur l'Espagne, dont une belle rubrique « villes d'art », des séjours découverte, des circuits, des combinés, des autotours et des formules à la carte (belle sélection de *paradores*).

Fnac Voyages ☎ 0.825.09.06.06, < www.fnac.com >. Propose des autotours (vol + location de voiture + réservation d'hôtels selon un itinéraire préétabli).

Fram ☎ 01.40.26.20.00, < www.fram.fr >. Le voyagiste toulousain fait office de poids lourd de la destination qu'il programme depuis des décennies ! Ainsi les vols, choix d'hôtels et de clubs, circuits et même week-ends sont-ils fortement concurrentiels. Nombreuses possibilités de « long séjour » (plus de cinq semaines dans les clubs labellisés Framissima) à tarifs étudiés.

Iberica, 26, bd Beaumarchais, 75011 Paris ☎ 01.40.21.88.88, < www.iberica.fr >. Tour-opérateur spécialiste de l'Espagne : transport, hébergement, formules autotours, location de voitures...

Iberrail ☎ 01.40.82.63.63, < www.iberrail.fr >. Réservation de billets de train et d'avion, d'hôtels et de forfaits week-ends.

Intermèdes, 60 rue La Boétie, 75008 Paris ☎ 01.45.61.90.90, fax 01.45.61.90.09, < www.intermedes.com >. Pour découvrir la culture espagnole. Séjours à Barcelone et circuits thématiques en Espagne, en petits groupes (conférenciers historiens et historiens d'art).

Jet Tours ☎ 01.45.15.70.00, < www.jettours.com >. Séjours balnéaires proposés dans de nombreux hôtels de la côte et dans les Eldorador (clubs labellisés Jet Tours). Week-ends à Barcelone : vols + hôtels + « artticket », qui offre des réductions dans tous les musées et les fondations.

Marsans ☎ 01.53.34.40.00, < www.marsans.fr >. Une brochure « péninsule Ibérique » pour un spécialiste du voyage à la carte. L'une des sélections les plus complètes d'hôtels, de clubs et de *paradores* du marché.

Meditrad ☎ 01.42.68.05.50. Spécialiste du bassin méditerranéen : formules avion + hôtel, location de voitures, hôtels-clubs.

Mundicolor ☎ 01.42.44.19.20, < www.mundicolor.fr >. Spécialiste de l'Espagne (Canaries et Baléares en sus). Voyages à la carte, circuits, autotours, séjours balnéaires, séjours en ville, itinéraires de *parador* en *parador*...

Nouvelles Frontières ☎ 0.825.000.825, < www.nouvelles-frontieres.com >. Formules en club ou en hôtel, location de villas et d'appartements, vols secs, voyages à la carte, circuits découverte, autotours...

Thomas Cook ☎ 0.826.826.777, < www.thomascook.fr >. Principalement séjours balnéaires : bonne sélection d'hôtels du 2 au 5 étoiles.

Visit Europe ☎ 01.58.64.51.00. Propose week-ends et semaines avec vols

budget

● **Hébergement**. Les prix des hôtels peuvent varier considérablement à l'intérieur d'une même catégorie, selon que vous vous trouvez dans une grande ville, un lieu de villégiature, ou dans une petite localité de province. Pendant la basse saison (de novembre à mars), les prix sont diminués de 20 à 40 %. Les prix indiqués ici sont ceux de la haute saison. De même, les tarifs augmentent de manière importante (jusqu'à être multipliés par deux) lors des grandes manifestations, comme les fallas à Valence. En revanche, la plupart des hôtels consentent toute l'année des remises importantes pour les fins de semaine. Prix pour une **chambre double** : pour un hôtel ▲, comptez de 20 à 40 € ; pour un ▲▲, de 40 à 80 €, pour un ▲▲▲ de 80 à 120 €, pour un ▲▲▲▲ de 120 à 200 € ; pour un ▲▲▲▲▲ plus de 200 €.

● **Repas**. Au déjeuner, un **menu complet** dans un restaurant simple ♦ (boisson et service compris) coûte entre 6 et 15 €. Vous pouvez également déjeuner pour moins cher dans un bar à tapas (à condition de résister à la tentation de goûter à tout). Un repas complet dans un restaurant de catégorie moyenne ♦♦ coûte entre 15 et 30 € (sans les boissons). Dans les établissements plus cotés ♦♦♦, l'addition grimpe allégrement au-delà des 40 €, pour atteindre des sommets (60 à 100 €) à la table des vedettes de la gastronomie catalane ♦♦♦♦ : Jean-Luc Figueras à Barcelone *(p. 178)* ou Ferran Adrià à Roses *(p. 24)*. À la carte des vins, de bonnes bouteilles peuvent se trouver à partir de 15 €. ●

au départ de Paris et de villes de province. Petite sélection réussie d'hôtels de toutes catégories à Barcelone.

Monnaie

● **Devises**. Depuis le 28 février 2002, l'**euro** (€) est la monnaie nationale espagnole, en remplacement de la peseta. Ceux qui détiennent des devises étrangères trouveront des services de change dans la plupart des établissements bancaires, qui prélèvent un taux de commission moindre que celui pratiqué dans les bureaux de change (présents en grand nombre dans toutes les villes, les sites touristiques et les hôtels).

● **Cartes bancaires**. Les retraits d'argent liquide peuvent s'effectuer directement dans les distributeurs ou aux guichets de toutes les banques. Les cartes Visa, MasterCard, American Express ou Diners Club sont acceptées dans la plupart des commerces, restaurants et hôtels. Par précaution, demandez avant de consommer s'il est possible de régler avec la *tarjeta de credito*.

● **Chèques de voyage**. Ils s'échangent dans les banques comme dans les bureaux de change. Les commissions sont variables, mais s'appliquent sur chaque chèque, aussi est-il plus judicieux de changer des sommes importantes.

● **Budget**. *Encadré ci-dessus.* D'une manière générale, le coût de la vie en Espagne est comparable à celui de la France. Certains articles, comme l'alcool et le tabac, sont cependant moins chers. Les frontaliers français en profitent largement depuis les fortes augmentations du prix des cigarettes ! Les prix sont légèrement plus élevés à Barcelone, notamment pour les hôtels et les restaurants.

● **En cas de perte ou de vol de carte**. Avant de partir, procurez-vous auprès de votre agence le numéro de téléphone à composer de l'étranger pour faire opposition. Notez-le avec le numéro de la carte bancaire. De France, vous pouvez appeler le **service groupé de mise en opposition** au ☎ 0.892.705.705.
Carte bleue Visa ☎ 0.800.90.11.79, < www.visa.com >.
American Express ☎ (00.33)1.47.77.72.00 (PCV accepté), < www.americanexpress.com >.
Eurocard/MasterCard ☎ (00.33)1.45.67.84.84 (PCV accepté), < www.eurocardmastercard.tm.fr >.
Diners Club ☎ 00.33.1.40.23.58.16, < www. dinersclub.fr >.

Formalités

Papiers

Pour les Français et autres ressortissants des pays de l'Union européenne signataires des accords de Schengen, la **carte d'identité** suffit pour entrer sur le territoire espagnol. Suisses et Canadiens devront se munir d'un passeport en cours de validité.

Douane

L'Espagne, comme la France et la Belgique, fait partie de l'espace douanier de Schengen, qui permet la libre circulation des marchandises.
Les citoyens suisses bénéficient d'accords bilatéraux, qui leur ouvrent sensiblement les mêmes droits. Les ressortissants canadiens devront, eux, se plier aux réglementations en vigueur : 1 litre d'alcool, 200 cigarettes ou 50 cigares, 60 ml de parfum... Aucune limite n'est fixée quant à l'importation de devises étrangères.
Pour plus d'informations, consultez le site du centre de renseignements des douanes < www. douane. gouv.fr >.

Assurance et assistance

Les **assurances** (en cas d'annulation de voyage, de perte de bagages, d'accident ayant porté un préjudice matériel à autrui) et **assistances** (rapatriement et assistance médicale) sont rarement incluses dans le prix des prestations touristiques, à l'exception des circuits accompagnés effectués en groupe (assistance incluse). Elles sont proposées, en option, par les agences de voyages, voire sur internet. Attention ! Certaines **cartes bancaires internationales** couvrent déjà certains de ces risques, à la condition expresse de régler votre déplacement avec ladite carte. Épluchez votre contrat !
On trouve sur le marché de l'assurance-assistance :
AVA (Assurance Voyages & Assistance) ☎ 01.48.78.11.88, < www.ava.fr >.
Elvia ☎ 01.42.99.02.44, < www.elvia.fr >.
Europ Assistance ☎ 01.41.85.85.85, < www. europassistance.fr >.

Animaux

Ceux qui partent avec leur chien ou leur chat devront se munir d'un certificat de bonne santé (de moins de trois mois) et d'un certificat de vaccination antirabique.

Précautions sanitaires

L'Espagne ne présente aucun danger particulier, sinon ceux liés aux températures excessives. Les précautions concernent donc essentiellement l'exposition au soleil.
Un **écran total** s'impose dès les premiers jours de juin. On peut aussi rapidement se déshydrater compte tenu des étouffantes chaleurs d'été. Prévoyez un **chapeau** contre les insolations, fréquentes lorsqu'on se promène toute la journée, et évitez de sortir après le déjeuner. C'est le prétexte idéal pour s'adonner aux plaisirs de la sieste à l'espagnole !

Faire sa valise

Vêtements

Il ne fait jamais très froid en Espagne. Une valise d'été se compose de vêtements particulièrement légers, complétés par une tenue de sortie et la panoplie classique du vacancier estival.
Y ajouter une paire de chaussures de marche...
Automne et printemps nécessitent davantage de manches longues, et un éventuel imperméable.
Enfin pour ce qui est de l'hiver, des habits demi-saison conviendront parfaitement au doux climat espagnol.

Pellicules photo

On trouve toutes les marques connues de pellicules photo en Espagne, quel que soit l'endroit où l'on se trouve. Luminosité oblige, préférez les pellicules de faible sensibilité (100 ASA).

Cartes

Ceux qui se rendent en voiture en Espagne emporteront la carte Michelin 990, pour une vision d'ensemble.
Offices du tourisme, stations-service, librairies et kiosques à journaux vendent sur place les plans les plus récents. ●

De A à Z, les clés d'un bon séjour

© A. Félix, Hémisphères Images

Les balcons de la Casa Battló à Barcelone, dessinés par Gaudí.

Argent

Depuis 2002, les Espagnols ont abandonné la peseta pour l'**euro**. Le règlement par cartes de paiement est généralisé et on trouve partout des distributeurs de billets (Visa, MasterCard, American Express...).
●●● *Voir aussi Monnaie p. 293.*

Arrivée

L'Espagne méditerranéenne est accessible par vol direct depuis le reste de l'Europe *(p. 290)*, *via* trois aéroports internationaux. L'**aéroport d'El Prat** de **Barcelone** se trouve à 12 km S du centre-ville *(p. 175)*, l'**aéroport Manises** de **Valence** à 12 km O du centre-ville *(p. 231)*, l'**aéroport El Altet** d'**Alicante** à 11 km S du centre *(p. 260)*.
À l'arrivée, vous trouverez dans chaque aéroport un bureau du tourisme, les représentations des principaux loueurs de voitures ainsi qu'un centre de réservations hôtelières.

Courrier

Les lettres et les cartes postales envoyées depuis l'Espagne mettent 3 ou 4 jours pour parvenir à leur destinataire européen. Les timbres s'achètent dans les bureaux de poste *(correos)* et dans les bureaux de tabac. Les boîtes à lettres sont peintes en jaune.

Fêtes et jours fériés

Les jours fériés nationaux

Le **1er janvier** ; le **6 janvier**, jour de l'Épiphanie : pour les enfants, c'est le jour des cadeaux que leur apportent les Rois mages, le Noël espagnol en quelque sorte ; le **Vendredi saint** ; le **1er mai** ; le **Jeudi de l'Ascension** ; la **Fête-Dieu** : la fête du Corpus Christi est célébrée le 2e dimanche après la Pentecôte et donne lieu à une procession à Valence, et à la fête de l'Ou com balla dans le cloître de la cathédrale de Barcelone *(p. 129)* ; le **15 août**, qui célèbre l'Assomption de la Vierge ; le **12 octobre**, fête nationale espagnole ;

le 1er **novembre**, pour la Toussaint ; le **6 décembre**, jour de la Constitution ; le **25 décembre**, jour de Noël.

Les principales fêtes

●●● *Pour les fêtes locales, voir les carnets d'adresses de chaque localité.*

5 janvier : la cavalcade des Rois mages est particulièrement spectaculaire à Barcelone *(p. 181)*.

Carnaval : il donne lieu au défilé des habitants costumés derrière le Roi du carnaval.

Semaine sainte : à Valence et à Sagunto, vous pouvez assister au cortège des *pasos*, groupes sculptés monumentaux illustrant les épisodes de la Passion. À Murcie sont conduites en procession les œuvres réalisées au XVIIIe s. par Salzillo, l'un des derniers maîtres du baroque espagnol *(p. 272)*.

Lundi de Pâques : jour férié en Catalogne.

19 au 22 mars : pendant 4 jours les villes vivent au rythme de la fête des **fallas**, qui se termine par l'embrasement des *ninots*, les statues confectionnées pour l'occasion. Les fallas de Valence attirent des visiteurs du monde entier *(p. 69)*.

23 avril : c'est la **Sant Jordi**, la fête du saint patron de Catalogne (saint Georges). Cette fête nationale est aussi une fête poétique, lors de laquelle les amoureux s'échangent des livres et des roses.

Au printemps et en été : dans tout le Levant, lors des fêtes des Maures et Chrétiens (Moros y Cristianos), des figurants en costumes d'époque évoquent les combats de la Reconsquista entre croisés et musulmans *(p. 69)*.

23 au 24 juin : **nuit de la Saint-Jean**, particulièrement animée à Barcelone *(p. 182)*.

11 septembre : jour de la fête nationale catalane *(p. 47)*.

9 octobre : fête de la Communauté valencienne.

Hébergement

●●● *Nous avons classé les hôtels en 5 catégories : de ▲ à ▲▲▲▲▲. Pour les tarifs, voir l'encadré Budget p. 293. Pour les réservations depuis la France, voir p. 291.*

On trouve en Espagne des **hôtels** de toutes

Cheval en costume de fête pour le Caballos del Vino à Caravaca de la Cruz.

cuisine

Tapas à toute heure

Catalogne et Levante ne dérogent pas à cette règle commune à toute l'Espagne : les tapas comme prélude au repas. À midi, et le soir à partir de 19 h, les **bars à tapas** proposent sur leur comptoir des assortiments de petits **amuse-gueule**, déclinaisons toujours renouvelées de jambons, saucisses, crevettes, salades russes, beignets de crevettes ou de poisson, anchois marinés, poivrons à l'huile, parts d'omelette froide (*tortilla*)... De temps en temps sortent de la cuisine des préparations chaudes présentées aux consommateurs accoudés à la *barra*. Conservez les petites piques qui accompagnent chaque tapa : elles serviront à calculer votre note. L'étape dans un bar à tapas peut constituer une halte-déjeuner agréable et rapide, pas nécessairement bon marché, la tentation de goûter à tout pouvant faire grimper l'addition assez rapidement, souvent au-delà des tarifs des menus du jour proposés par les restaurants. En matière de tapas, les Basques se sont acquis une réputation méritée et indiscutée : c'est pourquoi de nombreuses enseignes évoquent la lointaine province atlantique. Les bars à tapas offrent également des **plats du jour** chauds proposés en *ración* (généreuse part pour une personne) ou en *media ración*. ●

catégories, depuis le grand luxe des cinq étoiles jusqu'à la simplicité des petites pensions. Les hôtels signalés par le sigle HR ne disposent pas de restaurant (sauf pour le petit déjeuner) ; il est en revanche possible de prendre ses repas dans un hôtel désigné par un H.

Dans les provinces s'est développé depuis quelques années un intéressant réseau de **gîtes ruraux** et de **chambres d'hôtes** qui permettent, dans des conditions de confort très satisfaisantes, de découvrir le pays autrement et au contact de ses habitants. Les propriétaires de chambres d'hôtes se révèlent souvent d'excellents connaisseurs de leur région.

Les hôtels sont répertoriés dans les carnets d'adresses à la fin de chaque chapitre de visite. ●

Heure locale

C'est la même qu'en France. L'Espagne passe aux heures d'été et d'hiver en même temps que la France.

Horaires

Comme dans toute l'Espagne, la journée est interrompue à l'heure de la **sieste** : la plupart des **commerces** et les **églises** ferment leurs portes à 13 h pour ouvrir à nouveau entre 16 h et 20 h. C'est souvent le cas également pour les petits musées de province. À Barcelone, cette interruption est moins perceptible, les grands magasins, centres commerciaux et de nombreuses boutiques restant ouverts toute la journée. Les **banques** et les **administrations** terminent leur journée de travail à 14 h.

Les Espagnols prennent leur repas beaucoup plus tard qu'en France. Les **restaurants** ne commencent vraiment à se remplir que vers 13 h 30 pour le déjeuner, et 21 h pour le dîner.

Informations touristiques

En règle générale, toutes les localités visitées par les touristes possèdent un bureau d'information dont le personnel parle souvent le français, et toujours l'anglais. Vous y trouverez des **brochures** et des **plans** de qualité, ainsi que les **programmes des manifestations** de la semaine ou du mois. Les offices du tourisme peuvent également vous proposer des solutions d'hébergement en hôtels, pensions, ou encore gîtes ruraux dans les provinces.

Langues

Depuis l'instauration des autonomies en Espagne en 1978, le **catalan** a le statut de langue officielle de la Catalogne au côté

signalisation

En matière de signalisation routière, la liberté de choix est accordée à chaque localité. Les **panneaux bilingues**, majoritaires dans la région côtière au nord de Valence, disparaissent vers le sud ainsi qu'à l'intérieur des terres. Elle est majoritairement en valencien dans la Communauté valencienne. La coexistence des deux langues et l'emploi exclusif du castillan en Murcie expliquent les divergences d'orthographe que l'on peut rencontrer dans cet ouvrage : ainsi trouvera-t-on Santa María ou Santa Maria, selon qu'il s'agit d'une église castillane ou catalane. ●

du castillan *(p. 12)*. Il en est de même pour le **valencien** dans la Communauté valencienne, même si son usage est moins répandu et plus inégalement distribué géographiquement qu'en Catalogne *(p. 66)*. En Murcie, on utilise le **castillan**. Les gros tirages de la presse paraissent tous en castillan, langue qui est comprise dans toute l'Espagne. Le **français** est assez largement compris, surtout dans les zones balnéaires, concurremment avec l'**anglais**.

Plages

Dans les centres balnéaires, comme dans les grandes villes (Barcelone et Valence), les plages sont toutes **très bien aménagées** : elles sont généralement pourvues de sanitaires et offrent les services de **loueurs de matelas** et de **parasols**. On peut y pratiquer tous les sports balnéaires. La plage est souvent bordée d'un alignement de restaurants et de terrasses de cafés, et les coins tranquilles sont donc peu nombreux. On trouve néanmoins quelques criques pas trop envahies autour du **Cabo de la Nao** *(p. 244)*, dans la région valencienne. Les stations les plus à la mode sont **Cadaqués** *(p. 110)* et **Sitges** *(p. 172)*.

Restauration

●●● *Nous avons classé les restaurants en 4 catégories : de ♦ à ♦♦♦♦. Pour les tarifs, voir l'encadré Budget p. 293.*

On trouve en Espagne des restaurants de toutes catégories, de l'établissement gastronomique de grand luxe au petit restaurant de quartier. L'appellation « ***Mesón*** » (ou encore « ***Ca*** » en catalan) désigne un établissement proposant une cuisine censément familiale. Une ***marisqueria*** est un restaurant de spécialités de la mer. On trouve également des ***cervezerias***, qui, comme leur nom l'indique, sont spécialisées dans la bière, même si elles servent toutes les autres sortes de boissons. Presque tous les restaurants – même les plus luxueux – proposent pour le déjeuner un menu du jour généralement très abordable (boisson comprise) : l'occasion de goûter à petits prix les spécialités des établissements les plus réputés. L'ambiance et le service sont plus décontractés qu'en France, même dans les restaurants de luxe.

Santé

Aucune précaution particulière n'est à prendre dans ces régions développées de l'Europe. Attention néanmoins aux expositions prolongées au **soleil** et à la **déshydratation** : au cours des visites, et particulièrement durant la saison chaude, prenez soin de boire souvent.

Sécurité

Le flux des visiteurs dans les régions côtières et à Barcelone a entraîné dans son sillage pickpockets et voleurs à la tire. Un minimum de prudence s'impose. En voiture, ne vous laissez pas aborder par un inconnu qui vous signalerait obligeamment une avarie sur votre

Les restaurants sont répertoriés dans les carnets d'adresses à la fin de chaque chapitre de visite. Pour les spécialités catalanes, voir aussi p. 22 ; pour la cuisine du Levant, voir p. 67. ●

véhicule (pneu crevé par exemple). Pendant qu'il retient votre attention, un complice pourrait se charger de subtiliser les objets précieux à l'intérieur. Ne laissez aucun objet de valeur dans un véhicule en stationnement.

Sports et loisirs

Les grandes stations balnéaires de la côte offrent la possibilité de pratiquer tous les **sports nautiques**, dont le ski nautique ou le parachute ascensionnel.

Le **Centre excursionniste catalan** fut, dès le début du XXe s., au même titre que d'autres associations culturelles ou artistiques, l'un des moteurs de la renaissance catalane. C'est dire que la découverte de leur pays au pas du promeneur est l'une des passions des Catalans. De nombreux **sentiers de randonnée** balisés sillonnent le pays *(informations et cartes sont disponibles auprès des offices du tourisme)*. Trois régions s'offrent particulièrement à ce type d'activité : le massif des Gavarres, dans la région de Gérone au milieu des splendides paysages de l'Empordà *(encadré p. 95)*, le delta de l'Èbre *(p. 204)*, et le massif montagneux qui entoure l'abbaye de Montserrat *(p. 171)*.

La **vie culturelle** est très riche dans les grandes villes, tout particulièrement à Barcelone, où se succèdent les grandes vedettes et productions internationales. Pour la capitale catalane, l'hebdomadaire *Guía del Ocio* rend compte de l'actualité culturelle de la semaine à la manière de l'*Officiel des Spectacles* parisien.

Téléphone

Les **cabines téléphoniques** fonctionnent avec des pièces de monnaie ou des cartes *(tarjetas)* prépayées, disponibles dans tous les kiosques et les bureaux de tabac. Chaque carte possède un code que l'on découvre après grattage et qu'il faut composer avant le numéro de votre correspondant. Ces cartes peuvent être utilisées depuis n'importe quel poste de téléphone, y compris celui de votre chambre d'hôtel. C'est la façon la moins onéreuse de téléphoner. On ne trouve pas de cabines téléphoniques dans les bureaux de poste *(correos)*.

● **Pour appeler l'Espagne depuis l'étranger**. Composez le ☎ 00.34, puis le numéro de votre correspondant à 9 chiffres.

● **Pour appeler l'étranger depuis l'Espagne**. Composez le ☎ 00.33 pour la France (00.32 pour la Belgique ; 00.41 pour la Suisse ; 00.1 pour le Canada), suivi du numéro de votre correspondant sans le zéro initial.

● **Renseignements** ☎ 1003.

Transports intérieurs

La **route** est, comme partout, la manière la plus séduisante de découvrir la région, puisqu'elle offre la possibilité de s'arrêter où bon nous semble et de sortir des sentiers battus. La conduite en Espagne méditerranéenne ne pose pas de problème particulier : les Catalans et les Espagnols en général font preuve d'une grande courtoisie au volant et sont soucieux de respecter la réglementation routière. La signalisation est excellente.

Le **train** est peu usité et peu commode. Le **bus** reste le mode de transport collectif le plus pratique pour se rendre d'une localité à l'autre. Toutes, y compris les petits villages, sont desservies par des lignes régulières. Les liaisons sont assurées par différentes compagnies privées, regroupées dans les gares routières centrales de chaque ville *(coordonnées dans les carnets d'adresses de chaque localité)*. C'est là que vous trouverez les informations sur les fréquences et les horaires des différents trajets.

Urgences

En toutes circonstances (urgences médicales, police, pompiers...), composez le ☎ 112, un numéro valable dans toute l'Europe.

Voltage

220 volts, aucun adaptateur n'est nécessaire. ●

repères

Les repères de l'histoire

En Catalogne

Les origines

- 300000. Un crâne découvert en 1971 près de Tautavel fait remonter à cette époque la présence de l'homme en Catalogne.

- 35000-9000. **Paléolithique supérieur**. D'importants gisements archéologiques ont été mis au jour dans la région de Gérone. Ces lointains occupants de la future Catalogne sont des chasseurs-cueilleurs, vivant en tribus d'une quarantaine d'individus.

- 6000. **Révolution néolithique**. Vaste mouvement de sédentarisation et apparition de l'agriculture. Premiers témoignages céramiques (notamment dans la vallée du Llobregat).

IIIe millénaire. **Âge du bronze**. Les villages sont fortifiés et l'on pratique les inhumations collectives sous des mégalithes, particulièrement nombreux dans la région de l'Empordà, une des plus riches d'Espagne en la matière.

En Espagne et dans le monde

Av. J.-C.

Vers 2590-2565. Règne de Kheops en Égypte. Construction de la grande pyramide.

Début du Ier millénaire. **Âge du fer** et installation des **Celtes** dans la péninsule Ibérique. Sous leur impulsion se répand la culture dite de la céramique campaniforme (en forme de cloche) dont l'origine se trouverait dans la vallée du Guadalquivir en Andalousie. Ce type de céramique accompagne le développement de la métallurgie. Fondation des premiers comptoirs des **Phéniciens**. Ils sont suivis par les **Carthaginois**, puis par les **Grecs**, qui fondent Roses (premier quart du VIIIe s.).

575. **Fondation d'Empúries** par des Grecs venus de Phocée en Asie Mineure.

Ve s. Épanouissement de la **culture ibère** *(voir p. 40)*. De puissantes tribus s'établissent dans des villages de pierre sur des hauteurs dans un souci défensif.

507. Clisthène établit la démocratie à Athènes.

La romanisation

IIIe s. Les **Romains** succèdent aux Grecs dans les villes côtières du nord. Au sud, les Carthaginois sont solidement implantés.

219. Début de la **deuxième guerre punique** *(voir p. 40)*. Le général carthaginois Hannibal s'empare de Sagonte et marche sur Rome.

218. Cnaeus Scipion débarque à Empúries pour couper les arrières des Carthaginois.

216. Les Romains fondent Tarragone.

206. Fondation de la dynastie des Han, les premiers empereurs de Chine.

197. Création de l'**Hispania romaine**. Elle est divisée en deux provinces, l'Hispania Ulterior et l'Hispania Citerior, cette dernière englobant le territoire de la Catalogne actuelle.

195. Caton débarque à Roses pour mater la rébellion ibère qui soulève depuis 216 les villes de la côte contre l'autorité romaine. L'Espagne est pacifiée.

Illustration page précédente : dans la fraîcheur d'un patio à Sitges.

Ier s. La Catalogne est la région la plus romanisée d'Espagne et Tarragone la ville principale du pays.

260-262. Invasion des **Francs** et des **Alamans**. Jusqu'au IVe s., incursions barbares en Catalogne.

507-711 : le royaume wisigoth d'Espagne

Ve s. Les Vandales traversent la région et les Suèves s'établissent en Galice. La conquête de l'Espagne par les **Wisigoths** se poursuit jusqu'à la fin du siècle. Après la mort d'Alaric II (507), les Wisigoths se replient définitivement au sud des Pyrénées.

VIe s. Sous le règne de Theudis (531-548), Barcelone est la capitale du royaume wisigoth. Son successeur, Athanagilde, transfère le siège du pouvoir à Tolède. La Catalogne n'occupe plus qu'une place secondaire dans le royaume.

La conquête musulmane

711. À l'appel d'une partie de la noblesse wisigothe qui conteste l'élection du roi Rodéric, **Tarik ibn Zyad** débarque à la tête de 7 000 Berbères près de Gibraltar. L'armée wisigothe est anéantie, le roi Rodéric tué. Une à une, les villes d'Espagne cèdent devant les armées musulmanes *(p. 33)*.

Apr. J.-C.

212. Édit de Caracalla qui accorde la citoyenneté romaine à tous les habitants de l'Empire.

379-395. Règne de Théodose sur l'Empire romain. Le christianisme devient religion d'État.

476. Chute de l'Empire romain d'Occident.

527-565. Règne de Justinien à Byzance.

622. Début de l'hégire, le calendrier musulman.

716. Cordoue choisie comme capitale par les musulmans d'Espagne.

718. Pélage, à la tête des derniers débris de l'aristocratie wisigothe, inflige leur première défaite aux armées musulmanes. Fondation du royaume chrétien des Asturies.

756. Fondation de l'émirat de Cordoue et début de la dynastie omeyyade.

778. **Charlemagne** franchit les Pyrénées pour tenter de prendre Saragosse qui lui avait été promise par un émir musulman rebelle. La ville lui résiste. Sur le chemin du retour, son arrière-garde est décimée au col de Roncevaux *(p. 33)*.

801. Louis le Pieux, fils de Charlemagne, enlève Barcelone aux musulmans. La **Marche hispanique carolingienne** est créée, embryon de la future Catalogne *(p. 33)*.

La nation catalane

878. **Guifré le Velu**, comte de Barcelone, s'affranchit de la tutelle carolingienne et fonde une dynastie *(p. 34)*.

929-1031. Dernier héritier de la dynastie omeyyade de Damas, Abd al-Rahman III proclame le califat de Cordoue.

985. Al-Mansour, le maître de Cordoue, dévaste Barcelone. Appelés à l'aide, le dernier carolingien Lothaire, puis Hugues Capet, marchandent leur soutien *(p. 35)*.

988. Le comte Borrell rompt les derniers liens de vassalité qui unissent la Catalogne et la France. Cette date marque la **naissance de l'État catalan** *(p. 35)*.

1010. La noblesse catalane et l'ensemble de ses évêques marchent contre le calife de Cordoue. La nation catalane devient un acteur militaire majeur. Les comtes de Barcelone étendent leurs possessions au sud jusqu'à l'Èbre, puis au nord au-delà des Pyrénées.

1031. L'Espagne musulmane éclate en principautés souvent rivales : les royaumes de taïfas.

1137. **Ramón Berenguer IV épouse Pétronille**, l'héritière de la couronne d'Aragon. Il porte désormais, ainsi que ses successeurs, le double titre de roi d'Aragon et de comte de Barcelone *(p. 36)*.

1213-1276. Règne de **Jacques** (Jaume) Ier. Les victoires de ce grand souverain sur les musulmans lui vaudront le surnom de « Conquérant » *(p. 36)*. Sous son règne sont réunis les Corts, l'assemblée garante des libertés catalanes.

XIVe s. Siècle d'or du comté de Barcelone. Ses troupes et ses marchands sont présents tout autour de la Méditerranée. **Création de la Generalitat**, organe exécutif des Corts qui est autorisé à gouverner en l'absence du roi. À Barcelone, l'autorité grandissante du **Consulat de la Mer**, chargé de régler les litiges commerciaux, traduit la montée en puissance de la bourgeoisie marchande *(p. 38)*.

1412. Après la mort sans héritier de Martin l'Humain en 1410, les délégués des trois royaumes (Barcelone, Aragon et Valence) s'accordent pour confier le trône à **Ferdinand Ier**, l'infant de Castille : c'est le **compromis de Caspe**, qui donne la couronne comtale à une dynastie non catalane.

1054. Grand Schisme. Les églises d'Orient et d'Occident se séparent.

1291. Prise de Saint-Jean-d'Acre par les mamelouks ; fin de la présence franque en Terre sainte.

Révolution catalane et Nueva Planta

1462-1472. **Révolution catalane**. Les Catalans se soulèvent contre Jean II, qu'ils accusent de porter atteinte à leurs libertés. L'insurrection s'achève avec la reddition de Barcelone en octobre 1472. La Catalogne est ruinée.

1453. Prise de Constantinople par les Ottomans ; fin de l'Empire byzantin.

1469. Ferdinand II d'Aragon épouse Isabelle, l'infante de Castille. L'union des deux royaumes place l'Espagne chrétienne sous le pouvoir de deux souverains, qualifiés désormais de **Rois Catholiques**.

1492. **Prise de Grenade par les Rois Catholiques**. C'est la fin de la présence politique musulmane en Espagne. Après la **découverte de l'Amérique** et la constitution d'un empire centralisé, la Catalogne n'occupe plus qu'un rôle subalterne, au moment où les ports du sud de la Péninsule monopolisent le commerce avec le Nouveau Monde.

1519-1566. Règne de Charles Quint, empereur du Saint-Empire.

1640-1650. **Guerre des Moissonneurs** (*dels Segadors*), dont le chant de marche est devenu l'hymne national catalan. Alors que les paysans convergent vers Barcelone pour les moissons, éclate le 7 juin 1640 une insurrection contre les troupes

1563. Concile de Trente, qui théorise la Contre-Réforme catholique. Naissance de l'art baroque.

royales accusées de piller les récoltes. Au terme de dix années de guerre, au cours desquelles les autorités catalanes proclament Louis XIII comte de Barcelone pour se défendre contre Philippe IV, Barcelone capitule en 1650. La Catalogne est exsangue.

1659. **Traité des Pyrénées**, qui règle le contentieux entre la France et l'Espagne. Les provinces catalanes du nord des Pyrénées sont définitivement annexées au royaume de France.

1700-1714. **Guerre de Succession d'Espagne** *(p. 46)* entre les partisans des deux prétendants au trône: **Philippe d'Anjou** et l'**archiduc Charles de Habsbourg**. Craignant l'absolutisme français, les Catalans se rangent derrière le Habsbourg. Le conflit cessera avec la capitulation de Barcelone le 11 septembre, devenu le jour de la fête nationale catalane.

1605. Cervantès publie la première partie de *Don Quichotte*.

1610. Expulsion d'Espagne des morisques, descendants des musulmans de Grenade. La région de Valence perd une grande partie de sa population.

1704. Les Anglais s'emparent de Gibraltar.

1716. **Décret royal de la Nueva Planta** *(p. 47)*. En guise de punition pour sa résistance, la Catalogne se voit privée de ses institutions. La langue catalane est interdite, les universités dissoutes.

Le XVIIIe s. : la bourgeoisie s'impose

1737. Création des premières fabriques de cotonnades.

1758. **Fondation de la Junte de Commerce** qui, aux yeux des Catalans, perpétue leur tradition parlementaire.

1765. La Catalogne obtient l'autorisation du commerce avec les Antilles.

1778. Liberté de commerce avec l'Amérique.

1793-1795. Face aux armées françaises de la Convention, les Catalans se retrouvent aux côtés des armées royales espagnoles *(p. 47)*.

1808-1814. **Guerre d'Indépendance**. Les Catalans s'opposent au couronnement de Joseph Bonaparte. En 1812, la Catalogne est divisée en quatre départements et est annexée à l'Empire.

1814. Le roi Ferdinand VII rentre en Espagne.

1776. Proclamation de l'indépendance des États-Unis.

1789. Déclaration des droits de l'homme et du citoyen. Début de la Révolution française.

1804. Napoléon sacré empereur.

Le XIXe s. : la Renaissance culturelle

1833. Publication de l'*Ode à la Patrie* de Bonaventura Carles Aribau *(p. 50)*, acte fondateur de la Renaissance culturelle catalane (Renaixença).

1837. La reine Victoria monte sur le trône britannique.

1835. Les lois de Desamortización promulguées à Madrid par Juan Álvarez Mendizabal prévoient la sécularisation des biens monastiques.

1859. Restauration des jeux Floraux *(p. 50)*.

11 février 1873. Proclamation de la **République espagnole**.

8 mars 1873. Proclamation de la **République catalane**.

9 janvier 1875. Rétablissement des Bourbons en Espagne avec Alphonse XII.

1879. Publication du premier journal en catalan.

1888. **Exposition universelle** à Barcelone *(voir p. 168)*.

1892. L'Union catalaniste conçoit une ébauche de constitution: les **Bases de Manresa** *(p. 51)*.

4 septembre 1870. En France, proclamation de la IIIe République.

1898. L'Espagne perd ses colonies: Cuba, Porto Rico et les Philippines.

Le combat pour l'autonomie politique

1901. Fondation de la **Ligue régionaliste** *(Lliga)*. Sous la conduite de Enric Prat de la Riba, elle remporte les élections municipales à Barcelone *(p. 51)*.

1907. **Solidarité catalane** *(p. 53)*, qui fédère tous les mouvements catalanistes, remporte la quasi-totalité des sièges aux élections générales.

Juillet 1909. À la suite du rappel des hommes sous les drapeaux pour combattre au Maroc, Barcelone se soulève. C'est la **Semaine tragique** *(p. 52)*, durant laquelle la cité comtale est à feu et à sang.

6 avril 1914. Madrid autorise la création de la **Mancomunitat de Catalunya** *(p. 53)*.

1904. Frédéric Mistral obtient le prix Nobel de littérature.

1914-1918. Première Guerre mondiale.

1923-1930. **Dictature de Primo de Rivera en Espagne** *(p. 54)*. Le pouvoir dissout la Mancomunitat, interdit l'usage du catalan et la sardane. Face à une Ligue discréditée, un catalanisme plus radical voit le jour, inspiré par **Francesc Macià**. **Exposition internationale** de Barcelone en 1929 *(voir p. 169)*.

12 avril 1931. Les **élections municipales** sont une victoire pour les républicains dans presque toutes les provinces espagnoles. Un triomphe en Catalogne. Alphonse XIII s'enfuit.

14 avril 1931. Francesc Macià proclame la **République catalane** *(p. 54)*. À Madrid est proclamée la République espagnole. Les dirigeants catalans renoncent à l'indépendance en échange de la restauration de la Generalitat (Francesc Macià président).

Août 1931. Les mouvements républicains espagnols se réunissent à San Sebastián. Les mouvements catalanistes sont présents, à l'exception de la Ligue régionaliste.

1932. Les élections donnent une majorité à la Gauche républicaine catalane. La Ligue, porte-parole des conservateurs, est marginalisée.

1933. De nouvelles élections générales donnent une majorité au camp conservateur et, en Catalogne, à la Ligue.

6 octobre 1934. Alors qu'une grande partie de l'Espagne se soulève contre l'entrée au gouvernement de Gil Roblès, dirigeant d'un mouvement de type fasciste, Lluís Companys, président de la Generalitat, annonce la **création de l'État catalan** *(p. 54)* au sein de la République fédérale espagnole. Il est arrêté et emprisonné, et le statut de la Catalogne suspendu.

1er septembre 1636. Josep Tarradellas est nommé président de la Generalitat.

1936. Front populaire au pouvoir en France. Léon Blum refuse que la France intervienne dans la guerre en Espagne.

Février 1936. Victoire du **Front populaire**. Amnistié, Lluís Companys rentre triomphalement à Barcelone.

17 juillet 1936. **Coup d'État du général Franco** *(p. 54)*. À Barcelone, l'armée sort de ses casernes. Dès le 19 juillet, l'insurrection est jugulée, grâce à la mobilisation populaire et à la loyauté de la Garde civile et de l'aviation.

Mai 1937. Affrontements entre les miliciens du parti communiste et les militants anarchistes et trotskistes.

Octobre 1937. Le gouvernement républicain se replie à Barcelone.

30 janvier 1938. Franco chef de l'État et du gouvernement espagnols.

1939-1945. Seconde Guerre mondiale.

26 janvier 1939. Les rebelles entrent dans Barcelone. Le gouvernement catalan prend le chemin de l'exil. Les institutions catalanes sont abolies *(p. 56)*.

1950. Madrid prône l'ouverture économique. La Catalogne est une des premières régions à en bénéficier. En 1955, les usines SEAT ouvrent à Barcelone. La Catalogne retrouve son rôle industriel prééminent.

1950. Début de la guerre de Corée.

1957. Traité de Rome, fondateur de la Communauté économique européenne.

1960. Le « boom économique » espagnol entraîne en Catalogne l'évolution des esprits. Les opposants historiques à la dictature sont rejoints par des franges de plus en plus larges de la société jusqu'à une grande partie du clergé.

7 novembre 1971. Dans l'église des Augustins cernée par la police, à Barcelone, se réunit une assemblée des opposants catalans à la dictature *(p. 57)*.

1974. Révolution des Œillets au Portugal.

20 novembre 1975. Mort du général Franco.

L'autonomie

15 juin 1977. En Catalogne, les élections donnent une écrasante majorité aux partis démocratiques, tous favorables à l'autonomie.

23 octobre 1977. Le dernier président de la Generalitat, Josep Taradellas, de retour d'un exil de près de quarante ans, lance devant une foule émue aux larmes son célèbre « *Ja sóc aquí* » (« Enfin je suis là »).

17 janvier 1980. Entrée en vigueur du statut de l'**autonomie catalane**. Son premier président est le centriste Jordi Pujol.

1986. L'Espagne dans le Marché commun.

1991. Traité de Maastricht. Guerre du Golfe.

1992. **Jeux Olympiques de Barcelone**.

16 novembre 2003. Élections de la VIIe législature du Parlement catalan. Victoire d'une coalition de gauche regroupant les socialistes et les indépendantistes *(p. 15)*. ●

2000. Seconde Intifada en Palestine.

2001. Attentats à New York.

2003. Guerre en Irak.

Glossaire

© A. Félix, Hémisphères Images

Vénus à Elche.

Alcazaba : citadelle.

Americano : le terme désigne les émigrés espagnols partis aux colonies. Revenus au pays et fortune faite, ils se faisaient construire de somptueuses résidences, ainsi à Sitges.

Artesonado : plafond de bois à caissons.

Ayuntamiento (en catalan *ajuntament*) : hôtel de ville.

Azulejos : carreaux de faïence émaillée utilisés comme revêtement décoratif.

Barrio (en catalan *barri*) : quartier.

Basilique : église de plan allongé à plusieurs nefs, celle du centre étant plus élevée que les nefs latérales.

Beatus : manuscrit enluminé des *Commentaires de l'Apocalypse* composés par le moine Beato au VIIIe s. On en conserve 25 à travers le monde; chacun comptant une centaine d'illustrations; cette riche iconographie inspira les sculpteurs de l'époque romane.

Capilla Mayor (en catalan *capçalera*) : dans une église, partie où se trouve l'autel, c'est-à-dire le chœur. À ne pas confondre avec le *coro*.

Cimborrio : tour lanterne à la croisée du transept, caractéristique de l'architecture catalane. Un des plus beaux couronne la cathédrale de Valence.

Comarca : canton dans les provinces catalanes.

Coro : partie maçonnée au milieu de la nef principale d'une église; à l'intérieur sont disposées des stalles où prenaient place les membres du clergé.

Corts : l'Assemblée en catalan. Correspond aux Cortes de Madrid.

Costumbrisme : école de peinture née dans la seconde moitié du XIXe s.; elle emprunte ses thèmes à la vie traditionnelle espagnole. Un de ses représentants les plus célèbres fut le Valencien Joaquín Sorolla (1863-1923).

Generalitat : c'est l'exécutif régional en Catalogne. Le terme et l'institution remontent au Moyen Âge.

Huerta : plaine vouée à la culture maraîchère et aux vergers. Les plus célèbres sont celles de Valence et de Murcie.

Impluvium : dans les maisons antiques, bassin placé au centre de l'atrium destiné à recevoir les eaux de pluie.

Judería : ancien quartier juif des villes médiévales. Ils furent désertés après l'expulsion des juifs en 1492. Les mieux conservés se trouvent à Gérone et à Sagunto.

Latifundios : grandes propriétés terriennes exploitées de manière extensive ; elles sont caractéristiques du paysage agricole de l'Espagne méditerranéenne.

Lipsanoteca : reliquaire.

Lonja : Bourse du commerce.

Mandorle : auréole en forme d'amande entourant le Christ en majesté ou la Vierge.

Mariscos : produits de la mer ; on les déguste dans des *marisquerías*, restaurants spécialisés.

Mihrab : dans une mosquée, niche indiquant la direction de La Mecque. C'est la partie la plus décorée des oratoires musulmans.

Mudéjar : le terme désigne le style architectural et ornemental d'origine musulmane repris dans les édifices chrétiens.

Municipe : ville de l'Empire romain dont les habitants, sans être citoyens romains, jouissent des mêmes droits civils.

Noucentisme : mouvement artistique contemporain du modernisme qui pronait un retour au classicisme et exaltait les traditions méditerranéennes.

Opus signinum : type de revêtement antique de fin mortier mêlé à de la poudre de tuile.

vocabulaire

San, santo, sant

Le terme français « saint » se traduit en castillan par *san*, apocope de *santo*. Il existe cependant quatre exceptions : devant Domingo, Tomás, Torné et Toribio. Pour les catalophones, c'est le terme *sant* qui est employé dans tous les cas de figure. ●

Pasos : groupes sculpturaux processionnels.

Ración : portion de plat du jour que l'on commande à la *barra* des bars à tapas. Existe également en *media ración*.

Rambla : avenue.

Renaixença : mouvement culturel catalan né dans la première partie du XIXe s. qui se donnait pour but de redécouvrir et de magnifier le passé historique et culturel de la Catalogne. Il a ouvert la voie au catalanisme politique.

Seu : cathédrale.

Stoa : portique qui borde l'agora/forum des villes antiques.

Temenos : dans un complexe religieux, espace sacré dont l'accès est réservé à quelques-uns (prêtres, initiés...).

Tétramorphe : symboles associés des quatre évangélistes ; l'ange pour Matthieu, le bœuf pour Luc, l'aigle pour Jean et le lion pour Marc.

Trascoro : dans les églises, partie arrière du *coro*.

Trencadís : procédé de décoration traditionnel en Catalogne et dans le Levant consistant en mosaïques formées de fragments multicolores de céramique.

Triforium : étroite galerie au-dessus des bas-côtés d'une église. ●

Lexique

Français	Catalan	Castillan

Les premiers mots

Français	Catalan	Castillan
bonjour	bon dia	buenos dias
bonsoir	bona nit	buenas tardes
au revoir	adéu	adiós
monsieur	senyor	señor
madame	senyora	señora
comment allez-vous ?	com estás ?	¿ cómo estás ?
s'il vous plaît	si us plau	por favor
merci	gràcies	gracias
de rien	de rès	de nada

Nombres

Français	Catalan	Castillan
0	zero	cero
1	u	uno
2	dos	dos
3	tres	tres
4	quatre	cuatro
5	cinc	cinco
6	sis	seis
7	set	siete
8	vuit	ocho
9	nou	nueve
10	deu	diez
100	cent	ciento
1000	mil	mil

Le temps

Français	Catalan	Castillan
lundi	dilluns	lunes
mardi	dimarts	martes
mercredi	dimecres	miércoles
jeudi	dijous	jueves
vendredi	divendres	viernes
samedi	dissabte	sábado
dimanche	diumenge	domingo
semaine	setmana	semana
matin	matí	mañana
midi	migdia	mediodia
après-midi	tarda	tarde
soir	vespre	noche
aujourd'hui	avui	hoy
demain	demà	mañana
hier	ahir	ayer

Le quotidien

Français	Catalan	Castillan
poste	correus	correos
timbre	segell	sello
enveloppe	sobre	sobre
carte (de paiement et de téléphone)	targeta	tarjeta
monnaie	canvi	cambio
combien	quant	cuánto
cher	car	caro
bon marché	barat	barato

À l'hôtel

Français	Catalan	Castillan
hôtel	hotel	hotel
auberge	alberg	albergue
garage	garatge	garaje

chambre	habitació	habitación
lit	llit	cama
couverture	manta	manta
oreiller	coixí	almohada
savon	sabó	jabón
salle de bains	bany	baño
douche	dutxa	ducha
petit déjeuner	esmorzar	desayuno

Au restaurant

agneau	bé	cordero
bœuf	bou	buey, vaca
porc	porc	cerdo
poulet	pollastre	pollo
poisson	peix	pescado
colin	lluç	merluza
baudroie	rap	rape
anchois	antxova (seitó)	anchoas (boquerones)
fruits de mer	marisc	mariscos
moule	musclo	mejillón
clovisse	cloïssa	almeja
coque	escupinyes	berberechos
calamars	calamars	calamares
escargots	cargols	caracoles
pain	pa	pan
beurre	mantega	mantequilla
fromage	formatge	queso
dessert	postre	postre
glace	gelat	helado
fruit	fruita	fruta
légumes	verdura	verdura
riz	arroç	arroz
sel	sal	sal
poivre	pebre	pimienta
huile	oli	aceite
vinaigre	vinagre	vinagre
vin rouge	vi negre	vino tinto
vin blanc	vi blanc	vino blanco
eau plate	aigua sense gas	agua sin gas
eau gazeuse	aigua amb gas	agua con gas

En route

voiture	cotxe	coche
droite	dreta	derecha
gauche	esquerra	izquierda
station-service	benzinera	gasolinera
sans plomb	sense pom	sin plombo

Un peu de lecture

●●● *Voir aussi p. 18 et Lettres catalanes p. 19.*

Ouvrages généraux

Art gothique et ***Art roman***, Guides du MNAC, 2000. Deux petits ouvrages indispensables pour la visite du musée ; les textes sont excellents et l'iconographie soignée.

Barcelone 1888-1929, revue *Autrement*, 1992. D'une exposition à l'autre, un tableau vivant d'une ville en plein développement. Bons articles sur le modernisme.

Paris-Barcelone 1888-1937, catalogue d'exposition, Réunion des musées nationaux, 2001.

Nationalismes régionaux en Europe, revue *Hérodote* n° 95, La Découverte, 1999. Deux articles sur la question catalane.

BONELLS (Jordi), ***L'Espagne***, Flammarion, 1998 (épuisé). Une présentation synthétique de la marche des régions espagnoles vers leur statut d'autonomie et des questions qu'il soulève.

DE JOUVENEL (Hugues) et ROQUE (Maria-Àngels), ***Catalogne à l'horizon 2010***, Economica, 1994. Tableau savant de l'économie et de la société catalanes.

GÉRARD-POWELL (Véronique) (dir.), ***L'Art espagnol***, Flammarion, 2001. Une somme sur l'art espagnol, de Rome à nos jours. Format agréable qui permet de l'utiliser en voyage.

MORERA (Jean-Claude), ***Histoire de la Catalogne***, L'Harmattan, 1992. Portrait historique de la région, d'une lecture très agréable.

RUCQUOI (Adeline), ***L'Espagne médiévale***, Belles Lettres, 2002. Une mise au point claire sur une période complexe.

ZIMMERMANN (Michel et Marie-Claire), ***Histoire de la Catalogne***, collection Que sais-je ?, PUF, 1997. Une présentation claire et rapide. ***La Catalogne***, collection Que sais-je ?, PUF, 1998. Un tableau des réalités catalanes, au travers des questions linguistiques, économiques et socio-culturelles.

Littérature

DEL CASTILLO (Michel), ***Tanguy***, collection Folio, Gallimard, 1995. Une enfance à la dure dans la Barcelone des débuts du franquisme. L'ouvrage qui a fait connaître Michel del Castillo.

GENET (Jean), ***Journal du voleur***, collection Folio, Gallimard, 1981. Le Barrio Chino des années 1930.

LULLE (Raymond), ***Anthologie poétique***, Éd. du Cerf, 1998. *Voir p. 19.*

MARTORELL (Joanot), ***Tirant le Blanc***, Gallimard, 1998. *Voir p. 19.*

MENDOZA (Eduardo), ***La Ville des prodiges***, Points Seuil, 1995. Magistrale fresque de la Barcelone affairiste de 1888 à 1929 au travers d'inoubliables portraits.

MOURET (Jean-Noël), ***Le Goût de Barcelone***, Mercure de France, 2002. Un charmant recueil de courts textes sur la ville puisés aux meilleurs auteurs, Mendoza, Montalbán…

ORWELL (George), ***Hommage à la Catalogne***, collection 10x18, Christian Bourgois, 2000. Un militant antifasciste anglais dans les tourments de la guerre civile.

RODOREDA (Mercè), ***La Place du diamant***, Gallimard, 1996. Le plus beau texte d'un des grands écrivains catalans contemporains. Un magnifique portrait de femme.

VÁZQUEZ MONTALBÁN (Manuel), ***Barcelones***, Seuil, 2002. Un portrait subjectif d'une ville tant aimée. À lire également, les enquêtes de Pepe Carvalho (collection 10x18, Christian Bourgois), le détective gastronome, double littéraire de Montalbán. ●

Table des encadrés

Histoire et religion

Art et culture

Traditions et fêtes

Les villes : quartiers, urbanisme et architecture

Nature et paysages

Pratique

Index

Barcelone: nom de lieu
***Bofill** Ricardo*: nom de personne
Modernisme: mot-clé

Les folios en **gras** renvoient aux rubriques les plus détaillées.
Les folios en ***gras italique*** renvoient aux carnets d'adresses.

Imprimé en France par I.M.E. 25110 Baume-les-Dames
Dépôt légal n° 35997 - mars 2004 - Collection n° 25 - Édition n° 01
Impression n° 17322 - ISBN : 2-01-243657-9
24/3657/4

À nos Lecteurs...

Ces pages vous appartiennent. Notez-y vos remarques, vos impressions de voyage, vos découvertes personnelles, vos bonnes adresses. Et ne manquez pas de nous en informer à votre retour. Nous accordons la plus grande attention au courrier de nos lecteurs.

Carnet de voyage

HACHETTE Tourisme
Guides Bleus Évasion – Courrier des lecteurs
43, quai de Grenelle – 75905 PARIS Cedex 15